강아지옷 전문가를 위한 소잉바이블

소잉디자이너 펫의상

안민영

(사)한국소잉산업진흥원

SEWING DESIGNER

PET CLOTHES

CONTENTS

PART 01 펫의상 기초

CHAPTER 01 강아지 옷에 대한 이해

CHAPTER 02 패턴에 대한 이해

CONTENTS

CHAPTER 03

의상제작에 대한 이해

PART 02 펫의상 제작 실기

들어가는 글

오늘날 강아지는 반려동물로서 우리 일상에서 함께 하는 가족과 같은 존재입니다. 사랑하는 가족을 위한 또다른 배려가 옷이라 생각합니다. 의식주가 우리의 삶에 있어 필수요소이듯 강아지에게도 옷은 강아지의 신체보호, 그리고 동반자와 함께하기 위한 실용적, 미적인 요소들에 의해 그 필요성과 관심이 급속도로 증대되고 있습니다. 그러나 강아지옷은 착장의 대상인 견종의 다양성으로 인해 그 연구개발에 있어 한계가 있어 강아지옷에 관심이 있지만 쉽게 도전하지 못했던 분야입니다. 이에 본서는 펫의상에 관심있는 강아지옷 전문가를 양성하기 위한 소잉디자이너 자격1급 펫의상 안내서로 집필되었습니다.

본서의 내용은 의상디자인 프로세스에 따라 착장 대상인 강아지에 대한 이해를 시작으로 펫의상을 디자인하고, 실물 제작까지의 전과정을 초보자부터 소잉전문가까지 쉽게 이해할 수 있도록 2개 부문 각 3장으로 전개하였습니다.

1부는 펫의상 제작을 위해 기초를 다지는 부분으로 Chapter1은 강아지옷에 대한 이해를 위해 정리되었습니다. 옷을 디자인하고 제작한다는 것은 옷을 입는 대상의 체형분석을 시작으로 디자인이 되고, 색상과 소재의 선택을 통해 제작단계에 들어감으로, 이장에서는 강아지의 체형분석을 통한 디자인 방법 및 강아지옷을 위한 색상 및 소재에 대한 개념들을 정리하였습니다.

Chapter2에서는 펫의상 제작을 위한 기본 원형제작부터 패턴을 응용하는 방법들에 대한 이해를 다루었습니다. 디자인, 색상, 소재의 결정 이후 의상제작에서 가장 먼저 이루어지는 것이 옷본인 패턴제작입니다. 강아지의 체형을 기반으로 한 원형패턴 및 소매, 올인원 등의 기본패턴을 이해하고 다양한 응용방법을 익힘으로서, 어떤 디자인에서도 활용할 수 있는 패턴변형방법을 소개하였습니다.

Chapter3에서는 의상제작방법에 대한 이해를 위해 의상제작의 순서에 따라 제작용구소개, 재단의 이해, 봉제방법 숙지 그리고 의상의 완성 시 알아두어야 할 요소들에 대해 정리하였습니다. 의상제작의 전문가가 아니어도 기본것인 지식부터 시작되어 정리되었으므로, 누구나 쉽게 펫의상 제작에 대해 접근할 수 있도록 기술하였습니다.

2부는 펫의상 제작실기편으로 펫의상을 위한 다양한 실기제작을 통해 소잉디자이너 펫의상 전문가 1급 자격시험을 준비할 수 있도록 정리되었습니다. 강아지옷 전문가를 위한 펫의상 제작은 소재에 따라 제작방법의 차이를 보이므로, 본서에서는 소재별 제작방법의 차이를 두어 기술하였습니다. 즉 펫의상에서 가장 많이 사용하는 환편니트인 다이마루 원단을 이용한 펫의상제작, 일반적인 직기원단을 이용한 펫의상제작, 그리고 안감이 있는 의상제작을 통해 난이도가 어려운 의상 제작까지도 할 수 있는 방법들을 소개하였습니다.

소잉디자이너 자격증은 사람을 위한 소품 및 의상에서 출발하였습니다. 그러나 소잉의 영역은 무한합니다. 이제 우리는 펫의상에 대한 새로운 도전으로 소잉디자이너들이 또다른 분야에 대한 시각을 넓힐 수 있는 작은 기반을 마련하고자 이 책이 기획되었습니다.

또한 강아지는 견종이 다양하기 때문에 자신의 반려견에 잘 맞는 의상을 찾기 어려운 견종들도 있습니다. 함께 하는 강아지를 위해 펫의상에 관심있는 견주들을 위해, 반려동물학을 공부하는 학생들을 위해, 그리고 펫의상 산업에 관심있는 모든 분들께 이 책이 도움이 되기를 바랍니다.

펫의상 수업을 한지 이제 5년이 지나가네요. 그동안 함께 연구에 참여해준 학생들에게 감사의 인사를 드립니다. 특히 의상제작에 많은 도움을 주신 최현미 대표님, 권기현 선생님, 이지은 선생님께 진심으로 감사의 인사를 드리며, 사진촬영에 도움을 주신 조음의 박상덕 대표님, 기획 및 제작에 아낌없는 관심과 지원을 해주신 서울문화예술대학교 김향미 학과장님, (사)한국소잉산업진흥원 김은희 이사장님, 전형준 사무국장님, 오정희 간사님 그리고 경춘사 안민웅 대표님, 편집실의 박은주 실장님께 진심으로 감사를 표합니다.

끝으로 이책이 완성되기까지 항상 걱정해주고 관심 가져 준 모든 분들에게 이 책을 전합니다.

2021년 10월

저자 안민영 올림

추천의 글

김 향 미
서울문화예술대학교 반려동물학과장

우리나라 반려동물 산업이 다양화됨에 따라 펫 패션이 떠오르고 있습니다. 예전의 반려동물 의류는 전신미용 후 털이 없어지고 나서 우울감과 불안감을 느끼는 동물을 위해 구입하는 경우가 많았습니다. 또한 단모종 반려동물의 겨울산책을 위한 방한용 패딩, 솜이 누벼진 의류가 판매 되는 정도였습니다. 그러다 나와 함께 살고 있는 반려동물을 돋보이게 하기 위해 다양하고 예쁜 의류들이 펫 의류 시장을 차지하게 되었고, 반려동물 한복, 트렌치코트, 비옷, 턱시도와 드레스 등 사람의 기능성, 계절성 의류를 표방한 제품들도 나오게 되었습니다. 최근에는 유명브랜드에서도 반려인과 반려동물의 커플룩으로 개성과 디자인을 생각한 펫 패션 산업을 이끌어 나가고 있습니다.

그러나 상업적인 옷은 표준 체중과 표준 체격의 반려동물에게 맞는 옷으로 제작되어 판매되다 보니 비만으로 인해 트렁크 부분이 넓은 동물은 품이 조이게 되어 활동에 제약을 주고, 오히려 마른 동물은 옷이 너무 헐렁해서 스스로 벗겨지며, 허리가 긴 동물은 등이 너무 노출되어 보온의 효과를 주지 못하고, 머리가 큰 경우는 옷을 입을 때 머리 부분이 들어가지 않으며, 다리가 긴 경우에는 소매에 앞다리를 끼워 넣을 때 불편함을 주게 되는 등 기성 제품은 다양한 반려동물의 체형을 고려하기가 힘든 점이 있습니다. 그래서 나의 반려동물에게 맞는 옷을 직접 디자인하고 제작해서 입히려는 사람들이 늘어나고 있으며, 단순히 활동에 제약이 없는 체형에 맞는 옷이 아닌 남과 다른 좀 더 개성적이면서 독특한 디자인의 옷을 제작하려하고 게다가 좀 더 전문적인 직업으로서 펫의상 디자이너의 꿈을 꾸는 사람들이 많아지고 있습니다.

이 책은 펫의상을 처음 시도하는 사람들이 쉽게 따라할 수 있도록 반려동물의 체형 크기, 흉부의 형태, 체중에 따른 분류를 상세히 구분하였으며, 치수를 측정하여 패턴을 만드는 방법을 체계화하였습니다. 반려동물에 자극이 없는 소재를 선택하는 방법과 디자인을 결정하고 도식화할 수 있도록 하였고, 패턴 수정하는 방법도 자세히 설명해 놓았습니다. 제작 실기까지 따라하다 보면 분명 만족할 만한 훌륭한 결과물을 얻을 수 있을 것입니다. 따라서 현재 대학의 반려동물학과에서 펫 코디네이션을 배우고 있는 학생들의 수업교재로 사용이 가능하며, 새로이 생겨나는 반려동물 산업시장에서 펫의상 디자이너로서의 자격증을 준비하는 분들께 좋은 지침서로서 추천드립니다.

반려동물을 사랑하고 아끼며 나만의 반려동물 의류를 만들고 싶은 모든 반려인에게, 또한 제2의 창업 인생을 꿈꾸며 펫의상 디자이너가 될 사람들에게 반가운 지침이 될 본서를 제작하기 위해 노력하신 집필진에게 감사의 인사를 드립니다.

2021년 10월

발간을 축하하며

김 은 희
(사)한국소잉산업진흥원 이사장
한국소잉디자이너협회 회장

사단법인 한국소잉산업진흥원은 소잉 분야 최고의 자격증 검정 시스템인 소잉디자이너(Sewing Designer) 체계를 개발하고 자격을 공신력 있게 운영함으로써 소잉 지식 및 기술을 새로운 트렌드에 부합하는 교육 과정으로 개발하고, 자격검정의 표준화 및 정형화를 통해 숙련된 전문인력을 양성하고, 다양한 계층의 인력들을 산업 현장으로 유도하여 우리 경제의 신성장 동력을 창출하는 등 소잉 산업의 융합 및 허브 역할을 담당함으로써 소잉을 21세기 핸드메이드 트렌드를 선도하는 문화 산업으로 도약시키려는 기치를 내걸고 출범하였습니다.

2010년 이후 스마트폰의 등장으로 개인의 자유와 행복, 선택권을 중시하는 포노사피엔스가 최근 소비의 주체로 성장함에 따라 소비패턴은 개성과 디자인을 중요시하는 형태로 특히 더 발전하고 있으며, 이런 변화가 핸드메이드와 DIY라는 키워드로 각종 제품과 콘텐츠에 반영되는 추세입니다. 바느질을 뜻하는 소잉(Sewing)은 핸드메이드 트렌드를 대표하는 근간이자 핵심 분야입니다. 소잉은 이미 단순한 취미 단계를 넘어 개성과 디자인과 문화를 융합하는 하나의 전문 창작 디자인 분야로 발전하고 있으며, 이제 21세기를 이끄는 핵심 문화 산업으로 성장할 산업적 기반이 구축되어 1인 기업, 소자본 창업 및 전문 강사, 스타 강사로서의 활동이 가능한 분야로 인식되고 있으며 수익을 창출하는 비즈니스로써의 관심과 수요가 확장 되고 있습니다.

사단법인 한국소잉산업진흥원은 소잉디자이너 자격 검정 운영을 중심으로 여성과 청년인력이 당당하게 산업현장에 진입할 수 있는 길을 열어갈 것입니다. 소잉분야 전문가 양성 및 창업/취업

지원과 빅데이터에 기반한 O2O 일감연계 및 구인구직, 트렌드 정보 제공 및 공방 창업 컨설팅 지원, 온오프 커뮤니티 확산 보급 및 정책개발, 포럼 등을 통한 유관기관과의 네트워크 구축 등 소잉분야 발전을 위한 협력을 모색함으로써 기업에서 즉각 활용할 수 있는 기술인력 교육, 공방이나 전문강사 등 소기업 창업의 확산 그리고 관련 정책의 개발 등의 활동을 통해서 소잉산업을 우리 경제의 지속가능한 성장 동력으로 발전시키는 것이 본 진흥원의 미래 비전입니다.

위와 같은 미래비전을 달성하고자 소잉분야에 종사하는 모든 분과 앞으로 소잉분야로 진출하고자하는 모든 분들의 소잉디자이너 자격대비 및 소잉디자이너의 직무능력향상을 위해 이 책을 시작으로 펫의상 관련 서적을 지속적으로 발간하고자 합니다. 이 책을 집필하신 저자님과 감수진의 노고에 감사드리며 앞으로 소잉분야에 관심 있는 모든 분들께서 사단법인 한국소잉산업진흥원의 활동과 새로운 도전을 지켜보며 성원해주시고 또 함께 동참해주시길 부탁드리겠습니다.

2021년 10월

사단법인 한국소잉산업진흥원 소개

한국소잉산업진흥원은 소잉 기술의 전문자격화, 교육, 창업 · 취업 컨설팅 등을 통한 여성들의 경제적 자립 능력 향상을 지원하고 소잉산업의 진흥을 설립목적으로 하여 만들어진 사단법인 입니다.

1. 주요활동

① 소잉디자이너 자격 검정 개발 및 시행주관

② 소잉디자이너 자격대비 양성교육 운영 (온라인/오프라인)

③ 한국소잉디자이너협회 설립과 활동 운영 및 지원

④ 소잉산업 활성화를 위한 정책 제안과 정부 정책 지원 도출

⑤ 산학연대 인력양성 프로그램 추진

2. 미래비전 및 발전 방안

① 소잉디자이너 직군 위상강화 및 자격시험의 공신력 강화

- NCS(국가직무능력표준)에 맞춘 자격검정 및 교육 체계 개편
  (2급 : 지식, 기능 / 1급 : 기술 / 지도사 : 태도)
- 국가 및 공공기관 직업훈련시설에 소잉디자이너 양성교육 위탁 운영
- 전문인력 양성을 위한 대학 전공/학과 도입 및 부설 교육기관 설립
- 국가공인 및 국제 자격화 점진적 추진(2급/1급 중점 추진 검토)

② 소잉디자이너의 취업/창업 네트워크 강화
(방문위탁교육/지자체 민간위탁 고용 서비스 기관)

③ 소잉 산업 발전을 위한 정책제안 및 정부 지원 사업 참여
산업자원부, 고용노동부, 여성가족부, 서울시 및 시도별 지방자치단체 등 정부지원사업 제안 및 운영

3. 활동분야

- 전통적인 메이커플레이스 경영자(공방경영, 온라인 쇼핑몰 입점, 체험 교육)
- 공방 및 문화센터, 방과후 강의, 기업특강 등에서 인정받는 강사
- 대학 및 직업훈련시설, 평생교육시설 전공 및 학과 외래교원 및 겸임교수
- 관련 산업의 제품디자인, 상품개발, 제품 제작 분야 등의 전문 인력
- 공방 개설 및 운영 전문 컨설턴트

소잉디자이너 자격 소개

소잉디자이너 자격이란?

패브릭 등의 제품을 창작 디자인하고, 재봉으로 제작하는 전문가의 직업능력을 인정하는 최초의 전문 자격증입니다(한국직업능력연구원 등록 제2016-003606호).

소잉디자이너 자격을 취득하면 전문가로서의 능력을 증명할 수 있고, 소비자가 선택할 수 있는 기준 자격이 되어 향후 공방 창업자, 공방운영컨설팅 등 독립사업자, 직업학교 및 문화센터 강사, 관련 분야 취업 등으로 진출하는데 유리합니다.

소잉디자이너 자격체계

등급	2급	1급	지도사
직무수준	초급	중급	고급
자격요건	제한없음	2급 합격자	1급 합격자
검정방법	필기(객관식/주관식)	실기(제작)	면접/시범강의
검정과목	소잉디자인, 소잉소재기획, 소잉테크닉, 소잉마케팅창업, 소잉디자인 및 실무	10개 전공분야중 1개 선택	PPT제작/시범강의
합격기준	객관식/주관식 각각 평균60점 이상	평균 60점 이상	평균 60점 이상
검정료	필기10만원 부가세 별도 기준	실기10만원 재료비5만원 재봉틀대여 3만원(선택) 부가세 별도 기준	15만원 부가세 별도 기준

*검정료는 변경될 수 있음

PART 01

펫의상 기초

CHAPTER

01

강아지 옷에 대한 이해

01 강아지 옷에 대한 이해

1. 강아지 옷의 필요성

반려동물 시장은 선진국형 산업으로 점점 차별화, 다양화되어 가고 있다. 고령화 사회에 따른 노년층의 인구 증가, 핵가족화로 인한 독신생활자의 증대 등으로 인해 인간의 고독감과 소외현상에 삶의 동반자로 반려동물이 인식되어 다양한 분야의 반려동물 산업을 발전시켰다. 애견산업의 다양한 분야에 대한 소비 증대는 의상에 대한 관심도 급증시켰다.

애완동물(pet)은 인간이 주로 즐거움을 위해 사육하는 동물을 의미하는 것으로 과거에는 집에서 기르는 동물, 취미, 놀이의 의미로 사육되는 동물이라는 개념으로 표현되었다. 그러나 시대가 바뀌면서 오늘날에는 인간의 소유물이 아닌 가족, 자식, 반려자의 역할을 하며 자신의 삶을 공유하는 애견(愛犬), 반려견(伴侶犬)으로 반려동물 또는 친구로서 동반자적 개념으로 바뀌어 표현되고 있다.

따라서 강아지 옷은 애견을 인간의 동반자로서 생각하며, 애견에게 동반자와 같은 의상을 입히기 시작하면서 출발하여 추위나 주위환경으로부터 반려견의 몸을 보호하거나 반려견 동반자의 기호와 심미적 요소를 만족시키는 상품으로 개발되어 착의 되고 있다.

의복 착용의 가장 기본적인 목적은 몸을 보호하기 위한 목적과 장식적인 목적으로 착용하게 되는데, 이에 따라 강아지 옷의 필요성에 대해 다음과 같이 정리할 수 있다.

① 잦은 개량의 결과 추위에 대한 저항력이 약해진 몸집이 작은 반려동물이나 나이가 많거나, 어린 반려동물은 실내에서나 산책, 운동을 할 때 방한을 목적으로 의상을 입힌다.

② 강아지는 털이 몸의 전체를 덮고 있고, 털은 피부를 보호하고 체온을 유지하는데 중요한 역할을 한다. 털갈이 시기에는 외관상 지저분해 보일 수 있고, 털이 많이 날리기 때문에 털을 깎아 주는데 이때 털이라는 보호층이 사라져 쉽게 상처가 날 수 있어 털 대용의 의상이 필요하다.

③ 여름에 강아지는 피부로 땀을 조절하지 못하기 때문에 열사병에 많이 걸린다. 여름 털갈이 전 털을 잘라주고, 직사광선으로부터 피부를 보호하기 위해 여름옷을 입혀주는 것이 좋다.

④ 인간과의 관계에서 반려동물은 털 알러지가 있는 사람을 위해 의상을 착용시키는 것이 바람직하다.

⑤ 산책이나 일상생활에서 예쁘게 보이고자 하는 동반자의 심미적인 목적으로 의복 착용이 이루어지고 있다.

2. 강아지 옷의 종류

(1) 계절별 펫의상

① **봄**: 겨울털이 빠지고 여름털이 새로 나는 시기로 가벼운 실내복을 착용하거나, 초봄 꽃샘추위로 기온이 갑자기 떨어지거나 늦봄 산책 시 진드기나 벼룩이 쉽게 붙을 수 있기 때문에 외출복 또는 가벼운 올인원을 착용한다.

출처: miminko.kr

② **여름**: 열사병에 걸리기 쉬운 계절로 털을 깎은 후 몸을 보호하기 위한 시원한 소재의 의상을 입힌다. 햇빛이 강한 날 챙이 달린 모자나 휴가철 계곡이나 물에 들어갈 경우 체온 유지를 위한 목욕가운을 입히고, 실내의 에어컨에 의한 체온 조절을 위해 얇고 부드러운 소재의 의상을 준비한다.

출처: lepetitchiot.com

③ **가을**: 털갈이가 시작되는 시기로 많은 양의 털이 빠지므로, 쾌적한 실내환경과 쾌적한 생활을 위해 실내복과 보온성 있는 외출복을 입힌다. 낮과 밤의 기온 변화가 심하므로, 저녁에 잘 때 얇은 실내복을 입히고, 산책 시 적절한 체온 유지를 위해 파일직의 쭈리원단이나 니트류 의상을 입힌다.

출처: https://sirdogwood.com
https://www.pinterest.co.kr/pin/530228556126615140/

④ **겨울**: 차가운 바람을 대비한 두꺼운 소재나 안감, 솜, 털을 넣은 의상으로 체온 조절을 해준다. 강아지는 추위에 어느 정도 저항력이 있지만, 실내에서 생활하는 강아지, 노견, 초소형견은 보온을 필요로 해 따뜻한 의상을 준비해 둔다. 겨울에도 하루에 한번 산책을 하고 싶어 하므로, 추위를 견딜 수 있는 의상들을 준비해 두는 것이 좋다.

출처: https://www.pinterest.co.kr/pin/634092822536691534/
https://www.pinterest.co.kr/pin/378583912433039541/

(2) 상황별 의상

① **평상복(실내복)**: 후드티셔츠나 티셔츠, 원피스, 올인원 등 신축성이 있는 소재가 주로 사용된다.

② **외출복**: 봄, 가을 산책 시 바람을 막아 줄 바람막이 점퍼나, 겨울철 패딩점퍼 등과 같은 아우터, 계절에 따라 셔츠와 스카프, 원피스, 멜빵바지, 트렌치 코트 등 다양한 아이템이 있다.

③ **특수복**: 비올 때 착용하는 레인코트, 실용적 목적의 생리팬티 또는 특별한 날 입는 드레스, 턱시도, 한복 등이 있다.

출처: https://www.pinterest.co.kr

02 강아지 체형 특성

1. 체형 크기에 따른 분류

체형의 크기에 따른 분류는 소형견, 중형견, 대형견의 3종류로 분류한다. 각 체형별 체중과 체고의 차이는 있지만, 몸무게를 중심으로 분류하면 소형견은 10kg 미만, 중형견은 10-25kg 미만, 대형견은 25kg 이상으로 분류할 수 있다. (국립축산과학원. 2021)

① **소형견**(10kg 미만, S~M 사이즈): 소형견은 성견의 몸무게가 10kg 미만이지만, 1~3kg미만의 경우는 초소형견으로 분류하기도 한다. 특징은 중형견이나 대형견에 비해 활동성이 크고 흥분성이 높다. 크기가 작기 때문에 식사량과 배설량이 적으며 야외활동에 대한 이동이 편하다. 그러나 낯선 대상에게 많이 짖으며 흥분을 자주 한다. 소형견에 속하는 반려견으로는 포메라니안, 푸들, 요크셔테리어, 치와와, 닥스훈트, 페키니즈, 시츄, 말티즈 등이 있다.

포메라니안

푸들

요크셔테리어

치와와

닥스훈트

페키니즈

말티즈

② **중형견**(10~25kg, M~L) : 성견의 몸무게가 10~25kg 미만을 중형견으로 분류한다. 소형견보다 흥분도가 낮지만, 집안활동에 한계가 있으므로 반드시 아침저녁 30분 정도 운동을 시켜줘야 한다. 중형견에는 시바이누, 미니어쳐 슈나우져, 제페니즈 스피츠, 불독, 웰시코기 펨브로크, 보더콜리, 아메리칸 코커스파니엘, 비글 등이 있다.

미니어쳐 슈나우져

제페니즈 스피츠

불독

비글

③ 대형견(25kg 이상, XL~) : 성견의 몸무게 25kg 이상을 대형견으로 분류하며, 35kg 이상을 초대형견으로 세분화 할 수 있다. 성격이 차분하며 흥분도가 낮지만, 사료량이나 배설량이 많고(배변운동 필수) 성량이 크기 때문에 한번 짖으면 울림이 크다. 대형견의 종류에는 말라뮤트, 도베르만, 롯트와일러, 러프콜리, 사모예드, 셰퍼트, 허스키, 골든리트리버 등이 있다.

도베르만

사모예드

셰퍼드

허스키

골든리트리버

출처: pixabay.com

2. 흉부 형태에 따른 분류

강아지의 신체구조에서 골격은 몸 구조의 기본이 되며, 특히 흉부의 형태는 의상착용에 있어 반려견의 체형분류를 하는데 중요한 요소가 된다. 이에 흉부의 형태에 따른 체형 분류를 살펴보면, 오벌체스트(Oval Chest), 바렐체스트(Barrel Chest), 플랫사이더스(Flat sided)의 3가지로 분류할 수 있다.

① **오벌체스트**: 흉폭이 적당히 넓고 흉심이 좋아서 가장 이상적인 체형으로 타원형의 가슴형태를 보이며, 말티즈, 시츄, 슈나우저, 요크셔테리어 등의 견종이 속한다.

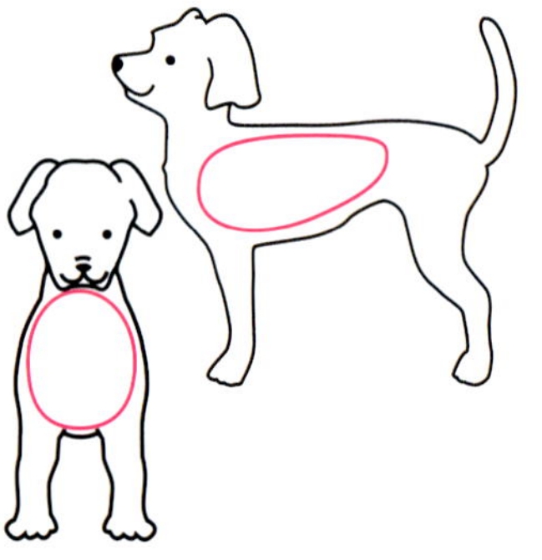

② **바렐체스트**: 어깨뼈가 외향되고 흉부가 원형으로 되어 있어 보행에 지장을 주며, 호흡을 할 때 탄력성이 없고 다리폭이 넓은 특징을 가지고 있다. 이러한 견종으로 불독, 볼테리어, 퍼그, 프렌치 등이 있다.

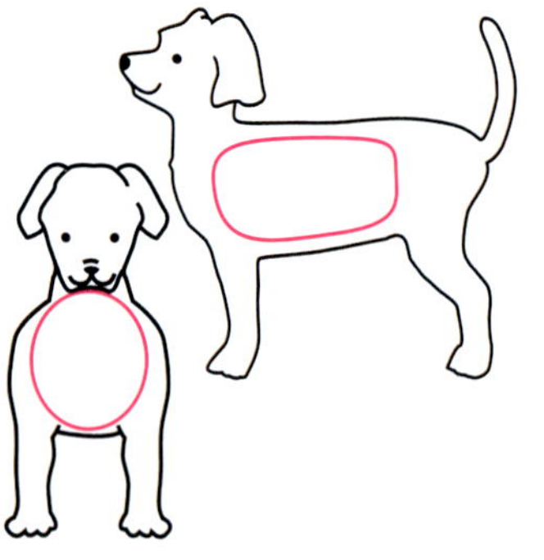

③ **플랫사이더스**: 앞가슴폭이 좁은 흉부형태의 특징이 있으며, 패턴제도시 이 부분을 다른 견종보다 더 고려해야 한다. 보더콜리, 이탈리안 그레이하운드, 진돗개 등이 있다.

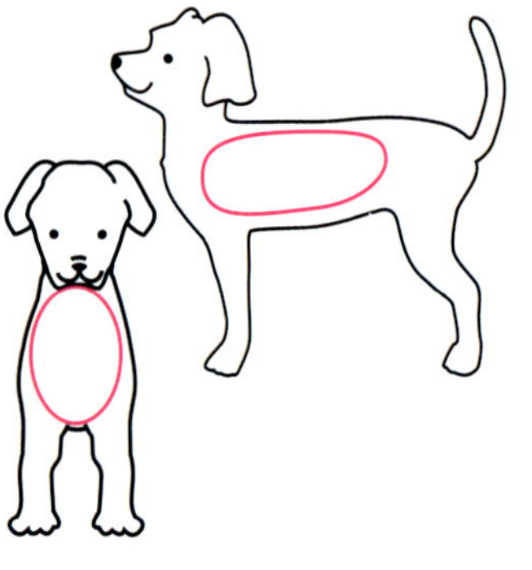

〈흉부 형태에 따른 견체 외관〉

3. 체중에 따른 분류

강아지의 체중에 따른 특성을 살펴보면 저체중, 이상적체형, 과체중에 따른 특성 차이로 분류해 볼 수 있다.

① **저체중**: 지방층이 적고 갈비뼈가 쉽게 만져지며, 뒤에서 3,4번째 갈비뼈까지 눈으로 확인된다. 엉덩이뼈의 윤곽이 나타나며 배는 홀쭉하고 허리가 쏙 들어가 있다. 그 특징은 등이 굽었으며 가슴둘레가 홀쭉하여, 가슴둘레, 허리와 목둘레 사이즈의 보정이 필요하다.

② **이상적 체형**: 약간의 지방층과 함께 갈비뼈가 손바닥에서 느껴지고, 마지막 갈비뼈가 눈에 보이기도 한다. 엉덩이에서 꼬리까지 부드럽게 연결되며 옆에서든 위에서든 균형적인 느낌으로 허리가 보인다.

③ **과체중**: 약간 도톰한 지방 때문에 손바닥에 힘을 줘야 갈비뼈와 꼬리뼈의 윤곽을 느낄수 있다. 옆에서 봤을 때 허리가 없이 평평하며 배가 늘어져 있거나, 위에서 봤을 때 등이 눈에 띄게 넓고 잘록한 부분 없이 직선으로 이어진다. 배가 가슴둘레보다 나와 가슴둘레와 목둘레 사이즈를 보정하며, 다트 작업을 하지 않는다.

〈체중에 따른 견체 외관〉

03 강아지 옷 디자인

1. 디자인의 결정

① 견체 특성 파악하기

강아지옷 디자인을 결정하기 위해서는 견종별 지식이 필요하며, 같은 견종이어도 체형이 각기 다르기 때문에 체형의 단점을 보완하는 디자인을 선정해야 한다. 예를 들어 뒷다리 골격이 안쪽으로 휘거나 바깥쪽으로 휜 체형의 강아지의 경우 올인원 의상 제작 시 신체적 단점을 부각시키는 일자핏의 바지 디자인보다는 퍼프 형태로 제작하여 단점을 보완하여야 한다.

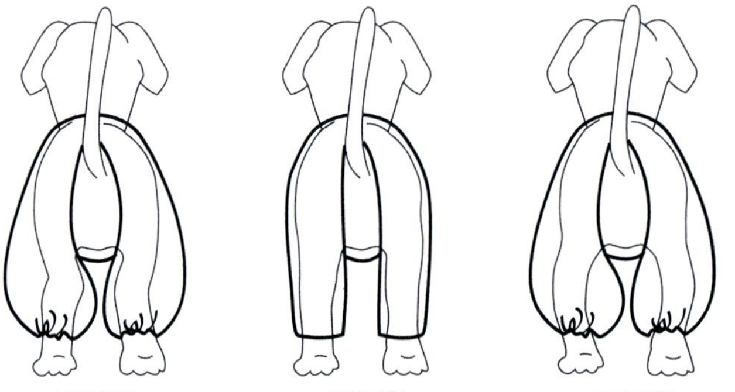

〈다리형태에 따른 디자인 보완〉

② 털 특징 파악하기

강아지의 털 길이(장모, 단모)는 미용 및 디자인에서 중요하게 고려해야 하는 요소이다. 같은 견종이어도 털의 미용 유무에 따라 목둘레와 가슴둘레의 차이가 발생한다. 털의 부피감을 고려하지 않고 의상을 제작할 경우 목과 겨드랑이 부분에 털이 심하게 엉킬 수 있고, 이는 피부 질환으로 이어질 수 있다. 이러한 상황을 미리 예방 하기 위해서는 털의 부피감을 고려한 정확한 견체 사이즈 측정 및 패턴 그

장모종

단모종

레이딩이 필요하다.

③ 강아지의 성격 파악하기

강아지의 성격도 의상 제작에 중요한 영향을 미친다. 몸에 무언가를 걸치는 것에 대한 거부감이 큰 강아지의 경우 무리하여 옷을 입히기 보다는 모자, 스카프 등의 소품을 활용하여 거부감을 줄여준 뒤에 민소매, 소매티셔츠, 올인원 등의 순서로 옷을 입혀 거부감을 낮춰준다.

또 특정 부위에 민감한 강아지의 경우, 예를 들면 엉덩이 혹은 다리를 만지는 것에 대해 민감한 강아지는 크롭 형태의 짧은 길이로 디자인하여 옷에 대한 거부감을 완화시켜준다.

④ 강아지의 라이프 스타일 파악하기

강아지의 생활공간, 즉 실내 또는 실외 생활 유무는 의상 제작시 중요하게 고려해야 하는 요소이다. 실내에서 생활하는 경우 계절과 날씨에 큰 영향을 받지 않아 얇은 원단을 선택하여 통기성을 높여주는 것이 좋으며, 바닥이 미끄러운 환경에서 생활하는 경우 소매가 보행에 방해를 할 수 있으므로 기장을 짧게 하여 관절에 무리를 줄여 줘야 한다. 실외에서 생활하는 경우 계절과 날씨를 고려하여 의상을 제작하여야 하며, 내구성이 튼튼한 원단을 사용하여 제작하는 것이 좋다.

⑤ 강아지의 건강상태 체크하기

강아지가 노령견이거나 아픈 경우에는 디자인보다는 위생과 피부관리에 초점을 둔 디자인을 선택하는 것이 좋다. 털이 빠지고 피부에 탄력이 없는 경우 합성 섬유보다는 순면소재를 선택한다. 또 오래 서 있는 것이 힘들거나 체력이 저하된 경우가 많아서 여밈이 복잡한 의상보다는 착탈의가 편안한 의상으로 제작한다.

⑥ 강아지 옷 색상 결정하기

강아지는 어린아이처럼 작은 체형으로 인해 다양한 외부 활동 시 많은 위험에 노출되어 있어 외부 위험에서 보호할 수 있고, 멀리서도 눈에 잘 띄는 색상을 많이 사용한다. 따라서 밝고 선명한 색상을 사용하는 것이 좋고, 눈에 잘 띄는 색상을 넣어 배색을 하는 것이 좋다.

강아지 옷에서 가장 많이 사용하는 색상으로 빨강, 주황, 노랑, 분홍, 하늘, 파랑과 같이 명시성이 높은 비비드컬러의 색상이나, 부드러운 파스텔 컬러 색상을 많이 사용한다.

2. 디자인의 종류

① 모든 체형에 잘 어울리는 일반적인 디자인

시보리티셔츠는 신축성과 활동성이 좋고, 핏감이 좋다. 또한 후드 티셔츠나 래글런 슬리브 티셔츠는 캐쥬얼하면서도 스포티한 분위기를 연출하여 모든 견종에 잘 어울린다.

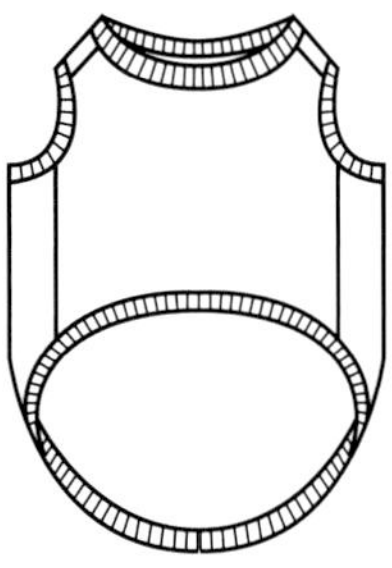

시보리티셔츠

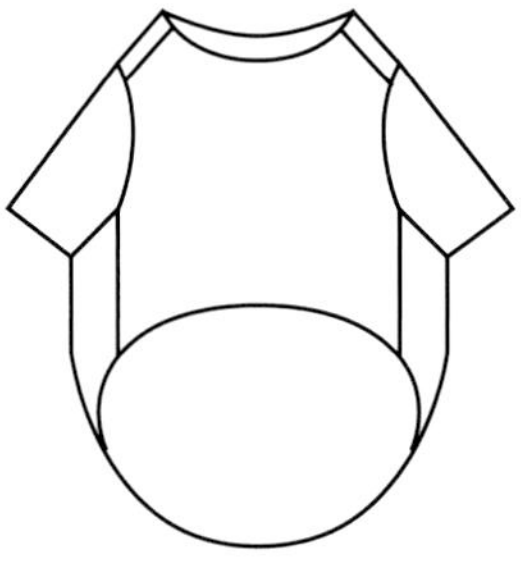

셋인소매티셔츠

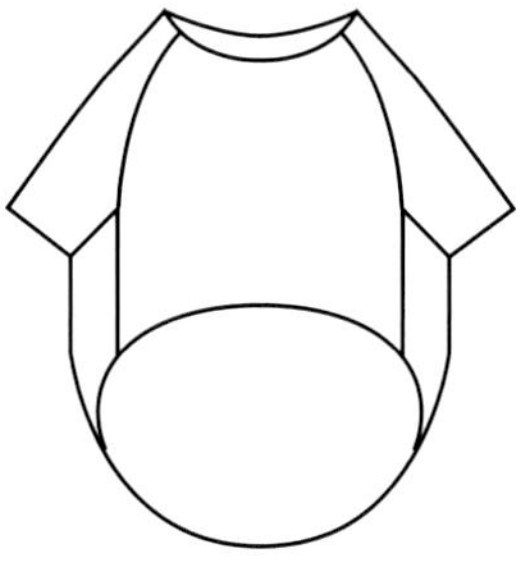

라글란소매티셔츠

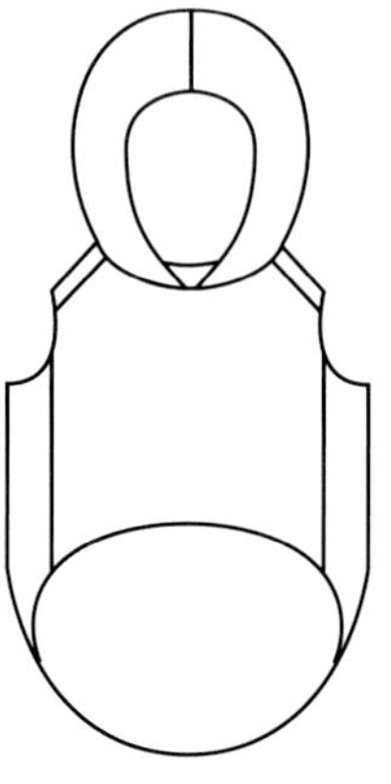

후드티셔츠

② 작은 체형 또는 소형견

소형견의 경우 몸집이 작아 귀엽고 심플한 옷을 주로 디자인하여, 옷으로 인한 무게감을 줄여주고 신축성이 좋은 시보리단의 디자인을 추천한다.

허리선 절개 개더스커트

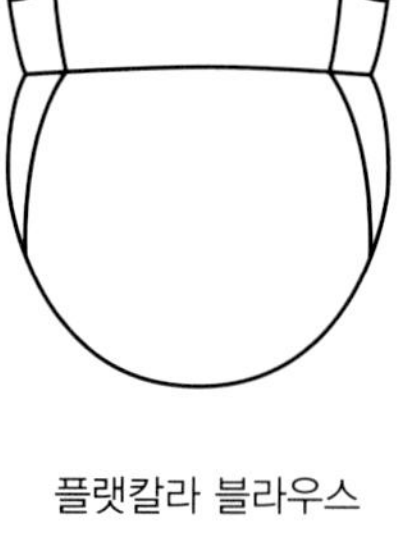

플랫칼라 블라우스

③ 몸통이 굵고 가슴이 넓은 체형

바렐체스트의 체형으로 프렌치불독, 퍼그, 웰시코기 등이 속하며, 볼륨감이 없는 심플한 디자인의 옷이 잘 어울린다. 의복 착용시 어깨 흘러내림이 많아 고무줄을 넣거나, 후라이스 원단과 같이 신축성이 많은 소재로 제작한다. 또한 이러한 견종은 목이 두껍고 짧은 형태를 보여 시보리로 목을 감싸 옷이 흘러내리는 것을 방지한다.

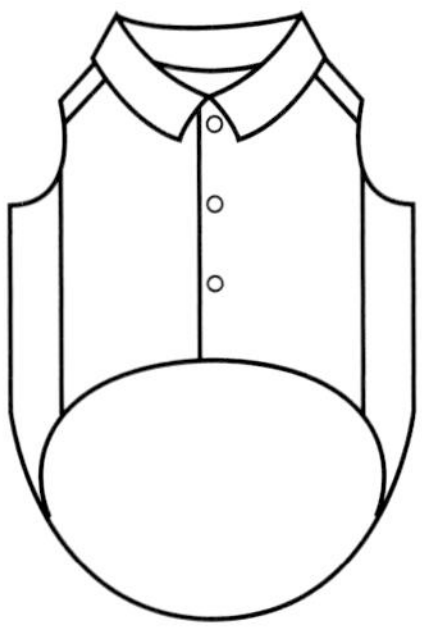

셔츠칼라셔츠

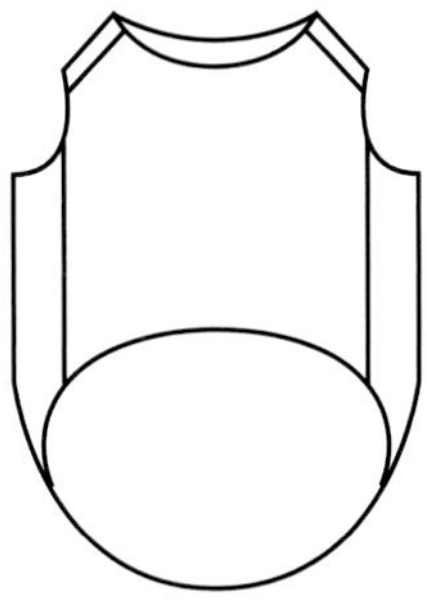

심플티셔츠

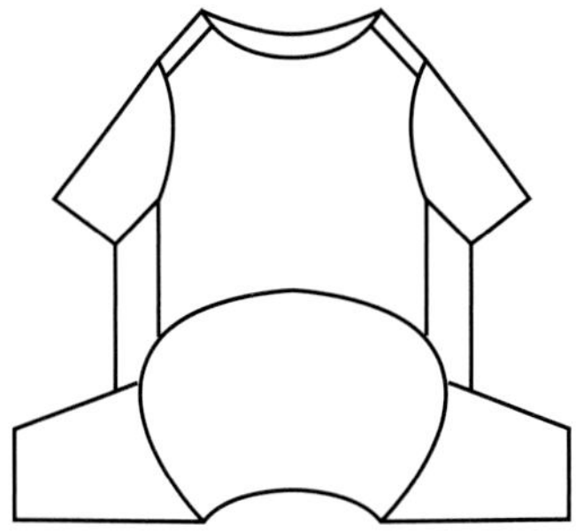

올인원

④ 등길이의 형태

닥스훈트, 웰시코기와 같이 등길이가 긴 체형은 셔츠의 요크 선이나 원피스의 스커트 비율을 조정한 후 배색을 넣어 시각적으로 긴 길이를 분산시켜주고, 등길이가 짧은 체형은 되도록 단색 디자인을 하여 시각적으로 길어보이는 효과를 준다.

등길이가 긴 체형

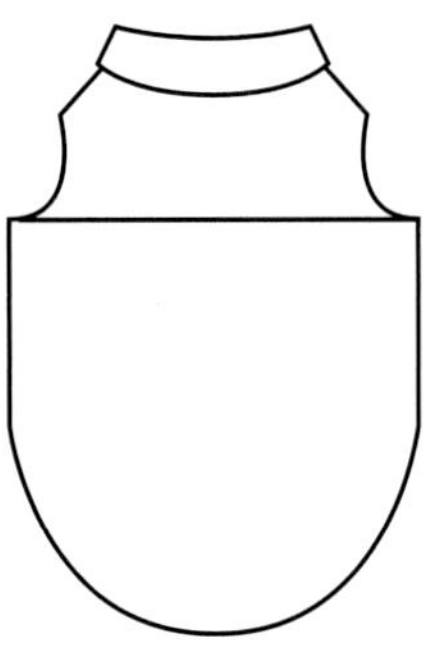

등요크절개

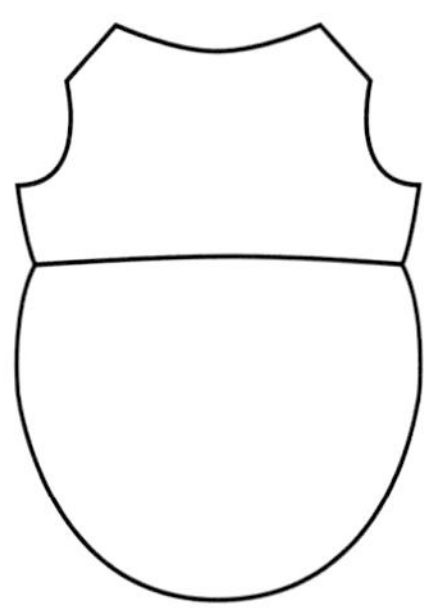

원피스가로절개

⑤ 허리가 가는 체형

허리에 고무줄을 넣어 옷이 몸에서 많이 뜨는 현상을 방지하고 핏감을 좋게 해준다. 기성복 제작시 같은 사이즈라도 견체 특성에 따라 핏감이 다르기 때문에 되도록 고무줄 처리를 한다.

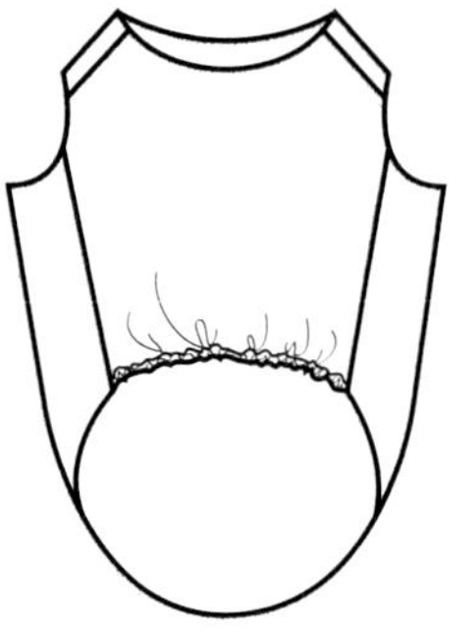

허리고무밴드

⑥ 다리 길이의 형태

다리가 긴 체형은 신축성이 있는 소재로 제작하며, 긴소매 옷에 시보리단 처리를 하여 몸을 감싸주고 시각적으로 볼륨감을 더해준다. 반면, 다리가 짧은 체형과 바렐체스트 체형도 퍼프소매 및 소매에 장식이 많은 스타일의 의상은 피한다.

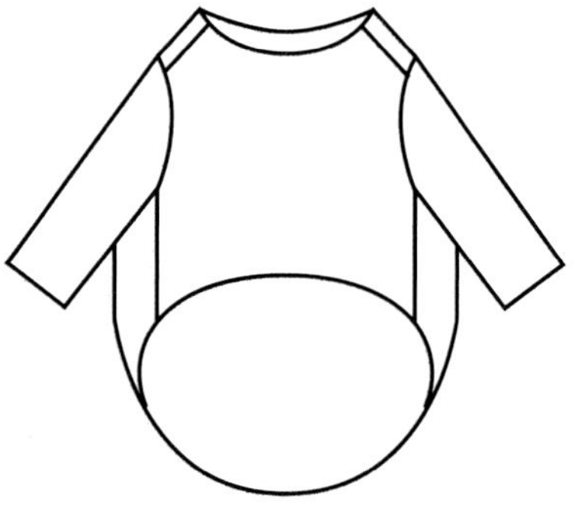

긴소매셔츠

⑦ 털의 길이

장모종의 강아지는 소매있는 옷이 털이 엉키기 쉽고 움직임을 불편하게 할 수 있어, 진동둘레를 크게 하여 옷을 입히고 벗기 편안하고 털이 엉키지 않게 한다. 털이 짧은 단모종의 경우 진동둘레를 상대적으로 작게 하여 바디라인을 돋보이도록 몸에 달라붙는 옷을 추천한다.

⑧ 털색의 형태

털이 진한 경우 털색을 돋보이게 하기 위해 비비드한 컬러 또는 과감한 배색, 밝은 색상이 가벼운 인상을 만들어 준다.

3. 디자인 도식화

도식화는 상품개발 과정에서 일하는 모든 사람들이 소통하는 중요한 문서로서 디자인의 가장 기본적인 표현방법이 된다. 즉 도식화는 머리속의 창의적인 아이디어를 작업 지시를 위해 펼친 그림으로 표현하는 것이다. 따라서 도식화는 옷만 그리는 가장 기초적인 설명도로서 정확한 세부사항들을 표현하고, 실무 작업 과정에서 의도한 디자인으로 의상이 완성될 수 있도록 해야 한다.

도식화작업은 의복 디자인의 구조를 상세하게 평면적인 그림으로 표현하기 때문에 신체의 비례를 반영하여 도식화를 그린다. 강아지 옷도 강아지의 구간별 신체비례를 고려하여 도식화 작업을 하고, 강아지 옷은 상의의 형태가 대부분이며, 상하의가 붙어있는 올인원 또는 바지의 경우 다리비례를 고려하여 도식화를 그린다.

(1) 도식화 비례

① 도식화는 등길이 5등분의 크기를 세로기준으로 하고, [1등분=1cm]로 하여 작업한다. 첫번째 등분선은 가슴둘레선, 2.5등분점은 배밑단중심점, 3등분점은 바지허리선, 5등분점은 등밑단중심점으로 한다.

② 가로기준 크기는 중심점에서 좌우로 2등분으로 한다. 중심점에서 1등분만큼 이동후 1/2등분 세로선을 그려 옆목점의 위치를 정하고, 중심점에서 $\frac{3}{4}$등분점을 어깨점으로 한다. 그리고 배중심점에서 옆목점 길이의 $\frac{1}{2}$ 등분점을 등목점으로 한다.

③ 옆선의 위치는 어깨점에서 세로 3등분선의 위치까지로 한다.

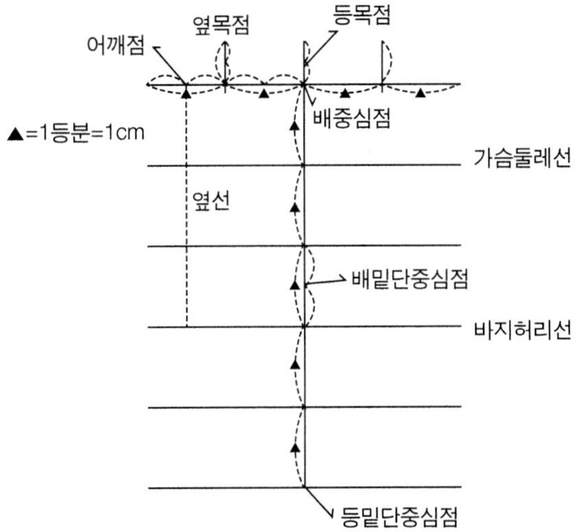

(2) 기본 도식화

① 배중심점에서 옆목점까지 자연스러운 곡선으로 배목둘레선을 그린 후, 옆목점과 어깨점을 직선으로 연결하여 어깨선을 그린다.

② 어깨점에서 가슴둘레선까지 곡선으로 하여 진동둘레선을 그린다. 옆목점 높이의 $\frac{1}{2}$점을 지나 어깨선과 평행한 직선을 그려 어깨선을 옮겨준다.

③ 등몸판선과 옆선을 그린다. 강아지옷은 등판이 배판보다 크기 때문에 도식화상에서 어깨선과 옆선의 위치가 안쪽으로 이동하여 그려진다.

④ 등몸판선에서 등밑단중심점까지 둥글게 그려 밑단선을 완성한다. 배밑단중심점에서 옆선을 지나 밑단선과 자연스럽게 만나는 선을 그려 배밑단선을 완성한다.

⑤ 앞중심에서 옆목점높이의 $\frac{1}{2}$등분 올라온 위치를 등목점으로 하여 등목둘레선을 그린다. 좌우대칭하게 그려 도식화를 완성한다.

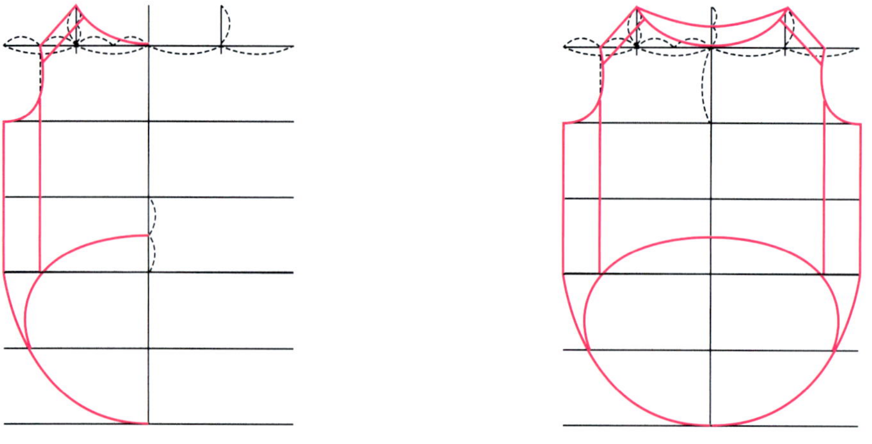

배판도식화

(3) 소매있는 도식화

① 진동둘레선의 위치를 어깨점에서 세로 $1\frac{1}{2}$ 등분 내려와 어깨점과 자연스런 곡선으로 연결하여 그린다.

② 어깨선을 연장하여 소매중심선을 그리고, 진동끝점에서 세로 2등분의 등몸판선과 직선으로 연결한 후 소매밑단을 그려 소매를 완성한다.

③ 등판도식화는 진동둘레선을 가슴둘레선까지 수정한 후 완성한다.

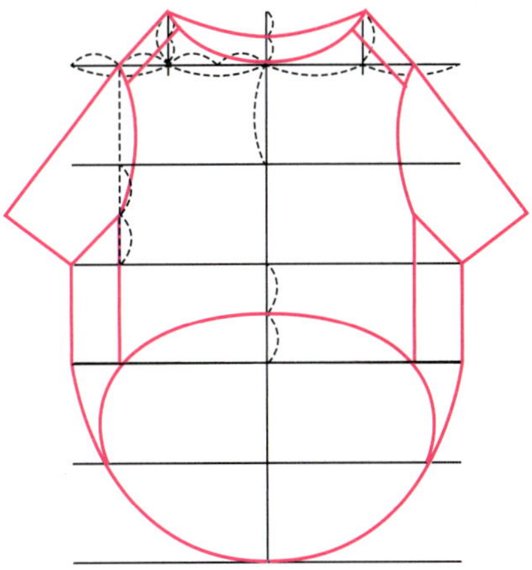

소매있는 배판도식화

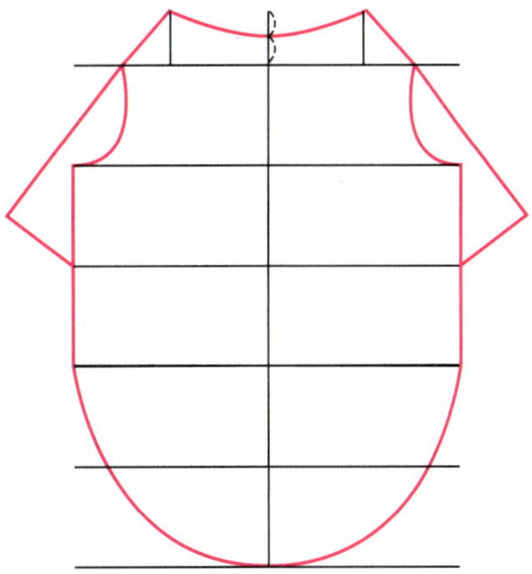

소매있는 등판도식화

(4) 올인원 도식화

① 올인원 도식화를 그릴 때는 기본도식화 비례를 따라 그린 후 세로 4, 5등분선을 옆선에서 $\frac{3}{4}$등분 길이만큼 연장하여 다리길이를 정한다. 다리길이는 견종 및 디자인에 따라 달라질 수 있다.
② 배밑단둘레선은 배밑단중심점에서 출발하여 옆선을 지나 세로 다리길이의 $\frac{1}{3}$등분점까지 곡선으로 연결한 후 밑단중심점에서 $\frac{1}{3}$ 올라온 위치까지 아래 그림과 같이 곡선을 그려 완성한다.
③ 세로 1등분의 크기를 바지단폭으로 하여 바지통을 그린다.

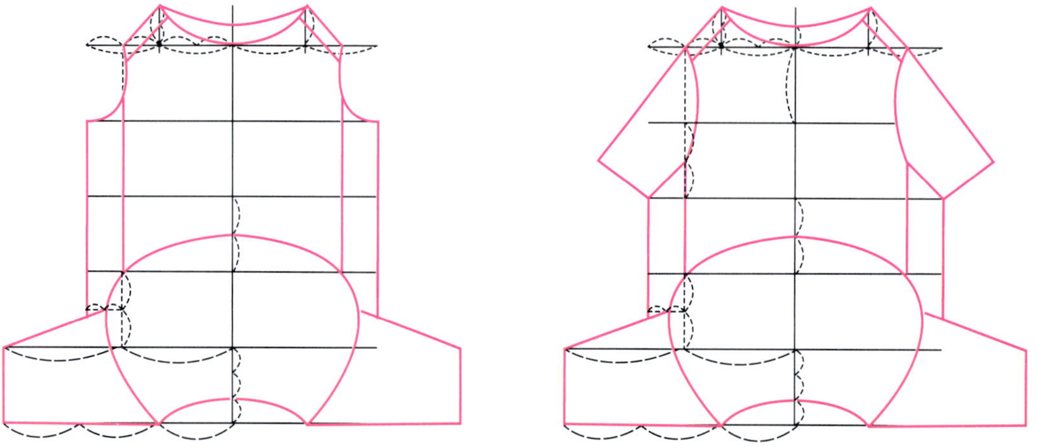

올인원 도식화

(5) 작업지시서

작업지시서는 디자이너와 생산공장 간에 의사소통을 위한 가장 기본적인 도구로서 작업에 필요한 업무를 지시하기 위해 작성하는 것이다.

작업지시서의 내용은 ① 스타일의 요약설명, ② 디자인의 앞, 뒤 도식화 및 색상 지시, ③ 도식화 추가 설명 기재 및 봉제공정 방법, ④ 사이즈 스펙, ⑤ 원부자재 정보 및 요척, ⑥ 라벨 및 의류상품에 부착되는 다른 정보 등의 특이사항을 기재, ⑦ 원단 스와치를 제시한다. 각 업체별 다른 형식의 작업지시서를 사용할 수 있으나, 기본적인 내용은 동일하게 작성된다.

SAMPLE ORDER SHEET

① 스타일요약설명

샘플작업의뢰서

시즌		S/N	

FLAT SKETCHES

② 앞, 뒤 도식화

③ 도식화 추가 설명

INFO	
작성일	
디자이너	
기타	

④

SIZE		
	견본	**완성**
목둘레		
가슴둘레		
등길이		
앞길이		
앞가슴폭		
소매길이		

⑤

MATERIALS		
품명	**규격**	**요척**
겉감_1		
겉감_2		
배색감		
안감		
심지		
재봉사		
단추		
라벨	메인	
	품질	
	포인트	

⑥

REMARKS

⑦

FABRIC SWATCH

생 산 의 뢰 서

작성일: 2021 년 8 월 23 일

① 스타일요약설명

결제	디자이너	MD	실장

STYLE NO	21SS-TS0718
ITEM	T-shirt

결제	담당	과장	부서장	감사

DESIGN :

② 앞, 뒤 도식화

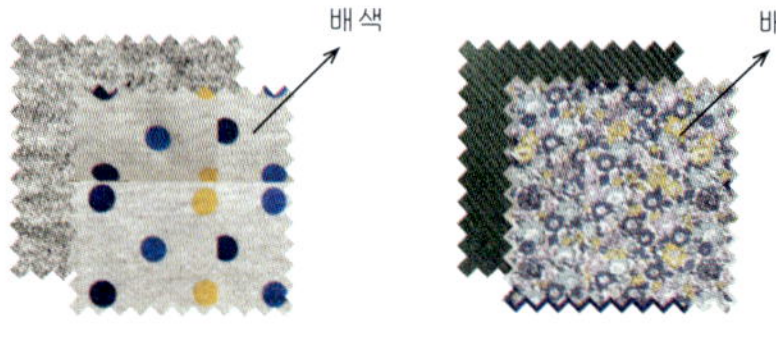

⑥REMARKS :

- ✓ 소매, 목둘레, 밑단 바이어스처리
- ✓ 등판요크 배색
- ✓ 등여밈 도매처리

생산처	생산구분		패턴제작		Q C		MAIN		제조원가
	완사입		제작일		투입		투입		
	임가공		CAD		납기		납기		판매원가
	CMT	V			완료		완료		

색상		Grey	Green		
⑦ 스와치			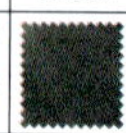		
생산량	S				
	M	45	45		
	L	35	35		
	XL				

⑤	원단명	폭	요척	입고일	발주No	공급처	색상	혼용율	비고
원단	싱글	60	0.3y			세진	Gy/Gr		
배색	싱글	54	0.1y			은성	Gy/Br		

부자재

부자재명	규격/폭	요척	소요량
겉감	60	0.3y	27y
배색	54	0.1y	7y
바이어스	10mm	1y	90y
돗또	11mm	2ea	180ea

라벨

MAIN	V	비고
포인트		
품질	V	

LOGO

프린트	자수	기타

④ 완성사이즈

호칭/부위	S	M	L	XL
목둘레				
가슴둘레				
등길이				

스타일고 샘플 작업지시서

의뢰	OOO	의뢰일	04. 13

Flat Sketches

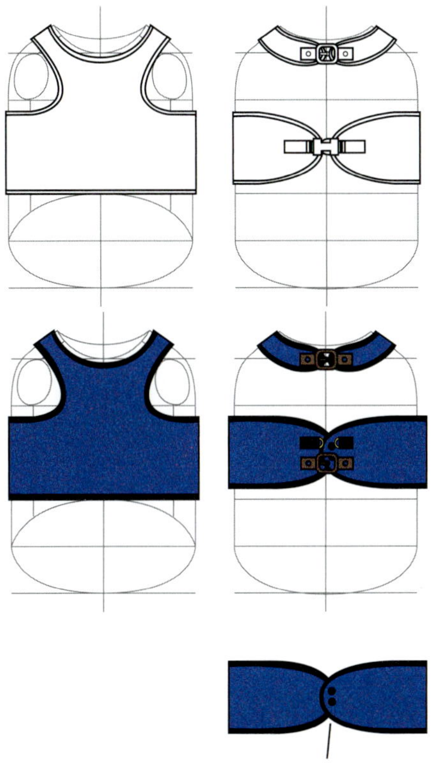

Fabric

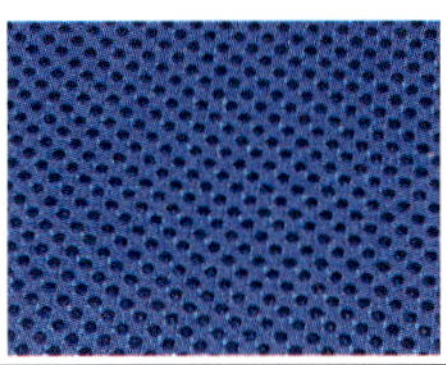

INFO	
디자이너	M.Y
납품일	04. 20
기타	

SIZE	
목둘레	
가슴둘레	37
등길이	30

원부자재		
품명	규격	요척
겉감	에어매쉬	0.3y
바이어스	TC	1y
T단추	11mm	3ea
버클	15mm	2ea
D링	20mm	1ea
위빙끈	20mm	1y

04 강아지 옷 소재

1. 소재의 결정

소재는 옷의 제작 단계에서 가장 기본적인 재료이며, 의상 디자인 후 소재의 선택은 반려견의 착용감을 결정하는데 있어 중요한 요소가 된다.

반려견들은 활발한 움직임의 활동을 하기 때문에 되도록 신축성 있는 소재를 사용하는 것이 좋다. 신축성이 없는 직기원단의 경우 여유분을 넉넉하게 주어 제작하거나 고무줄을 활용하여 신축성을 만들어준다. 반면 신축성이 많은 니트 소재로 제작 시 여유분을 주지 않거나 한치수 작게 제작한다. 특히 반려견들은 털로 인한 마찰이 있어 통풍이 잘 되고 마찰이 적게 일어나는 원단을 선택하며, 피부층이 얇아 자극적이지 않은 소재를 사용하는 것이 좋다. 또한 디자인 포인트로 다양한 장식 부자재를 사용하여 의상의 완성도를 높여줄 수 있다.

일반적인 원단의 분류는 편성물(Knit)과 직물(Woven)로 분류한다. 편성물은 실로 고리를 만들어 걸어 원단을 만드는 것이고, 특히 환편기계를 이용하여 짠 니트를 다이마루라고 한다. 직물은 가로실과 세로실을 엮어 원단으로 만든 것으로 직기 원단이라고도 한다.

강아지 옷 원단으로 가장 많이 사용하는 것은 신축성이 좋은 다이마루 원단으로 양면지와 쭈리를 많이 사용하고, 봄여름 직기원단으로는 면30수 또는 트윌지를 많이 사용하고, 가을과 겨울에는 면20수 또는 기모면, 코듀로이 등을 많이 사용한다. 이밖에도 양모소재, 니트 등은 겨울용 의상으로 많이 사용하며, 벨벳, 양단, 공단, 폴리, PVC코팅원단 등은 비옷이나 이벤트 의상 등에 사용한다.

다양한 원단의 종류와 장식 부자재를 숙지하여 디자인에 따른 제작방법을 고려하여 원단을 선택해야 한다.

2. 원단의 종류

(1) 다이마루

① **양면지**: 양면은 앞뒷면의 조직이 같은 원단을 의미하는 것으로 겉과 안의 구분이 없고, 올풀림이 적어 초보자도 다루기 쉽다. 30수를 양면, 20수를 특양면으로 하여 구분한다. 봄, 여름에는 30~40수, 가을, 겨울에는 20수 원단으로 특양면을 많이 사용한다.

※ 수: 원단에서 '수'는 두께를 의미 하는 것으로 숫자가 높아질수록 얇은 원단을 의미한다. 보통 20수, 30수, 40수를 많이 사용한다.

② **쭈리**: 앞면은 싱글 면 원단이고, 뒷면은 고리 모양의 루프조직으로 된 원단으로 가볍고 신축성이 좋다. 미니쭈리는 봄, 여름에 주로 사용하고, 3단 쭈리는 가을, 초겨울, 기모쭈리는 겨울에 쌀쌀할 때 사용하기 좋고, 티셔츠에 많이 사용한다.

③ **싱글**: 대표적인 여름 티셔츠 원단이지만, 두께가 얇고 말리는 특성이 있어 초보자가 사용하기에는 난이도가 있다.

④ **PK(피케이)**: 벌집 모양으로 짜여있는 원단으로 피케이라고 부른다. 폴로티에 주로 사용하는 원단이다.

⑤ **후라이스**: 원단표면에 골이 있어 위사방향의 신축성이 좋은 원단이다. 부드럽고 착용감이 좋아 실내복 티셔츠나 올인원을 만들 때 주로 사용한다.

(2) 여름용 직기원단

① **나염 원단**: 원단을 직조한 후에 무늬를 프린트하는 것으로 다양한 컬러와 무늬가 있으며, 보통 면30수 원단을 많이 사용한다. 진한 색상 원단의 경우 물 빠짐이 발생할 수 있으니 선 세탁을 한 후에 제작을 하거나, 밝은 모색의 강아지에게는 물빠짐이 있는 진한 색상 원단을 되도록 피한다. 블라우스, 셔츠, 케이프 등의 다양한 용도로 사용할 수 있다.

② **선염 원단**: 염색된 실로 직조하여 제작된 원단으로 염색이 잘 빠지지 않는 장점이 있으며, 면30수 원단을 주로 사용한다. 일반적으로 체크무늬나 스트라이프 원단에 많다.

③ **인견**(레이온): 식물성 천연소재로서 수분 흡수와 발수가 빨라 강아지 털이 달라 붙지 않고 언제나 시원하고 상쾌한 느낌을 주지만, 초보자가 다루기에는 까다로운 단점이 있다. 여름에 원피스나 조끼 제작에 주로 사용한다. 세탁 후 원단의 수축 가능성이 높은 원단으로 선 세탁 후 제작하는 편이 좋다.

④ **거즈면**(아사): 얇고 부드러운 촉감으로 여름에 주로 사용하고, 통풍과 흡수성이 좋기 때문에 민감한 피부의 강아지에게 좋다. 원단 조직이 성글기 때문에 초보자가 다루기에는 까다로운 단점이 있다.

⑤ **트윌지**: 표면에 사선의 능선 올이 보이는 직물을 트윌이라 하며, 평직보다 올이 촘촘하고 치밀하여 초보자도 쉽게 다룰 수 있다. 또한 가볍고 부드러우며, 세탁이 용이한 장점이 있다.

⑥ **린넨**: 식물성 섬유로 가볍고 흡습성과 통기성이 좋으며, 열전도율이 낮아 시원하여 여름철 강아지 옷에 주로 사용된다.

(3) 겨울용 직기원단

① **기모 면**: 원단 표면에 기모 가공을 한 원단으로 겨울철 셔츠, 원피스에 주로 사용된다.

② **코듀로이**: 흔히 골덴이라 불리는 원단으로 보온성과 내구성이 뛰어나 겨울철 셔츠, 재킷 제작에 사용된다.

③ **패딩 누빔지**: 원단 뒤편에 솜을 덧대어 박음질된 원단으로 솜의 두께에 따라 2온스, 4온스 등으로 표기한다.

※ 온스: 중량의 단위로 숫자가 커질수록 중량이 커진다.

④ **양모**(Wool): 겨울철 코트나 망토 제작 시 사용되는 원단으로 모 함량이 높을수록 따뜻하다.

(4) 기타원단

① **망사(샤)**: 망사는 뻣뻣한 것부터 부드러운 것까지 다양하게 있으며 강아지옷에는 보통 부드러운 망사를 많이 사용한다. 특히 망사 중 발이 가늘고 촘촘한 원단을 샤원단이라 부르는데 보통 투투스커트를 만드는데 많이 사용한다.

② **레이스**: 여러올의 실을 서로 매거나 엮어서 만든 원단으로 재단 및 박음질이 까다롭다.

③ **청지**: 청지는 발랄하고 캐쥬얼한 디자인에 흔히 사용하는 원단이다. 물빠짐으로 털의 착색에 주의해야 하므로 워싱된 청지를 사용하거나 연한 색상의 청지를 사용한다.

④ **공단**: 드레스나 턱시도와 같이 이벤트 의상 제작 시 많이 사용한다.

⑤ **네오프렌**: 합성고무원단으로 잠수복에 주로 사용하였으나, 현재는 다양한 패션소재로 사용되고 있다. 조직이 치밀하여 올이 잘 풀리지 않아 시접처리 없이 디자인에 응용하는 경우가 많고, 가볍고 따뜻하여 가을, 겨울 점퍼소재로 많이 사용한다.

⑥ **우의 원단**: 라미네이트 코팅 원단을 많이 사용하는데, 이는 면원단에 겉면을 PVC 코팅처리한 것이다. 유광, 무광의 라미네이트 코팅원단이 있다. 산책 시 비를 피하기 위한 목적으로 입는 판초 또는 우의 제작 시 많이 사용한다.

⑦ **털 원단**: 겨울철에 주로 사용되는 원단으로 양털 느낌의 원단, 플리스원단 등을 사용한다. 재단시 커터칼로 재단하며, 털빠짐으로 인해 재단과 박음질이 까다롭다.

⑧ 에어매시: 시원하고 통풍이 잘되어 여름철 하네스 원단으로 많이 사용한다.

⑨ **시보리, 골지, 립**: 골이 있는 원단을 의미하는 것으로 골이 보이는 모양에 따라 1×1(원바이원), 2×1(투바이원), 2×2(투바이투)가 있다. 탄성과 신축성이 좋아 티셔츠의 목둘레, 소매단, 밑단에 주로 사용하고, 두께 및 용도에 따라 밀라노시보리, 골지시보리, 요꼬(점퍼)시보리 등이 있다.

밀라노시보리

골지시보리

요꼬, 점퍼시보리

Tip 골의 크기에 따른 시보리

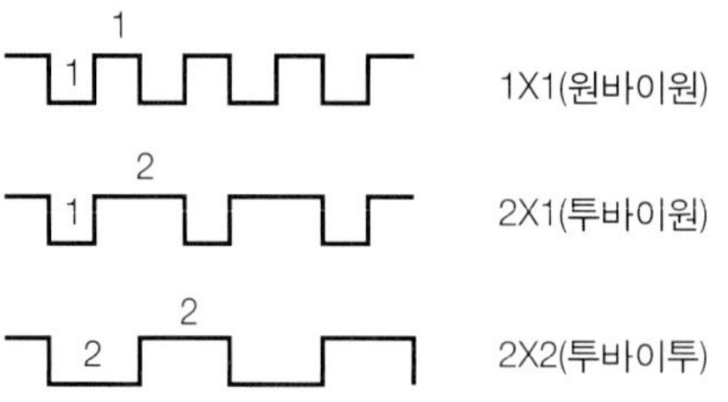

- 밀라노시보리: 얇은 원단에 주로 사용하고, 양면지, 후라이스, 미니쭈리 등과 함께 단처리시 많이 사용한다.
- 골지시보리(1:1), 립직시보리(2:1): 작은 골이 있는 시보리로 쭈리나 두꺼운 원단에 사용한다. 밀라노시보리와 골지시보리는 원단이 원형으로 제작되어 나오기 때문에 한쪽을 개폭하여 사용한다.
- 요꼬시보리, 점퍼시보리: 한겹으로 시보리 역할을 하는 것으로 신축성이 뛰어나 밑단, 소매단, 네크라인 등에 많이 사용한다. 특히 요꼬시보리는 폴로티의 칼라나 네크라인에 사용하고, 점퍼시보리는 두께감이 있고 보온성이 뛰어나 겨울옷에 많이 사용한다.

Tip 스와치북 보는 법

원단시장조사를 하면 디자인개발 및 원단 구매를 위해 다양한 샘플 스와치북을 받아 보관하게 된다. 샘플 스와치북의 내용을 통해 섬유의 조성, 가격, 원단폭 등을 확인할 수 있다.

① **원단의 이름**: 제조사에 의해 임의로 붙여진 이름이다.

② **섬유의 조성**: 어떤 섬유로 구성되어 있는지 알수 있다.

(Ex. Linnen 55 : C 45 = 마 55% : 면 45%로 구성)

③ **가격/원단폭**: 가격과 원단폭을 표시해 준다. 원단폭을 통해 필요량을 산출해 볼수 있다.

④ **원산지**: 원단의 생산지를 표시하고 있다.

① 원단의 이름
② 섬유의 조성
③ 가격/원단폭
④ 원산지

3. 부자재의 종류

(1) 기본 부자재

① **실, 재봉사**: 봉제 또는 바느질을 위해 사용되는 것이 실이다. 원단의 종류와 두께, 색상에 따라 다르게 사용하지만, 일반적으로 많이 사용하는 것은 40수/2합(40S/2), 60수/3합(60S/3)의 실을 많이 사용한다. 일반적인 봉제사 외에 코아사, 실고무줄, 날라리사, 자수용실 등을 용도에 따라 다르게 사용한다.

※수는 일정 무게의 섬유로 뽑아내는 실의 길이이며, 숫자가 클수록 얇은 실을 의미하고, 합은 실의 꼬임을 일컫는 것으로 예로 2합은 두가닥을 꼬아 만든 실이다.

- **코아사**: 실의 중심에 나일론 코아를 중심으로 가장자리를 폴리에스테르 섬유로 감싼 형태로 일반적인 재봉사 만큼 많이 사용한다. 일반 재봉사의 단점을 보완하고, 스판사를 대용해 사용할 수 있으며 질기고 광택이 살아있어 고급스런 봉재선을 만들어 준다.

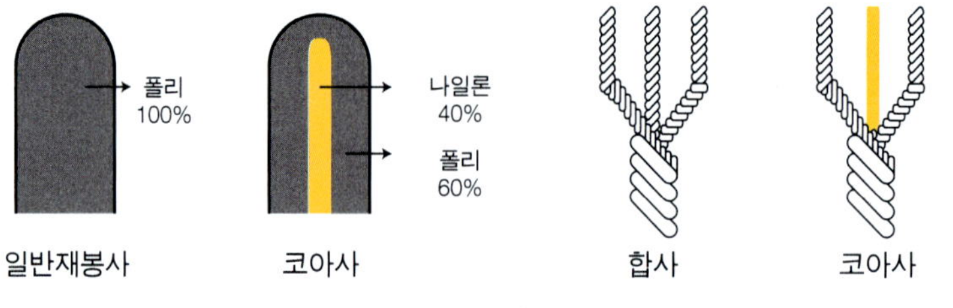

- **실고무줄**: 실처럼 얇은 형태의 탄성이 있는 고무줄로 밑실에 끼우고, 일반 재봉사를 윗실로 하여 여름 원피스에 셔링이나 스모킹과 같은 주름을 잡을 때 사용한다.

- **날라리사**: 실에 꼬불꼬불한 꼬임이 있어 신축성이 있고 질겨서 저지, 다이마루 원단 등의 스판성이 있는 박음질 시 많이 사용한다. 윗실은 일반 재봉사를 쓰고 밑실은 날라리사를 사용하여, 원단과 실이 함께 늘어나 박음선이 뜯어지지 않게 해준다. 오버로크나 인터록 작업시에도 사용한다.

- **치즈사, 오버록실**: 의상의 가장자리 작업 시 사용한다. 약간의 스판성이 있으며, 원단의 끝처리에 사용하여 작업시 많은 양이 필요하여 큰콘에 감겨있다.

- **자수용실**: 광택감이 좋은 레이온사를 가장 많이 사용하고, 자수용 재봉기로 이름을 놓거나 장식을 목적으로 하는 스티치 상침에 주로 사용한다.

② **심지**: 원단에 형태감을 줄때 사용하는 것으로 다림질로 열부착하거나 봉제부착하여 사용한다.

③ **고무줄**: 신축성 있는 고무 소재의 밴드나 줄이다. 주로 배밑단에 부착하여 옷의 헐렁임을 방지하거나, 자연스러운 주름을 잡을때 사용한다. 강아지옷에서는 주로 4골(4mm), 8골(8mm)을 많이 사용한다.

④ **벨크로**: 일명 찍찍이라 하여 벨크로의 한쪽면은 까슬까슬한 훅면이고, 다른 한쪽은 부드러운 루프면이어서 이 두면이 서로 붙어 열고 닫히는 여밈의 역할을 해준다.

⑤ **바이어스, 파이핑**: 의복 제작시 마감처리 및 장식을 목적으로 단끝에 선장식으로 사용한다.

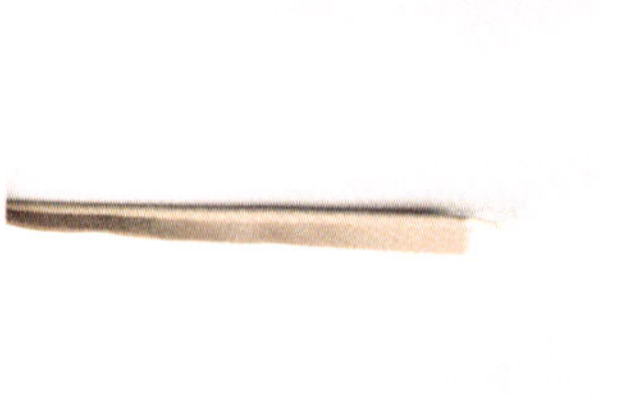

⑥ **스트링(줄, 끈), 웨빙끈, 스토퍼**: 스트링은 묶음을 위한 용도로 사용하는 것으로 후드에 장식 및 기능적인 목적으로 많이 사용하고, 두꺼운 웨빙끈은 하네스의 제작시 많이 사용한다. 스토퍼는 스트링의 길이를 조절하는 장식으로 줄을 잡아주는 부자재이다.

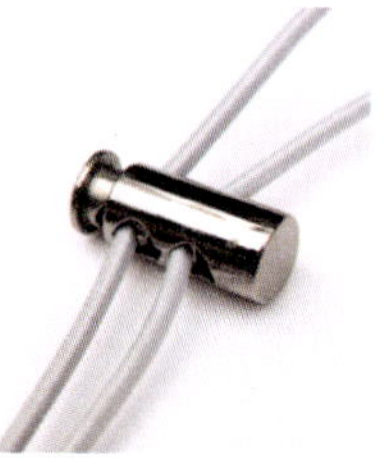

⑦ **접밴드**: 시접없이 완성선에 덧대어 단처리를 하는 밴드이다.

(2) 장식 부자재

① **단추, T단추, 돗도, 스냅**: 여밈이나 장식을 목적으로 사용한다.

T단추

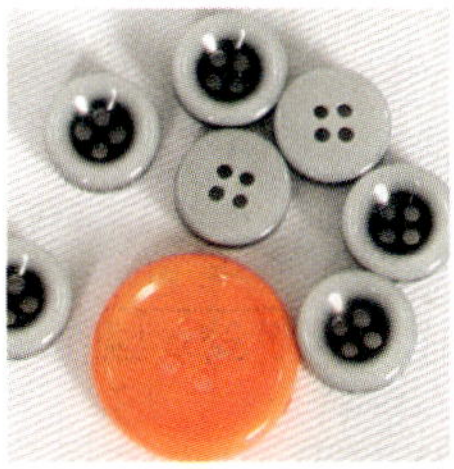
단추

돗도

스냅

② **와펜**: 자수나 프린팅된 상징물을 의복에 봉제 또는 접착을 하여 사용한다.

③ **장식테이프**: 장식을 목적으로 하는 줄형태의 부자재로 봉제 또는 접착하여 사용한다.

④ **D링, 버클**: 연결 부자재로 장식 및 기능적 용도로 사용한다.

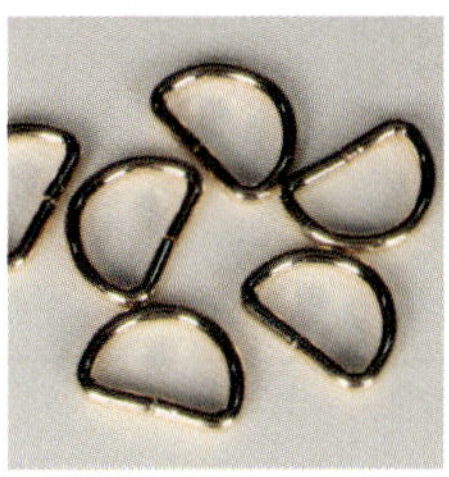

⑤ **비즈, 스팽글**: 의복에 장식을 목적으로 사용하는 것으로 다양한 모양과 색이 있다.

⑥ 지퍼: 의복에 여밈을 목적으로 사용하지만, 강아지털 끼임으로 인해 강아지옷에서는 여밈보다는 장식의 목적으로 사용한다.

⑦ **전사지**: 다림질을 통해 원단에 로고, 이름, 무늬 등을 자유롭게 디자인하여 넣을 때 사용한다.

CHAPTER

02

패턴에 대한 이해

01 제도 기호 및 용구

1. 제도 기호

기호	명칭	설명
	완성선	옷의 완성선으로 패턴을 잘라내는 선이다. 재단할때는 완성선에서 시접분량을 추가하여 재단한다.
	기초선	패턴을 그릴때 기본적인 안내선들이다.
	안단선	패턴에서 안단을 대는 선으로 봉제 시 이 부분에 안감을 덧댄다.
	골선	패턴 제작시 중심을 기준으로 좌우가 같은 모양의 경우 반쪽만 패턴을 제작하고, 그 중심에 골선을 표시한다.
	접힘선	옷감을 접어 작업하는 선의 표시이다.
	박음선	봉제가 되는 선이다. 기본적으로 완성선에 봉제를 하고, 패턴 내부의 상침이 있는 경우 별도로 박음선 표시를 해둔다.
	오버로크	옷감의 끝을 오버로크 기계를 이용하여 봉제하라는 표시이다.
	개더잡음	개더 주름을 잡는 표시이다.
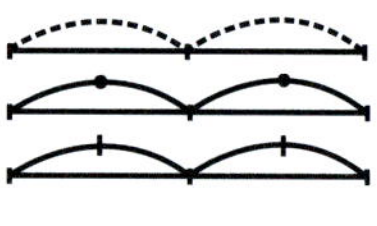	등분선	패턴의 등분을 나타내는 표시이다.

기호	명칭	설명
	절개선	패턴을 절개하는 표시이다. 기본 패턴을 변형할 때 패턴을 잘라 다른 패턴으로 변형하기도 한다.
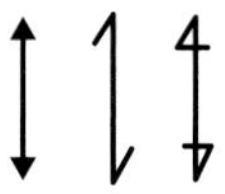	식서방향표시	옷감의 올방향에 대한 표시로 원단의 세로방향과 패턴의 식서방향을 맞추어 재단한다.
	바이어스방향	원단을 패턴에 배치할 때 원단의 사선방향에 맞추어 배치하여 재단하라는 표시로서 자연스럽게 주름을 잡는 옷에서 사용한다.
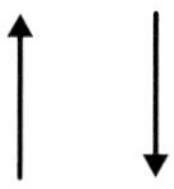	결방향표시	벨벳 골덴과 같이 털의 방향이 있는 원단을 사용할때 표시한다.
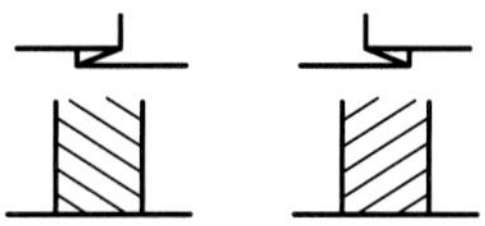	외주름	주름을 한쪽방향으로 잡을 때 표시한다. 사선의 위쪽이 겉주름이고, 사선의 아래쪽이 안주름 방향이다. 즉 사선의 높은 쪽에서 낮은 쪽으로 접어 잡는다.
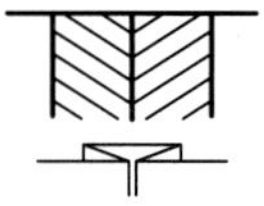	맞주름	두개의 주름이 중심을 향해 겉주름이 놓여 있는 주름의 표시이다.
	다트	평면패턴을 곡면의 몸에 옷을 맞게 하기 위해 패턴의 남는 분량을 접어주는 것을 다트라 한다.
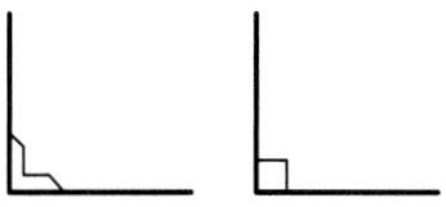	직각표시	두선이 만나는 점이 90° 각도가 되도록 하라는 표시이다. 앞뒤 어깨선, 옆선, 진동선 등이 만나는 곳에 사용한다.
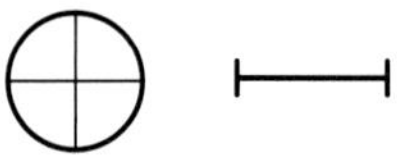	단추, 단추구멍	단추 및 단추구멍의 위치를 표시한다.

2. 제도 용구

① **필기구**: 제도용으로는 H, HB, B를 주로 이용하며, 사용자에 따라 굵기와 색상을 다양하게 준비한다.

② **패턴지**: 제도용으로는 일반적으로 전지 또는 노루지를 사용하며, 패턴의 보관 및 재단용으로 부직포를 사용하기도 한다.

③ **그레이딩자**: 제도 시 직선을 그리거나 곡선을 구부려 잴 때 사용하고, 일반 모눈자에 비해 유연하여 쉽게 구부러지며 cm단위와 inch단위의 자를 사용한다.

④ **S-모드자, 커브자**: 프랑스 패션학교 S모드에서 개발한 자로 암홀, 네크라인 등을 그릴 때 사용한다.

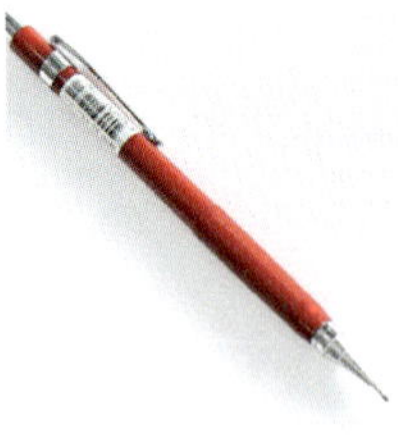

필기구

패턴지

그레이딩자

S-모드자

⑤ **줄자**: 견체 치수를 측정하거나 곡선을 잴 때 사용한다.

⑥ **종이가위**: 패턴 제도 시 종이 자르는 가위로 원단 자르는 가위와 구분하여 사용한다.

⑦ **매직테이프, 마스킹테이프**: 패턴 변형시 패턴을 자르거나 붙일 때 사용한다. 테이프 위에 글씨도 쓸 수 있고, 떼어냈을 때 접착의 자국이 남지 않아 깔끔하게 정리할 수 있다.

⑧ **룰렛**: 패턴의 선을 복사하기 위한 목적으로 사용한다.

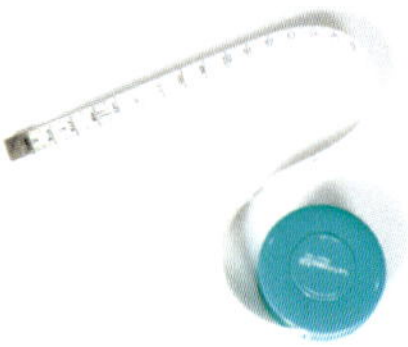

줄자

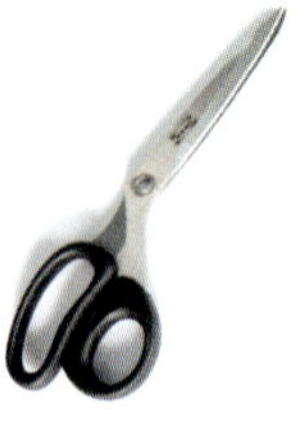

종이가위

매직테이프

룰렛

02 강아지 치수 측정

1. 신체 측정

모든 의상제작은 치수 측정에서 시작된다. 강아지 옷도 강아지의 기본신체에 대한 이해를 기준으로 의상제작에 필요한 사이즈를 측정해야 한다. 강아지 옷의 기본 치수는 목둘레, 가슴둘레, 등길이를 사용한다.

강아지의 자세는 정면을 바라보고, 다리를 곧게 선 자세를 취한 후 측정하는 것이 중요하지만, 강아지가 정지 자세를 유지하는 것이 어렵기 때문에 여러 번 측정하여 평균값을 사용한다.

① **목둘레**: 강아지의 목줄이 되는 위치를 측정한다. 배중심의 앞목뼈를 기준으로 등중심점을 지나는 둘레를 측정하지만, 기준점을 잡기 어려울때는 목줄의 위치를 기준으로 목둘레의 위치를 정하면 측정하기 쉽다.

② **가슴둘레**: 가슴의 가장 두꺼운 부분의 둘레를 측정하면 된다. 보통 앞다리 뒤쪽이 가장 두꺼운 가슴부위를 측정한다.

③ **등길이**: 강아지의 목둘레에서부터 척추뼈를 따라 꼬리가 세워졌을 때 꼬리앞의 1~2cm 전까지 측정한다. 등길이를 직선으로 측정할때는 꼬리전까지 측정해서 사용해도 된다.

④ **앞길이(앞가슴길이)**: 앞목뼈 위치에서 배를 따라 가슴둘레선 위치까지를 측정한다.

⑤ **앞가슴폭**: 앞다리 사이의 가장 좁은 폭의 가슴둘레 크기로 측정한다.

⑥ **소매길이**: 앞다리와 가슴둘레선이 만나는 위치에서부터 앞다리의 첫번째 관절 길이에서 ±1~2cm까지 측정한다. 첫번째 관절위치에 소매길이를 두면 활동에 불편함을 보일 수 있다.

⑦ **머리둘레(가로)**: 귀 위 머리둘레를 수평으로 하여 앞 뒤 중심이 지나도록 측정한다.

⑧ **머리둘레(세로)**: 모자 제작 시 정수리부터 턱아래 둘레를 측정한다. 후드 제작 시에는 앞목뼈까지 측정한다.

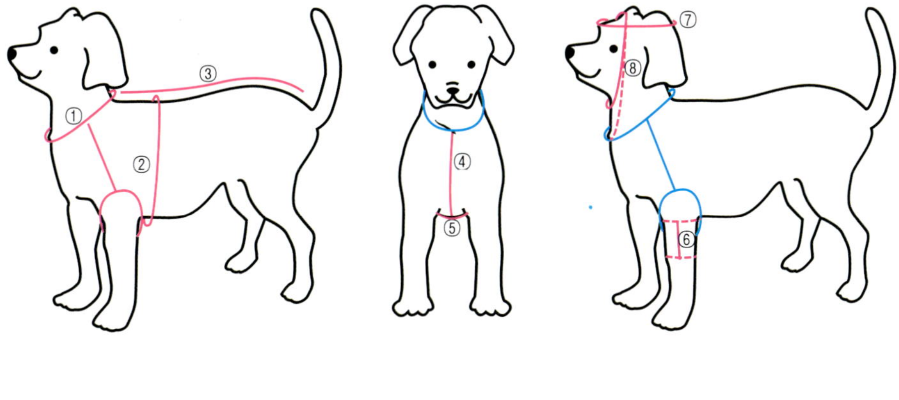

2. 패턴 제작에 필요한 치수

강아지 신체 치수 중 목둘레, 가슴둘레, 등길이를 이용하여 옷본인 패턴을 제작한다. 견체의 특성에 따라 치수를 조절하여 제작하고, 견체 치수의 측정이 어려울 때는 가슴둘레를 기준으로 등길이 치수를 확인하여 패턴을 설계하거나, 기준 사이즈로 의상을 제작하고 착장 후 수정하여 사용하면 핏이 잘 맞는 옷을 제작할 수 있다.

〈강아지 신체 참고 사이즈〉

	목둘레	가슴둘레	등길이
XS	18	28	20
S	20	30	22
SM	23	33	24
M	26	36	27
L	29	43	32
XL	32	48	37

나의 강아지 신체치수는?

	목둘레	가슴둘레	등길이	소매길이
측정 1				
측정 2				
측정 3				
평균				

03 몸판 원형 패턴 제도

원형 패턴은 견체의 형태를 감싸는 입체의 옷을 평면으로 펼쳐 의복을 제작하기 위한 기본 옷본을 의미한다. 이는 견체에 잘 맞고 편안하게 제작하여야 하며, 이를 변형하여 다양한 의복을 제작하는 데 활용한다.

1. 원형 패턴의 명칭

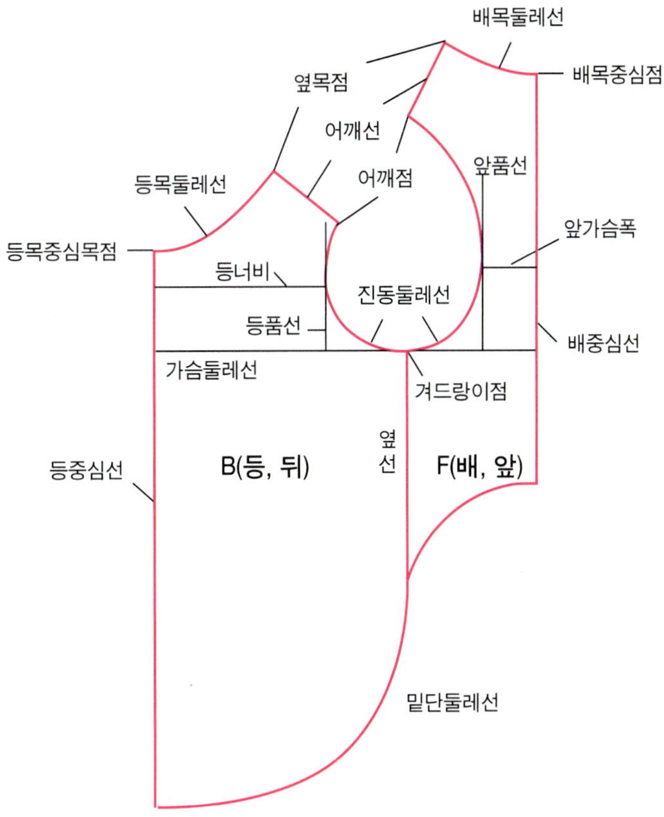

2. 등판 그리기

① **등길이 그리기(AB)**: 세로선(AB) 그리기

② **가슴둘레선 그리기(CD)**: A점에서 [$\frac{등길이}{5}$+1] 길이를 C점으로 하고, 이점에 [$\frac{B}{2}$+1(여유분)] 만큼 길이에 D점을 표시한 후, 가슴둘레선 CD를 그린다. 여유분은 원단에 따라 달라질 수 있다.

③ **목둘레선 그리기(F)**: A에서 [$\frac{B}{6}$]를 등목너비(AE)로 하고 이를 2등분 한 후 그 길이의 1등분만큼 올려 옆목점(F)의 위치를 정한다. A점에서 1cm 내린 점과 F점을 연결하여 등목둘레선을 그린다.

④ **어깨선 그리기(FG″)**: C에서 [$\frac{B}{4}$−0.5]너비의 등품선을 그린후 AE의 연장선과 만나는 점을 G로하고, G에서1.5cm 연장된 G′와 F를 직선으로 연결한다. 어깨선 길이는 G′에서 옆목점으로 1cm 이동한 FG″로 **한다.**

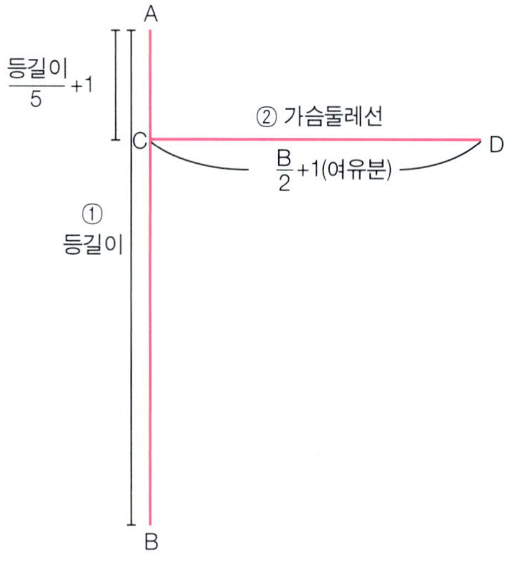

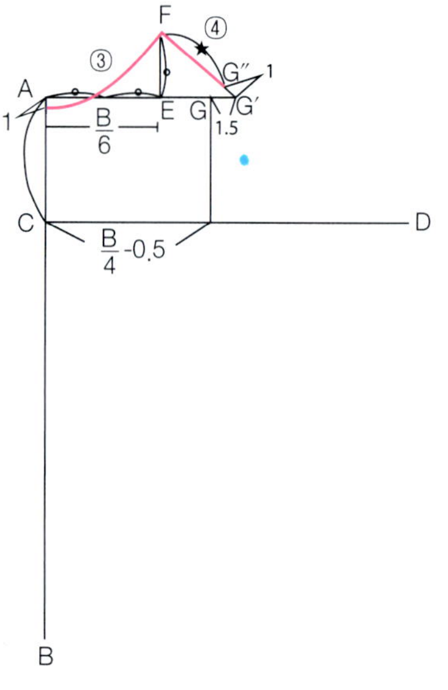

⑤ **진동둘레선 그리기**(G″MH) : G″에서 등품선의 이등분점M, 가슴둘레선의 $\frac{2}{3}$점 H를 곡선으로 연결하여 진동둘레선 G″MH를 그린다.

⑥ **옆선 그리기**(HI) : CD를 3등분한 후 2등분점 H에서 CB와 동일한 크기로 수직선을 내려 옆선(HI)을 완성한다. 가슴둘레의 $\frac{2}{3}$크기는 등가슴둘레가 되고, $\frac{1}{3}$크기는 배가슴둘레가 된다.

⑦ **밑단 그리기** : HI의 $\frac{3}{5}$등길이에서 B까지 대각선을 그린 후, 그선에 직각으로 I와 연결한 선의 이등분점을 지나는 자연스러운 곡선을 그려 밑단을 완성한다.

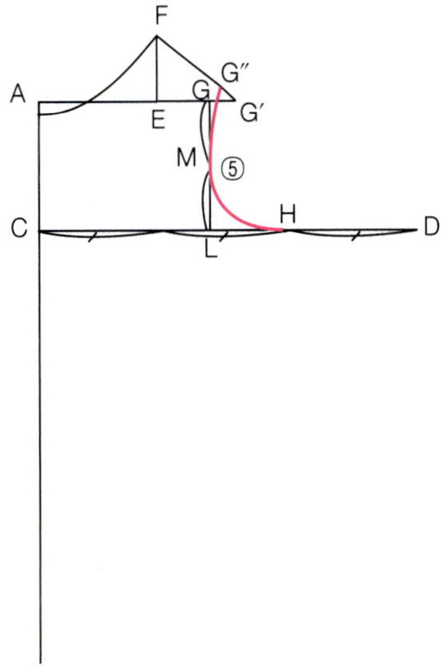

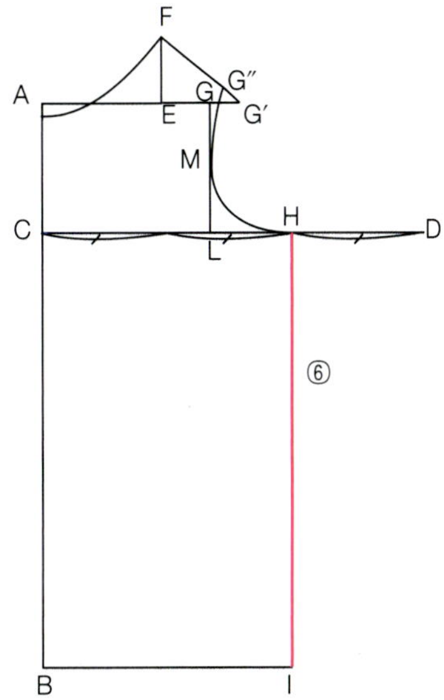

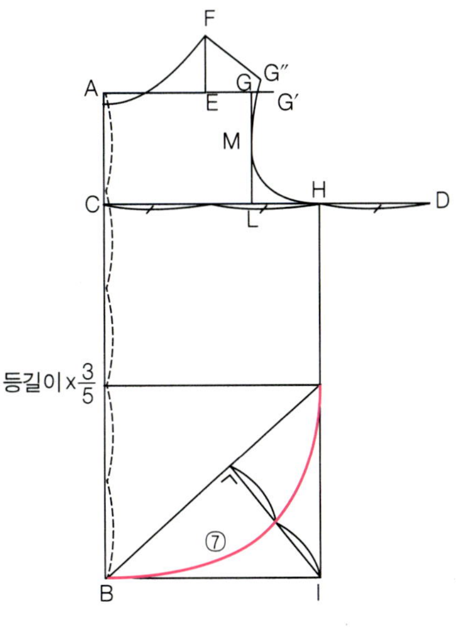

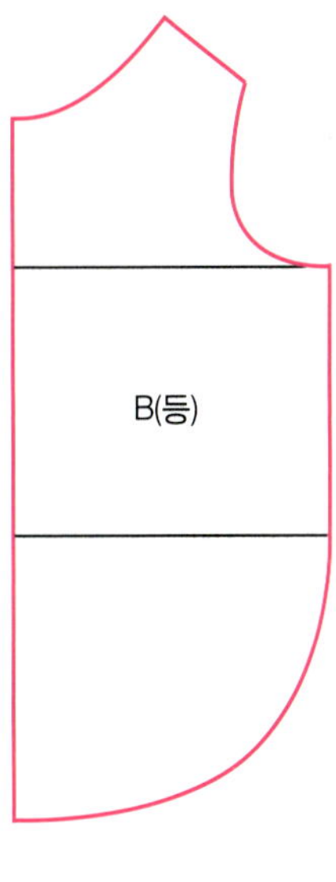

3. 배판 그리기

① **앞가슴길이 그리기**(DN): D점에서 $[\frac{B}{4}+\frac{B}{8}]$의 길이 만큼 올린 점을 배중심점 N으로 하여 앞가슴길이를 그린다.

② **앞목둘레선 그리기**(NO): N에서 앞목너비를 $[\frac{B}{6}-\frac{B}{24}]$로 하고, 앞목너비의 $\frac{1}{3}$ 높이 만큼 올라간 점을 옆목점 O로 하여 앞목둘레선 NO를그린다.

③ **앞어깨선 그리기**(OP): N점에서 B/12 내려온점을 N′로 하고, 이점에서 $[\frac{B}{6}+1]$ 가로선을 그린 점을 N″로 한다. O점과 N″를 직선으로 연결하고, O점에서 등어깨선길이(★)의 점을 P로 하여 앞어깨선 OP를 정한다.

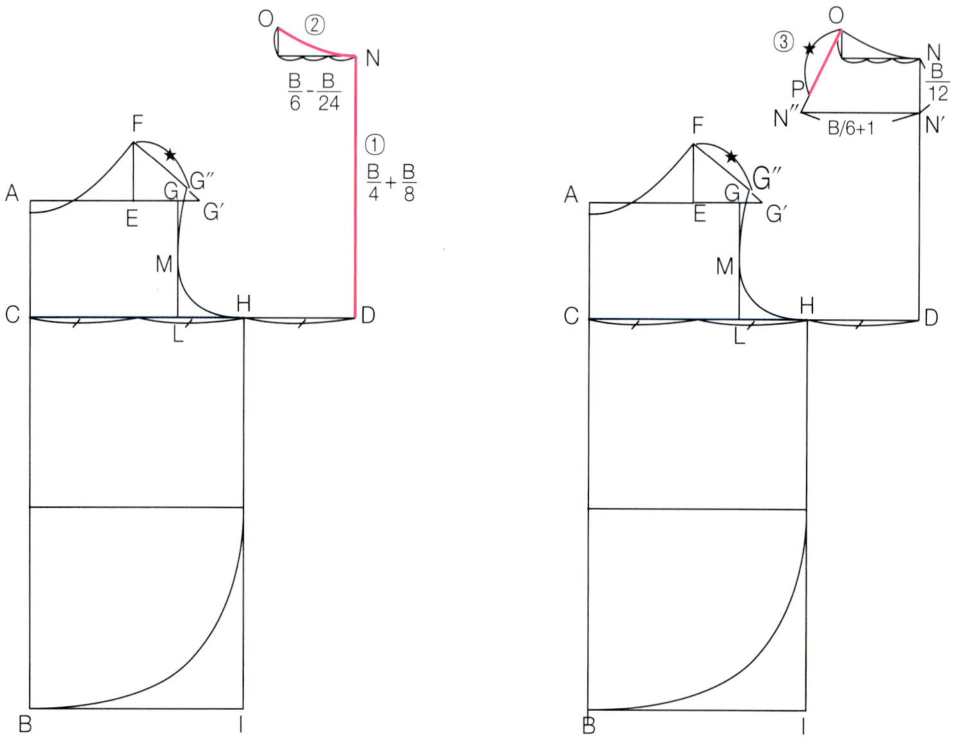

④ **앞진동둘레선 그리기**(PQH) : 앞가슴폭을 [$\frac{B}{12}$−0.5]로 하여 ND에 평행으로 앞품선을 그린다. 앞품선의 1/3점을 Q로 하여 PQH를 연결하는 자연스러운 곡선을 그려 앞진동둘레선을 완성한다.

⑤ **밑단 그리기**(SR) : AB의 $\frac{2}{5}$등분점에서 1cm 내려온 R에서 S′까지 대각선을 그리고 이 선에 직각으로 S와 만나는 선을 그린 후 3등분한다. S와 $\frac{1}{3}$점 그리고 S′를 자연스런 곡선으로 연결하여 배밑단둘레선을 완성한다. 여자 강아지의 경우 R′까지 밑단을 사용해도 된다.

⑥ **옆선 완성하기**(HS′) : HS′를 배판 옆선으로 하여 완성한다.

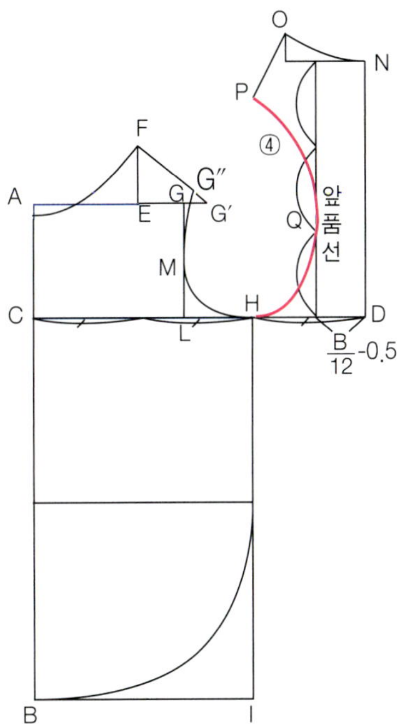

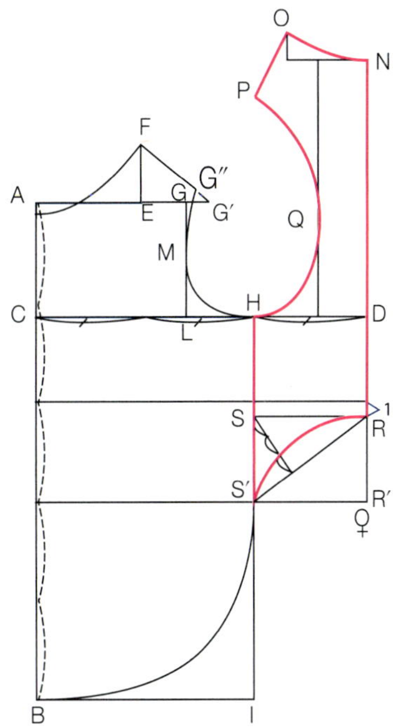

Tip **선과 선이 만나는 위치가 직각이 되어야 하는 이유!**

각각의 다른 면들이 만나는 위치의 모양이 자연스럽게 연결되게 하기 위해 선과 선이 만나는 모서리 부분이 직각이 되도록 그린다. 그리고 연결되는 면의 선을 붙여서 자연스러운 선으로 그려졌는가를 확인하면서 조정한다.

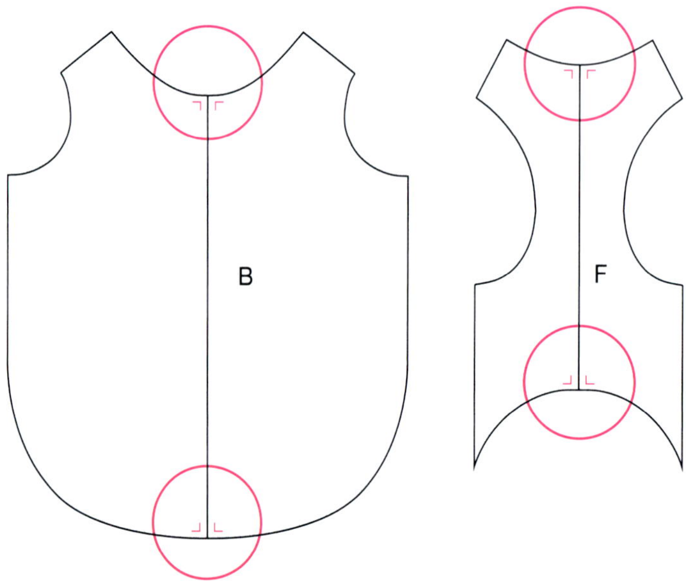

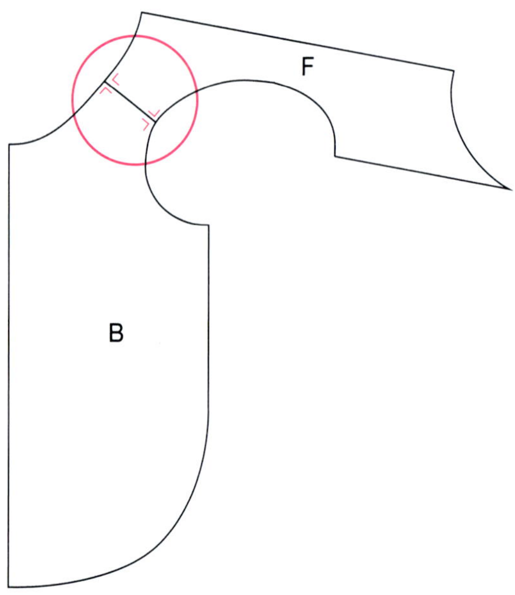

4. 타이트 패턴 만들기

패턴은 종이 위에 그려지기 때문에 평면으로 그려진다. 그러나 견체의 구조는 입체이기 때문에 평면의 구조를 입체에 착용시키면 둘레의 차이를 나타낸다. 이 차이를 줄여 견체에 잘 맞는 의복을 제작하기 위해 다트를 넣는다. 이렇게 평면의 의상을 입체적인 모양으로 만들어 견체에 잘 맞도록 제작한 패턴을 타이트패턴이라 한다. 강아지 의상에서는 옆선다트와 밑단다트를 만들어 타이트패턴으로 활용한다.

표준의 견체 구조는 가슴이 튀어나오고 배가 들어간 형태로 가슴둘레와 허리둘레 크기의 차이가 크므로, 의복 착용시 엉덩이 부분과 배밑단이 들뜨는 현상이 많이 나타난다. 이를 보정하기 위해 옆선에 다트를 넣거나, 밑단에 다트를 넣어 밑단둘레를 줄여주므로 맞음새가 좋은 의복을 제작할 수 있다.

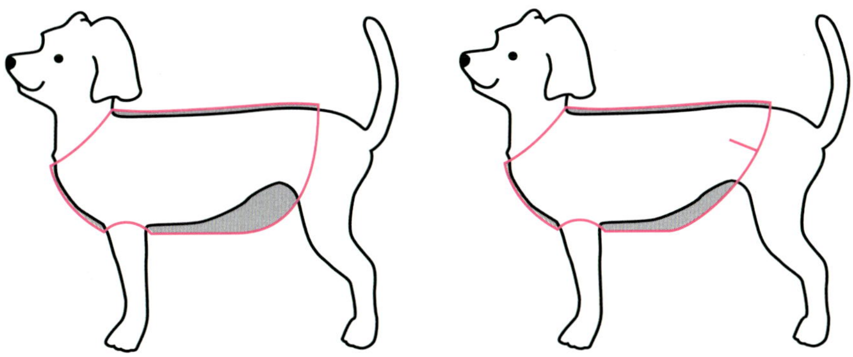

〈다트 유무에 따른 견체와 여유분〉

(1) 옆선다트 만들기

옆선다트는 견체의 가슴둘레와 허리둘레의 차이가 나기 때문에 넣어주면 좋다. 옆선다트를 넣지 않을 때는 배판 밑단에 고무줄 또는 시보리를 넣어 옷이 견체에 잘 맞도록 한다.

① S'점에서 좌우 수평으로 0.5~1cm 위치에 점을 찍고 H점과 연결하는 직선을 그린다.
② 옆선의 다트를 접고, 밑단을 자연스런 곡선으로 그린다.
③ 옆선과 밑단의 길이가 줄어들면서 가슴둘레와 허리둘레의 차이가 줄어든다.

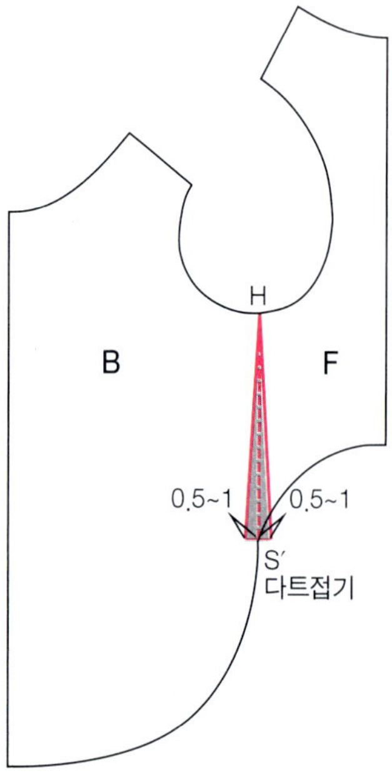

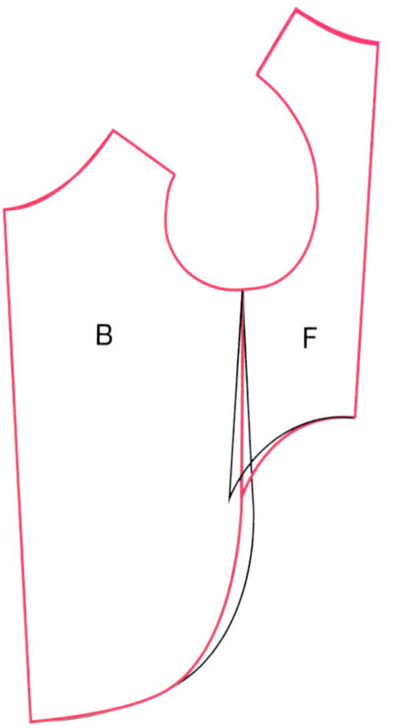

(2) 밑단다트 만들기

① 등밑단의 2등분점 또는 3등분점에서 밑단선에 접선을 그린 후 수직으로 다트길이 4~7cm, 좌우로 다트량 0.5~1cm를 넣어 밑단 다트를 완성한다. 원단에 따라 다트분량과 길이는 달라 질 수 있다.

② 엉덩이가 마른 견체의 경우 배둘레의 3등분점에 2개의 다트를 넣어 줄 수도 있다.

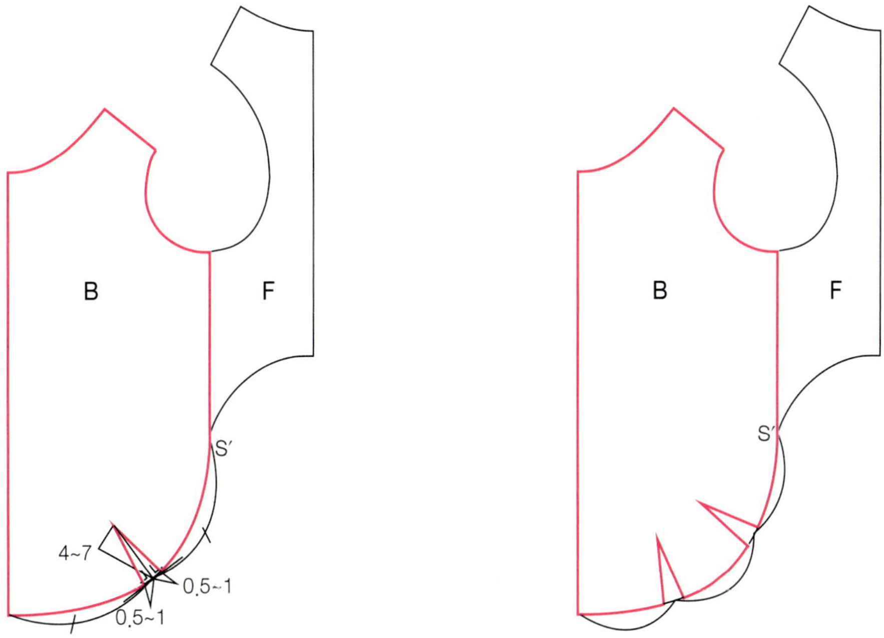

04 소매 패턴 제도

강아지 옷에서 소매있는 옷은 가을, 겨울이나 외출시 몸을 따뜻하게 보호해 주는 역할을 할 수 있다. 소매는 활동에 방해가 되어 관절에 무리가 되지 않도록 소매길이를 정해야 한다.

보통 첫번째 관절 기준으로 길이를 정한다. 첫번째 관절에 걸쳐지면 활동에 불편함을 줄 수 있으므로 관절 위로 또는 아래로 내려서 길이를 정한다. 또한 다리가 긴 견종의 경우 긴소매가 몸을 감싸주어 멋스러운 분위기를 연출할 수 있다.

1. 소매의 종류와 명칭

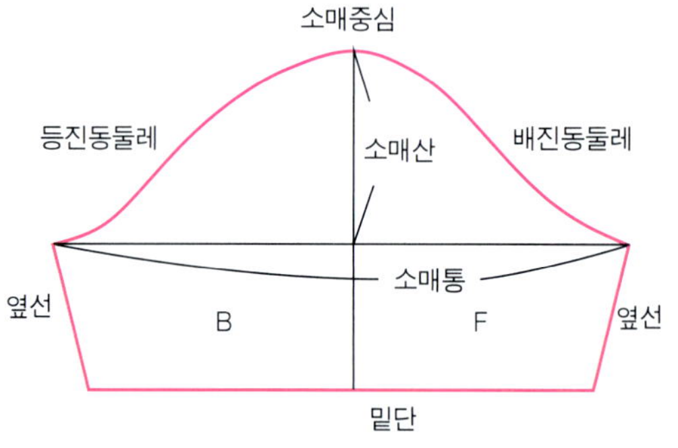

〈소매패턴의 명칭〉

① **셋인슬리브**(set-in-sleeve): 몸판의 진동둘레 위치에 소매가 달리는 일반적인 소매를 의미한다.
② **래글런슬리브** (raglan sleeve): 목둘레선에서 겨드랑이 쪽으로 소매의 이음선이 있는 소매이다. 캐쥬얼하면서 스포티한 분위기를 연출하기 쉽다.

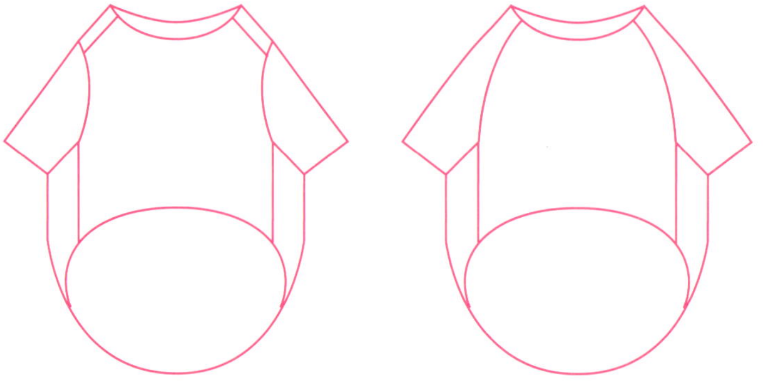

〈셋인슬리브〉 〈래글런슬리브〉

2. 소매 패턴 제도하기

(1) 기본 소매 패턴 제도하기

소매가 있는 의복의 경우 몸판패턴의 진동둘레치수를 이용하여 소매를 제도한다. 소매길이는 견체로부터 측정하여 사용하지만, 정확한 길이의 측정이 어려울 경우 [$\frac{등길이}{5}$]치수와 비교하여 견체 특성에 따라 조절하여 사용한다.

① **진동둘레 치수재기**(AH): 몸판패턴에서 진동둘레선의 치수(AH=★+▲)를 잰다.

② **기초선 그리기**: a점에서 시작하는 임의의 세로선을 그린 후 [$\frac{AH}{4}$+1]만큼 내려온 위치를 b점으로 하고, b점을 지나는 임의의 가로선을 그린다. 진동선을 그리기 위해 a에서 출발해 [$\frac{AH}{2}$+0.5]길이로 b를 지나는 가로선과 만나는 c점을 찾고, [$\frac{AH}{2}$−0.5]길이의 d점을 찾아 직선을 그린 후 소매길이와 밑단을 그린다.

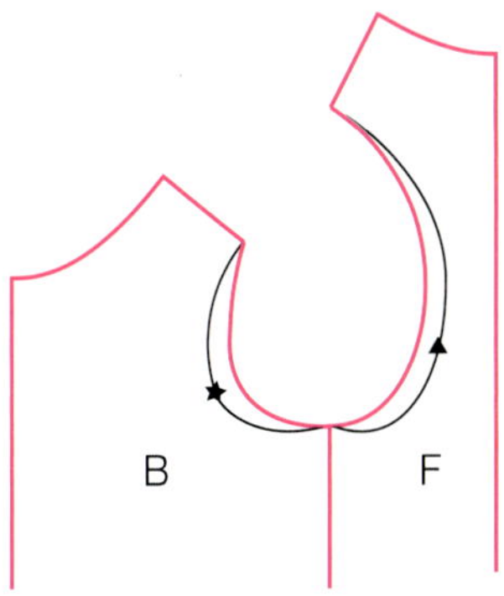

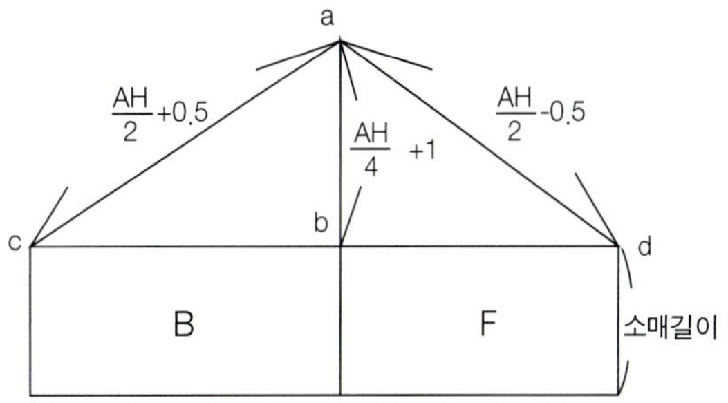

Tip 소매길이 참고치수

사이즈	소매길이($\frac{등길이}{5}$+1~2)
XS	3
S–SM	4
M–L	5
XL~	6~

③ **등진동둘레선 그리기**: ac선을 3등분한 후 첫번째 등분점에서 0.7cm, 3번째 등분의 중심점에서 0.5cm의 수직선을 그린 후 자연스러운 곡선으로 그린다.

④ **배진동둘레선 그리기**: ad선을 4등분한 후 첫번째 등분점과 3번째 등분점에서 0.5cm의 수직선을 그린 후 자연스러운 곡선으로 그린다.

⑤ **진동둘레선 완성하기**: 소매중심점을 a에서 0.5cm 내려 a'로 옮기고, 진동선을 자연스럽게 다시 그려 완성한다.

⑥ **옆선 완성하기**: e, f 점에서 1~1.5cm 이동한 점과 c, d를 연결하여 옆선을 완성하고, 옆선에 직각이 되도록 밑단을 정리한다.

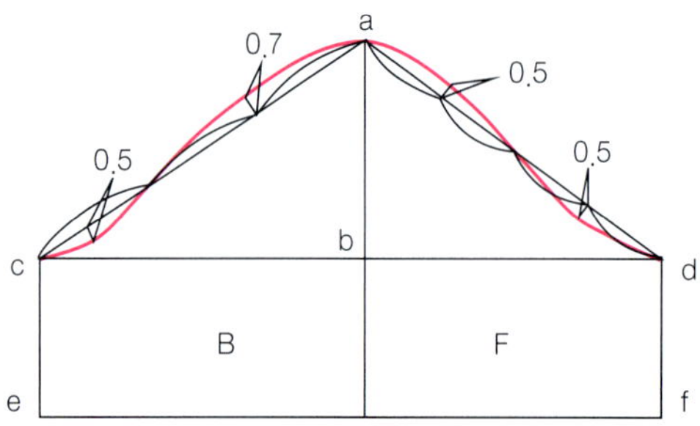

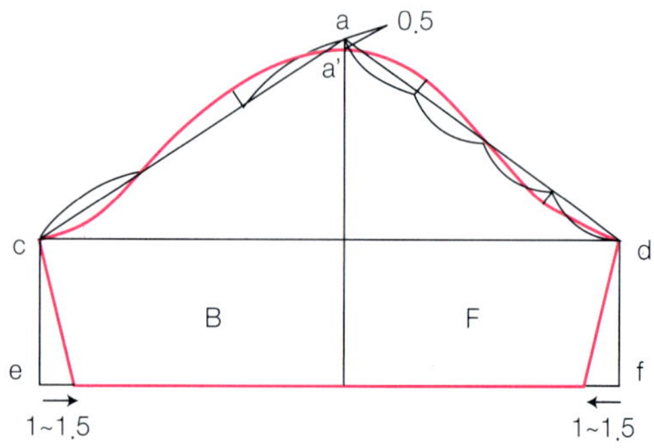

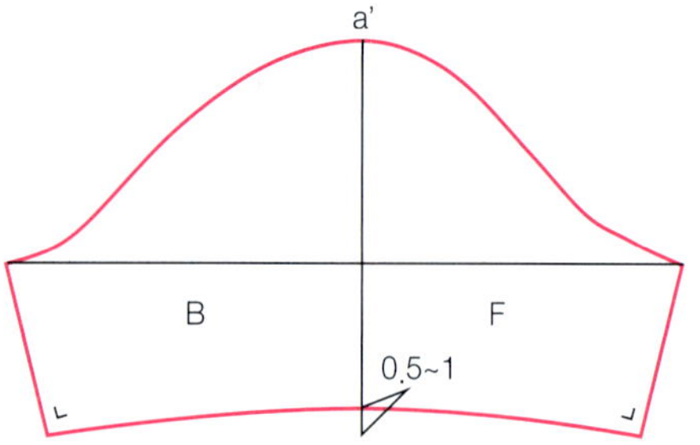

Tip 진동둘레선을 수정하는 이유

진동둘레선은 몸판진동둘레 치수를 이용하여 곡선으로 그리기 때문에, 소매의 진동둘레가 몸판진동둘레보다 크다. 강아지옷은 크기가 작기 때문에 적은 차이에도 봉제 시 주름이 잡히게 된다. 이를 해결하기 위해 소매중심점을 이동하여 소매진동둘레 치수를 줄여주면 봉제 시 쉽게 소매를 붙일 수 있다.

⑦ **진동둘레선과 밑단 정리하기**: 좌우 옆선을 붙여 진동둘레선과 밑단선이 자연스럽게 연결되도록 보정하여 완성한다.

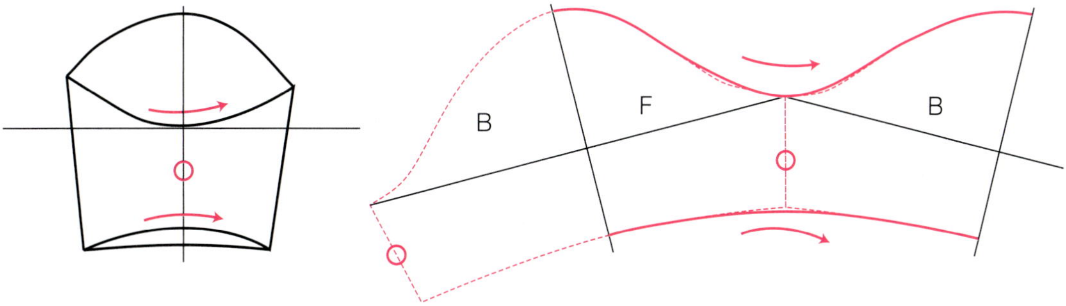

⑧ **몸판에 소매중심 너치표시하기**: 등판 어깨점에서 등진동둘레선을 따라 [$\frac{등길이}{10}$]만큼 이동하여 너치점(a')을 표시하고, 이를 몸판의 소매중심점으로 한다. 봉제 시 소매중심점과 몸판의 소매중심점 위치를 맞추어 작업한다.

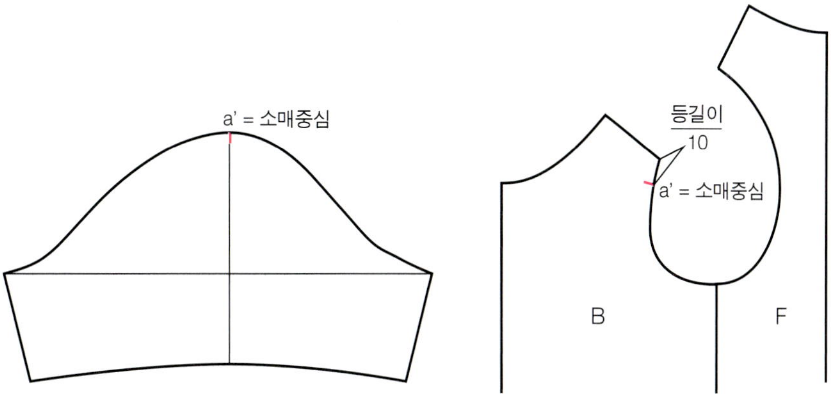

Tip 소매중심이동에 대한 이해

강아지는 4개의 발로 걷기 때문에 소매중심선의 방향을 변경하지 않으면, 소매단 부분이 들뜨는 현상이 나타난다. 이에 소매중심이동을 통해 강아지의 앞다리 방향과 움직임에 맞는 패턴을 제도할 수 있다.

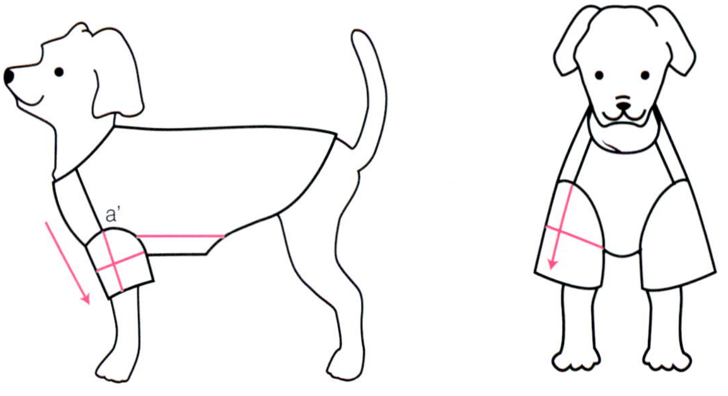

〈소매중심이동 전 소매모양〉

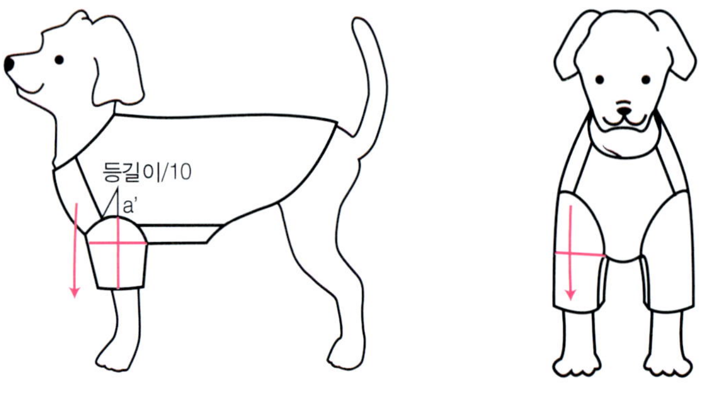

〈소매중심이동 후 소매모양〉

(2) 소매옆선과 몸판옆선 맞추기

강아지옷 소매는 소매중심을 이동하여 한장소매를 제작하였기 때문에 몸판의 옆선과 소매의 옆선이 일치하지 않는다. 그러나 소매의 옆선과 몸판의 옆선을 일치하도록 맞추어 제작하고 싶다면 기본소매패턴을 변형해서 사용할 수 있다.

① **몸판 등소매 진동치수 재기(a'H)**: 몸판의 소매중심점(a')에서 겨드랑이점(H)까지의 치수를 잰다.

② **옆선 그리기(He')**: H에서 소매단에 수직선을 그린후 절개한다. He'선이 새로운 옆선이 된다.

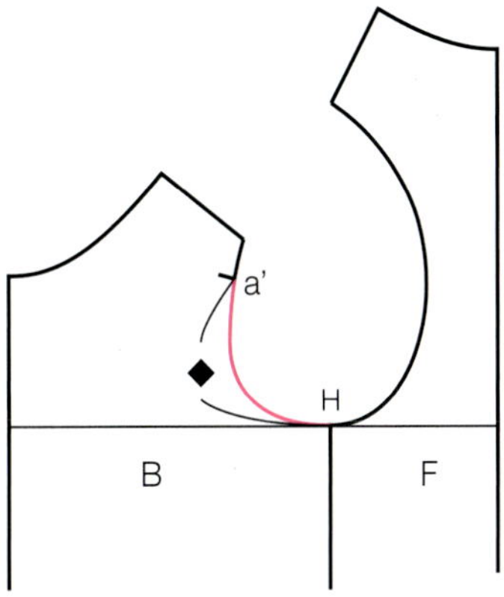

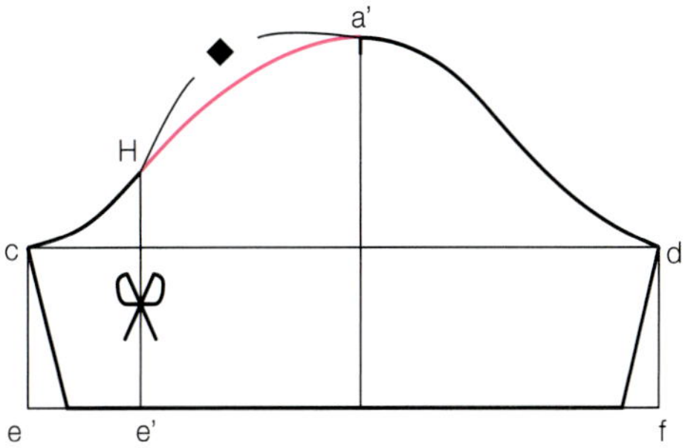

③ **조각패턴 이동하기**: 절개한 [Hcee']패턴조각을 배소매쪽의 df선에 맞추어 이동하여 붙인다.

④ **옆선과 밑단 정리하기**: 양쪽 e'점에서 0.5~1cm 이동한 점과 H점을 연결하여 옆선을 완성하고, 옆선에 직각이 되도록 밑단을 정리한다.

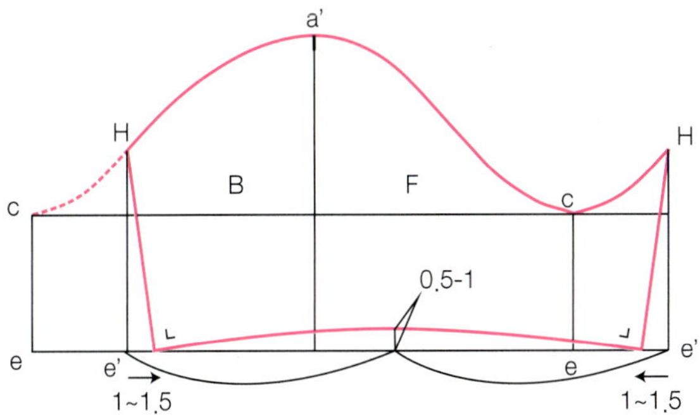

3. 래글런 소매 제도하기

① **몸판 진동둘레선 그리기**: 등목둘레선의 $\frac{1}{3}$등분점과 겨드랑이점을 직선으로 연결한 후 절개하여 등판을 완성한다. 배목둘레선의 $\frac{1}{2}$등분점과 앞품점을 직선으로 연결한 후 절개하여 배판을 완성한다.

② **소매제도를 위한 치수재기**: 래글런 소매를 제도하기 위해 래글런 진동선 A, B, 등배목둘레의 C, D 치수를 측정한다.

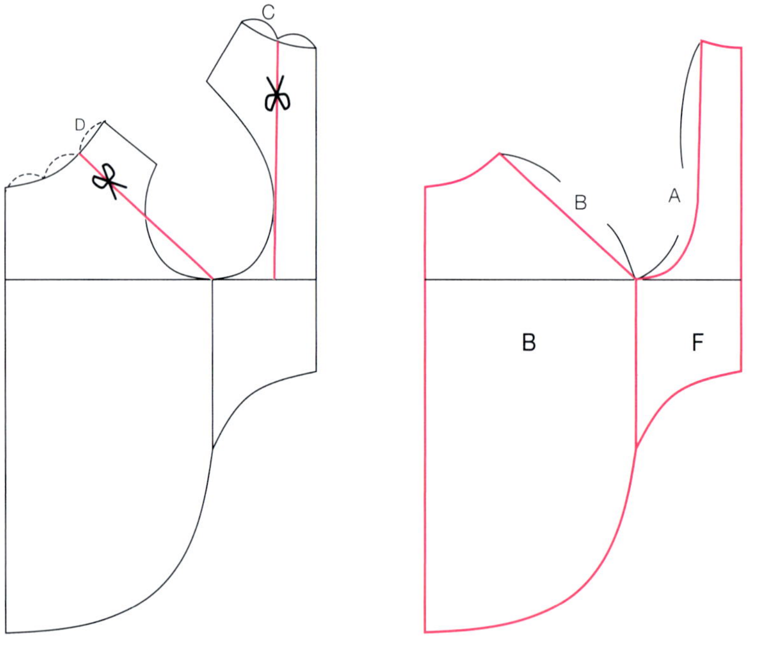

③ **목둘레선 그리기**(ef): 1cm 간격의 임의의 가로선 2줄을 그린다. 임의의 점 e에서 [C+D]길이로 1cm 아래선과 만나는 점을 f로 하여 ef를 직선으로 연결한다. 이를 목둘레선으로 한다.

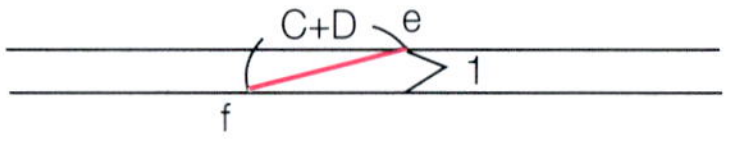

④ **소매산 그리기**(eg): e에서 [$\frac{A+B}{3}$] 만큼 내려온 점을 g로 하고 eg를 직선으로 그린다.

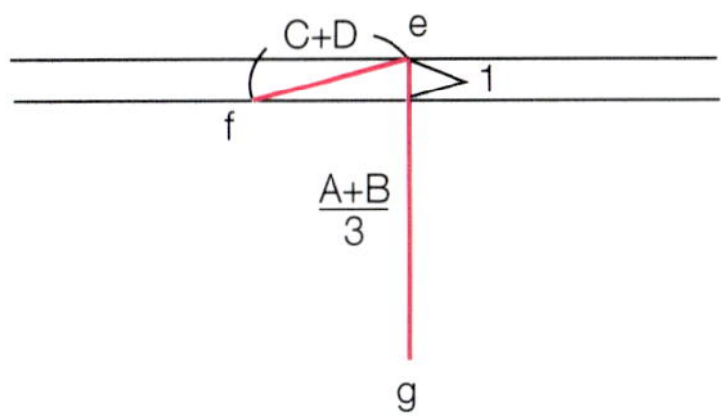

⑤ **등소매 래글런선 그리기**(eh): g를 지나는 임의의 가로선을 그린 후 e에서 이 가로선과 만나는 B길이의 점h를 찾아 직선으로 그린다.

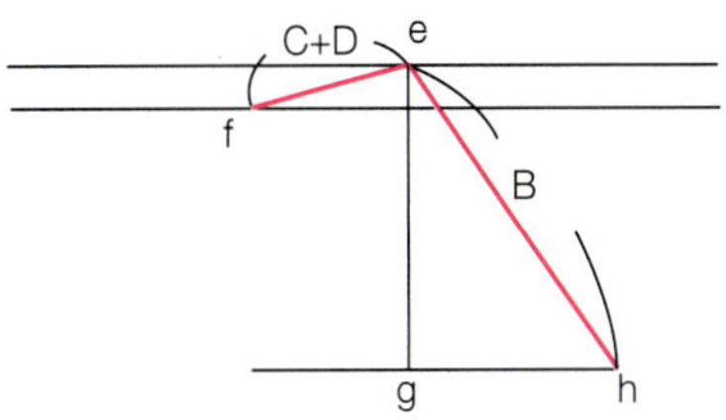

⑥ **배소매 래글런선 그리기**(f–m'–o–n)

- g를 지나는 가로선과 f에서 내려온 수직선과 만나는 점을 k로 하고 k에서 1cm 이동한 점을 m으로 한다. fm을 직선으로 연결한 후 길이(★)를 잰다.

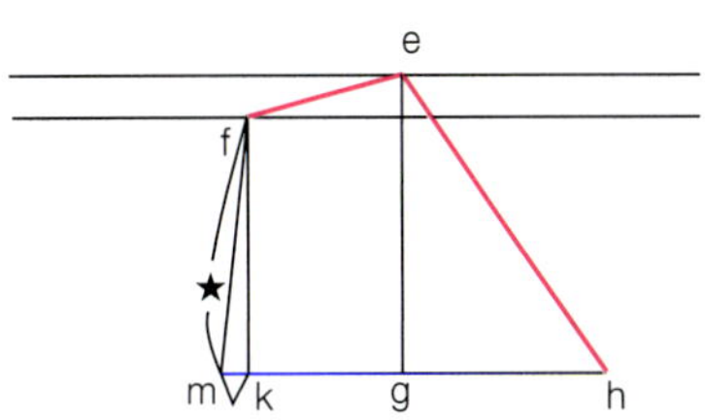

- m을 지나는 가로 연장선에서 (A-★+0.5)길이의 n점을 찾는다. mn길이의 2등분점에서 1cm 내려온 점을 o로 한다.
- fm을 3등분하고 m에서 가까운 1등분점을 m'로 한후, f-m'-o-n을 연결하는 곡선을 그려 배소매 라글란선을 완성한다.

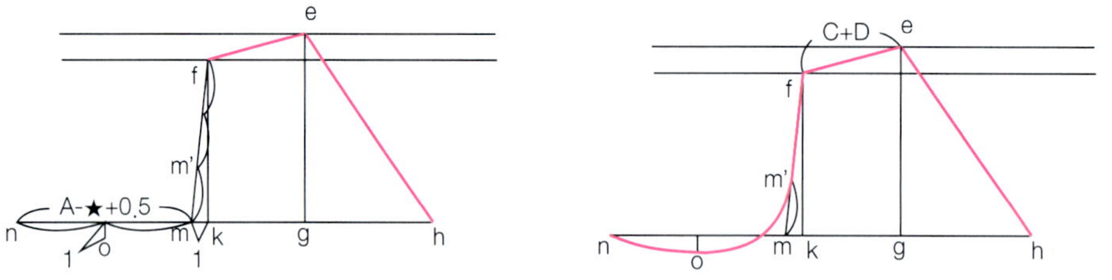

⑦ **옆선과 밑단 그리기**: n, h에서 소매길이만큼 수직선을 그리고 가로선을 연결한 후 좌우 끝점에서 1~1.5cm 이동한 점과 n, h를 연결하여 옆선을 그린다. 옆선과 직각으로 밑단을 정리하여 완성한다.

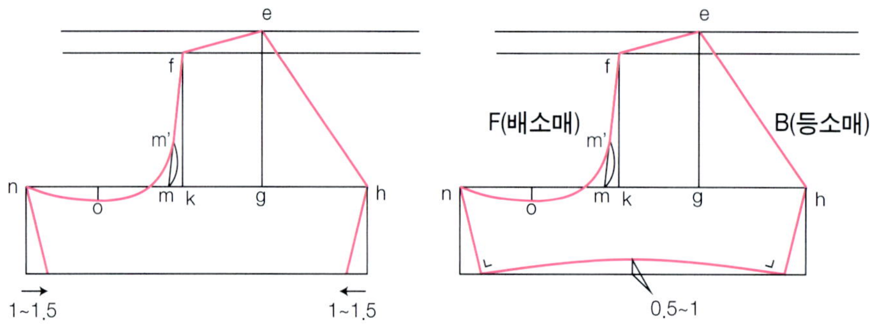

⑧ **네크라인, 진동둘레선과 밑단 정리하기**: 등판–소매–배판을 연결하여 네크라인선이 자연스럽게 연결되도록 보정한다. 또 소매의 좌우 옆선을 붙여 진동둘레선과 밑단선이 자연스럽게 연결되도록 보정하여 정리한다.

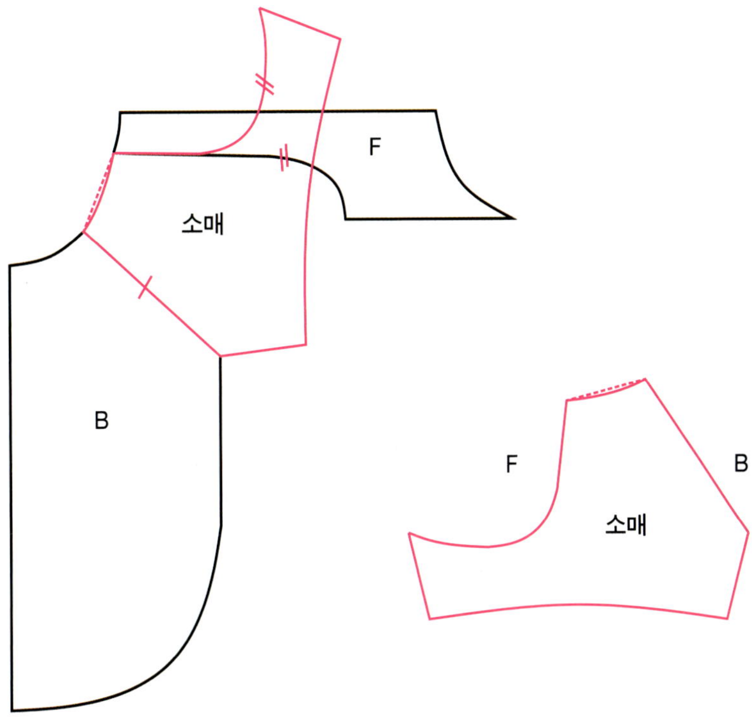

〈네크라인 정리〉

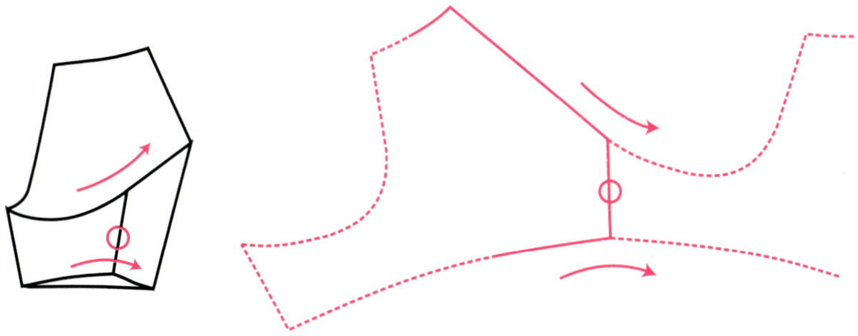

〈진동둘레선 소매단 정리〉

05 바지 패턴 제도

강아지옷에서 바지는 몸판패턴에 붙여 패턴이 제작되어, 상의와 하의가 하나로 붙어있는 올인원으로 보통 착의되고, 티셔츠와 바지가 붙어있는 형태나 어깨끈이 있는 멜빵바지 형태로도 착장한다.

〈올인원〉

〈팬츠〉

1. 올인원 패턴 제도

① **바지중심선그리기**(bb'): a'b의 사선을 그린 후 이 선에서 $[\frac{\text{등길이}}{2}-\frac{\text{등길이}}{10}]$의 수치만큼 연장하여 bb'선을 그린다.

② **바지통 정하기**(cd, cd'): b에서 시작해 bb'선위에 $[\frac{\text{등길이}}{6}]$까지를 c점으로 하고, c점에서 바지중심선에 수직선을 좌우로 $[\frac{\text{소매통}}{2}+1\sim1.5\text{cm}]$ 길이로 그려 바지통의 크기를 정한다. 바지통은 다리둘레 측정을 통해 패턴을 제도하지만, 정확한 치수의 측정이 어렵기 때문에 소매통의 크기로 하거나 [소매통+1~2cm] 크기로 정해 사용해도 된다. 특이 체형의 경우 견체의 다리둘레 치수과 비교한 후 사용한다.

② **등밑단 완성하기:** dd'와 길이가 같고 평행한 선으로 bc의 2등분점을 지나는 선을 그린다. a에서 시작해 직선 ab와 c'e'의 $\frac{1}{3}$점을 지나는 곡선을 그려 등밑단선을 완성한다.

③ **배밑단 완성하기**: 배밑단중심점 f, hh'선의 1/3점, g에서 1cm 배중심 쪽으로 연장한 점 g', c'e의 $\frac{1}{3}$점 그리고 d를 연결하는 자연스러운 곡선을 그려 배밑단선을 완성한다.

④ **바지 옆선 완성하기:** cb'와 같고 평행인 선을 d, d'에 그린후 좌우 1~1.5cm 바지중심으로 이동한 점과 d,d'를 연결한다. 옆선과 직각으로 밑단을 정리하여 완성한다. 바지길이는 견종에 따라 달라질 수 있다.

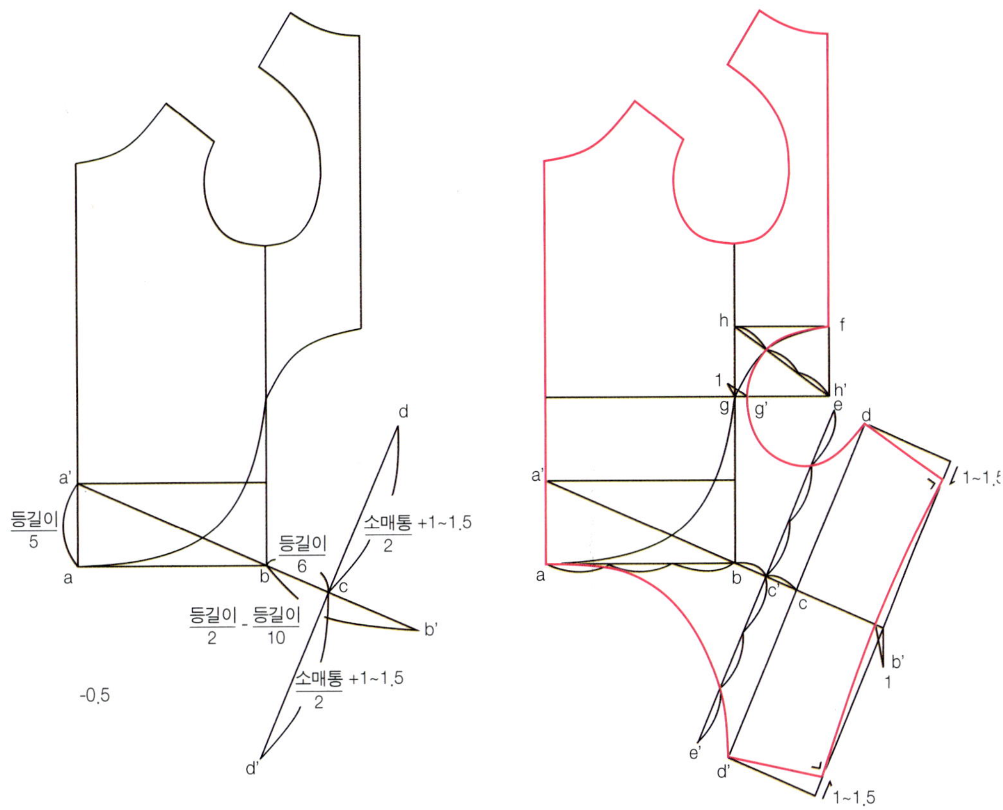

Tip 바지길이 참고치수

사이즈	바지길이(bb')	바지통(dd')
S	9	20
SM	10	21
M	11	23
L	13	27
XL	15	29

2. 바지 패턴 변형

① 허리선 만들기: 등밑단중심점에서 등길이의 $\frac{2}{5}$의 위치에 가로선을 그린다. 이선을 허리선으로 절개하여 상의와 바지를 분리하여 디자인 할수 있다.

② 재단 시 원단의 소요량을 줄이기 위해 허리선 절개 뿐만 아니라, 옆선 및 바지다리선에 절개선을 넣어 디자인하기도 한다.

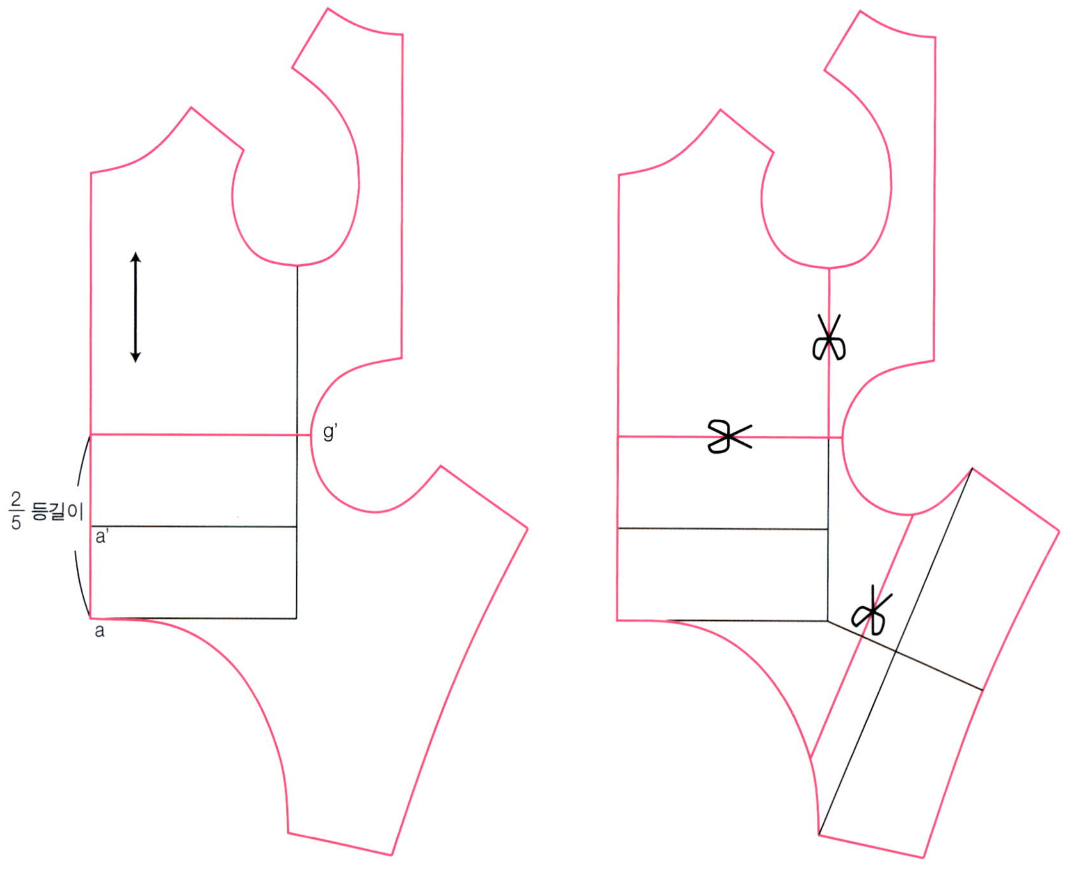

Tip 올인원 및 바지 디자인 변형 재단 예

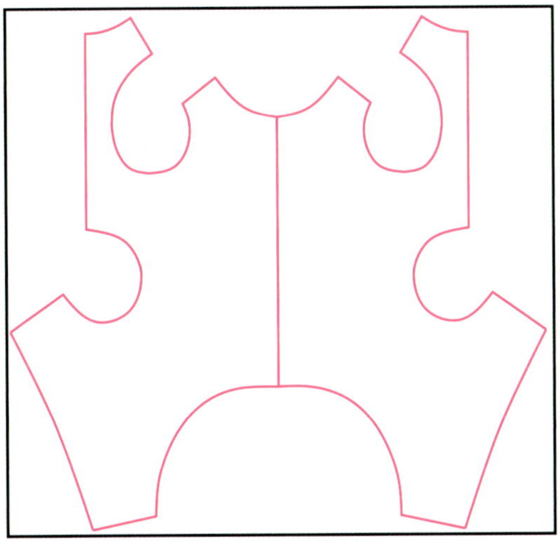

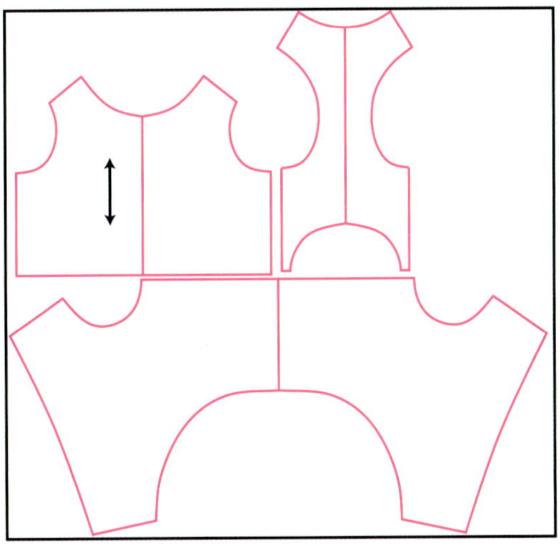

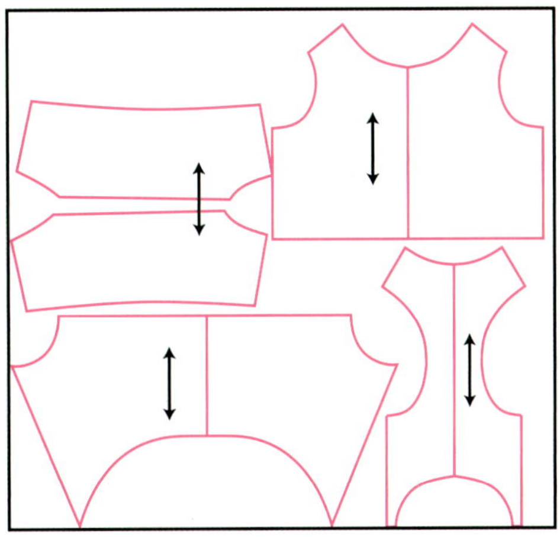

06 패턴 수정

견종별 신체특성은 차이가 있어 강아지의 신체특성을 고려하여 좀더 강아지의 체형에 잘 맞는 의복을 제작할 수 있다. 의복 제작시 중요한 강아지의 치수는 목둘레의 크기, 가슴발달정도의 차이, 등길이의 차이에 따라 패턴을 고려하고, 그밖에 다리의 길이, 모량의 부피감 정도에 따라 그 특성을 적용하여 패턴을 수정보완하여 사용하면, 반려견의 특성에 꼭 맞는 맞춤 의상을 제작할 수 있다.

1. 목둘레 조절하기

① **목이 얇은 체형**: 목둘레를 0.5~1cm 정도 줄여준다. (ex. 치와와)

② **목이 두꺼운 체형**: 목둘레를 0.5~1cm 정도 늘려준다. (ex. 불독, 퍼그, 페키니즈)

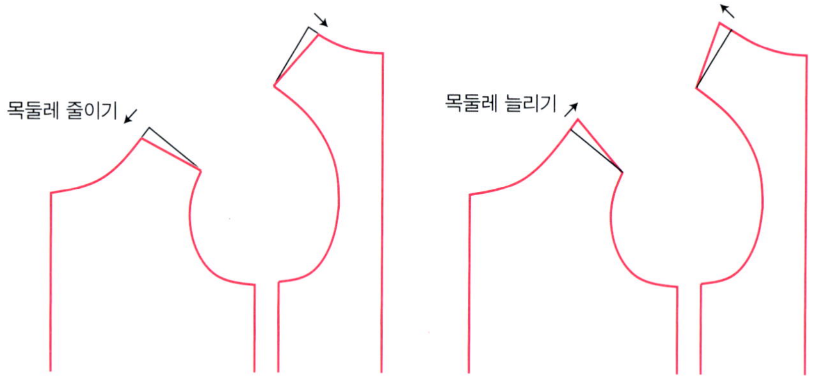

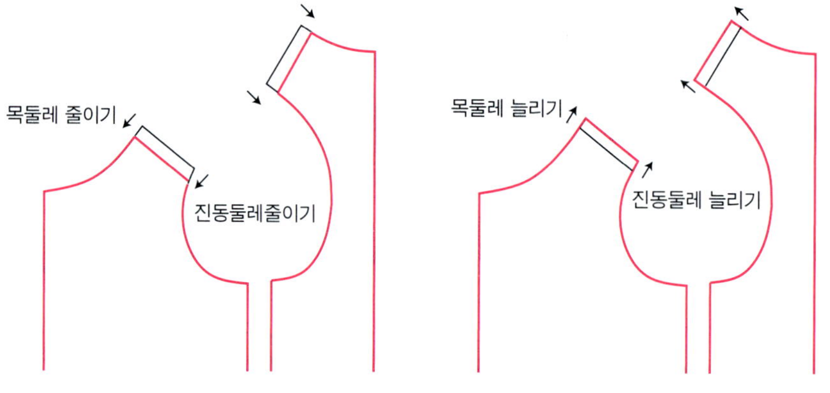

2. 등길이 조절하기

① **등길이가 짧은 체형**: 등길이를 1~2cm 정도 줄여서 패턴을 제도한다. (ex. 말티즈, 포메라니언)

② **등길이가 긴 체형**: 등길이를 2~4cm 정도 늘려서 패턴을 제도한다. (ex. 푸들, 닥스훈트)

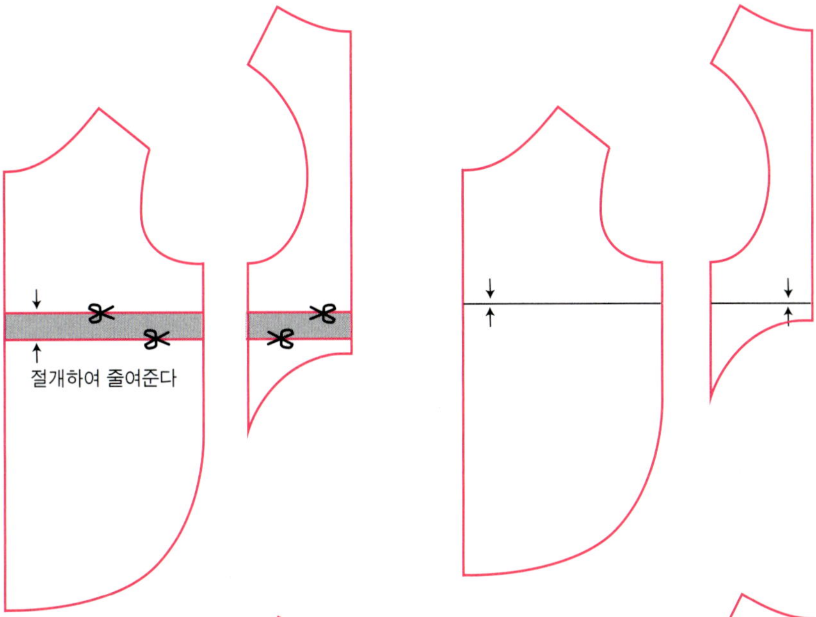

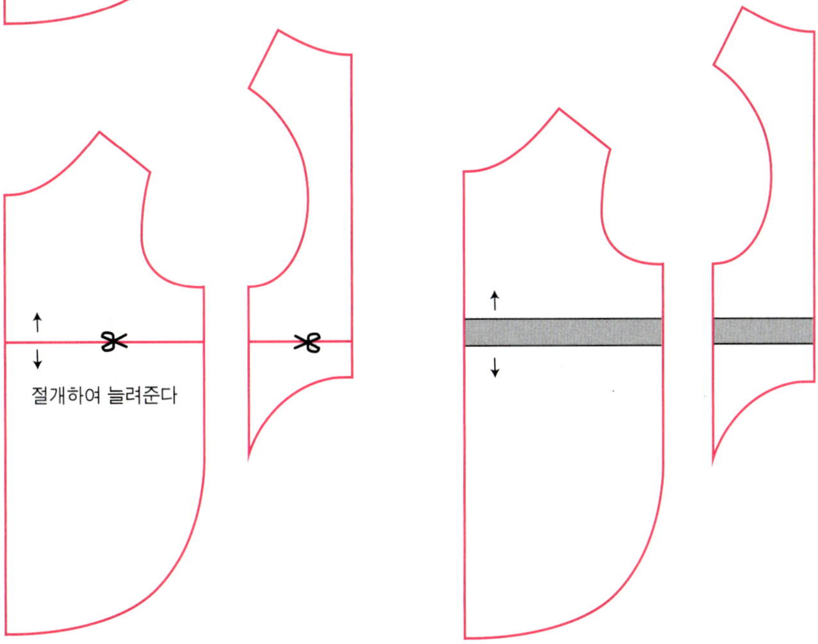

3. 앞가슴길이 조절하기

① **앞가슴이 발달한 체형**(새가슴): 앞가슴길이를 1~2cm 늘려 조절한다. (ex. 닥스훈트, 웰시코기, 불독)

② **앞가슴길이가 남는 경우**: 앞가슴길이를 0.5~1cm 줄여 조절한다.

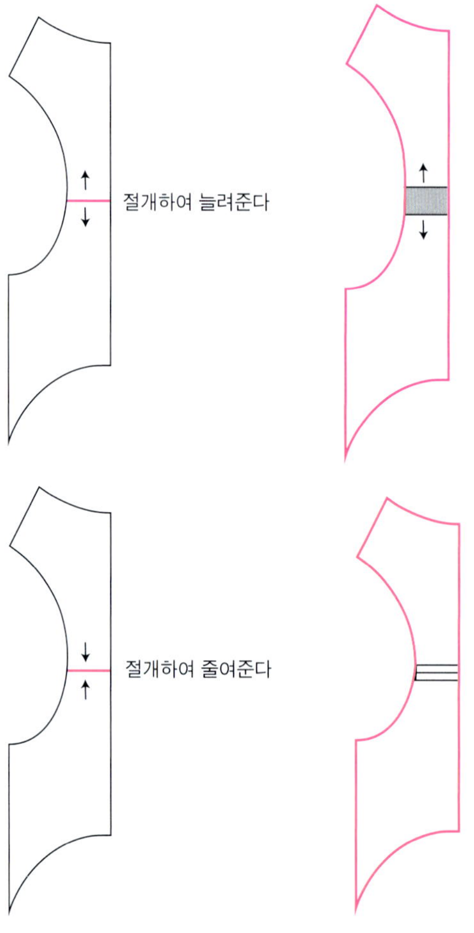

4. 가슴둘레 조절하기

① **가슴둘레와 목둘레를 동시에 수정하는 경우:** 목둘레, 가슴둘레를 1~2cm 정도 늘린다. 보통 모량의 부피감이 큰 경우에 수정한다. (ex. 포메라니언, 스피츠)

② **가슴둘레만 수정하는 경우**: 배밑단 중심점, 또는 옆선점에서 늘리거나 줄인다.

5. 소매 패턴 수정하기

① **소매진동둘레를 수정하는 경우**: 가슴둘레를 조정한 경우 소매의 진동둘레 치수가 변하기 때문에 다시 제도하거나, 소매진동둘레선을 절개하여 늘어나거나 줄어든 가슴둘레 치수만큼 수정한다.

② **소매통을 수정하는 경우**: 소매밑단을 1~1.5cm 줄이거나 늘린다.

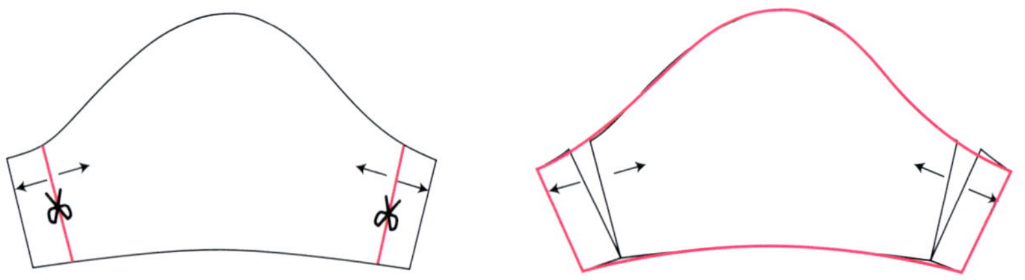

가슴둘레 차이만큼 벌리기

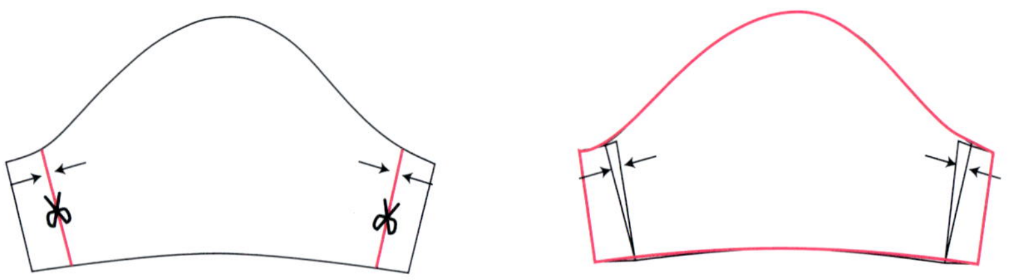

가슴둘레 차이만큼 줄이기

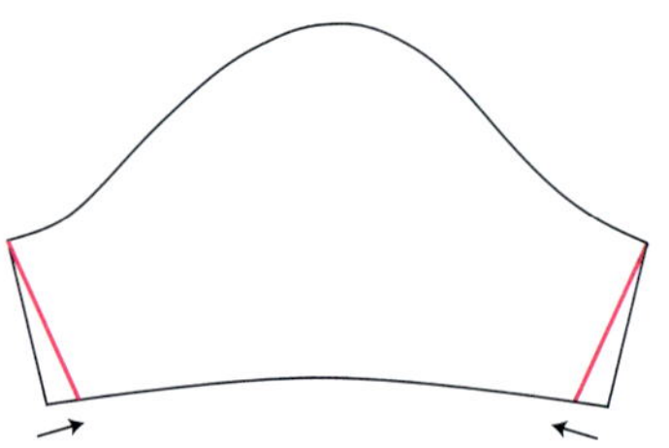

소매밑단 줄이기

소매밑단 늘이기

6. 소매길이(다리길이) 조절하기

① **소매 길이가 긴 체형**: 소매길이(다리길이)를 2~4cm 정도 늘린다.(ex. 푸들, 슈나우저, 하운드종)

② **소매 길이가 짧은 체형**: 소매길이(다리길이)를 1~3cm 정도 줄인다.(ex. 닥스훈트, 웰시코기, 시추)

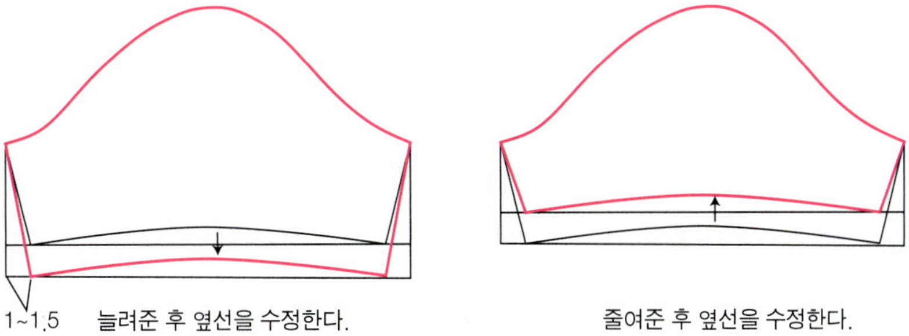

7. 진동둘레 수정하기

① **진동깊이를 수정하는 경우**: 겨드랑이부분에 여유를 수정할때 등품선과 앞품선을 기준으로 진동깊이까지의 진동둘레선을 올리거나 내려서 수정한다.

② **진동둘레를 수정하는 경우**: 진동둘레의 여유가 남아 들뜨는 경우 목둘레선에서 진동둘레선을 향해 직선을 그린 후 남는 분량을 없애주고, 목둘레선과 진동둘레선을 자연스런 곡선으로 수정한다.

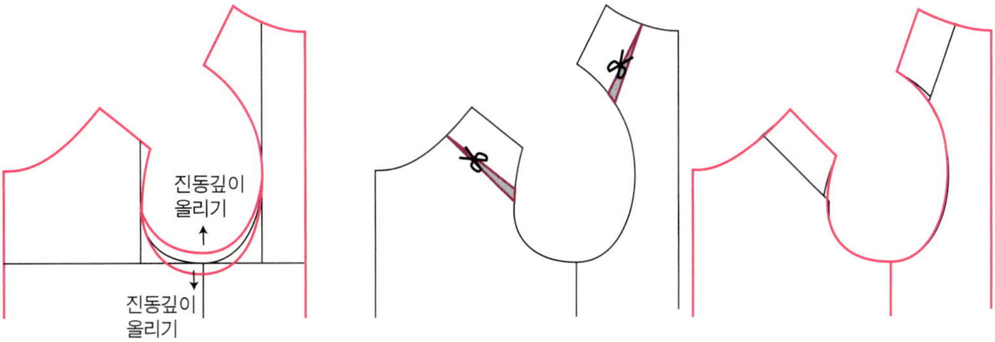

8. 후드 패턴 수정하기

① **목둘레를 수정하는 경우**: 몸판 목둘레와의 차이를 후드의 목둘레에서 수정한다.

② **후드 높이를 수정하는 경우**: 후드 높이가 짧아 목둘레가 당겨 올라가는 경우 후드 높이를 늘린다.

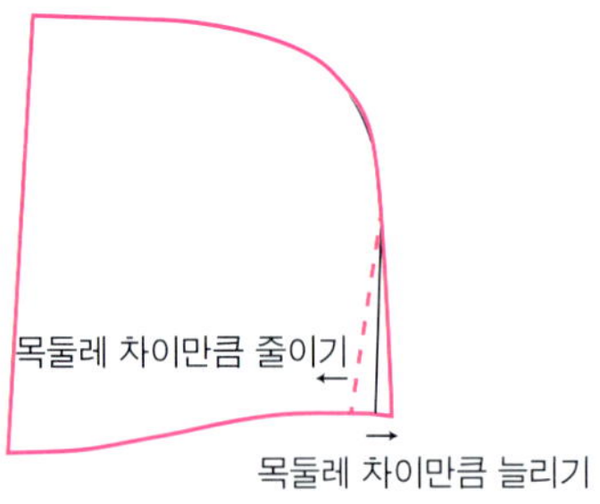

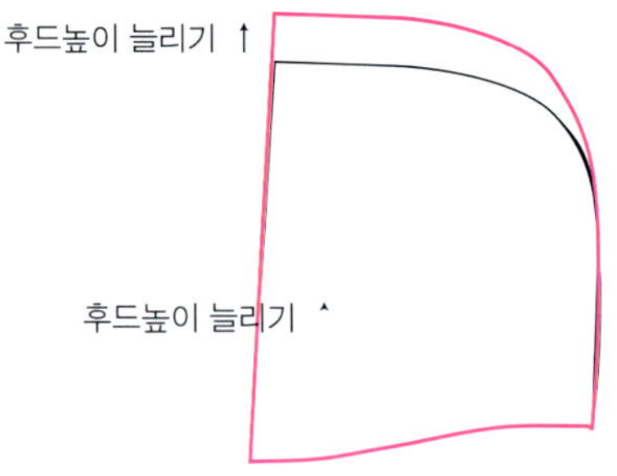

9. 칼라 패턴 수정하기

① **목둘레를 수정하는 경우**: 칼라의 뒷중심선에서 목둘레의 차이 만큼 늘리거나 줄인다.

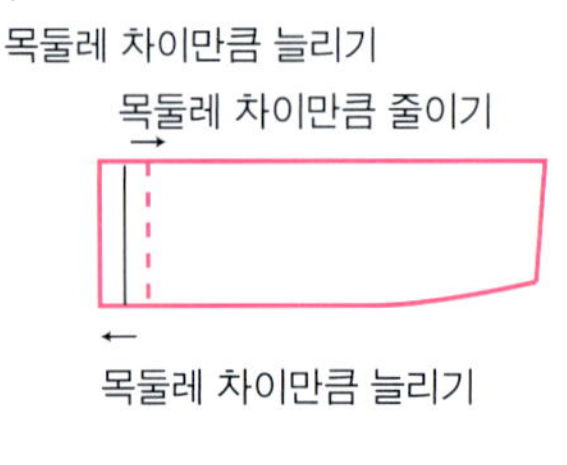

Tip 패턴수정 시 원형의 ±5~10%의 길이로 수정하며, 길이 차이가 큰 경우 다시 제도하여 사용한다.

07 패턴 활용

창작 디자인 전개 시 기본 원형 패턴의 절개 또는 주름 등을 통해 다양한 패턴을 변형 할 수 있다. 또한 칼라와 소매의 디자인 응용을 통해 다양한 강아지 옷 스타일을 연출할 수 있다.

1. 기본 원형을 이용한 디자인 변형

(1) 시보리 디자인

시보리가 달린 디자인들은 시보리가 달릴 위치에 시보리폭만큼 원형을 잘라내어 사용한다. 보통 완성 시보리 폭이 1cm 인 경우 목시보리와 밑단시보리는 1cm, 진동둘레는 0.5cm로 시보리 단 분량을 잘라낸후 사용한다.

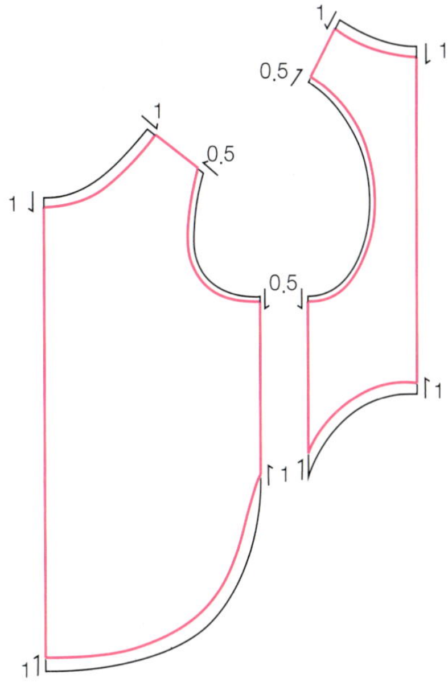

(2) 여밈단 디자인

직기원단으로 제작 시 여밈을 주어 착탈의를 쉽게 한다. 여밈단은 단추지름에 따라 조절해 준다. 여밈단에 단추가 달리는 위치는 배중심선이므로, 여밈단의 크기는 [단추지름/2+여유분(0.5~1cm)]으로 한다. 보통 소형견의 경우 11mm 단추 3~4개를 사용하고, 앞여밈단으로 1cm를 준다.

또 직기의 경우 원단의 신축성이 떨어져 등품의 여유분을 늘려 제작하며, 원단의 종류에 따라 여유분을 조정한다.

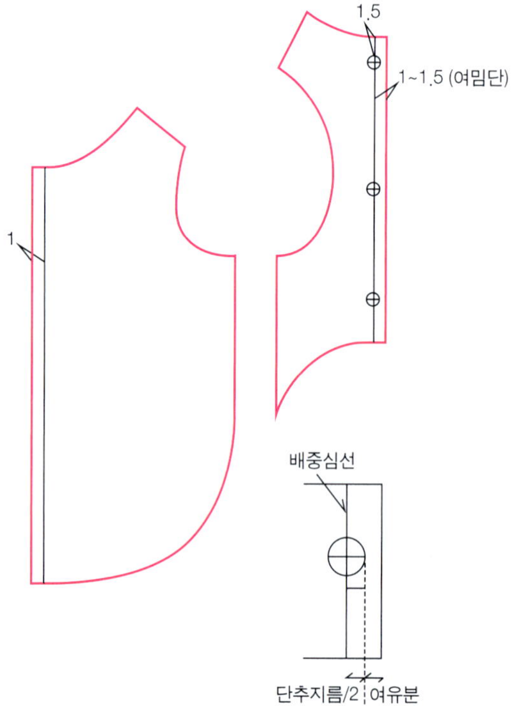

(3) 크롭티, 하네스 디자인

크롭티나 하네스와 같이 몸판의 일부를 사용하거나, 디자인선을 넣을 경우에는 원형 패턴 위에 디자인선을 그리고, 디자인선에 따라 패턴을 절개하여 활용한다.

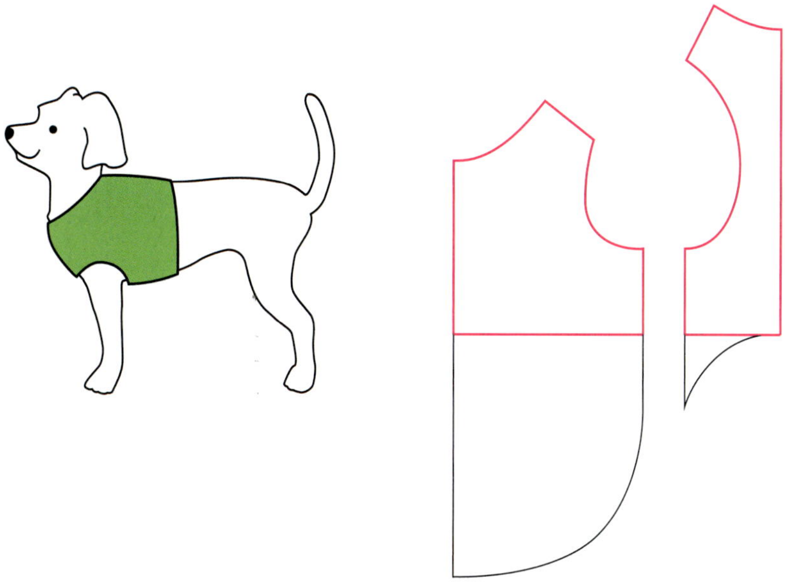

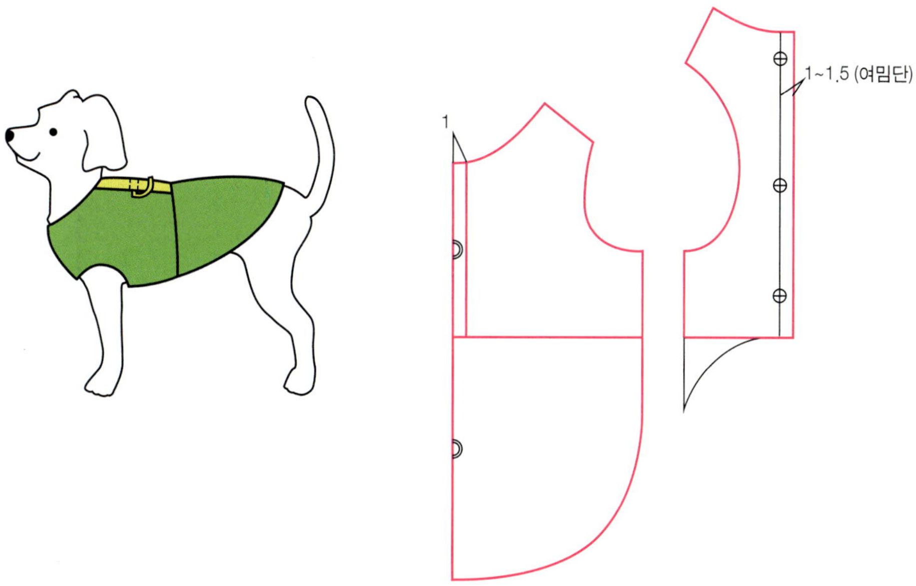

(4) 배색 원피스, 투투원피스, 끈나시 원피스

주름의 양은 주름이 들어갈 위치의 2~3배로 넣는다. 주름이 많을 경우 스커트단이 바닥에 끌릴수 있기 때문에 옆선의 위치를 조정해주거나, 밑단 중심에 개더 주름선을 넣는다. 망사 샤를 넣는 투투원피스의 경우 기본 티셔츠 제작 후 샤를 허리선에 덧붙여 제작하기도 한다.

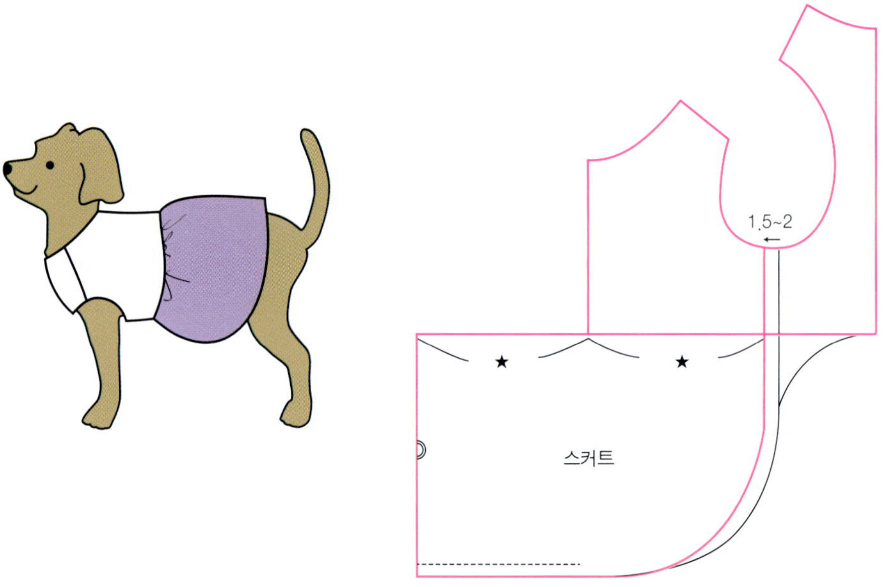

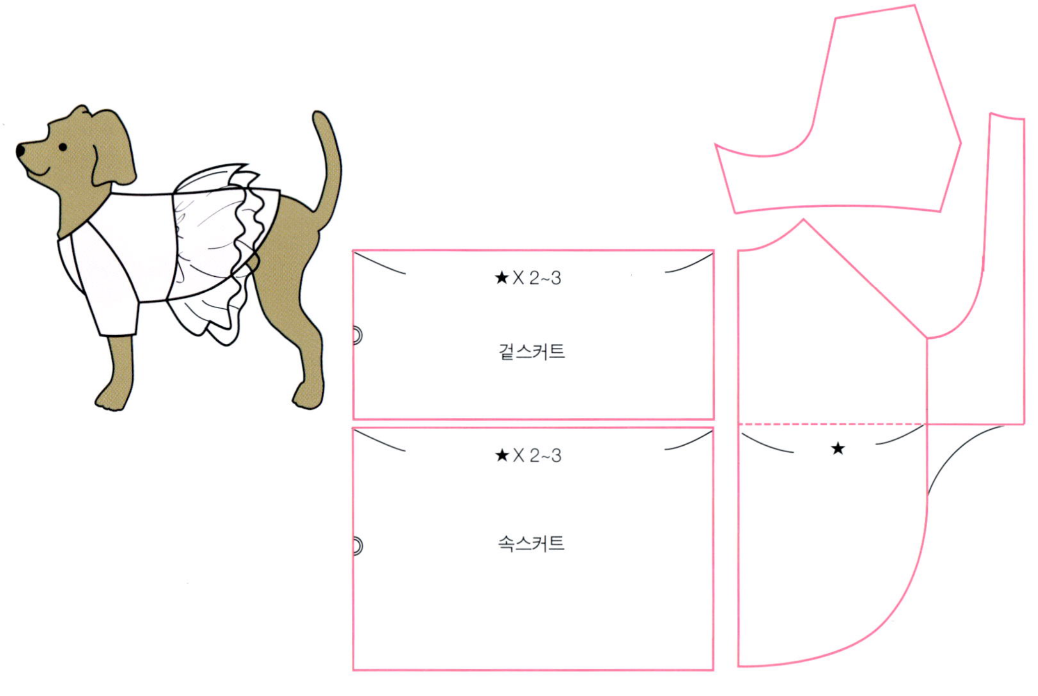

끈원피스의 경우 셔링주름선을 넣어 여름에 시원한 아이템으로 많이 착장한다.

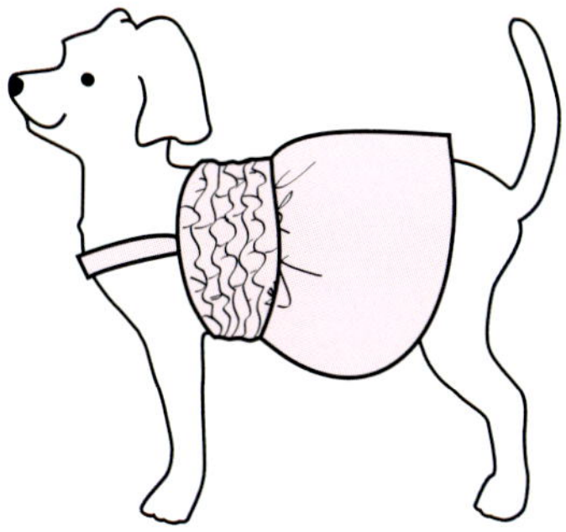

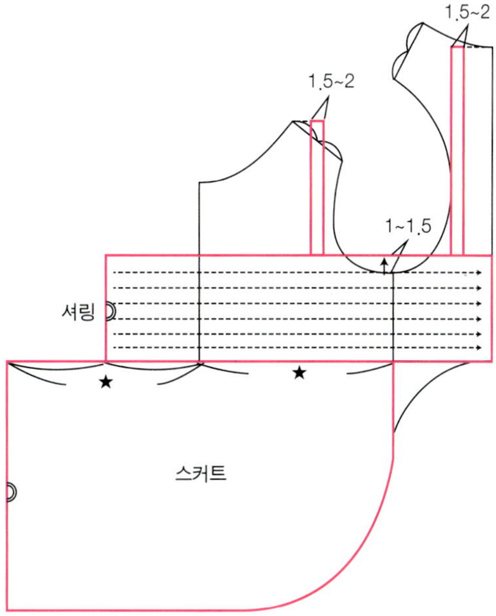

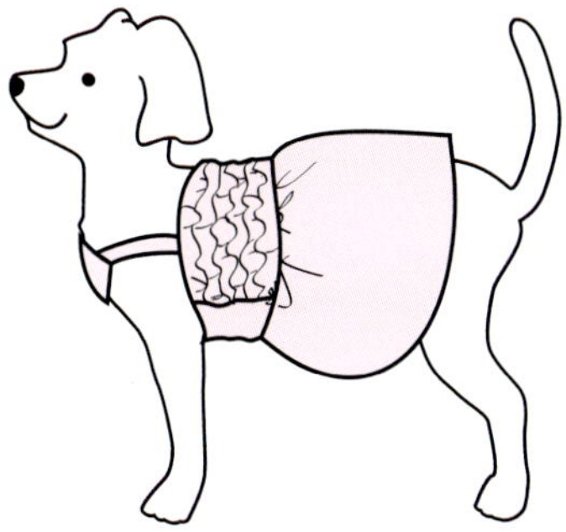

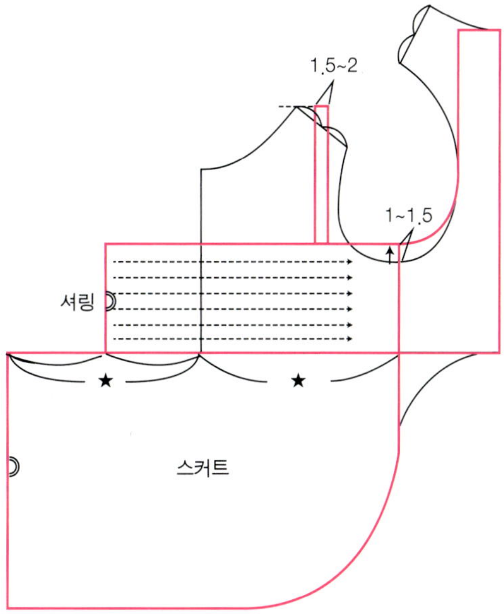

(5) 플리츠, 핀턱 디자인

플리츠는 직선적인 주름을 주는 디자인을 할 때 많이 사용하고, 핀턱은 소재 표면조직의 평이한 느낌에 요철감을 주어 디자인을 할 때 많이 적용한다.

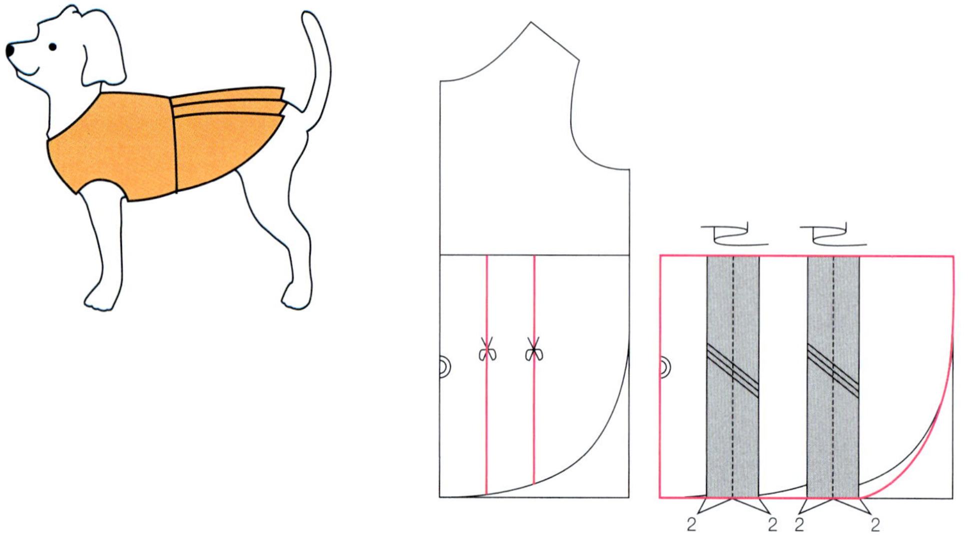

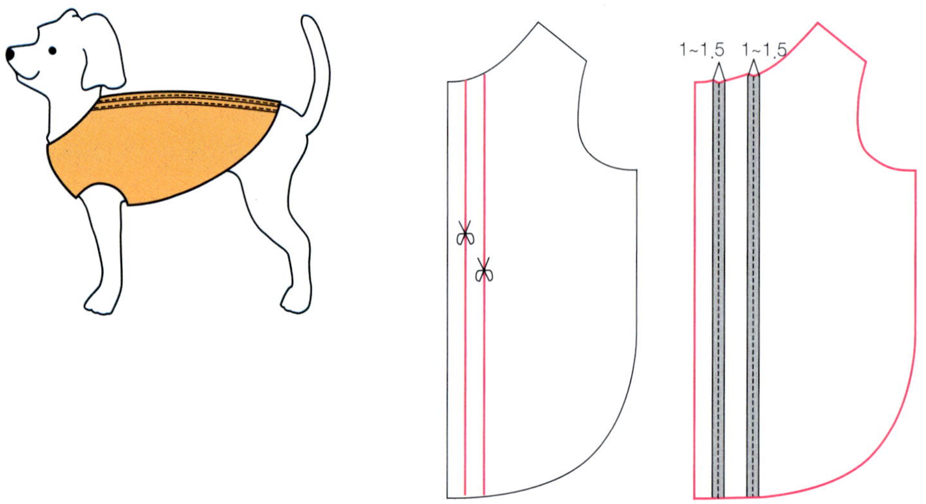

(6) 케이프, 망토, 판초스타일

케이프, 망토 또는 판초스타일은 등판과 배판을 연결하여 하나의 옷으로 제작된 형태들이다. 이러한 스타일로 작업하면 다리를 끼워넣지 않아도 되므로 착장이 더욱 용이하다. 또한 후드를 붙여 우의로 착장하기 좋다.

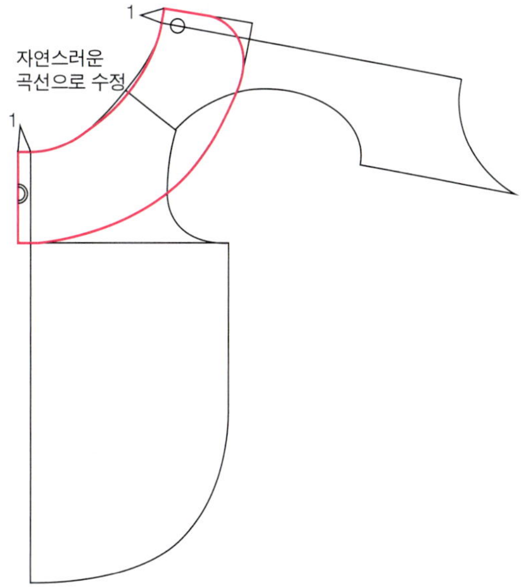

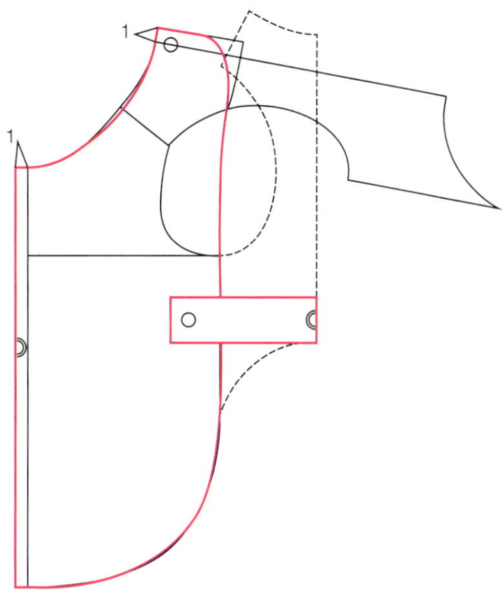

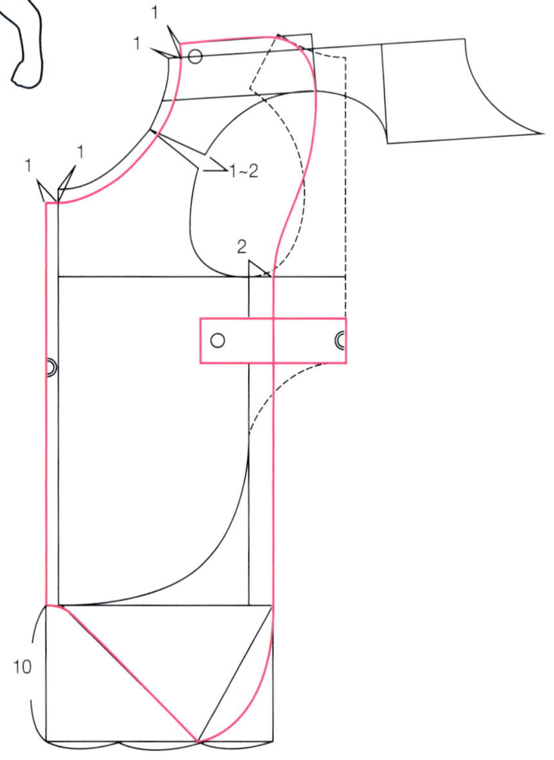

1
1
1
1
1~2
2
10

(7) 멜빵바지

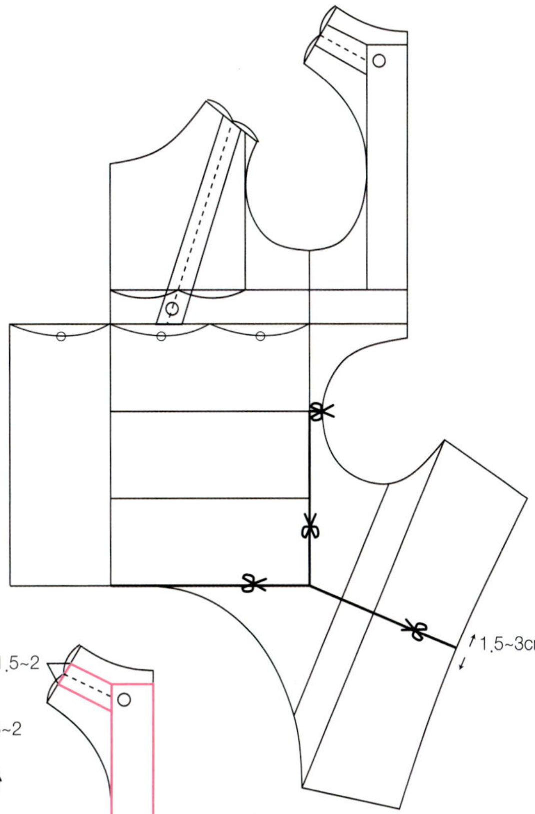

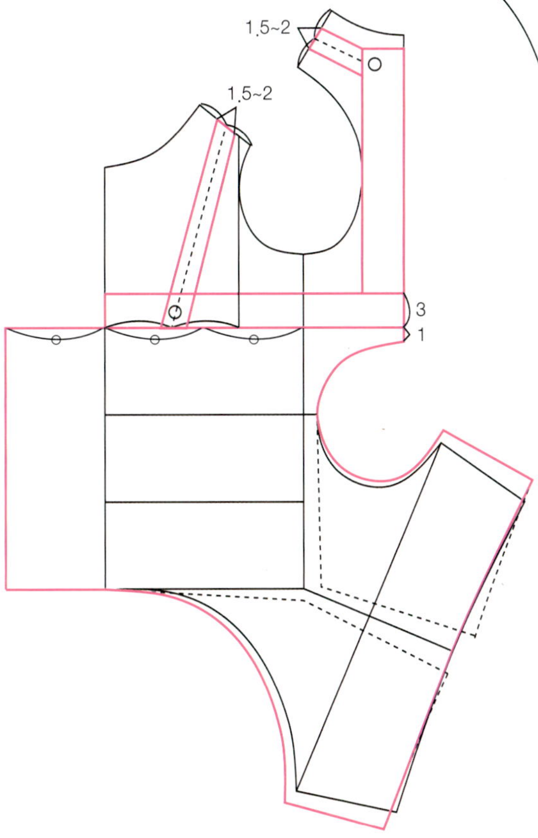

2. 소매 활용

(1) 퍼프소매

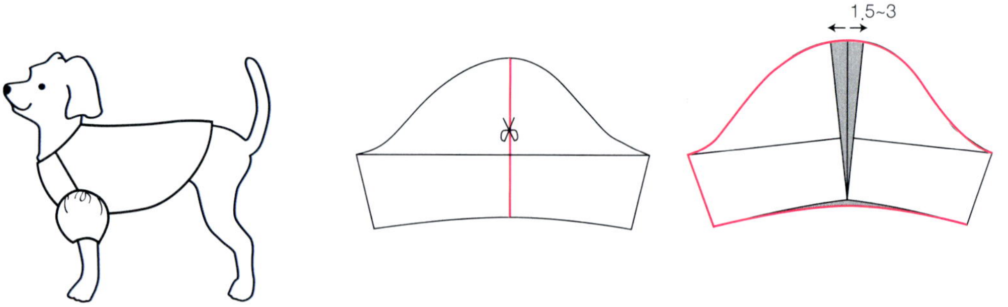

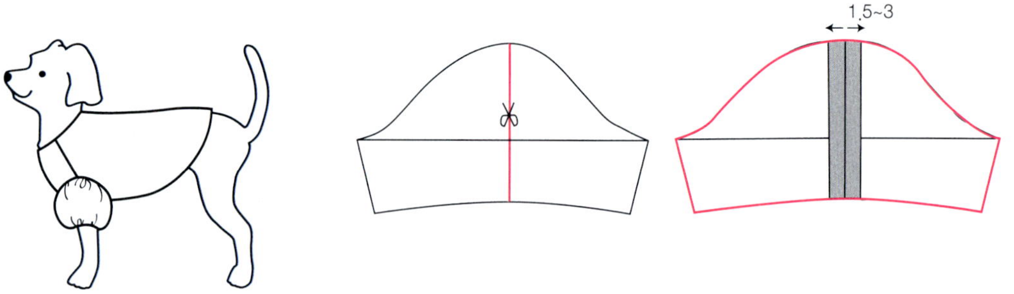

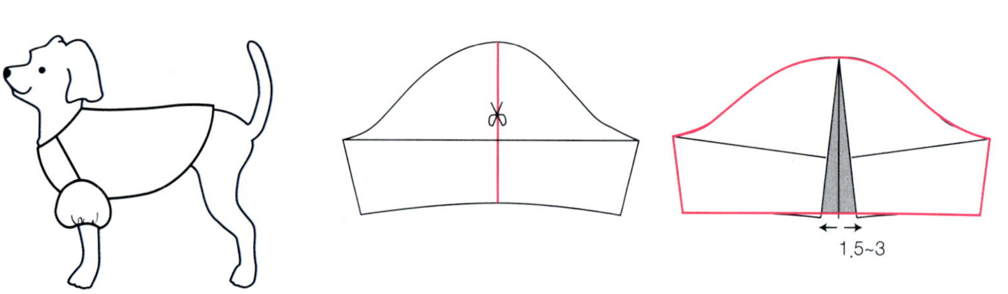

(2) 캡소매

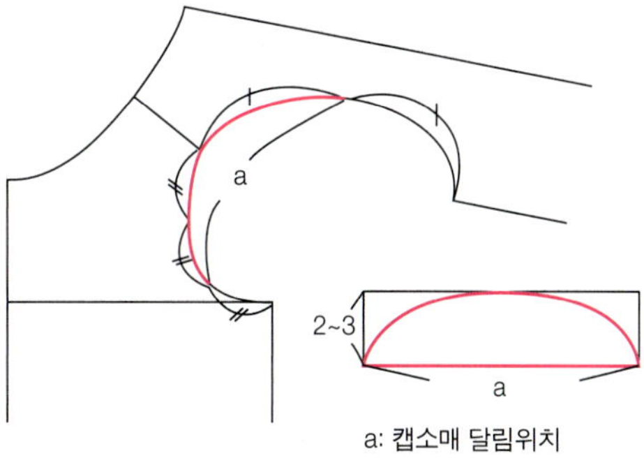

a: 캡소매 달림위치

(3) 라글란 퍼프소매

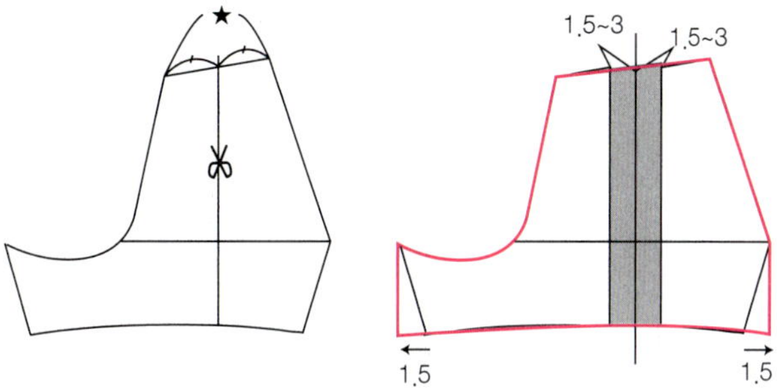

(4) 튜울립 소매

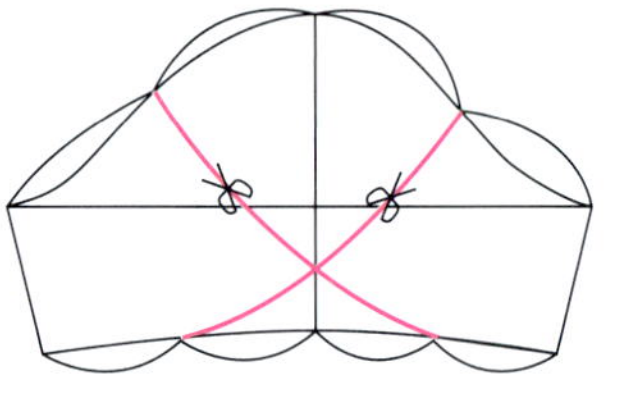

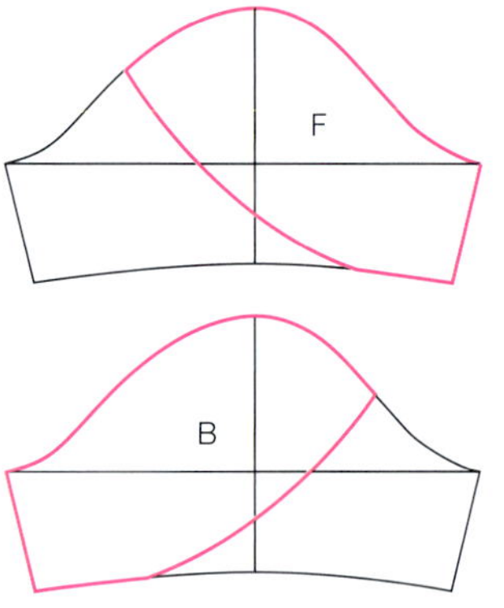

(5) 셔츠소매

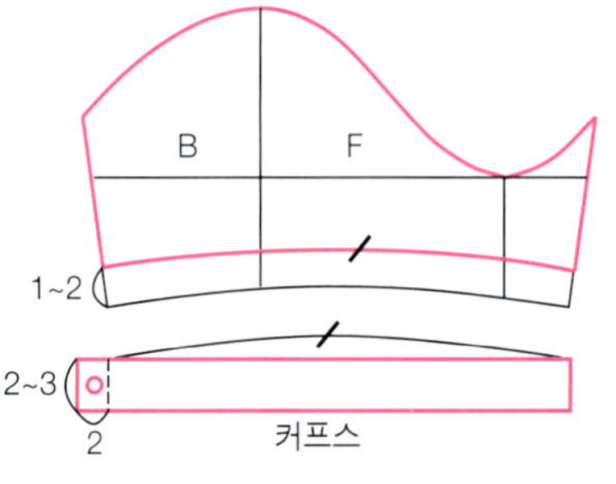

(6) 두장소매

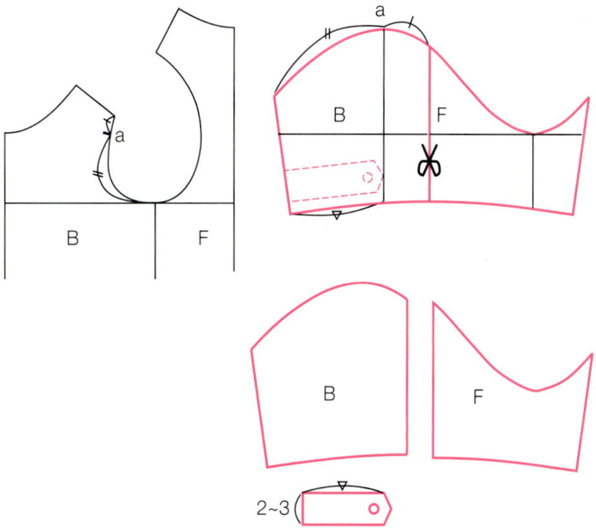

3. 칼라 활용

(1) 플랫칼라

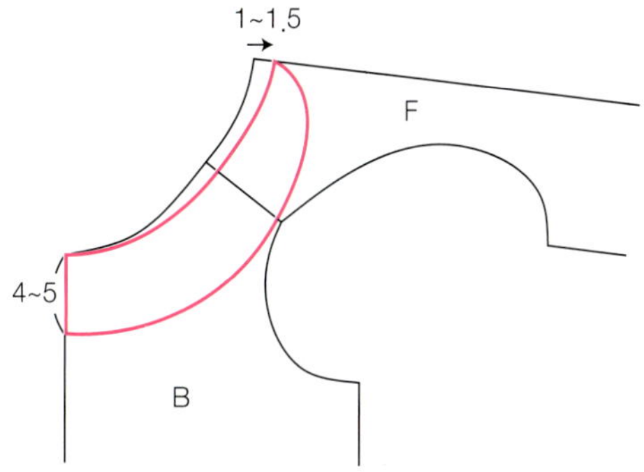

(2) 프릴칼라

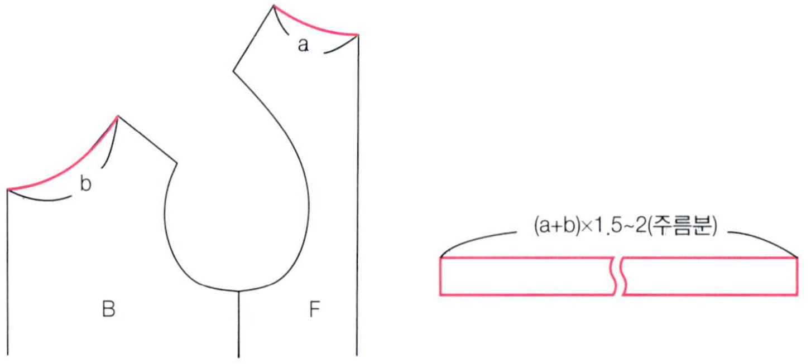

(3) 러플칼라

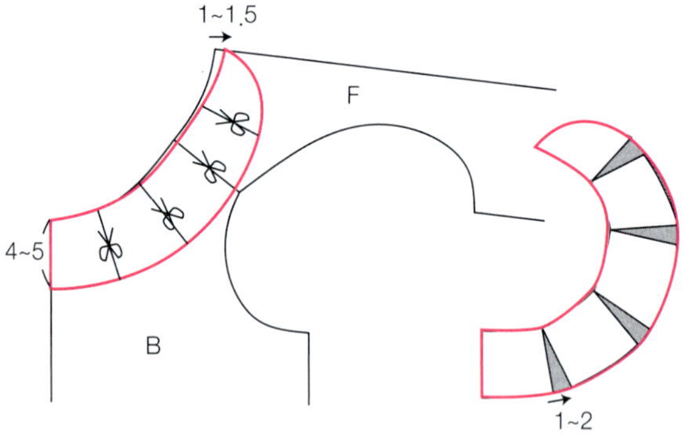

(4) 세일러칼라

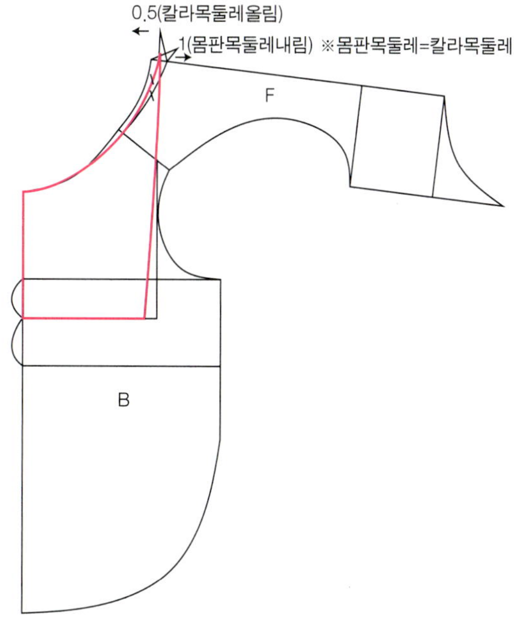

(5) 차이나칼라, 롤칼라

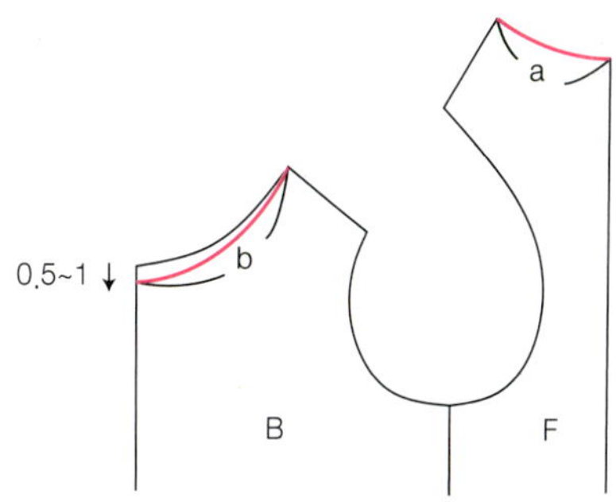

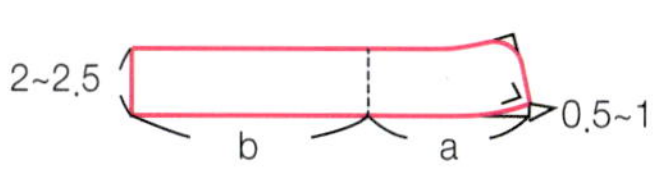

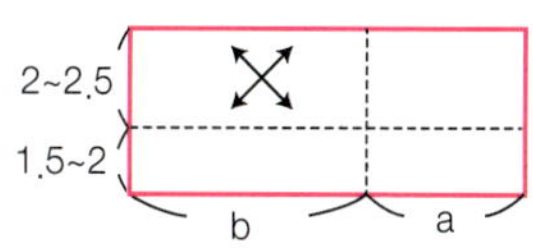

(6) 스탠칼라

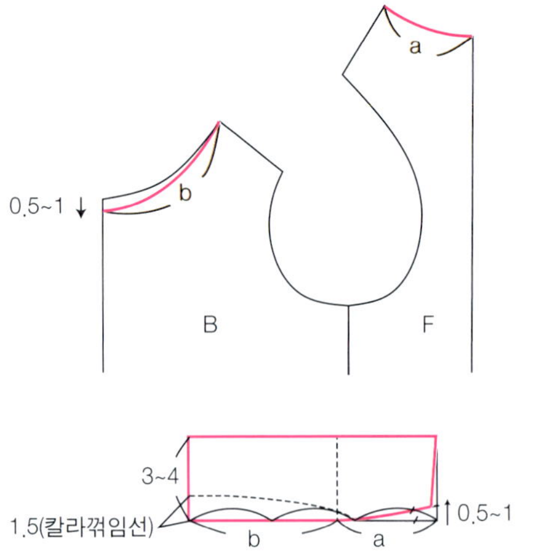
a
b
0.5~1
B
F
3~4
1.5(칼라꺾임선)
b
a
0.5~1

(7) 셔츠칼라

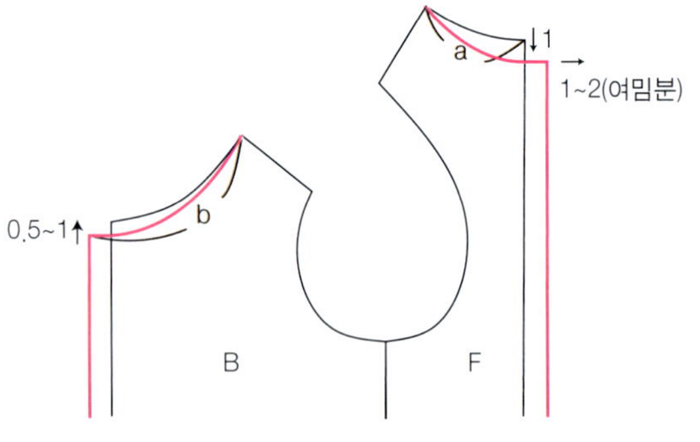
a
1
1~2(여밈분)
0.5~1
b
B
F

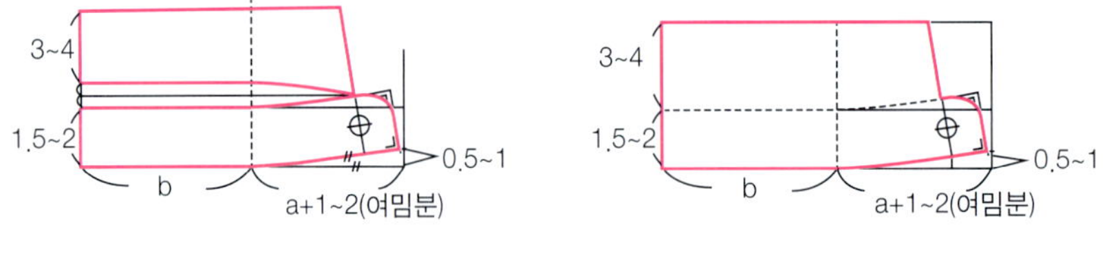
3~4
1.5~2
0.5~1
b
a+1~2(여밈분)
3~4
1.5~2
0.5~1
b
a+1~2(여밈분)

(8) 후드

후드 제작은 정수리를 지나는 가로 머리둘레와 앞목점까지 길이의 세로 머리길이로 패턴을 제작하지만, 강아지의 경우 측정이 어렵기 때문에 앞, 뒷목둘레의 치수와 등길이를 활용하여 패턴을 제작한다. 또한 후드 디자인은 배색단을 넣어 디자인 변형을 한다.

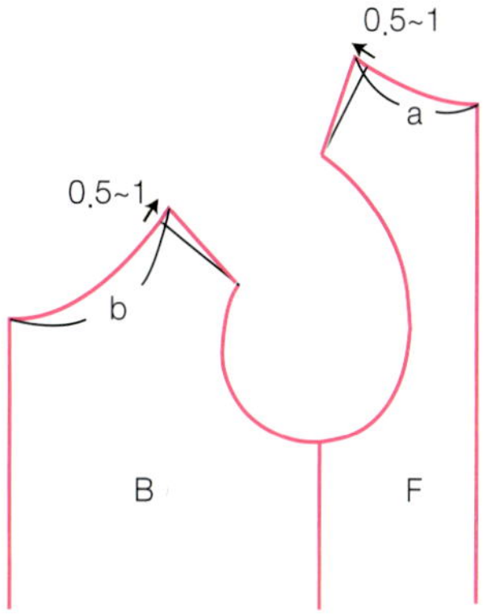

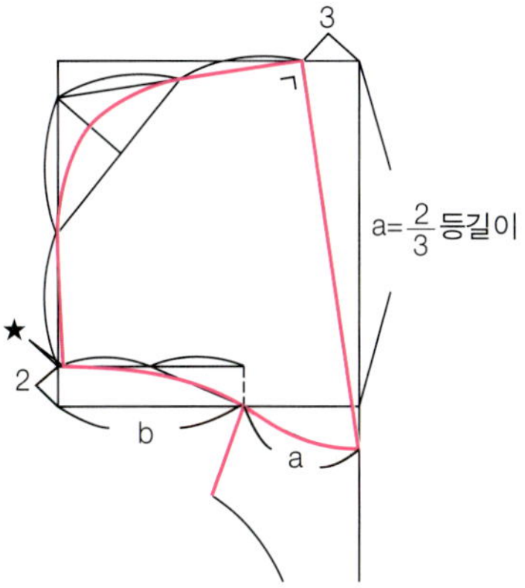

★: 몸판의 목둘레와 길이가 같도록 조정한다.

Tip 후드 앞길이 참고치수

사이즈	후드 앞길이(a)
XS	15
S	16
M	18
L	21
XL	25

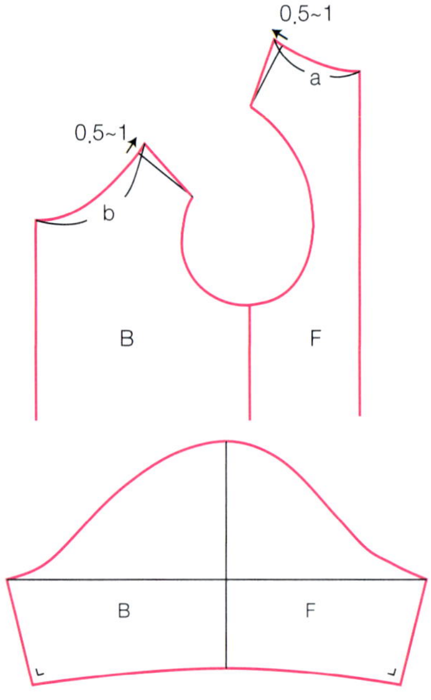
0.5~1
a
0.5~1
b
B
F
B
F

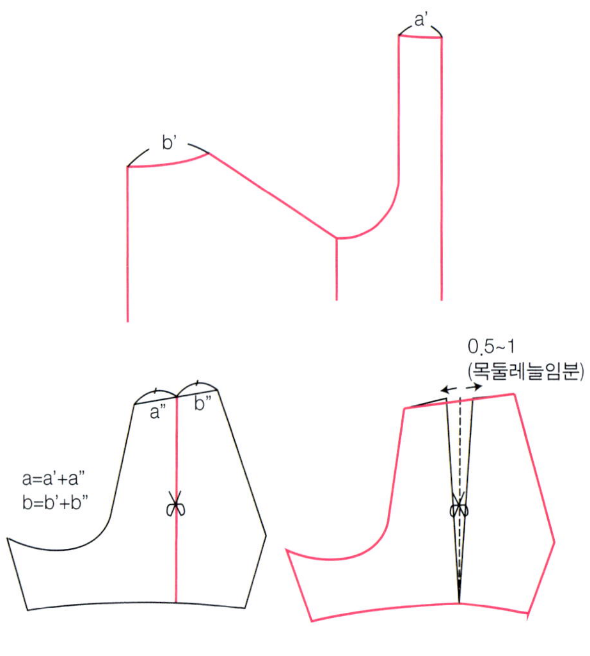
a'
b'
0.5~1
(목둘레늘임분)
a"
b"
a=a'+a"
b=b'+b"

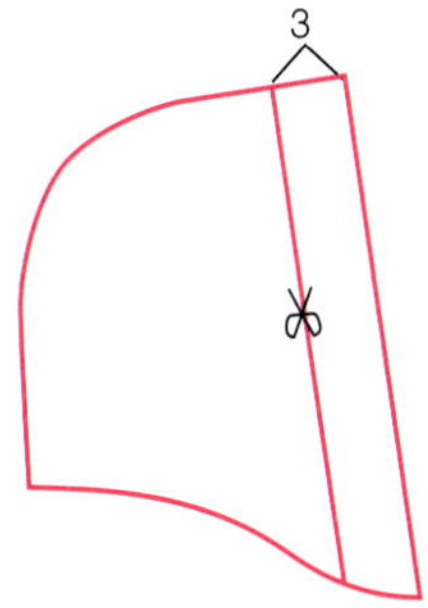
3

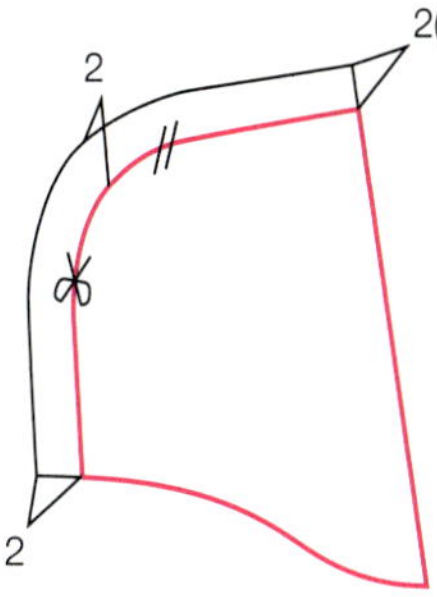
2
2(★)
2

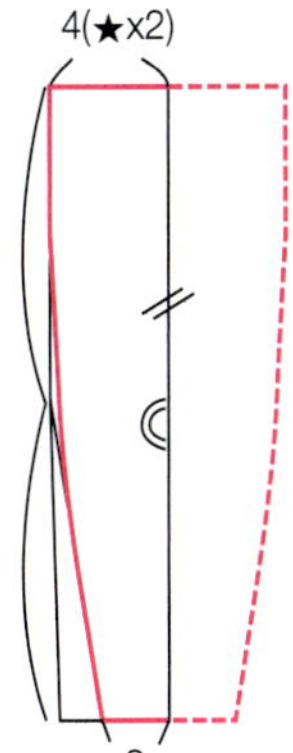
4(★x2)
2

CHAPTER

03

의상제작에 대한 이해

01 재단 및 봉제 용구

1. 재단용구

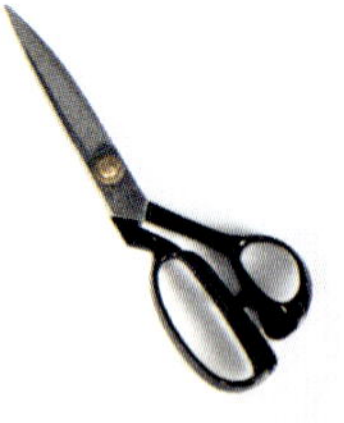

(1) **재단가위**: 종이 등을 자르지 않고 원단 전용으로 사용해야 가위의 성능이 오래간다.

(2) **문진**: 누름쇠라 하여 패턴이나 원단을 무거운 쇠로 눌러 움직임을 고정하여 완성선 및 시접선을 그려넣을 때 사용한다.

(3) **초크**: 다양한 색상으로 옷감에 봉제 및 재단 선을 표시하는데 사용되며 파라핀초크(초자고) 및 석회에 색상을 섞어 굳힌 타입 등 여러 가지가 있다.

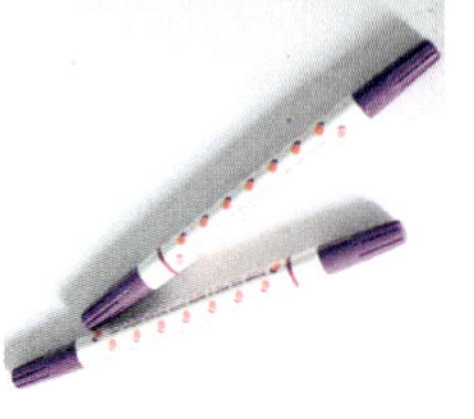

(4) **기화펜**: 펜초크 형태로 원단 위에 선을 깔끔하게 그리는데 사용한다.

(5) **시침핀**: 재단 시 패턴을 원단에 고정하거나 두 장 이상의 원단을 고정하기 위한 용도로 사용된다.

(6) **핀쿠션**: 바늘이나 시침 핀 등을 안전하게 보관한다.

(7) 곡선 시접라이너: 재단 시 시접라이너에 패턴을 끼워 초크펜을 이용하여 시접을 그릴때 사용한다. 곡선부분의 시접을 그릴 때 용이하다.

2. 봉제용구

(1) **쪽가위**: 봉제 시 실을 자르거나, 실과 실밥 등을 정리하고, 둥근 부분의 시접 정리 시 가위집을 낼 때 사용한다.

(2) **실뜯개** : 봉제가 잘못되었을 때 봉제실을 뜯을 때 사용되며, 사용 시 옷감이 찢어지지 않도록 주의한다.

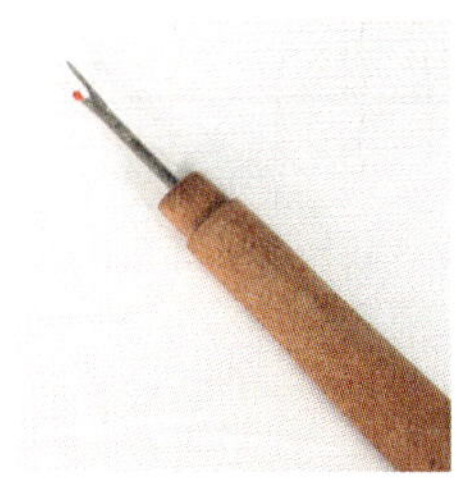

(3) **송곳**: 다트나 주머니, 단추의 위치를 표시하거나 주름 등을 만들 때 사용하고, 실을 뜯는 용도로도 쓰인다.

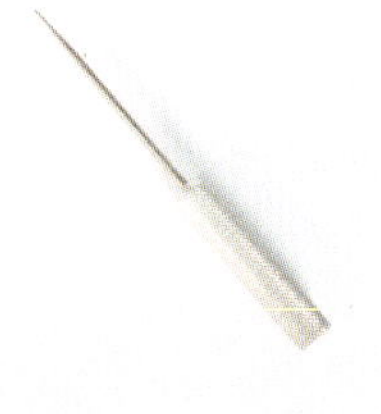

(4) **손바늘**: 제작의 마무리 단계 시 단추 및 비즈 등의 부자재를 부착할 때 사용하고, 다양한 사이즈를 구비한다. 바늘크기는 1~12번까지 있으며 번호가 클수록 작고 가늘다.

※ 1~5번 두꺼운 옷감, 6~8번 중간 두께의 옷감, 9~10 가볍고 얇은 옷감, 11~12 얇고 섬세한 옷감에 사용한다.

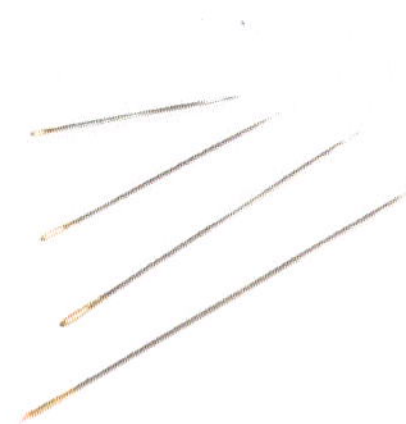

(5) **골무**: 바늘을 원단에 통과시킬 때 바늘 끝을 밀어 손을 보호하는 역할을 한다.

(6) **재봉기**: 바느질을 할 수 있는 기계 장치이다. 본봉기를 많이 사용하며, 이는 바늘의 움직임에 따라 밑실과 윗실이 연결고리를 만들어 스티치를 만든다. 가정용과 공업용 재봉기로 구분되며, 그 밖에 시접처리를 위한 오버로크 재봉기, 자수를 놓기 위한 컴퓨터 자수재봉기 등 특수 목적의 재봉기들이 많이 개발되어 있다.

(7) **재봉바늘**: 용도에 따라 가정용, 공업용, 특수용이 있고, 굵기는 9~16번까지 있으며 번호가 작으면 얇은 바늘, 크면 굵은 바늘로 구분한다. 다이마루와 같은 니트원단에는 니트용 바늘을 사용한다. 니트용 바늘은 일반 재봉 바늘보다 끝의 뾰족함이 덜하고, 일반바늘과 구분하기 위해 'KN' 글씨가 쓰여져 있다.

※ 보통 14호 바늘(30수원단)을 많이 사용하고, 20수 이하의 두꺼운 원단은 16호, 40수 이상의 얇은 원단에는 11호 또는 9호를 사용한다.

(8) **북과 북집**: 가정용과 공업용 재봉기에 구분되어 사용되며, 북은 밑실을 감는 용도로 사용되고, 북집은 북을 넣어 사용하는 것이다. 가정용 재봉기의 경우 북집과 북이 분리되는 경우와 북집이 내장된 경우가 있다.

(9) **노루발**: 원단을 움직이지 않고 눌러주는 역할을 하며, 가정용과 공업용이 구분되며 바느질의 용도에 맞게 다양하게 개발되어 있다.

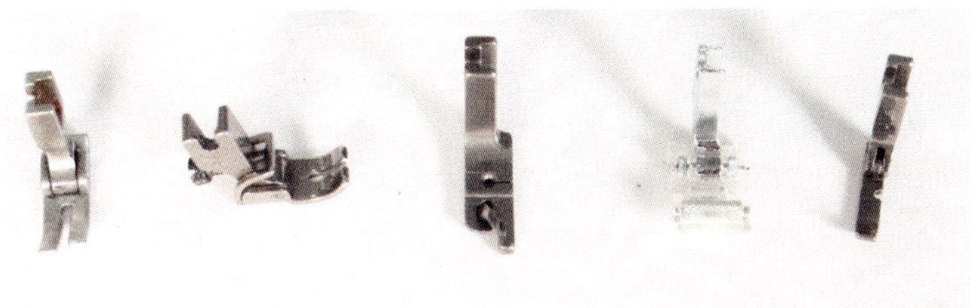

〈본봉노루발, 주름노루발, 말아박기노루박, 니트/가죽롤러노루발, 외노루발〉

- **본봉노루발**: 일반 봉제를 할 때 사용한다.
- **주름노루발**: 개더 주름을 잡을 때 사용한다. 뒷부분에 나사를 조여 주름의 정도를 조절한다.
- **말아박기노루발**: 시접을 말아박으면서 봉제되므로, 단정리 시 사용한다.
- **니트 또는 가죽 롤러노루발**: 롤러가 있어서 쉽게 원단의 표면을 지나가면서 봉제가 된다. 니트류의 원단에서 늘어남을 방지하기 위해 사용하거나, 가죽과 같이 노루발이 쉽게 지나가지 않는 원단에 사용한다.
- **외노루발**: 노루발이 한쪽 면만 있어 지퍼 또는 파이핑 등을 달 때 사용한다.

(10) **드라이버**: 바늘과 노루발을 교체할 때 사용한다.

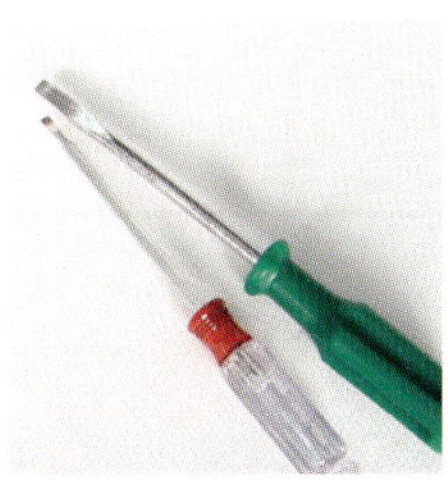

(11) **핀셋**: 재봉기에 실을 끼우거나 구슬 등 작은 장식재료를 잡을 때 사용한다.

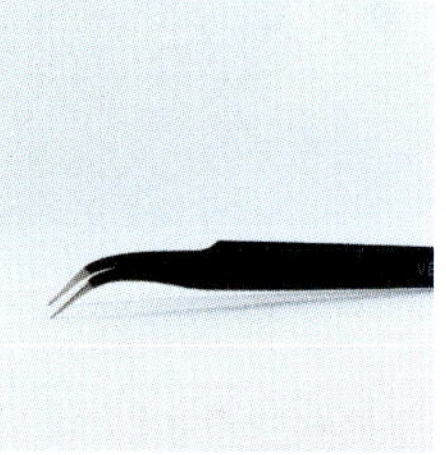

(12) **다리미**: 원단을 구김없이 해주거나, 심지를 붙일 때, 봉제 후 옷의 모양을 잡을 때 사용한다.

02 재단

1. 원단의 구조

(1) **경사**(warp, 세로실, 식서): 옷감을 만들 때 세로방향으로 배열된 실로서 원단의 세로방향이다. 경사는 잘 늘어나지 않아 재단 시 기본이 되고, 식서방향과 동일하다.

(2) **위사**(weft, 가로실, 푸서): 옷감을 만들 때 가로방향으로 배열된 실로서 원단의 가로방향이다. 경사보다 잘 늘어나고, 올이 풀린다.

(3) **식서**(selvage): 옷감이 짜인 방향의 가장자리 끝을 의미하는 것으로 경사와 동일하다. 직물의 명칭이나 섬유혼용율 등이 표기되어 있기도 하고, 옷감의 안과 겉을 구별하는 데 사용하기도 한다.

(4) **바이어스**(bias): 경사와 위사가 만나는 기울어진 방향으로서 원단의 45° 방향을 정바이어스라 한다. 원단의 신축성이 크기 때문에 부드러운 주름이나 네크라인과 암홀소매의 끝단 처리에 많이 사용한다.

(5) **다이마루**(환형): 다이마루의 경우 환형으로 원단이 제작되어 한쪽을 개폭하여 사용한다. 개폭한 방향이 식서이다.

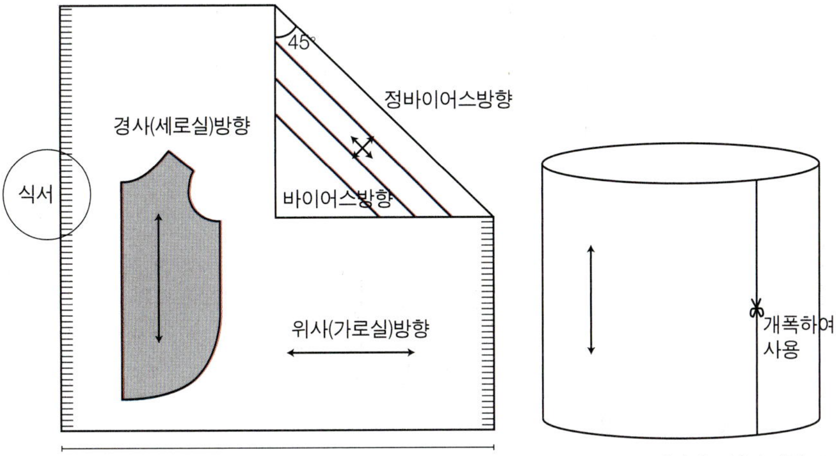

직기(우븐) 원단폭　　　　환편니트(다이마루)

(6) **올**(grain): 경사와 위사를 나타내는 용어를 올이라 한다. 보통 올방향을 맞추는 것은 경사방향을 맞추는 것을 의미하고, 패턴 위에 화살표(↕)로 표시해 둔다.

(7) **원단폭**: 식서 끝에서 식서 끝까지의 크기로 보통 인치(inch)로 표시한다. 44~60인치까지 생산하고 있고, 원단폭에 따라 옷감의 사용량(요척)이 달라질 수 있다.

Tip 1inch=1"=2.54cm, **원단의 구매단위**: 90cm=1yd=1마

2. 원단의 정리

원단의 직조, 가공 및 마무리 과정에서 원단이 비틀어지거나 늘어지는 변형이 발생하기도 하므로, 의복 제작 전 원단의 정리를 통해 틀어진 올을 바로 잡아 사용한다.

(1) **올방향 확인하기**: 올이 틀어져 경사와 위사가 직각으로 교차되어 있지 않은 경우 잡아당겨 바로 잡은 후, 위사 한올을 바늘 끝으로 잡아당겨 뽑아내어 올 뽑은 선을 맞추어 천을 잘라낸다.

(2) **옷감 수축시키기(선세탁)**: 재단 전 옷감의 세탁을 통해 의복 착용 후 세탁 시 옷의 줄어듦을 방지할 수 있다. 면, 마의 경우 3–4시간 정도 담가서 물을 흡수시킨 후 그늘에 널어 80% 정도 건조 후 비틀린 올방향을 바로잡고, 스팀다리미로 안쪽에서 다려 구겨진 자리를 없앤다.

(3) **색이 있는 원단**: 옷감 끝을 물에 적셔 색이 번지는 가를 확인한 후 따로 물에 담근다.

(4) **원단이 손상될 우려가 있는 경우**: 물에 담그지 않고 안쪽에 물을 뿌려 스팀으로 수축시킨 후 다려 건조한다.

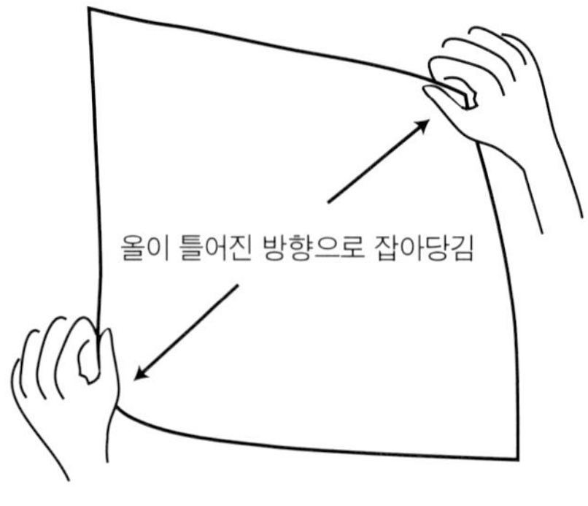

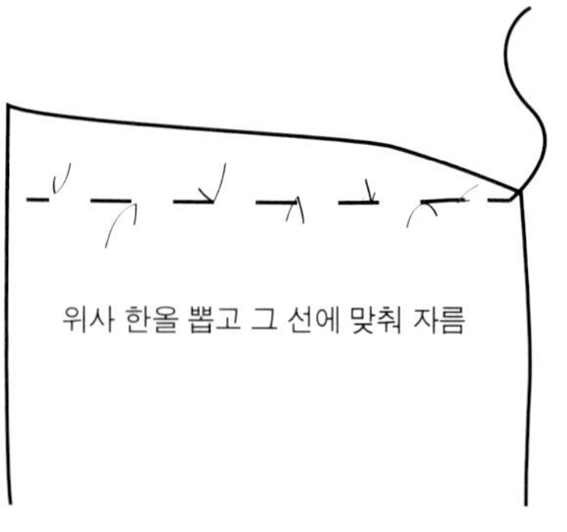

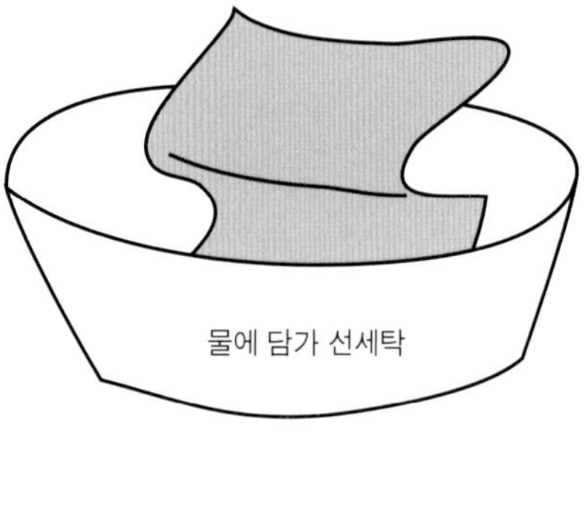

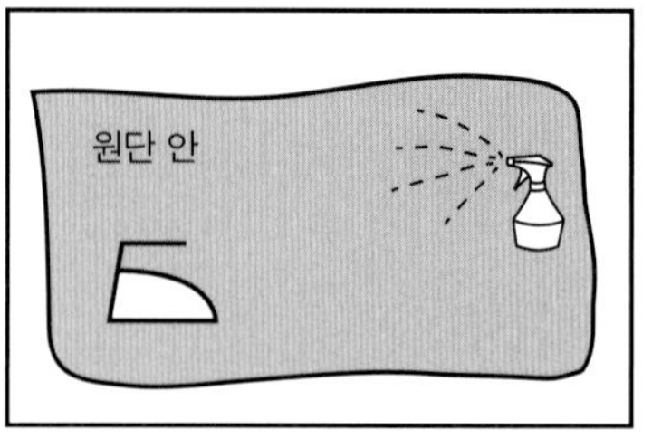

옷감 안쪽 스팀 후 다림질 하여 건조

3. 원단의 안과 겉 구분

① 식서 부분에 브랜드명이 바르게 쓰여 있는 방향이 겉이다.

② 식서 부분이 약간 오목하게 들어간 쪽이 겉이고, 볼록하게 튀어나온 쪽이 안이다. 청지의 경우 원단의 바램 현상 때문에 타공모양이 튀어나온 쪽이 겉면이다. 그러나 린넨 처럼 구분이 되지 않는 경우 원하는 면을 겉으로 정해 일관되게 사용한다.

③ 원단의 색이 선명하고, 광택이 나는 방향이 겉이다.

④ 나염 원단의 경우 프린트된 무늬가 선명한 방향이 겉이다.

⑤ 기모직의 경우 털이 균일하게 보이는 방향이 겉이다.

⑥ 일반적으로 원단은 겉이 보이도록 말려 있는데, 더블폭의 모직인 경우 반으로 접혀 있어 밖으로 보이는 면이 안이고, 안쪽으로 말려들어간 면이 겉이다.

⑦ 면직물의 경우 능선이 왼쪽 위에서 오른쪽 아래로 향하는 쪽이 겉이고, 모직물은 오른쪽 위에서 왼쪽 아래로 향하는 쪽이 겉이다.

⑧ 디자이너의 취향에 따라 겉과 안을 바꾸어 사용해도 된다.

Tip **컬러비트(탕차이): 같은 색상의 원단을 재구매시 식서방향에 있는 컬러비트를 비교하여 원단을 구매한다.**

4. 패턴 배치 방법

① 패턴에서 식서방향 표시인 화살표 방향과 원단의 식서방향을 맞추어 배치한다.

② 원단의 무늬나 결이 방향성이 없는 경우 위, 아래를 구분하지 않고 원단의 낭비가 없도록 배치한다.

③ 좌우 대칭인 디자인의 패턴은 원단을 펼쳐서 재단 시 좌우의 형태가 대칭이 되도록 하여 배치한다.

④ 좌우가 같은 패턴의 경우 세로방향의 원단을 겉과 겉을 맞붙여 반 접어서 식서를 맞춘 후 패턴의 식서방향과 세로올이 일치하도록 배치한다.

⑤ 큰 패턴을 배치한 후 작은 패턴들을 빈 공간에 배치하여 원단의 손실을 줄인다.

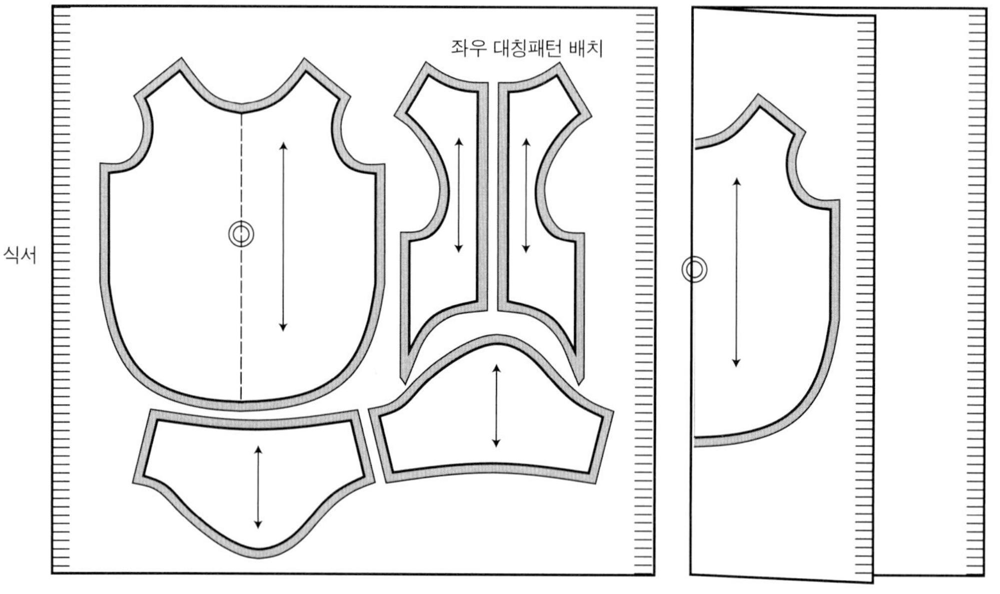

⑥ 기모나 첨모직과 같이 옷감의 결 방향이 있는 경우 결방향에 따라 패턴을 한방향으로 배치한다.

⑦ 무늬있는 원단의 경우 무늬를 맞추기 위해 원단의 필요량을 더 준비하고, 원단의 위 아래 방향을 주의하여 배치한다.

⑧ 체크무늬의 경우 앞뒷몸판과 소매 중심선에 세로줄의 중심을 맞추고, 옆선에서 가로선의 무늬를 맞춘다. 바느질선에서 체크가 맞도록 주의한다.

⑨ 줄무늬 원단의 경우 좌우, 상하 한방향으로만 무늬를 맞추고, 옆선 줄무늬가 연결되도록 배치한다.

무늬 있는 원단, 첨모직 한방향 재단

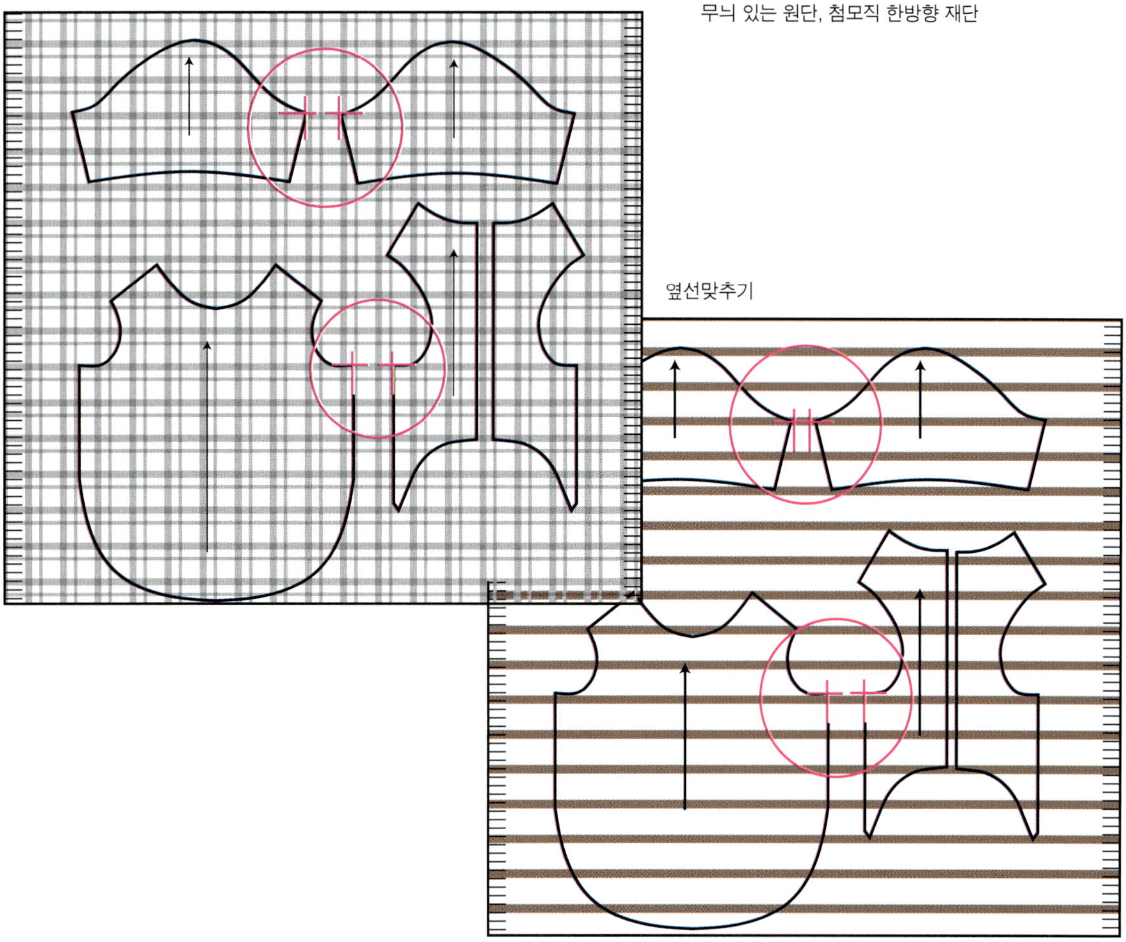

옆선맞추기

5. 시접 넣는 방법

① 시접은 재단한 옷감의 부분과 부분을 연결할 때 생기는 것으로 바느질을 하기 위해서는 반드시 시접이 필요하다.

② 펫의상의 경우 기본적으로 전체 직선, 곡선은 모두 1cm로 한다.

③ 두장을 겹쳐 골로 재단하는 경우 골표시 있는 부분은 시접을 주지 않는다.

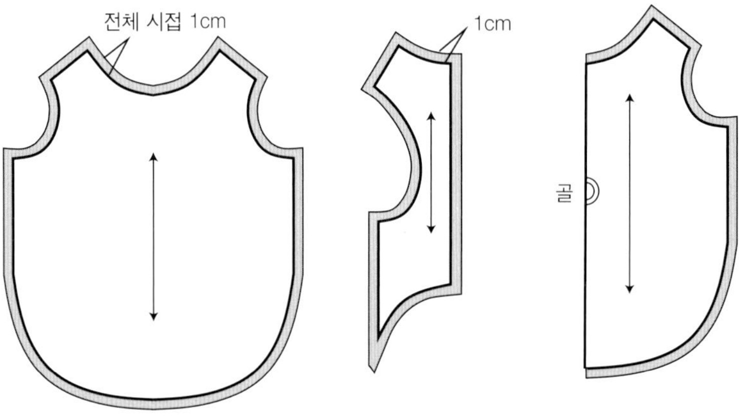

④ 목둘레, 진동둘레, 밑단 등 바이어스테이프를 이용한 시접 처리시 시접분량은 넣지 않는다.

⑤ 밑단 처리를 접어 박기로 할 경우 밑단 시접분량은 3cm 넣는다.

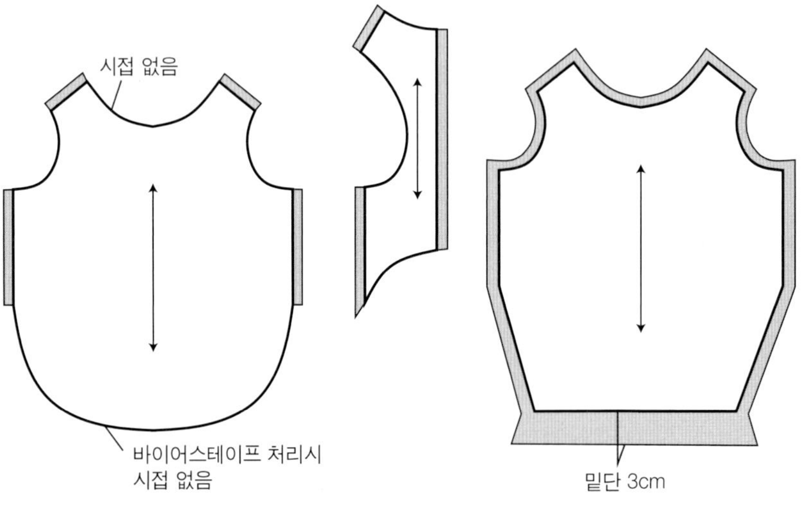

03 봉제

1. 손바느질

(1) **매듭짓기**: 시작점과 끝점 처리시 매듭을 통해 실이 풀리지 않도록 하거나, 같은 곳을 되돌아 박음하여 실이 풀리지 않도록 한다. 바늘에 끼운 실의 한쪽을 길게하여 한줄에 매듭을 짓기도 하고, 튼튼하게 바느질하기 위해 두줄을 같은 길이로 함께 하여 매듭을 만들기도 한다.

Tip 매듭짓기

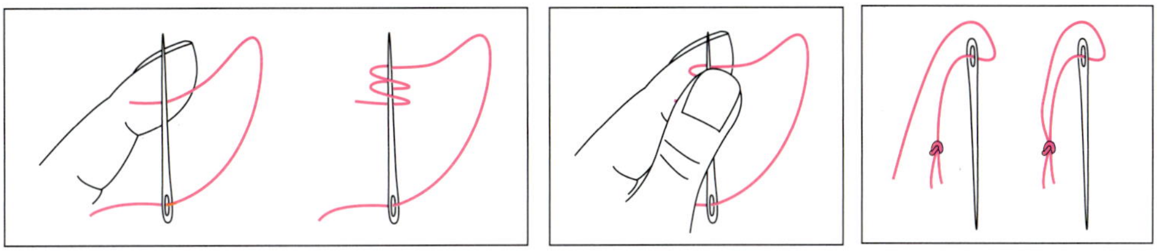

① 바늘에 실을 끼운 후 실 끝을 손가락 위에 놓고, 그 위에 바늘을 올려 놓은 후 2~3회 돌려 감는다.

② 감은 실과 바늘을 눌러 잡고 바늘만 잡아 뺀다.

③ 실끝에 매듭이 생긴다. 한줄매듭 또는 두줄매듭으로 할수 있다.

Tip 같은 위치 되돌아 박기하여 고정

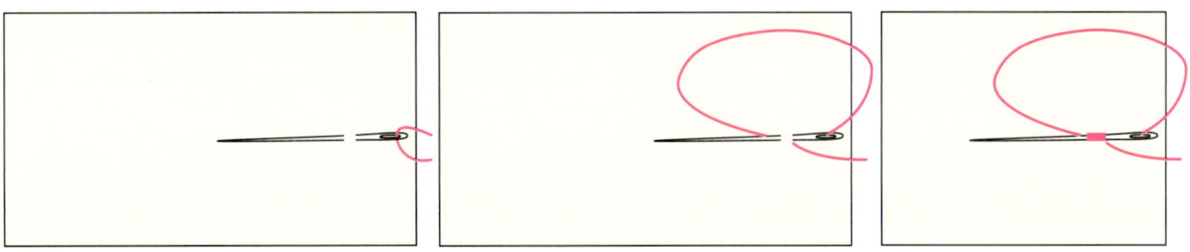

① 바늘에 실을 끼운 후 한땀을 뜬다.

② 처음에 시작한 땀으로 되돌아가서 다시 한땀을 뜬다.

③ 같은 방법으로 2-3회 반복한 후 바느질을 시작한다.

(2) **홈질**: 솔기를 붙이거나 주름을 잡기 위한 용도로 2~4mm 간격으로 바느질하고 앞뒤가 동일한 모양으로 나타난다.

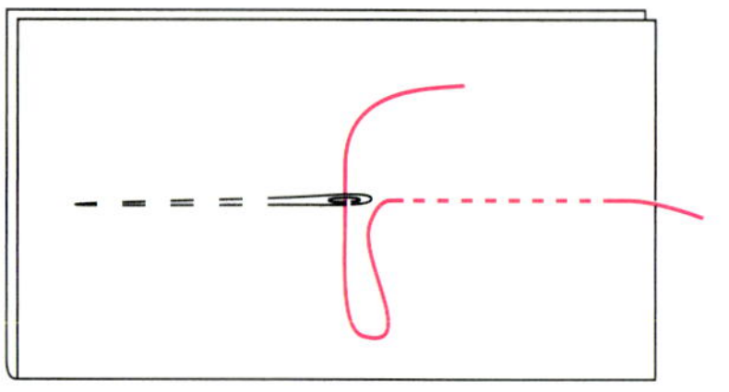

(3) **박음질**: 가장 튼튼한 바느질방법으로 한땀 전진 후 뒤로 되돌려 다시 뜨는 방법으로, 앞면은 재봉틀로 바느질하는 것과 같은 모양으로 나타난다.

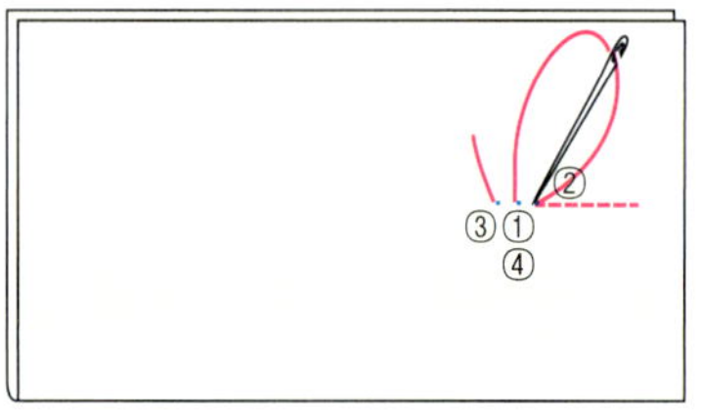

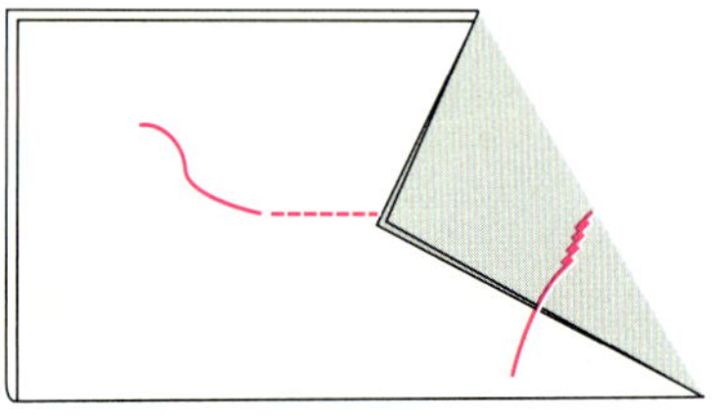

(4) **공그르기**: 고운 손바느질 방법으로 밑단처리를 하거나 창구멍을 막을때 사용한다. 겉감은 실땀이 나타나지 않도록 한땀정도 뜨고, 안쪽은 단속으로 0.5cm 정도 약간 길게 떠서 바느질한다.

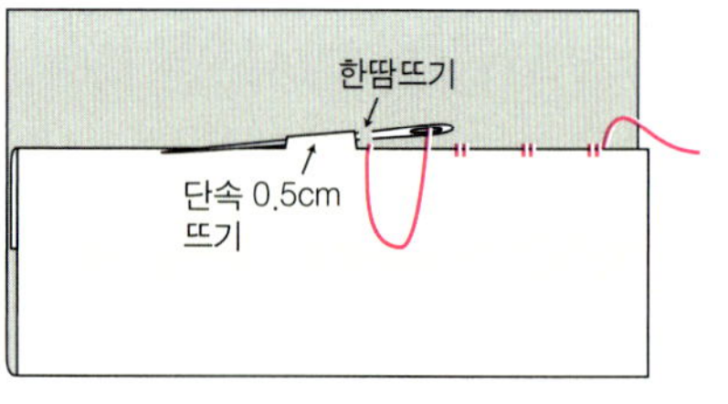

(5) **감침질**: 원단의 가장자리 올풀림을 방지하거나, 밑단처리 또는 창구멍을 막을 때 사용한다. 바늘을 뒤에서 앞으로 뽑아 사선의 모양이 만들어지면서 바느질 된다.

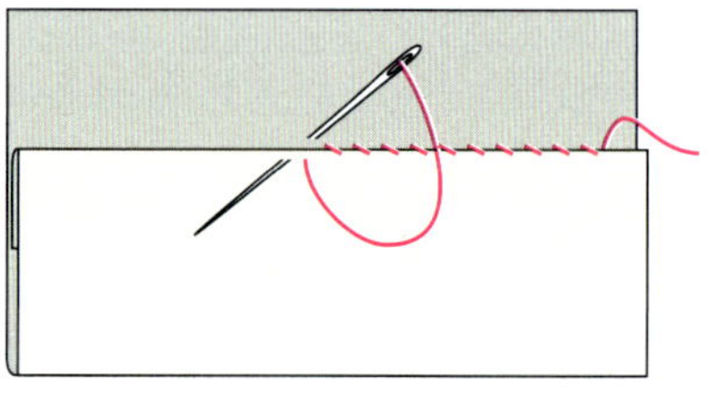

(6) **시침질**: 두장의 옷감을 임시로 서로 고정하거나 박음선을 표시하기 위해 사용한다. 홈질과 같은 방법이지만 겉면에 보여지는 한땀의 길이가 길다. 짧은 시침은 한땀의 길이가 1~2cm, 긴시침은 2~3cm 정도로 한다.

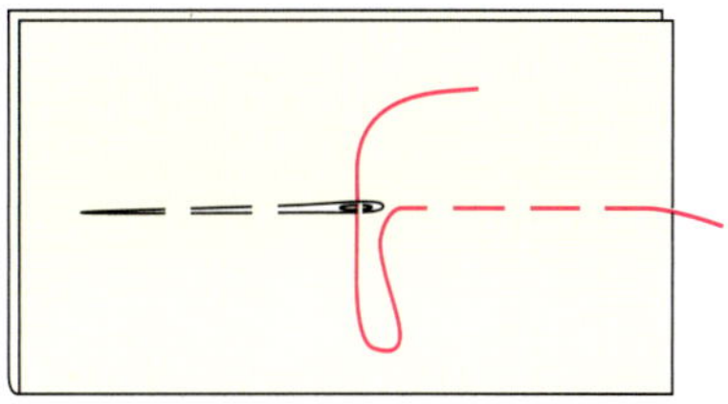

(7) **상침**: 본봉 바느질이 끝난 후 옷감이 뜨지 않도록 고정하거나, 장식을 목적으로 한다. 겉감의 완성선에 평행으로 맞추어 겉면에서 눌러 박거나, 손바느질의 경우 홈질로 상침한다.

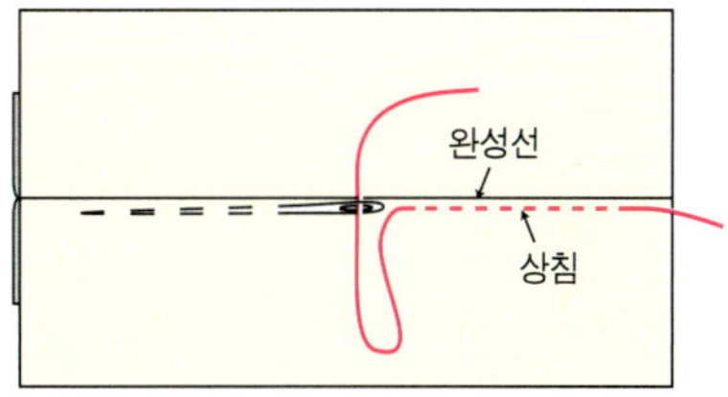

(8) **버튼홀스티치**: 단추구멍이나 원단 끝의 올풀림을 방지하기 위해 한다. 바늘을 뒤에서 앞으로 실위를 통과하여 바느질을 하는 것으로 각 땀마다 매듭이 생긴다.

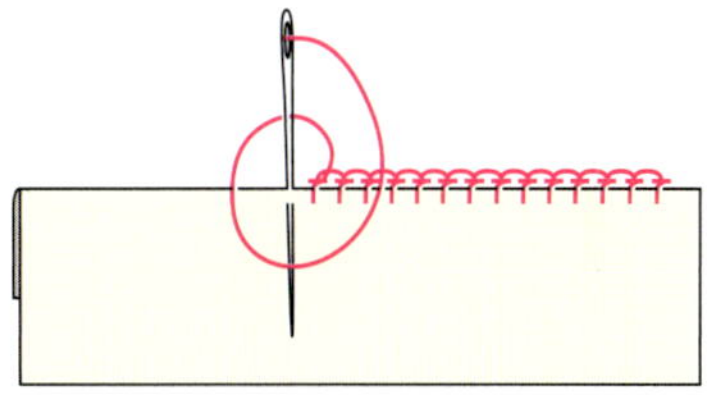

2. 시접 및 솔기처리

솔기는 재단한 옷감의 조각들을 봉제하여 이어진 선이며, 솔기에 접혀 들어간 부분을 시접이라 한다. 시접처리를 잘 함으로써 겉면에 나타나는 솔기부분이 얇게 또는 두껍게 처리될 수 있고, 적절한 시접 끝처리를 통해 원단의 올풀림을 방지하고, 장식적인 효과를 줄 수 있다.

(1) **외솔**: 가장 많이 사용하는 솔기처리 방법으로 완성선을 박음질 한 후 시접을 한쪽방향으로 넘겨 준다. 대부분의 니트류는 박음질 한 후 시접끝은 오버로크로 하고 외솔처리한다.

① 완성선 박음

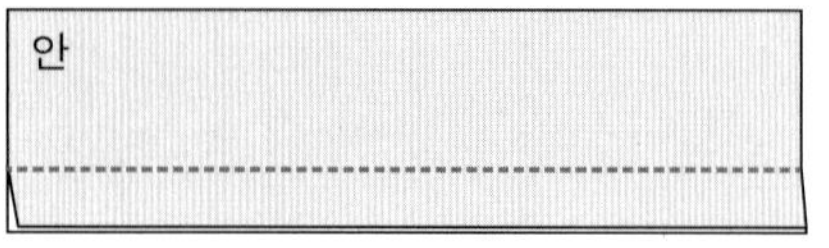

② 한쪽으로 시접을 넘긴 후 겉에서 누름상침

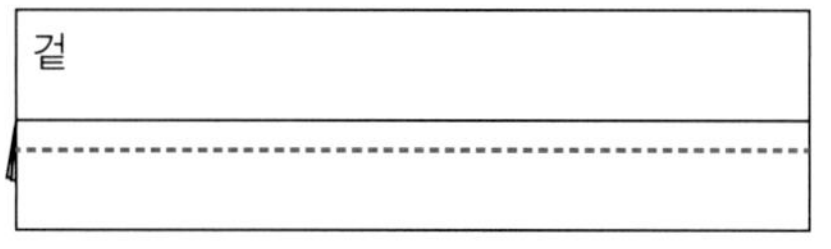

(2) **가름솔**: 완성선을 박음질한 후 시접을 갈라 준다. 두꺼운 직기 원단에서 사용한다.

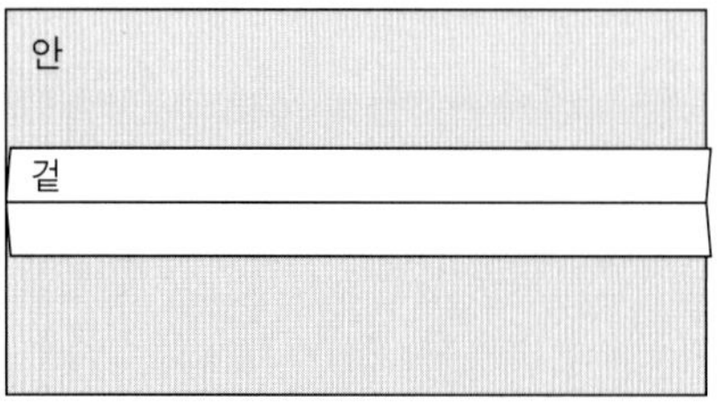

(3) **통솔**: 시접 끝을 박은 후 솔기를 다시 통으로 감싸 처리하는 방법으로 비치는 원단 사용 시 안쪽 솔기를 깔끔하게 처리할 때 사용한다.

① 시접5mm 박음

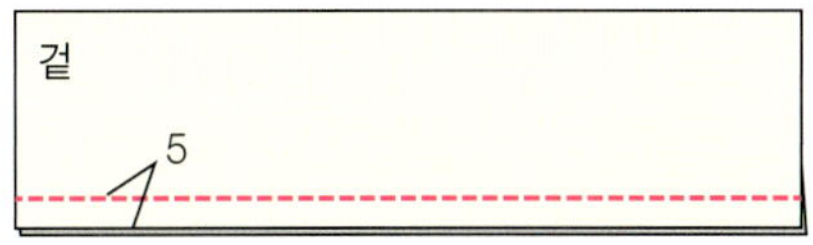

② 시접3mm를 잘라냄

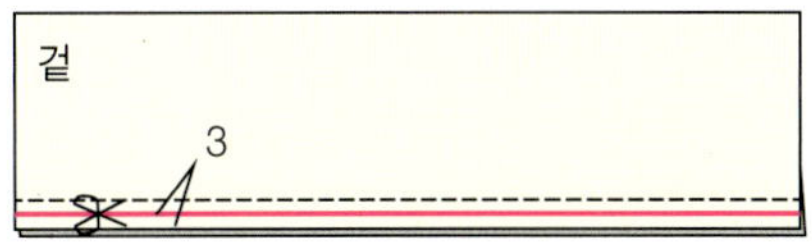

③ 뒤집어 안쪽에서 시접5mm 박음

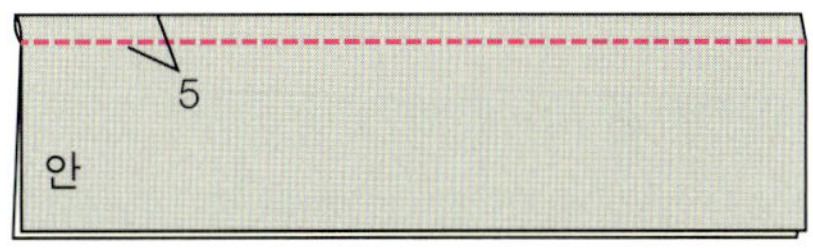

(4) **쌈솔**: 완성선을 박은 후 한쪽의 시접을 작게 자른 후 넓은 쪽의 시접을 좁은 쪽의 시접으로 감싸 눌러 박는다. 안과 겉의 시접이 모두 감싸져 양면착용이 가능하고, 두번 박음을 하여 가장 튼튼한 솔기 처리방법으로 청지에서 많이 사용한다.

① 1.25cm 박음

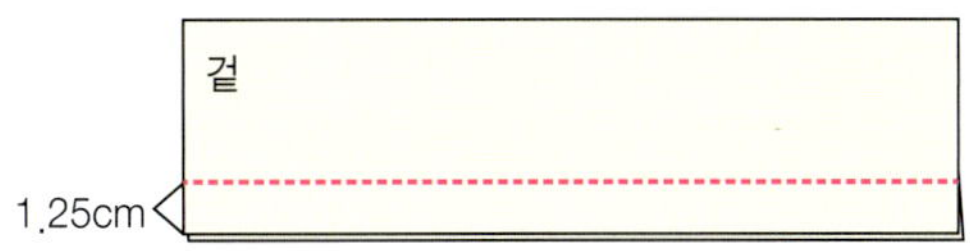

② 가름솔 후 한쪽만 6mm 잘라냄

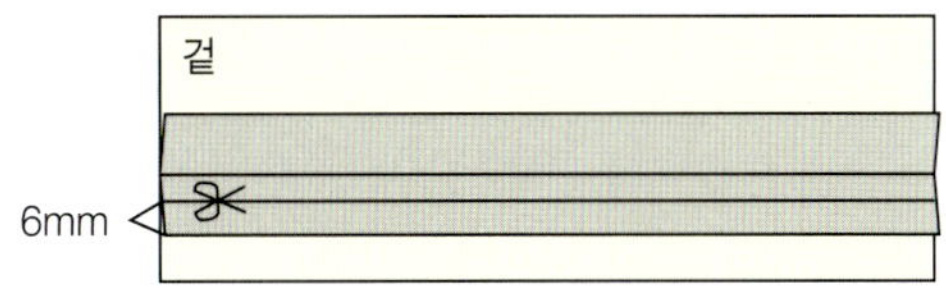

③ 넓은 시접 5mm로 좁은 시접을 감싸 겉에서 눌러 박음

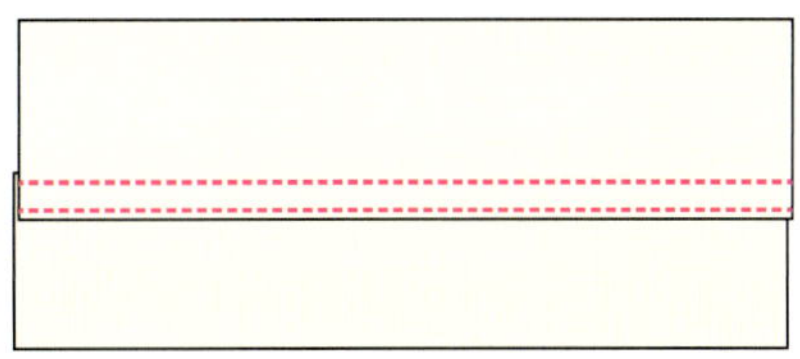

(5) **접어박기**: 완성선을 박고 가름솔 한 후 시접을 5mm 접어 박아 준다.

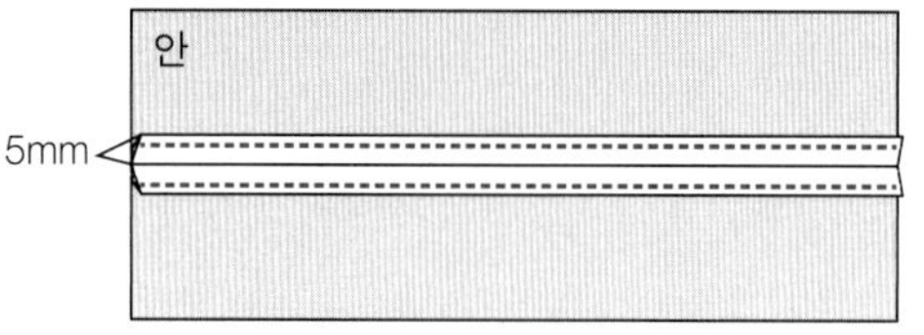

(6) **말아박기**: 얇은 옷감의 경우 끝단 말아박기나 인터록으로 단처리를 한다. 시접을 5mm 접어 1~2mm 간격으로 박음질 한 후, 시접을 다시 꺾어 박아준다. 말아박기 노루발을 사용하면 한번에 말아박기 단처리를 할 수 있다.

① 시접 5mm를 접은 후 끝에서 1~2mm 간격으로 박음

② 시접 5mm를 다시 접어 올린 후 박음

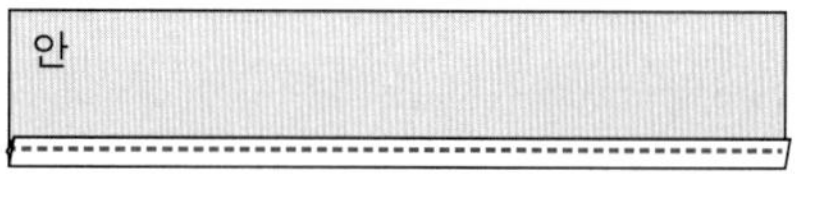

Tip 비접착 벨트심지를 이용한 말아박기

① 비접착 벨트 심지의 단단한 가장자리를 가위로 잘라낸 후 $\frac{1}{2}$시접량 만큼 올을 빼낸다.

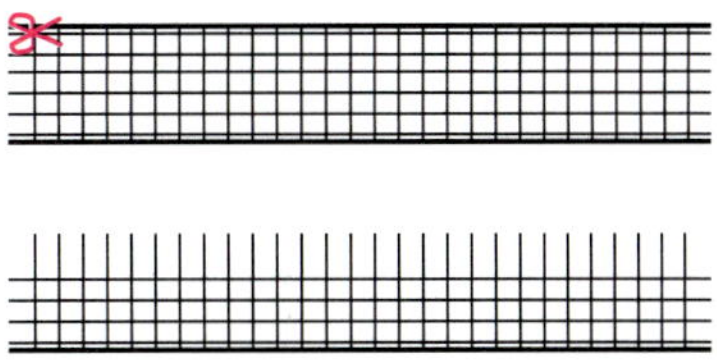

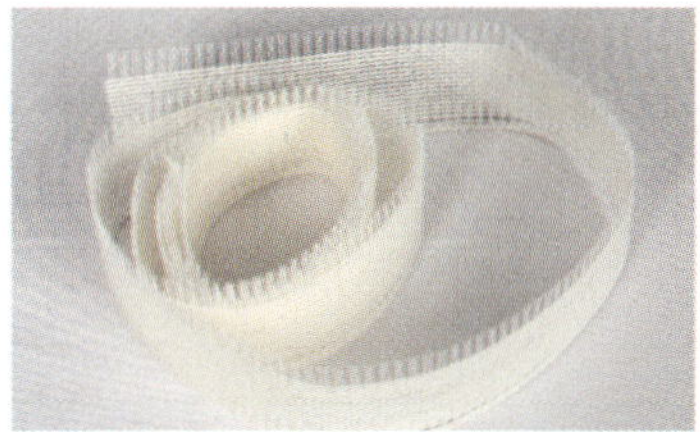

② 원단 겉 시접 위치에 벨트심지를 올려놓고 박은 후 안쪽으로 넘긴다.

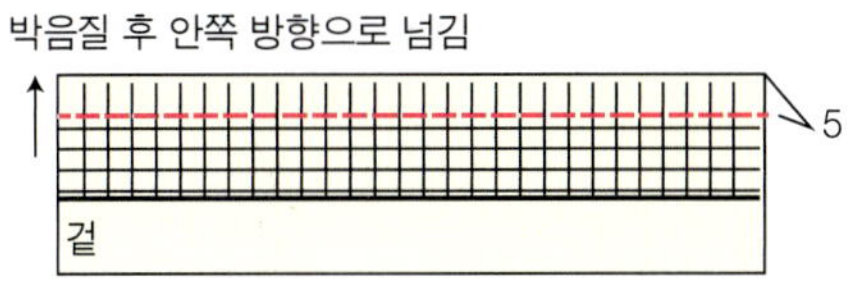

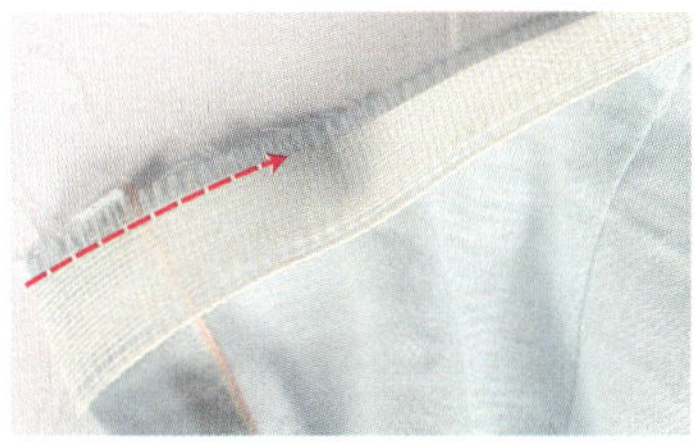

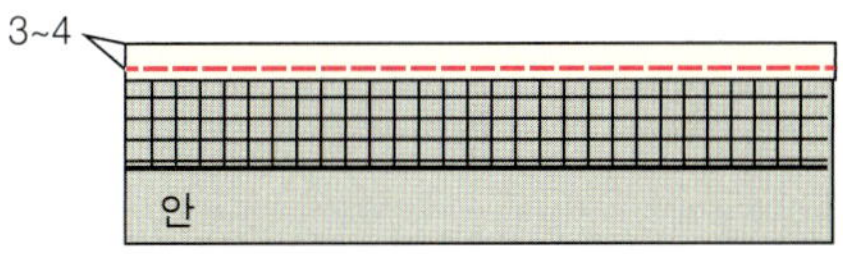

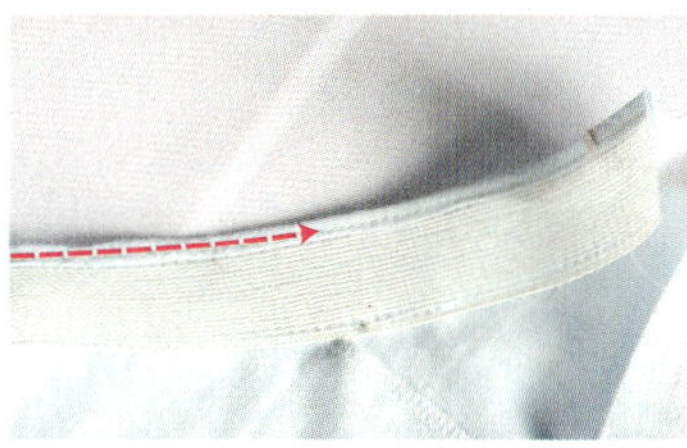

③ 안쪽에서 다시 박음질 후 벨트심지를 잡아 빼어 뜯어낸다.

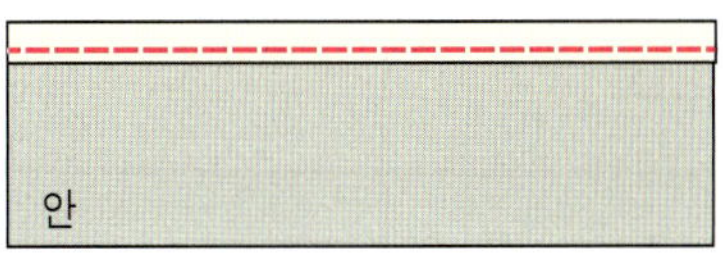

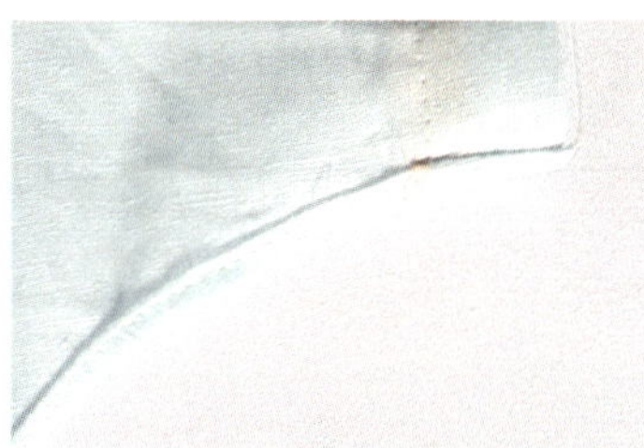

(7) **접밴드처리**: 접밴드는 점퍼의 끝단 처리 등과 같이 장식의 목적으로 단처리를 깔끔하게 처리할 때 사용한다. 접밴드를 반 접어 완성선을 감싼 후 박음질하는데, 접밴드 랍빠를 사용하면 박음질하기 쉽다.

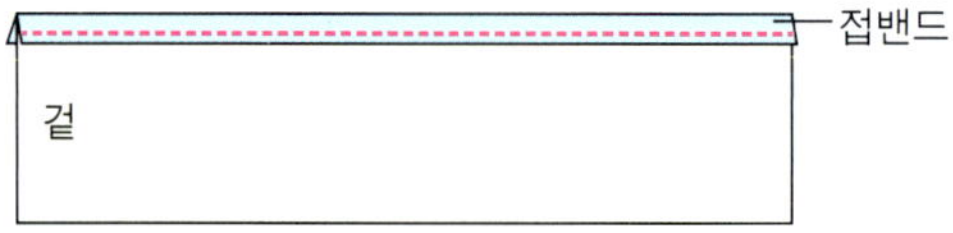

(8) **바이어스처리**: 바이어스테이프를 이용하여 처리한다. 바이어스 테이프를 이용할 때는 시접단에 바이어스 처리를 하는 방법이 있고, 완성선에 장식으로 바이어스 테이프를 처리하여 마무리하기도 한다. 또한 안쪽에만 바이어스 선이 보이도록 하는 인바아어스 처리방법도 있다.

Tip 시접단에 바이어스 처리

① 겉감겉에 바이어스테이프를 놓고, 시접끝에서 5mm 간격으로 박음질

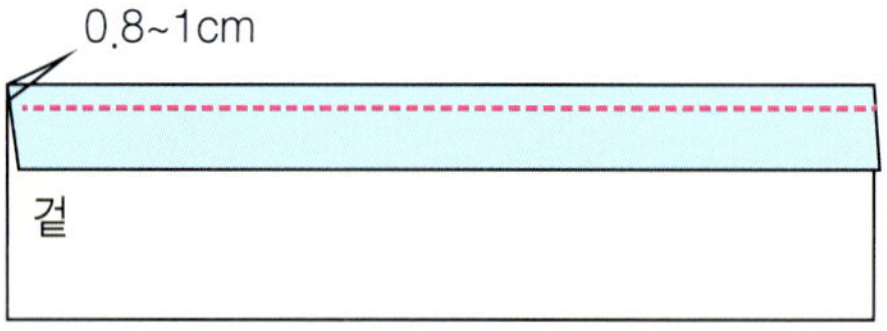

② 안쪽으로 바이어스테이프를 넘기고, 감싸진 단끝을 박음질한다.

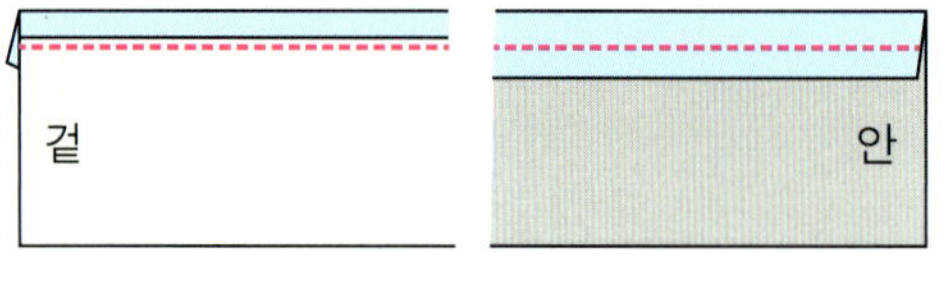

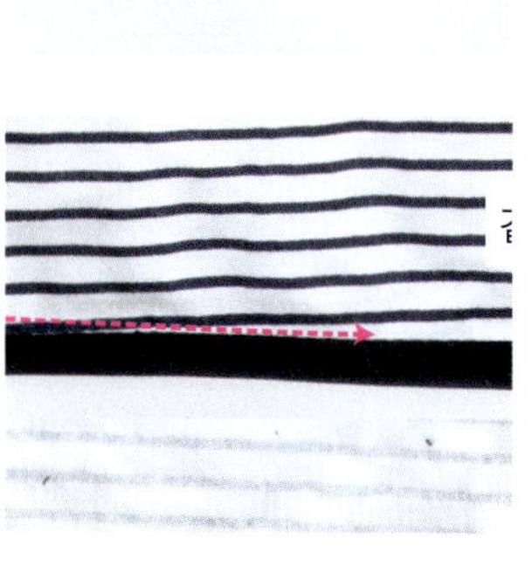

Tip 완성선에 바이어스 처리

① 시접없이 안쪽면 완성선에 바이어스 테이프를 놓고, 5mm 간격으로 박음질

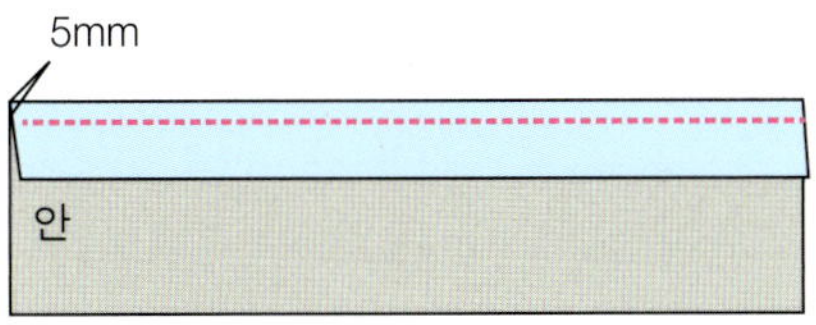

② 겉쪽으로 바이어스 테이프를 넘기고, 감싸진 바이어스 테이프 단을 다시 접어 넣고, 바이어스 겉 단끝을 눌러 박는다.

Tip 시접단에 인바이어스 처리 _ 바이어스폭 3cm 사용

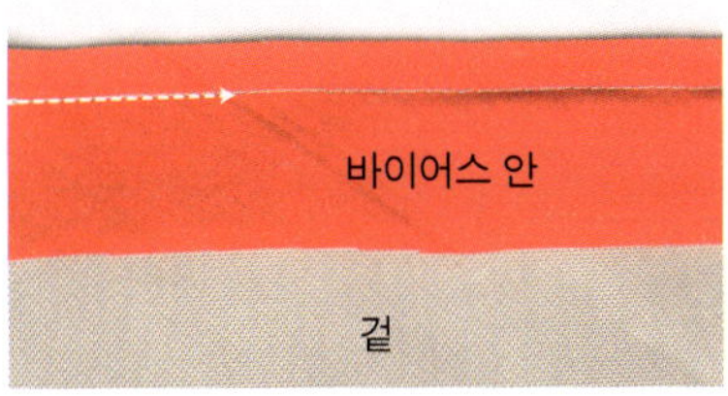

① 겉시접 위에 바이어스 테이프를 올려놓고 완성선을 박음질한다.

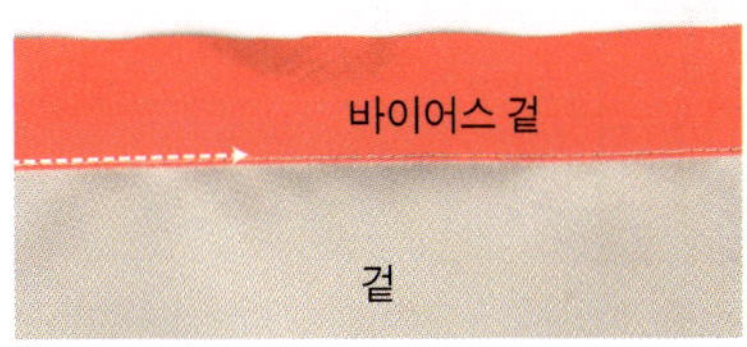

② 바이어스를 시접방향으로 넘긴 후 1mm 누름상침한다.

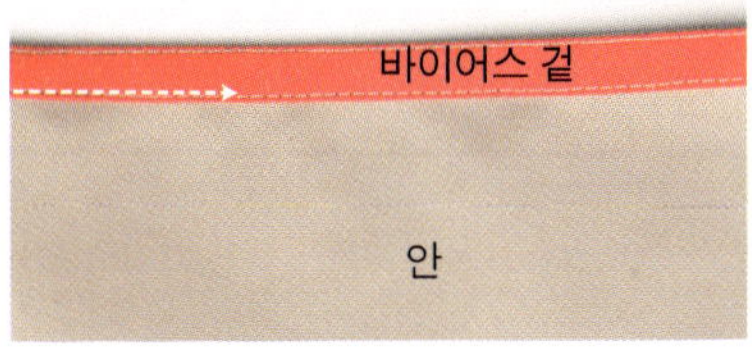

③ 바이어스를 안쪽으로 넘긴 후 시접을 접어 바이어스 안쪽으로 넘긴 후 1mm 누름상침하여 완성한다.

④ 겉 완성 모습

Tip 바이어스 시작과 끝처리 방법

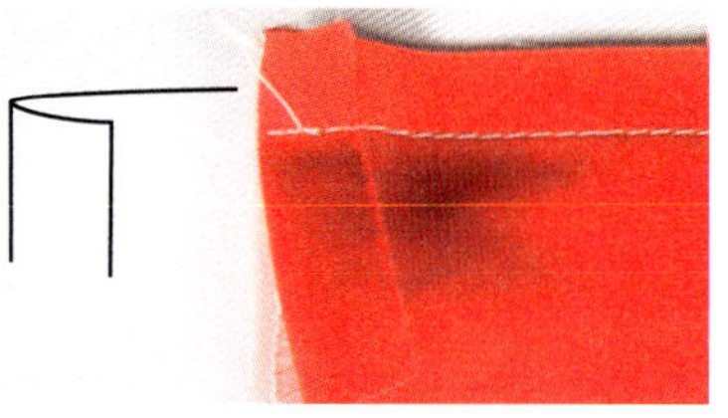

① 바이어스끝을 접어서 시작하면 끝처리가 깔끔하게 정리된다.

② 바이어스작업을 한 후 오버로크하여 접어박기하여 정리한다.

Tip 바이어스테이프 만들기

- 다이마루 원단의 경우 위사방향으로 잘라서 사용한다.

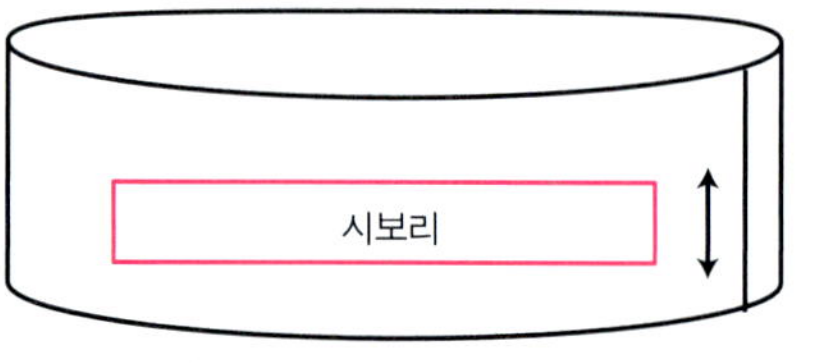

- 직기원단의 경우 경사의 45도 각도로 잘라서 사용한다.

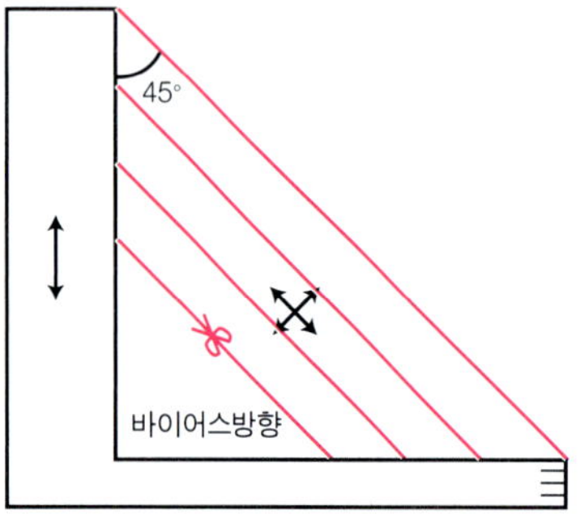

① 직기원단을 45° 각도로 접어 바이어스폭(4cm)으로 잘라낸다.

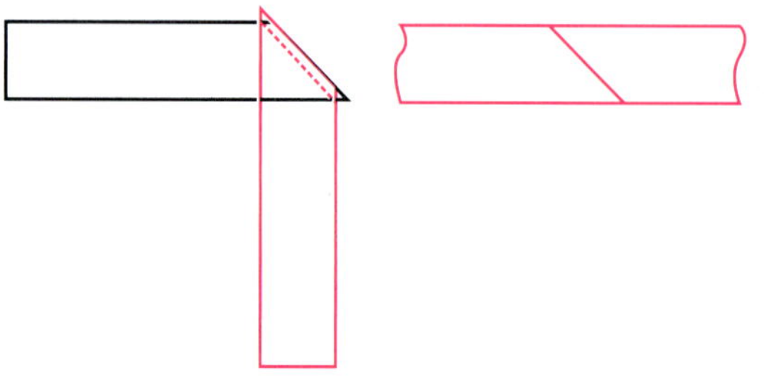

② 한쪽 끝을 45° 각도로 자른 후 2개의 끈을 90°로 교차하여 박음질하여 연결한다.

(9) **오버로크**: 오버로크 미싱을 이용하여 바느질한다.

(10) **지그재그박음질**: 가정용 미싱을 사용할 때는 지그재그로 마무리 한다.

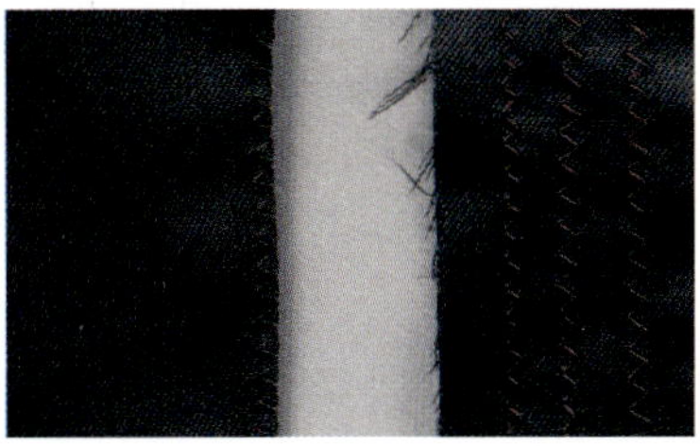

(11) **핑킹가위**: 톱니 모양의 칼날로 된 가위로 잘라준다.

3. 부분봉제

(1) **시보리달기 :** 다이마루 또는 니트원단으로 제작되는 옷의 목둘레, 소매둘레, 밑단둘레에 시보리를 달아서 몸에 밀착되며 신축성이 좋은 편안한 옷을 제작할 수 있다. 시보리는 완성선의 80%로 계산하여 늘여서 박음질 한다.

Tip 1. 직선시보리 달기

① 시보리 감을 반으로 접고 시보리와 겉감을 4등분 한 후, 시보리를 늘여 겉감의 4등분 위치에 맞춘다. 시보리겉과 겉감겉을 맞대어 완성선을 박은 후 시접을 오버로크(지그재그) 한다.

② 시접을 원단 안쪽으로 넘기고 두꺼운 옷감의 경우 겉감에서 단끝을 상침한다.

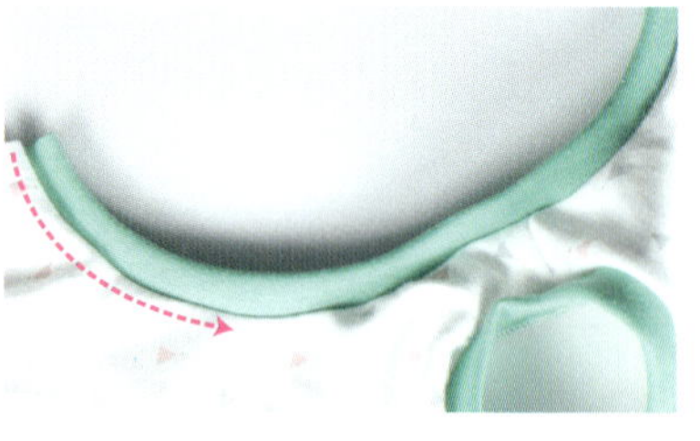

Tip 2. 둥근시보리달기 : 목둘레나 소매둘레와 같이 둥근 모양을 만든 후 시보리감을 붙일때 하는 방법

① 시보리를 가로로 반 접어 세로 시접을 박음질 한 후 가름솔한다.

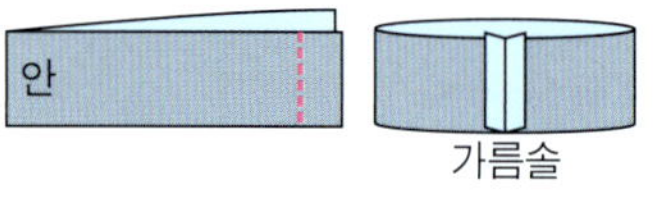

② 겉이 밖으로 나오도록 안과 안을 맞붙여 절반을 접는다.

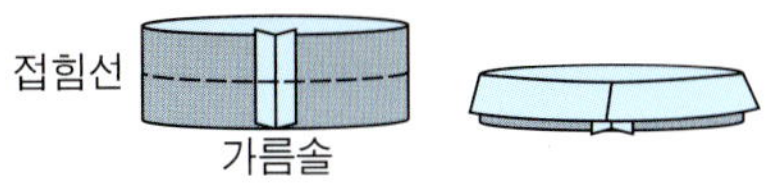

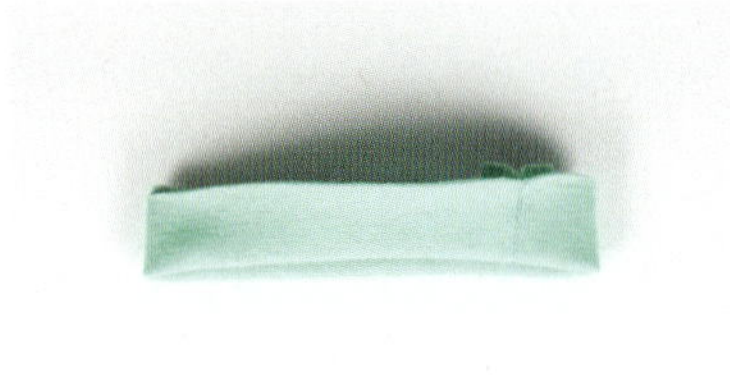

③ 겉감겉과 시보리겉을 맞붙여 완성선을 박는다.

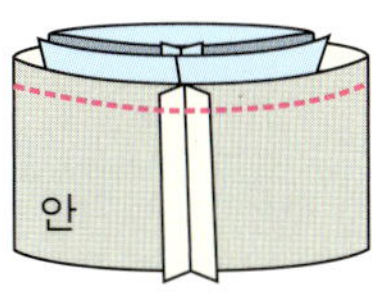

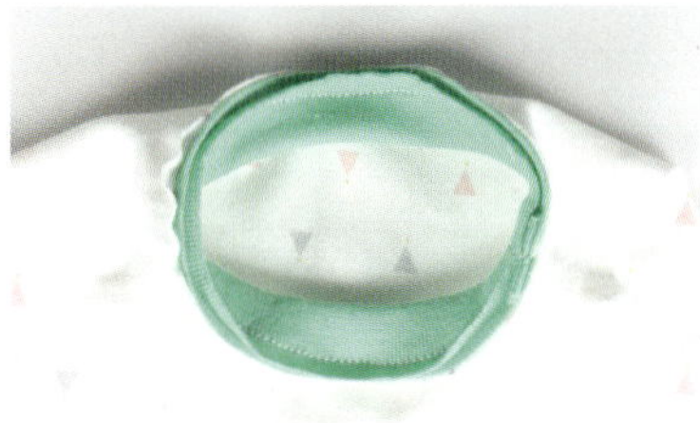

④ 시접을 오버로크 처리 후 옷감 안쪽으로 넘기고, 두꺼운 원단의 경우 겉감 단쪽에서 5mm 누름상침한다. 신축성이 많은 원단은 상침을 하지 않는다.

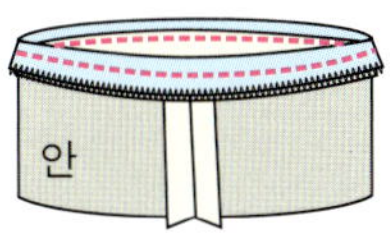

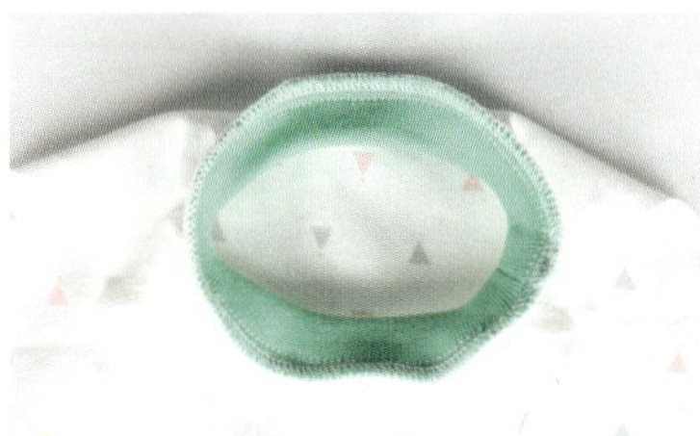

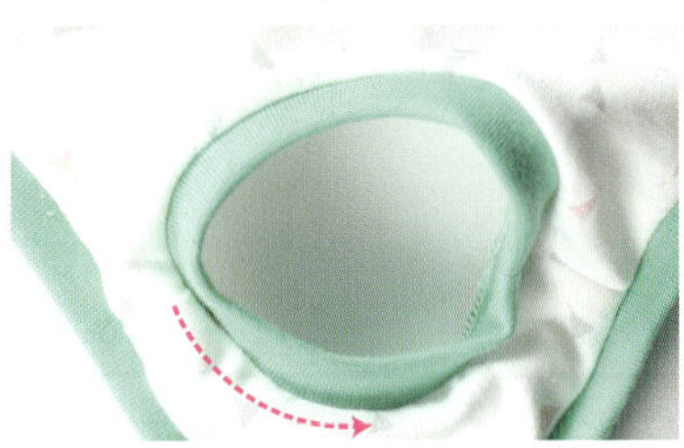

(2) **고무줄넣기**: 강아지옷은 배판 밑단 둘레 부분이 들뜨는 경우가 많아 배밑단에 고무줄을 넣어 모양을 잡는다. 또는 직기 원단에서 자연스러운 개더 주름 만들기 위해 고무줄을 넣기도 한다. 고무줄의 길이는 [완성선의 $\frac{1}{2}$ 길이+2(시접)] 하여 완성선에 맞게 늘여서 넣는다.

Tip **1. 완성선에 맞추어 고무줄을 늘여 박음질한다.**

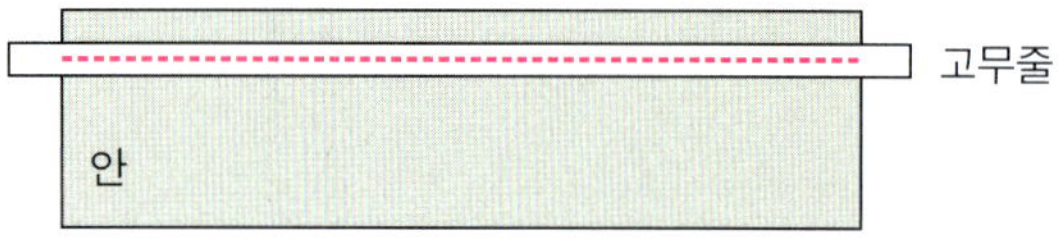

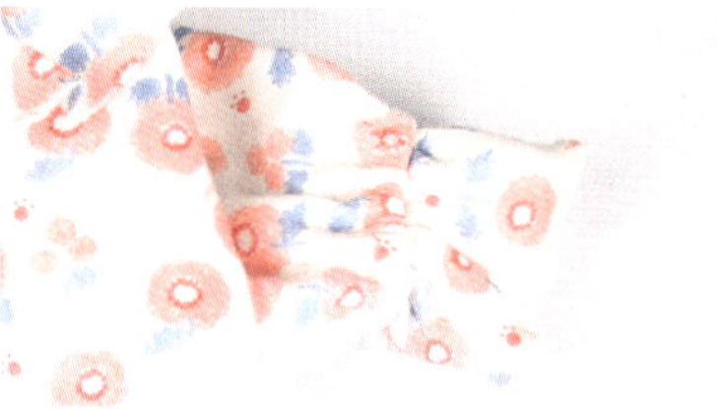

Tip **2. 단 시접을 오버로크한 후 완성선을 접어 0.8~1cm 시접을 박은 후 옷핀을 이용하여 고무줄을 넣고 양끝을 박아 고정한다.**

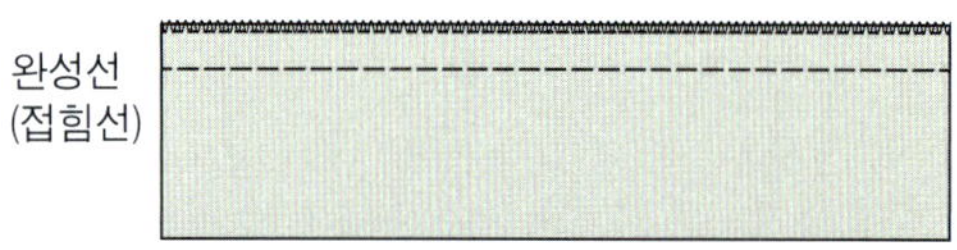

① 시접 오버로크하기

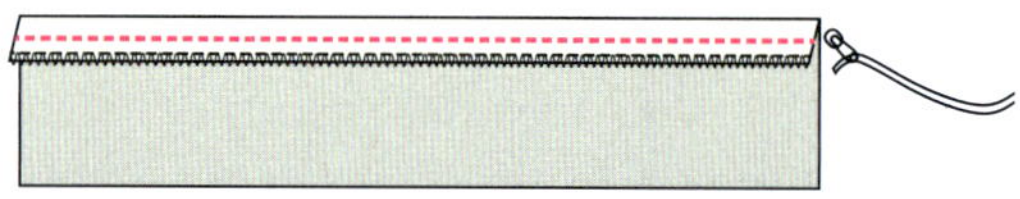

② 고무줄 넣기

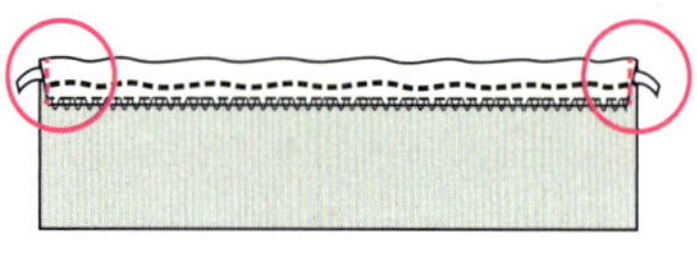

③ 고무줄 고정박음하기

(3) **개더주름잡기**: 홈질 및 큰땀 박음질 후 실을 잡아당겨 자연스러운 주름을 잡는다.

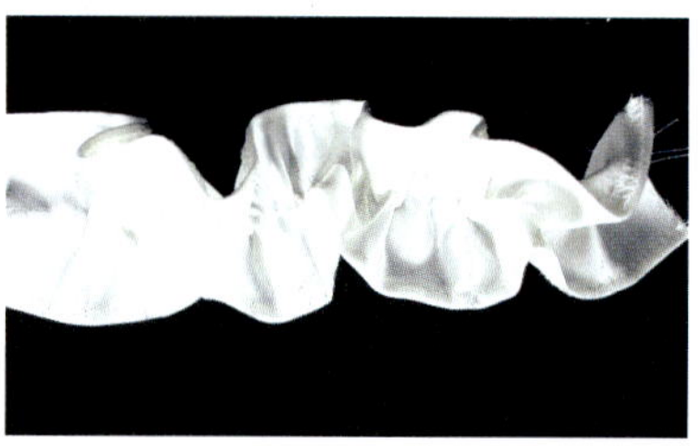

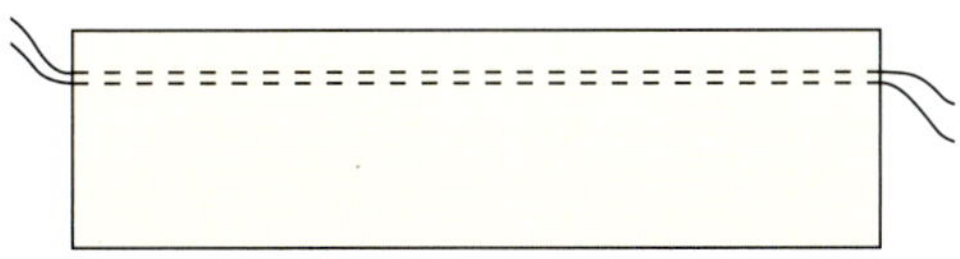
① 2줄 홈질하여 잡아 당겨 자연스러운 주름 잡기

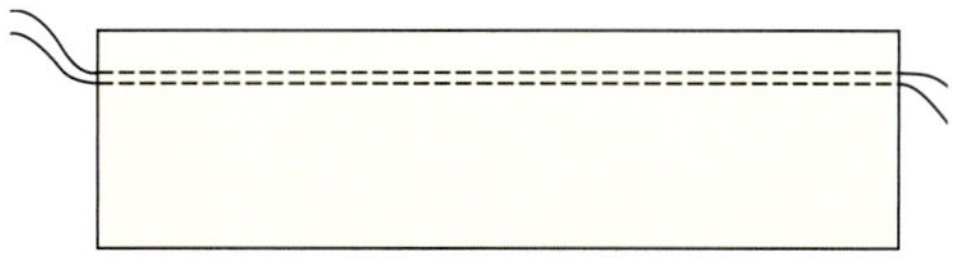
② 재봉틀을 이용할 때는 큰땀으로 박음질 한 후 한쪽 면에서 잡아당긴다.

(4) **프릴만들기**: 얇은 단에 개더 주름을 잡아 목둘레, 소매단 등에 붙인다.

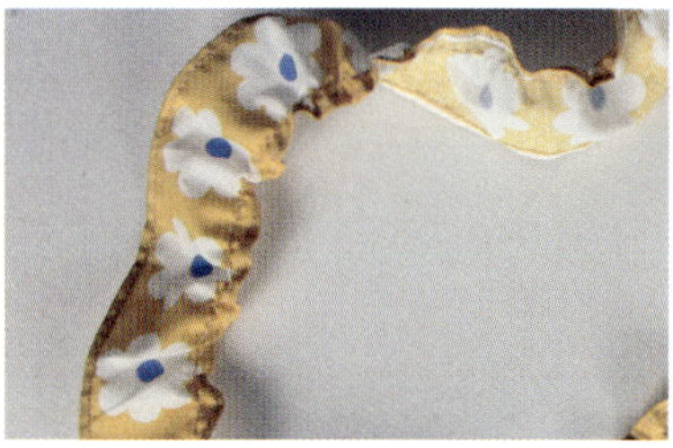

① 프릴감의 시접을 오버로크 처리 후 완성선에 맞게 접어서 5mm 상침한다. 또는 접어박기로 시접 처리해도 된다.

② 개더 주름을 만드는 방법으로 홈질 또는 큰땀 박음질을 한 후 한쪽 면의 실을 잡아당겨 프릴을 만든다.

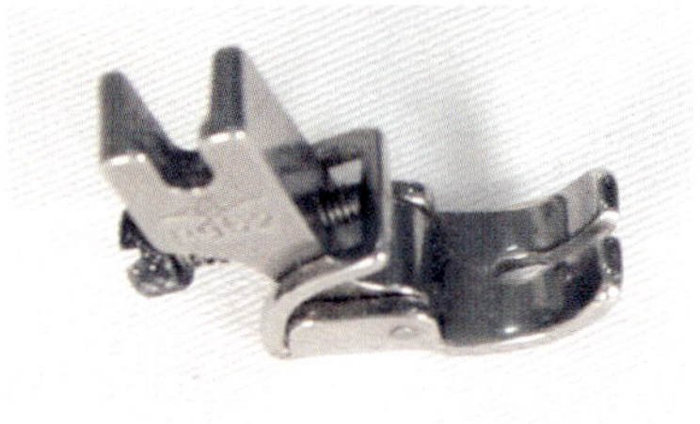

③ 주름 노루발을 이용하여 쉽게 개더 주름을 잡을 수 있다. 주름 노루발의 뒷부분 나사를 조절하여 주름의 양을 조절할 수 있다.

(5) **다트**: 평면의 원단을 입체적인 몸에 잘 맞도록 하기 위해 다트를 넣는다.

① 다트를 박고 끝처리는 실을 길게 남긴 후 묶어서 정리한다. 두꺼운 원단의 경우 되돌아박기하여 실풀림을 방지하고, 얇은 옷감의 경우 되돌아박기 할 경우 다트끝이 뾰족해질 수 있기 때문에 주의한다.

② 다트 시접은 중심 쪽으로 꺽어 정리한다.

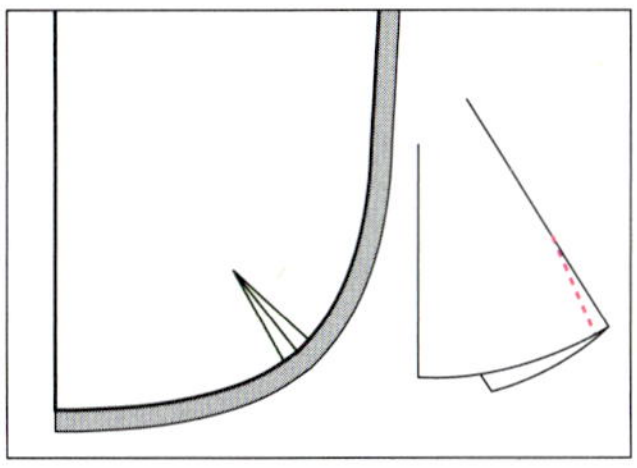
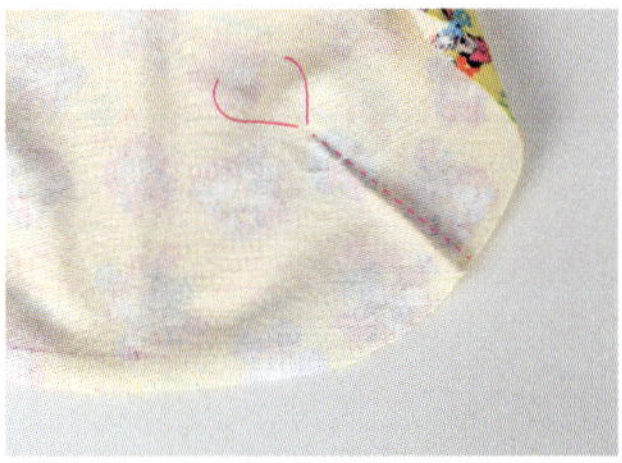
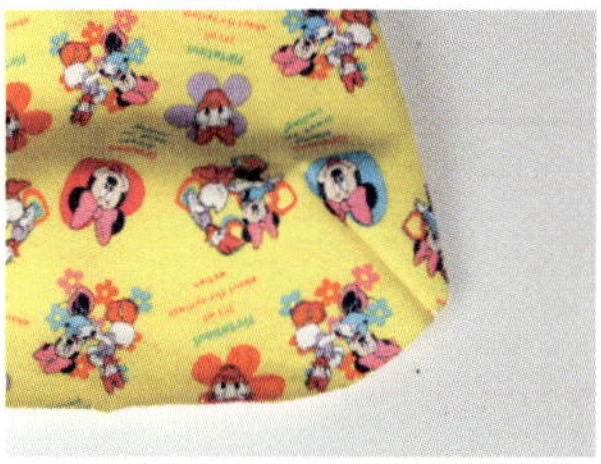

(6) **셔링, 스모킹**: 반복적인 여러 줄의 개더 주름을 옷의 일부에 넣는 것을 셔링이라 한다. 실무에서는 특수 기종의 재봉틀을 이용하여 한번에 여러 줄의 셔링을 잡을 수 있는데, 이를 스모킹이라고도 한다. 이는 재봉틀의 밑실에 실고무사를 이용하여 작업하고, 얇은 원단에 장식적 디자인으로 사용 시 효과적이기 때문에 여름 원피스에 많이 활용한다.

① 윗실은 일반봉제사를 사용하고, 밑실은 실고무사를 사용한다. 이때 밑실을 감을때는 밑실을 잡아 당겨 실의 장력을 주면서 감는다. 공업용 미싱의 경우 조임나사를 이용해 밑실의 장력을 조절할 수 있다.

② 셔링선을 일정한 간격으로 겉감에서 초크를 이용하여 그린 후 박음질한다.

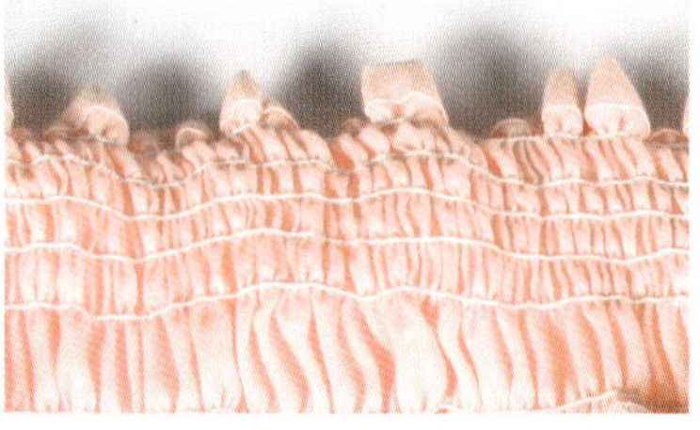

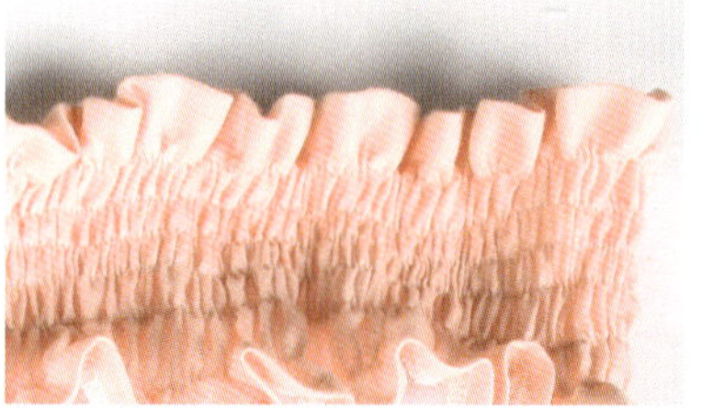

(7) **파이핑**: 솔기 사이에 바이어스 테이프를 넣어 솔기선이 강조되도록 구성하는 방법으로, 바이어스 테이프 속에 끈을 넣어 선이 두드러지게 보이도록 하기도 한다.

① 바이어스 테이프를 반 접어 솔기 사이에 끼워 넣어 1~2mm 보이도록 배치한 후 박음질한다.

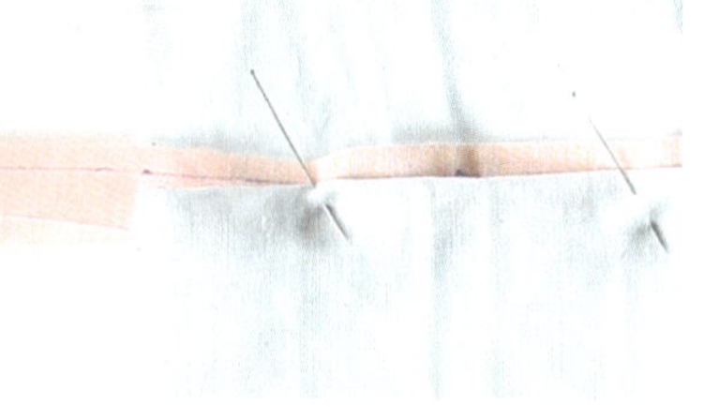

② 끈을 이용하는 경우에는 바이어스 테이프 가운데 끈을 놓고, 지퍼 노루발을 이용하여 박음질하여 파이핑 끈을 만든 후 사용한다.

(8) **벨크로달기**: 벨크로는 조절할 수 있는 여밈으로 훅면과 루프면으로 되어 있는데, 까슬까슬 한 훅면을 몸에 붙는 면에 놓고 가장자리를 박는다. 부드러운 루프면은 훅면 위에 위치를 잡고 가장자리를 박는다.

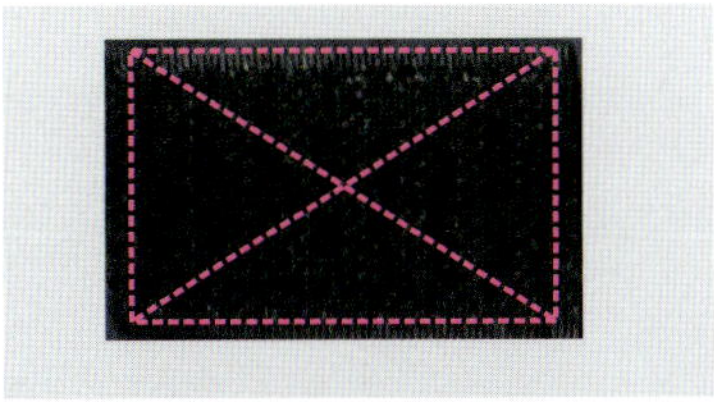

훅면

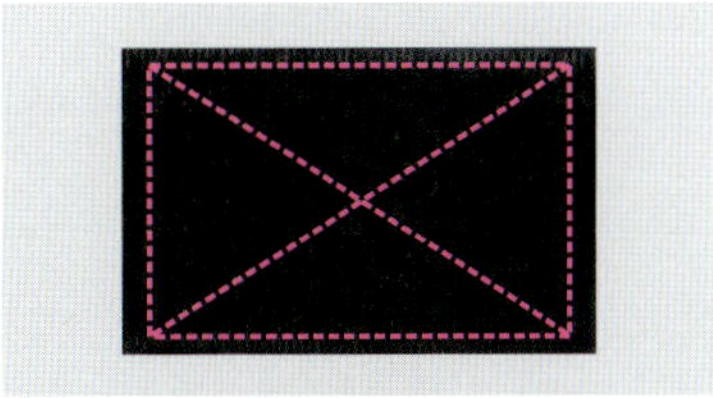

루프면

(9) **스냅, T단추**: 똑딱단추라고도 하며, 오목하게 생긴 것은 밑단에 달고, 볼록하게 생긴 것은 윗단에 단다. 스냅단추는 버튼홀스티치로 바느질하여 달고, T단추는 기구를 이용하여 단다.

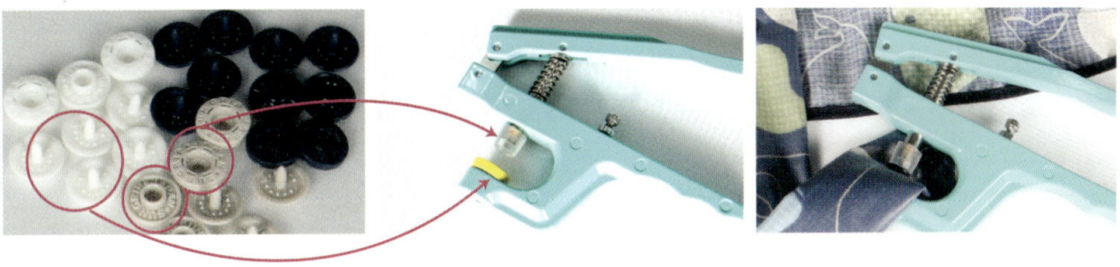

(10) **아일렛**: 아일렛은 금속 부자재로 끈을 넣는 구멍을 만들때 사용하고, 아일렛 기구를 이용하여 만든다. 끈을 조절하기 위한 목적의 스토퍼와 주로 함께 사용한다.

① 아일렛과 기구를 준비한다.

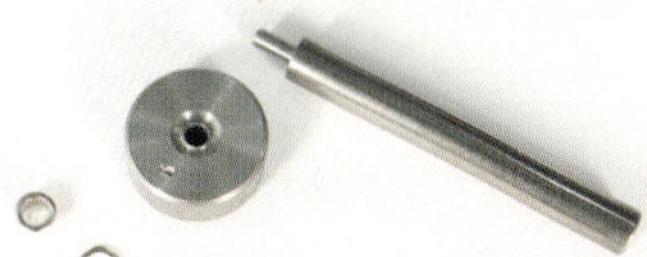

② 펀치를 이용해 구멍을 뚫는다.

③ 아일렛을 겉감쪽 구멍에서 끼워넣고 평평한 아일렛을 안감쪽 아일렛 위에 올려놓는다.

④ 아일렛 기구를 망치로 쳐서 고정한다.

⑤ 아일렛 완성

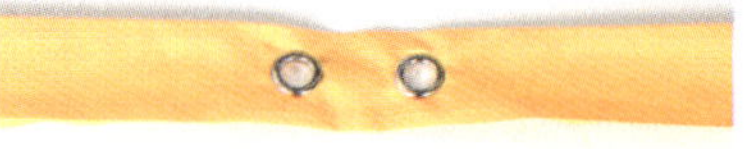

4. 심지 붙이기

심지는 봉제할 때 천이 늘어나는 것을 방지하고, 원단의 형태감을 살려주기 위해 붙이는데, 앞덧단 및 칼라 등에 주로 붙인다.

① 한쪽 면은 접착풀이 붙어 있어 까슬하고, 이 면을 옷의 안감에 맞대어 놓고 다리미로 열을 주어 원단에 붙인다.
② 강아지 옷의 경우 패턴의 크기가 작아 완성과 시접선 구분없이 심지를 붙일 패턴의 전체 면에 심지를 붙이고 작업한다.
③ 앞덧단은 롤심지를 이용하면 작업하기 쉽다.
④ 열에 약한 원단의 경우 광목천을 올려 놓고 다림질하여 붙인다.

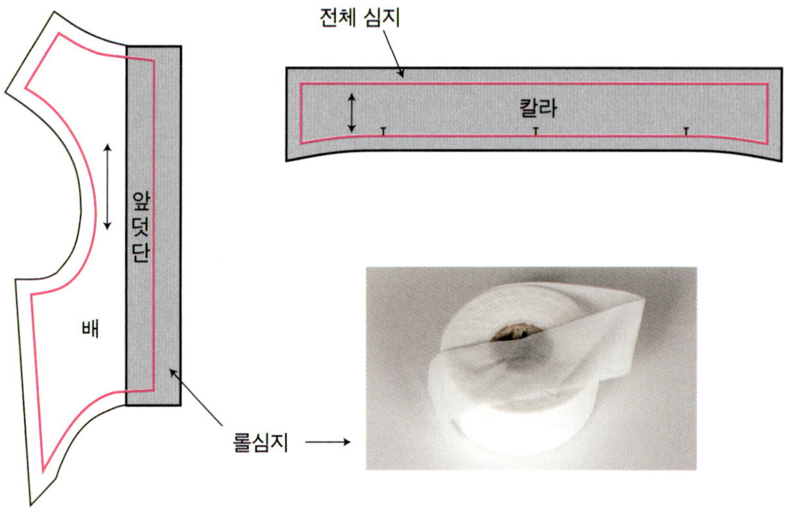

5. 두면을 연결 후 정리하기

옷은 평면의 패턴 조각들을 연결하여 입체적인 모양으로 만들어 완성한다. 이때 패턴의 조각들이 연결된 면의 시접 정리가 중요하다.

① 다이마루 원단의 경우 면과 면을 연결하여 박음질 후 두면의 시접을 함께 오버로크하여 시접을 한쪽으로 넘겨 정리한다.

② 두면을 박음질하여 곡선 부분을 정리할 때는 가윗집을 넣은 후 정리한다.

③ 두면을 함께 봉제 후 각진 부분은 삼각형 모양으로 자른 후 뒤집어 정리한다.

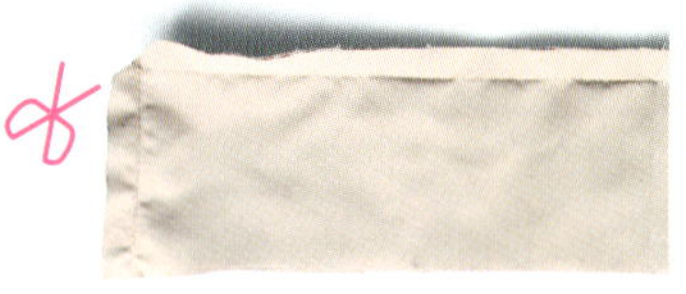

④ 두꺼운 직기 원단의 경우 가름솔로 정리한다.

04 완성

1. 완성옷 체크사항

몸에 잘 맞는 의상을 제작하기 위해서는 옷을 완성 후 착장을 통해 문제점을 확인해 보고, 수정 보완하여 좀더 완성도 높은 의상을 제작할 수 있다. 강아지 옷에서는 다음 사항들을 착장을 통해 확인한다.

Tip 가봉

몸에 잘 맞는 의복을 만들기 위해 시침 바느질하여 임시로 의복을 제작하는 것을 가봉이라 한다. 강아지 옷에서는 가봉 시 광목 20수, 양면지 20수 원단으로 제작 후 착장하여 보정한다.

(1) 목둘레

- 목둘레에 여유가 있는지 확인한다.
- 보통 손가락 1개가 들어갈 정도의 여유가 있는지 확인한다.

(2) 가슴둘레

- 가슴둘레에 적당한 여유분이 있는지 확인한다. 가슴둘레 여유분은 손가락 1개+2~3cm 정도의 여유가 있는지 확인한다.
- 앞가슴길이가 너무 길어 생식기를 덮는지 확인한다.
- 앞가슴폭이 남거나 좁지 않는지 확인한다.
- 옆선 밑단이 남아 원단이 처져 땅에 끌리는지 확인한다.
- 가슴둘레와 배둘레의 차이를 비교한 후 차이가 클 경우 옆선 다트를 봉제 후 가봉한다.

(3) 등길이

- 등길이가 너무 길어 가로 주름이 생기지 않는지 확인한다.
- 꼬리부분 원단이 말리지 않는지 확인한다.

(4) 소매

• 진동둘레가 너무 좁아 활동에 불편함이 있는지 확인한다.
• 진동둘레가 너무 넓어 발이 빠지지 않는지 확인한다.

2. 다림질하기

다림질은 봉제 후 옷의 형태를 잡아주기 위한 마무리 공정이다. 특히 직기의 경우 봉제 단계별 다림질을 하여 옷의 형태를 잡아가면서 작업하면 완성 후 옷의 형태가 예쁘게 잡힌다.

강아지 옷은 크기가 작기 때문에 일반적인 우마를 이용하여 다림질하면 모양을 잡기 쉽고, 다이마루 원단의 경우 다리미로 스팀을 주어 모양을 잡으면 된다.

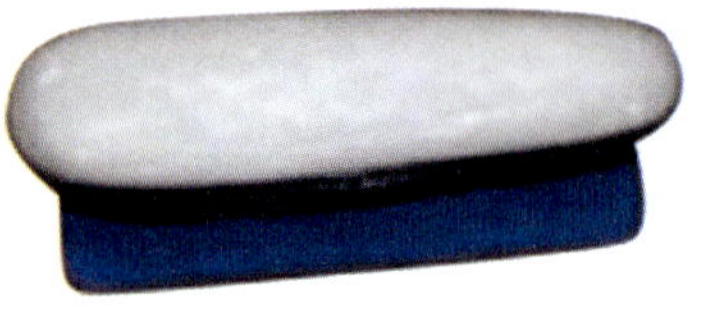

〈우마〉

05 재봉기 및 랍빠

1. 본봉 재봉기

직선 바느질이 가능한 것을 본봉 재봉기라 하는데, 재봉기에는 가정용 재봉기와 공업용 재봉기가 있다.

(1) **가정용 재봉기**

가정용 미싱은 가격이 저렴하고 봉제속도도 천천히 작업되어 처음 봉제작업을 하는 경우 쉽게 바느질에 적응할 수 있다. 또한 지그재그, 단추구멍만들기 등 다양한 스티치 모양을 작업할 수 있다. 그러나 가정용 미싱은 모터의 힘이 약해 두꺼운 원단이나 여러 겹을 한꺼번에 박을 때 박음질이 견고하게 잘 되지 않는 단점이 있다. 따라서 처음 봉제 작업 시 가정용 재봉기를 사용하여 다양한 작업들을 연습해 보고, 공업용 재봉기를 사용하는 것을 추천한다.

(2) **공업용 재봉기**

공업용 재봉기는 모터의 힘이 좋아 원단의 종류에 따라 크게 문제가 발생하지 않는다. 바늘땀도 견고하고 예쁘게 봉제되는 장점이 있다. 그러나, 본봉인 직선박기만 가능하기 때문에 한벌의 옷이 완성되기까지 필요한 오버로크나 단추구멍 등과 같은 특수재봉이 필요한 경우 별도의 재봉기를 사용해야하며 가격이 비싼 단점이 있다.

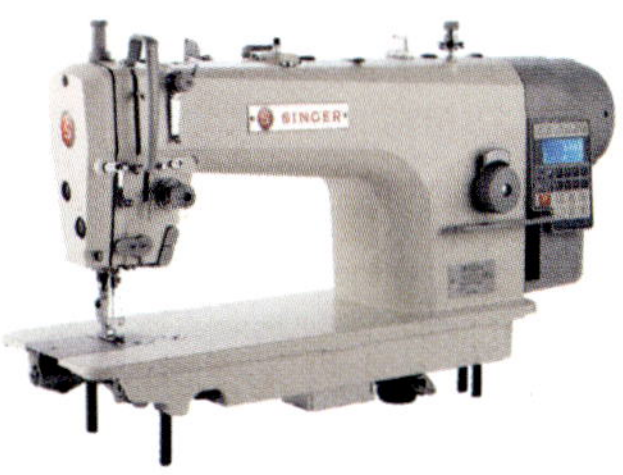

2. 특수 재봉기

특수 재봉기는 특종이라 하여 오버로크, 인터록, 자수재봉기 등 특별한 용도의 목적을 가지고 개발된 재봉기를 의미한다.

(1) **오버로크**

옷감의 시접정리시 많이 사용하는 봉제기로 올이 풀리는 것을 방지하기 위해 가장자리를 봉제하는 재봉기이다. 보통 오버로크는 원단의 안쪽 솔기에 사용이 된다. 가정용과 공업용이 있다.

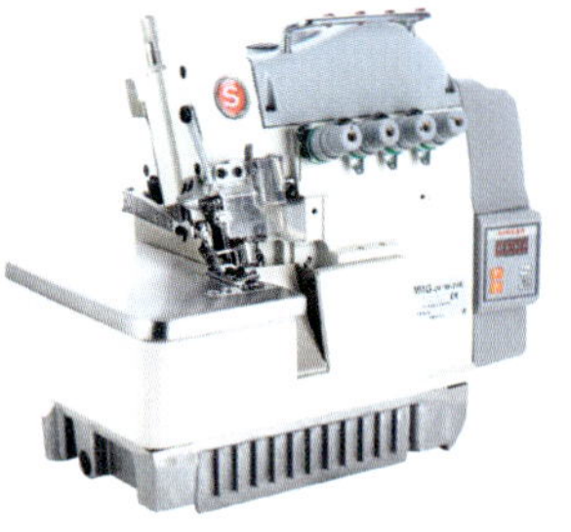

(2) **커버 스티치**

공업용 미싱의 삼봉 재봉기와 동일한 목적으로 사용되는 재봉기이다. 단지 커버스티치는 가정용 미싱으로 분류되고, 다이마루 원단에서 박음질 및 오버로크를 함께 할 수 있는 재봉기로서 사용된다. 보통 티셔츠 봉제에서 많이 사용한다.

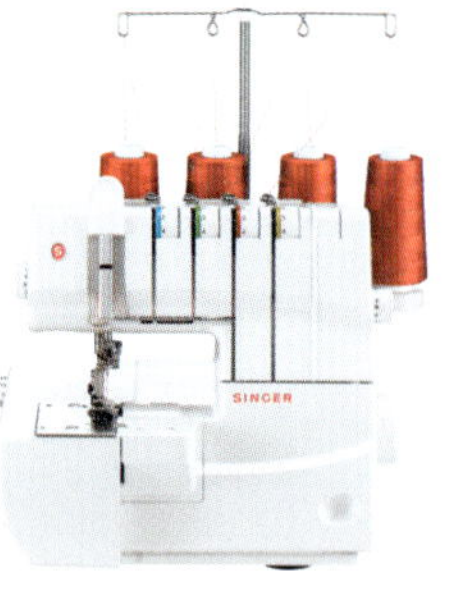

(3) **인터록**

인터록은 옷감의 올이 풀리는 것을 방지하기 위해 사용하는 재봉기로 가장자리가 휘감치기로 봉제된다. 손수건 테두리와 같이 겉면에 장식적인 효과를 주면서 마무리 할 때 사용한다.

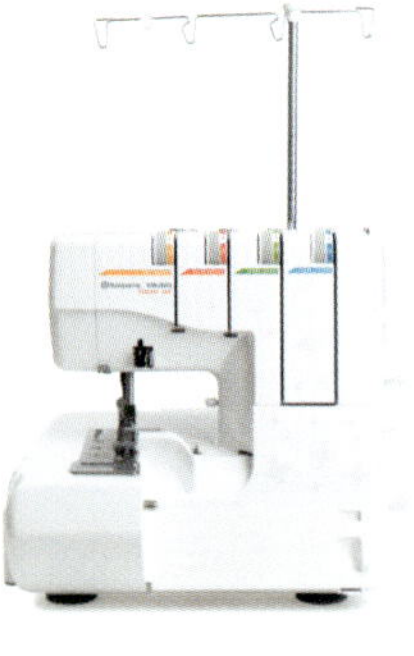

(4) 자수재봉기

의복에 장식을 목적으로 자수를 놓을 때 사용하는 재봉기이다. 강아지 옷에서는 강아지 이름을 놓거나 나만의 특별한 디자인의 무늬를 놓을 때 많이 사용한다. 자수 재봉기는 전용실과 심지를 사용해야 하며 컴퓨터 프로그램과 연결되어 다양한 모양을 작업할 수 있다.

3. 랍빠

본봉 재봉기나 커버스티치에 장착하여 작업속도를 높이는데 있어 중요한 도구로 사용되며, 작업하고자 하는 바이어스의 폭에 따라 랍빠를 다르게 사용해야 한다.

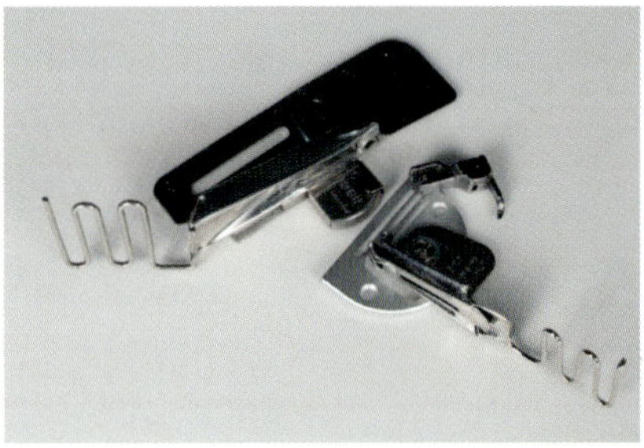

① 시보리 작업 시 사용
② 바이어스 작업 시 사용
② 접밴드 작업 시 사용

PART 02

펫의상 제작 실기

소잉디자이너 1급 펫의상 커리큘럼 니트 디자인

	작품명	난이도	재료	연습 포인트	바느질기법	형태 예시
1	시보리 티셔츠	중	양면지 밀라노시보리 고무줄	• 시보리작업 • 고무줄작업	• 둥근시보리봉제 • 등배판 연결봉제 • 시접봉제	
2	기본 소매 티셔츠	중	양면지 밀라노시보리 고무줄	• 등바이어스작업 • 밑단접어박기처리 • 시보리작업	• 몸판과 소매연결 • 소매봉제 • 바이어스봉제 • 직선시보리작업 • 연결부위시접정리	
3	프릴 장식 티셔츠	상	양면지 밀라노시보리 고무줄	• 프릴작업 • 고무줄을 이용한 개더 주름 작업 • 밑단전체 시보리작업	• 개더주름봉제 • 고무줄주름봉제 • 밑단정리봉제	
4	라글란 후드 티셔츠	상	미니쭈리 면바이어스	• 후드디자인 • 인바이어스작업 • 라글란소매작업	• 다트봉제 • 후드연결 • 라글란소매봉제 • 밑단인바이어스봉제	
5	세일러 칼라 올인원	상	후라이스 면바이어스 고무줄	• 세일러칼라 • 패치포켓 • 소매단고무줄 • 올인원디자인	• 칼라 바이어스처리 • 세일러칼라연결 • 포켓봉제 • 올인원배밑단봉제	
6	민소매 올인원	중	후라이스 밀라노시보리	• 전체바이어스정리 • 시보리바이어스계산	• 시보리바이어스봉제 • 연결선봉제	
7	점프 수트	중	싱글다이마루 고무줄	• 올인원배색디자인 • 라글란소매 • 배밑단고무줄처리	• 배색연결봉제 • 고무줄봉제 • 싱글원단시보리봉제	
8	폴로 티셔츠	상	양면다이마루 면30수 고무줄 T단추	• 앞트임제도 • 칼라디자인 • 각진밑단정리	• 앞트임봉제 • 칼라봉제 • 각진밑단봉제 • 직기와니트연결	

소잉디자이너 1급 펫의상 커리큘럼 직기 디자인

	작품명	난이도	재료	연습 포인트	바느질기법	형태 예시
1	프릴 장식 조끼	상	나염면 면바이어스테이프 T단추	• 프릴만들기 • 덧단있는앞여밈 • 인바어스밑단 • T 단추달기	• 프릴띠봉제 • 칼라봉제 • 앞덧단봉제 • 인바이어스봉제	
2	플리츠 원피스	중	TC 폴리바이어스 T단추	• 플리츠디자인 • 분리된덧단여밈 • 리본디자인 • 바이어스정리	• 인버티드플리츠봉제 • 장식리본봉제 • 앞덧단봉제 • 바이어스 시접봉제	
3	셔링 끈원피스	상	린넨 실고무사	• 셔링작업 • 어깨끈작업 • 밑단정리	• 실고무사를 이용한 셔링봉제 • 끈봉제 • 말아박기봉제	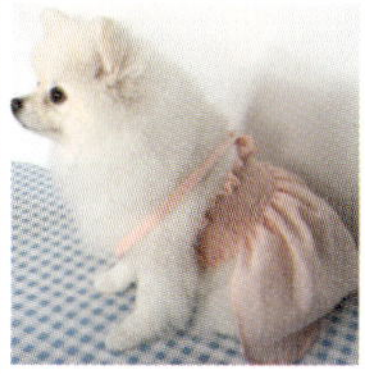
4	린넨셔츠	상	린넨 T단추	• 파이핑디자인 • 스탠칼라디자인	• 파이핑선봉제 • 스탠칼라연결 • 말아박기봉제	
5	와이셔츠	상	TC T단추	• 와이셔츠칼라 • 커프스소매 • 핀턱디자인	• 밴드가 있는 칼라봉제 • 소매커프스연결 • 소매트임봉제 • 앞덧단핀턱선봉제 • 밑단말아박기	
6	판초	중	방수코딩면 방수바이어스테이프 T단추	• 후드디자인 • 바이어스작업 • 허리벨트	• 후드봉제 • 전체바이어스시접봉제 • 벨트봉제	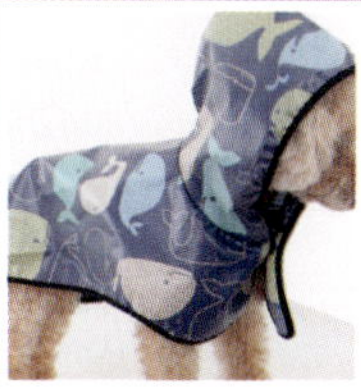
7	야구점퍼	중	네오플랜 점퍼시보리 T단추	• 시보리칼라 • 시보리포켓	• 라글란소매봉제 • 시보리칼라봉제 • 플랩포켓봉제	
8	윈드 점퍼	상	기능성폴리 스트링, 스토퍼 아일렛 고무줄	• 3면후드디자인 • 아일렛작업 • 스토퍼작업 • 허리벨트디자인	• 배색단이 있는 3면 후드봉제 • 허리벨트봉제 • 고무줄작업 • 연결된 앞덧단봉제	

소잉디자이너 1급 펫의상 커리큘럼 안감있는 디자인

	작품명	난이도	재료	연습 포인트	바느질기법	형태 예시
1	하네스	중	기능성폴리 바이어스테이프 D링, 벨크로	• D링작업 • 안감작업 • 벨크로작업	• 배색띠봉제 • 겉감과 안감봉제 • 벨크로봉제	
2	패딩 조끼	중	극세사 패딩안감 T단추	• 스탠드칼라 • 패딩안감작업	• 안감과 겉감과 연결봉제 • 스탠드칼라봉제 • 창구멍봉제	
3	버버리 코트	상	개버딘 T단추	• 밴드칼라디자인 • 케이프디자인 • 벨트장식 • 소매비조장식	• 소매있는 안감과 겉감 연결봉제 • 밴드 칼라와 케이프 봉제 • 장식비조봉제 • 허리벨트봉제	
4	캡소매 드레스	중	공단 다후다안감 망사 샤원단 T단추	• 프릴장식 • 캡소매제도 • 투투스커트	• 캡소매 개더봉제 • 투투 주름봉제 • 안감과 겉감연결	
5	턱시도	상	공단, 개버딘 다후다안감 T단추, 스냅	• 배색테일러드칼라 • 소매트임장식 • 허리벨트장식	• 등트임봉제 • 두장소매봉제 • 라펠안단봉제 • 조끼형 안감과 겉감 연결 봉제	

SEWING DESIGNER
PET CLOTHES

보리
(푸들)

뽀리
(푸들)

귀여운
모델 친구들

공심
(프렌치불독)

비지
(포메라니안)

콩콩이
(스피치)

CHAPTER

01

니트류 펫의상 제작 실기

01
시보리티셔츠

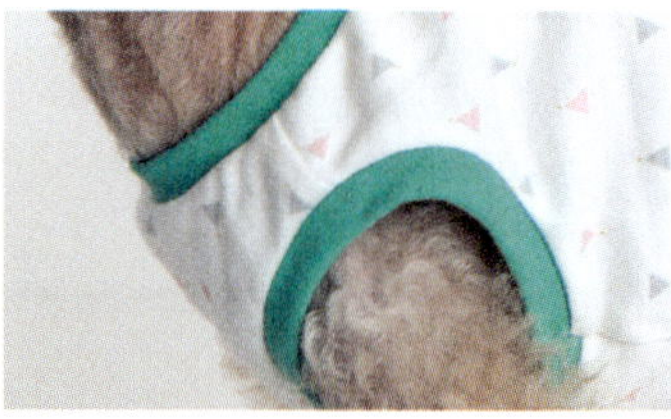

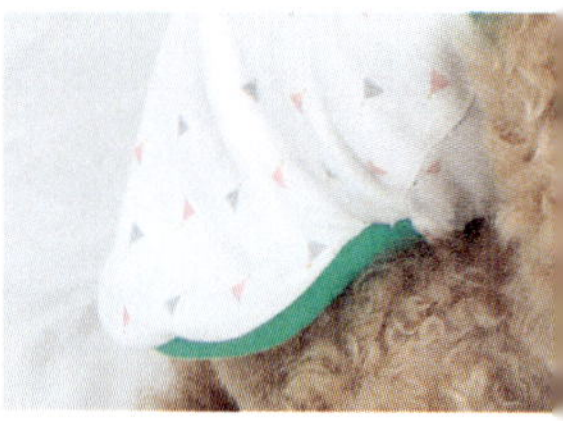

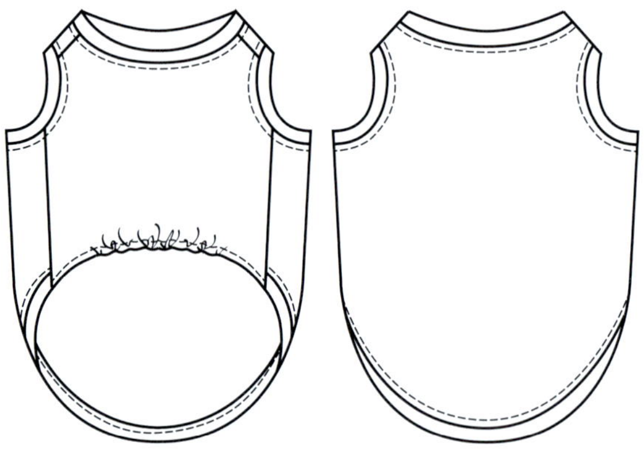

완성사이즈	(L사이즈기준) 목둘레 30cm, 가슴둘레 45cm, 등길이 29cm
원단소요량	양면 다이마루 $\frac{1}{4}$yd, 밀라노시보리 5cm폭(시보리 바이어스 4cm 사용), 4골 고무줄
난 이 도	중
제 작 시 간	패턴 20분, 재단 20분, 기본봉제 20분, 시보리봉제 30분, 밑단정리 20분
포 인 트	시보리만들기, 배밑단 고무줄넣고 정리하기. 배판과 등판 옆선 이음 처리하기
작 업 과 제	1. 다이마루 원단을 이용한 시보리 티셔츠를 제작하시오. 2. 배판 밑단을 고무줄 처리하시오. 3. 등판 밑단은 시보리로 하여 완성하시오.
심 화 과 정	1. 완성 사이즈 변경 2. 전체 시보리 바이어스 사용 3. 어깨 시접 쌈솔 처리 변형 4. 밑단 디자인 변형 5. 코디할 수 있는 판초 디자인

패턴

– 시보리길이: 시보리가 봉제 될 부위 길이의 80%+시접
  시보리폭: 완성시보리 폭의 2배+시접

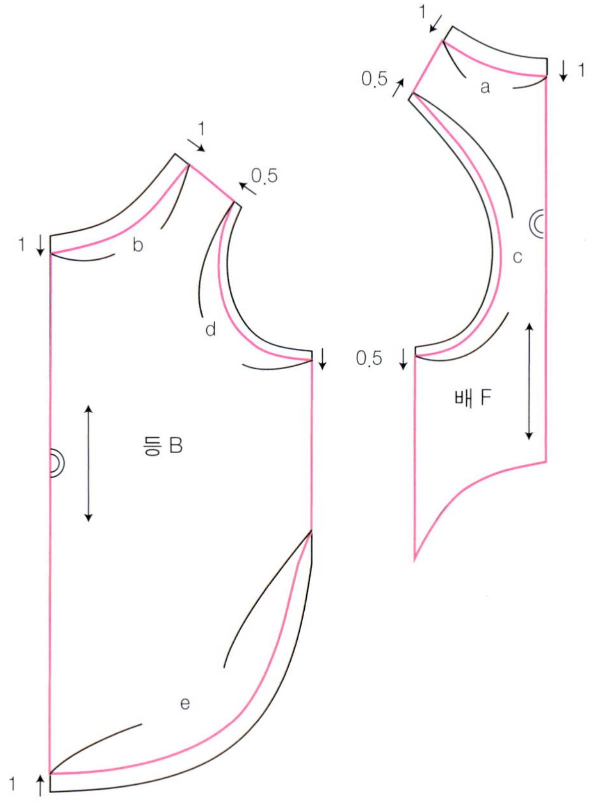

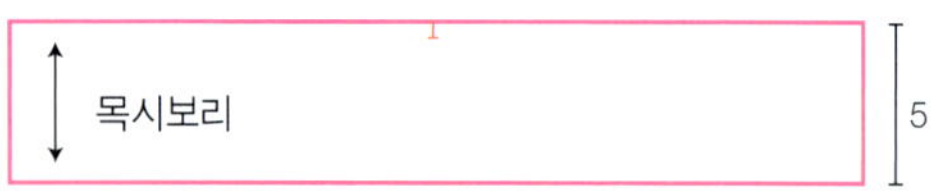

(배목둘레+등목둘레)×0.8+시접 = [(a+b)×2]×0.8+2(시접)

(등밑단둘레×0.8)+시접 = (e×2)×0.8+2

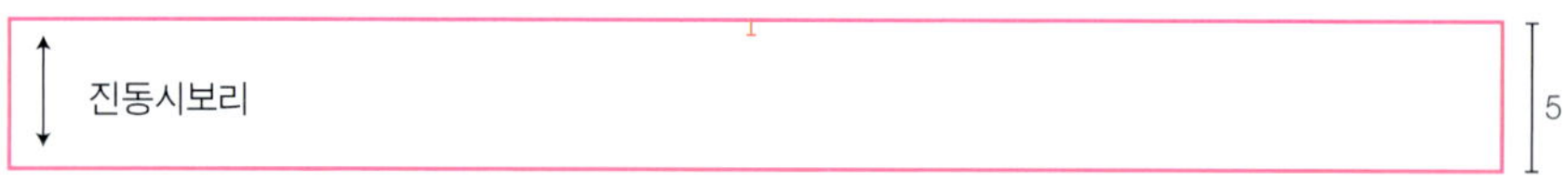

(배진동둘레+등진동둘레)×0.8+시접 = (c+d)×0.8+2

재단

- 원단소요량: 50cm(폭)×40cm(길이)
- 시보리, 밑단 고무줄

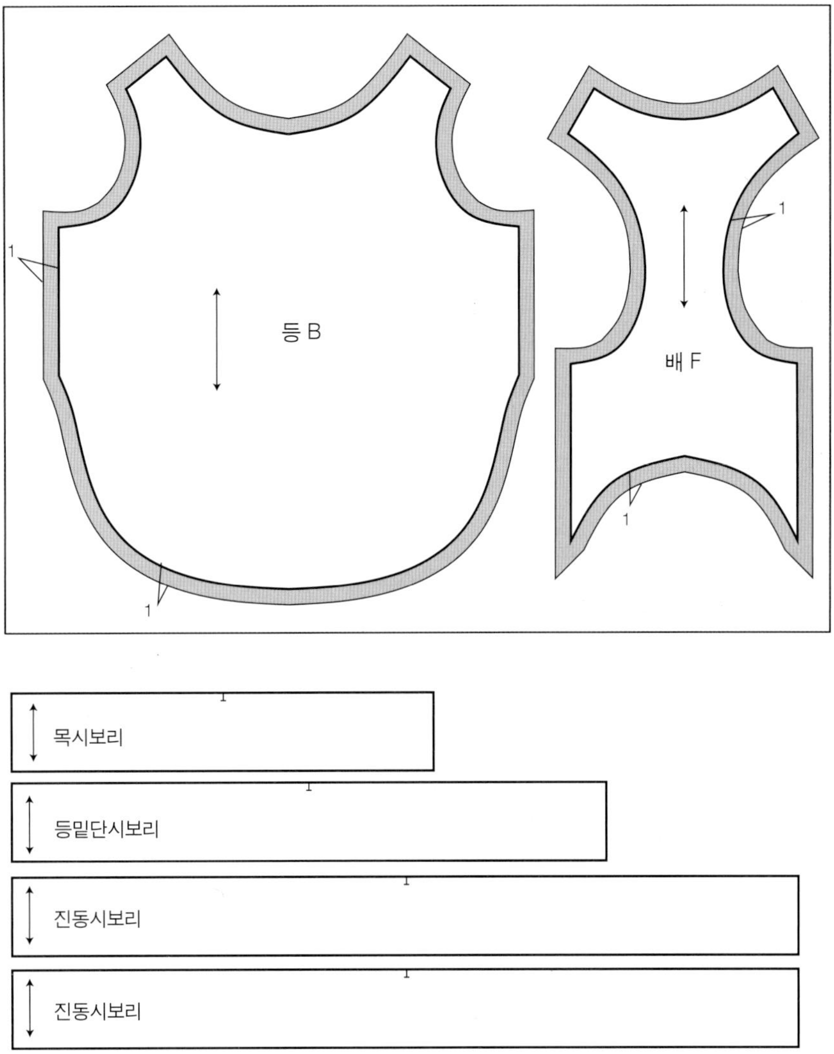

제작

1. 고무줄넣기

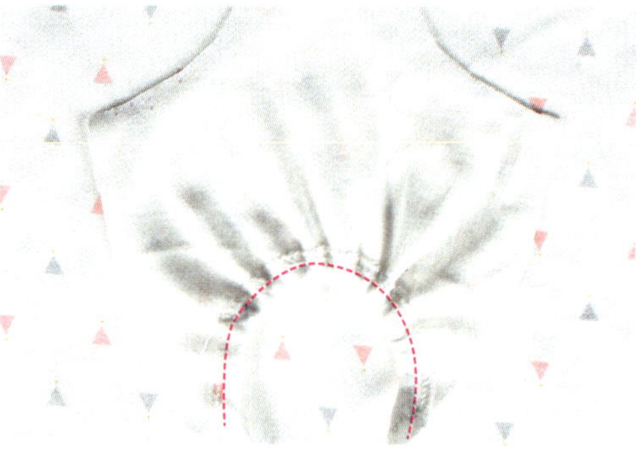

① 배판 밑단의 시접을 오버록으로 정리한 후 접어올려 박음질한다. 이때 끝단과 박음선 사이에 고무줄을 넣어야 하기 때문에 5mm 이상의 간격을 두고 박음질한다.

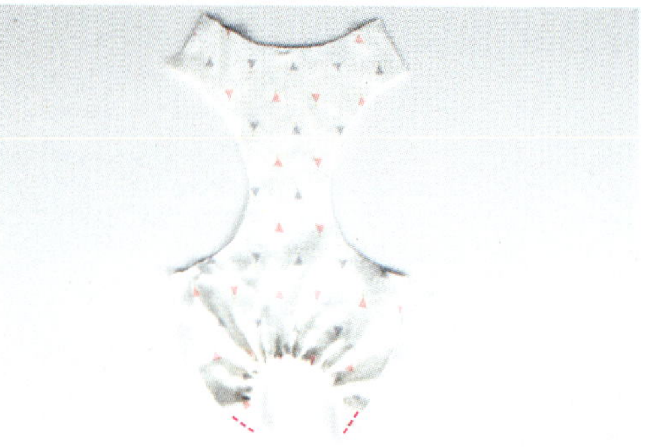

② 밑단과 시접 사이에 고무줄을 끼워 넣고, 양끝 5mm에서 박음질하여 고무줄을 고정한다.

2. 목둘레 시보리달기

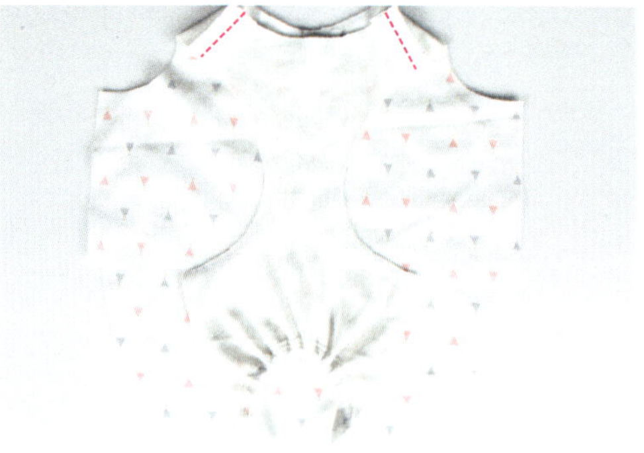

① 어깨선박고 시접을 오버로크로 정리한다. 또는 접어박기, 쌈솔 등으로 처리한다.

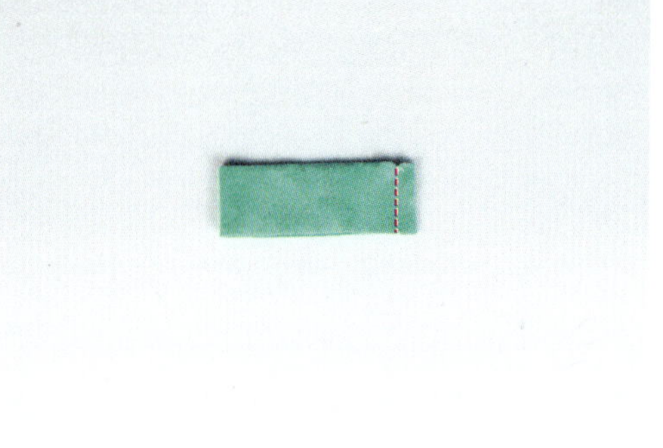

② 목둘레 시보리를 반으로 접어 세로폭을 박음질한다.

③ 목둘레 시보리를 가로로 반을 접는다.

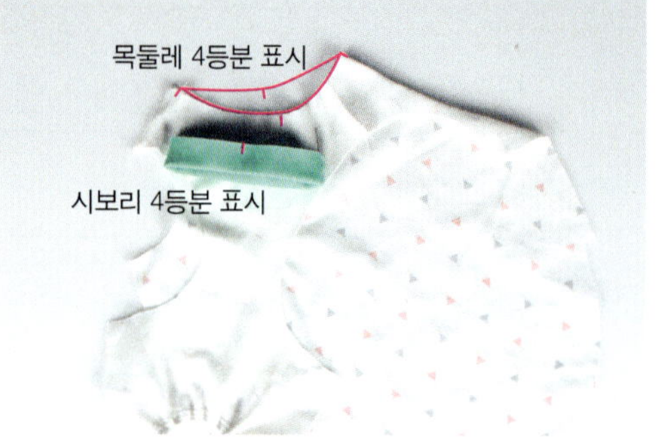

④ 목둘레와 시보리둘레를 4등분하여 표시한다.

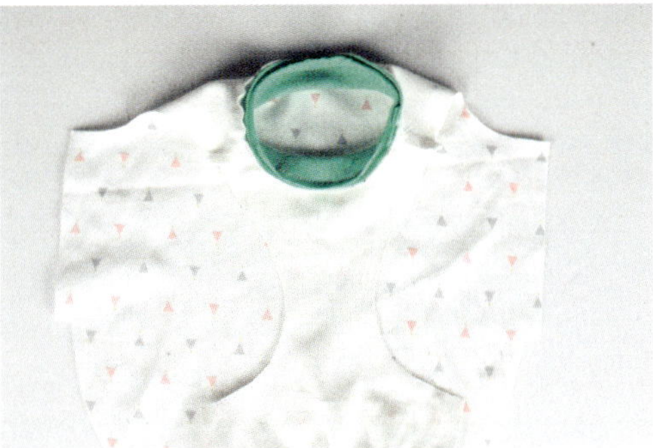

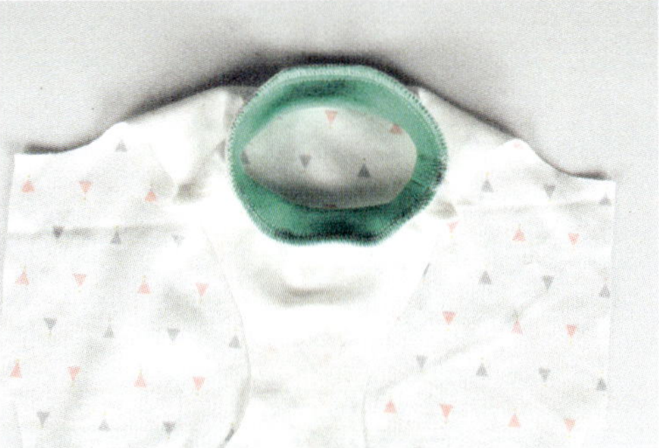

⑤ 목둘레와 시보리의 겉과 겉을 맞대고 각 등분점을 맞춘 후 박음질하고, 시접을 오버로크로 처리한다.

3. 소매 시보리달기

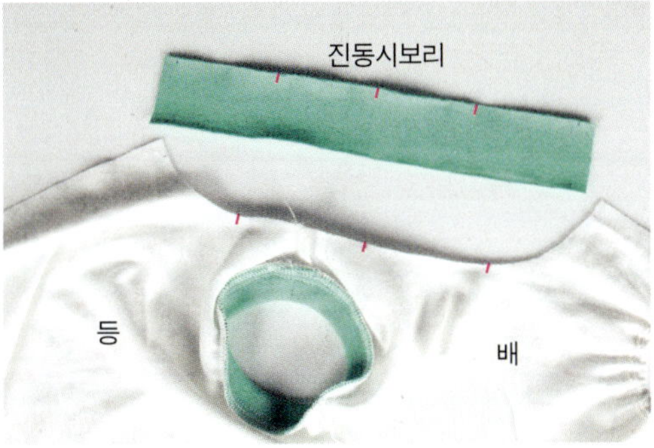

① 소매시보리와 진동둘레를 4등분한다.

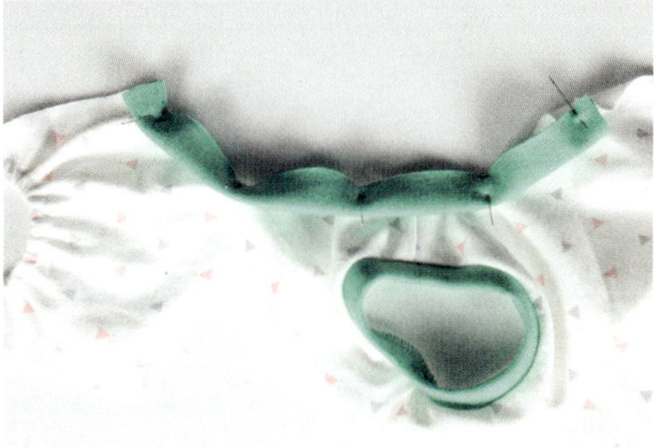

② 시보리를 가로로 반을 접은 후 진동둘레의 겉에 맞대고 각 등분점을 맞춘 후 박음질한다.

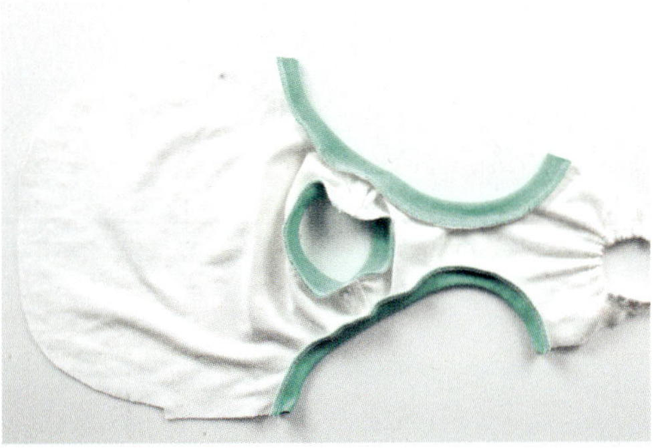

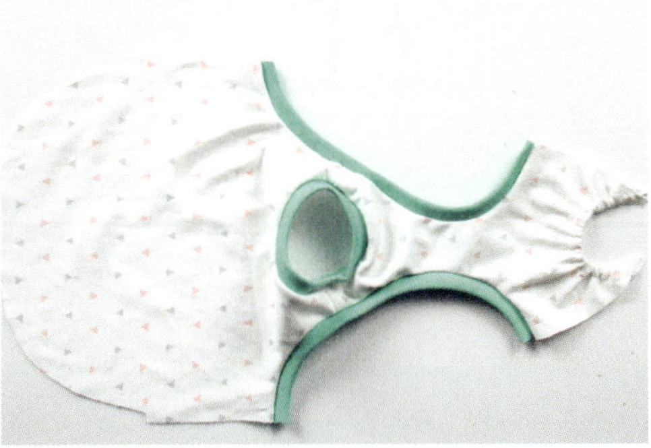

③ 진동둘레 시접을 시보리와 함께 오버로크로 처리한다.

4. 밑단 시보리달고 옆선정리하기

① 밑단시보리와 등밑단둘레를 4등분한 후, 시보리를 가로로 반을 접은 후 등판 겉에 맞대고 각 등분점을 맞춘 후 박음질한다.

② 밑단둘레 시접을 시보리와 함께 오버로크로 처리한다.

5. 옆선정리하기

① 옆선박고 시접을 오버로크로 처리한다.

② 시접을 등판쪽으로 보낸 후 상침하여 시접을 고정한다.

완성

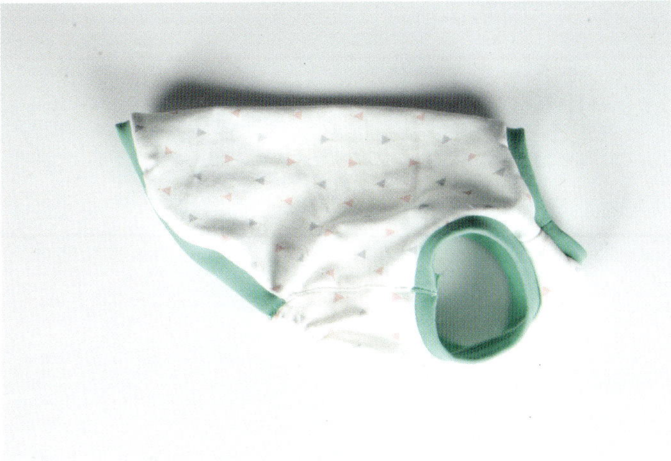

02
기본소매티셔츠

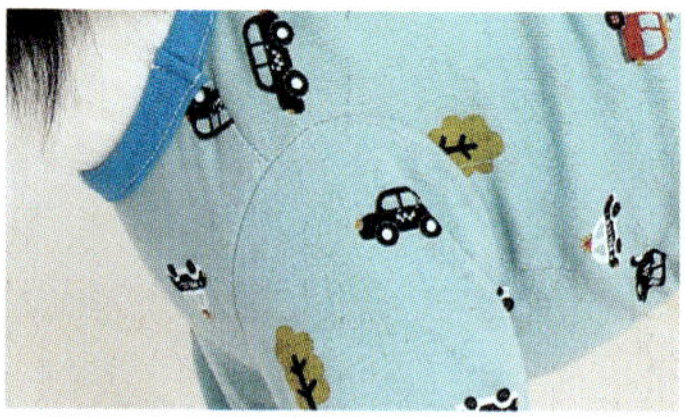

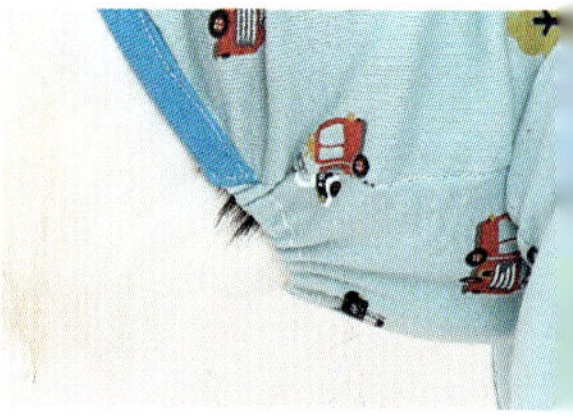

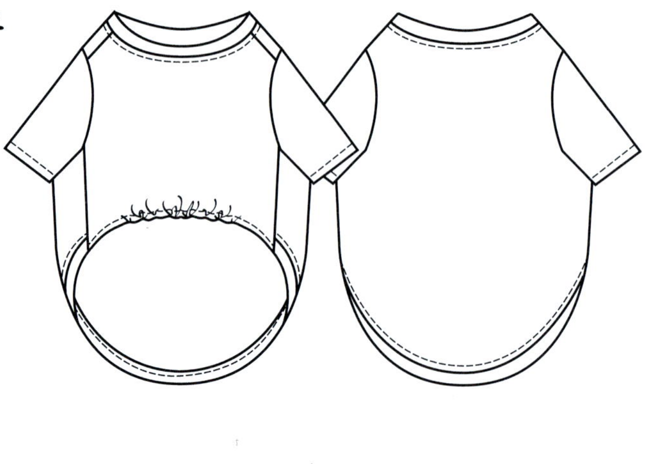

완성사이즈	(L사이즈기준) 목둘레 30cm, 가슴둘레 45cm, 등길이 31cm, 소매통 24cm, 소매길이 6cm
원부자재	양면 다이마루 $\frac{2}{3}$yd, 밀라노시보리 5cm폭(랍빠 사용 시 시보리 바이어스 4cm 사용), 고무줄
난 이 도	중
제 작 시 간	패턴 20분, 재단 30분, 기본봉제 20분, 소매재봉 20분, 시보리봉제 30분, 밑단정리 20분
포 인 트	바이어스단 처리하기, 배밑단 고무줄 넣고 정리하기. 배판과 등판 옆선 이음 처리하기, 소매달기, 소매와 몸판 옆선 잘 맞추기, 소매단 정리하기
작 업 과 제	1. 다이마루 원단을 이용하여 소매가 있는 기본 티셔츠를 제작하시오. 2. 배판 밑단을 고무줄 처리하시오. 3. 등판 밑단은 바이어스로 하여 완성하시오. 4. 소매옆선과 몸판옆선을 잘 맞추어 봉제하시오. 4. 소매 밑단은 접어박기로 봉제하여 완성하시오.
심 화 과 정	1. 완성 사이즈 변경 2. 밑단 시보리 전체 바이어스 사용 3. 목둘레 디자인 변형 4. 소매 밑단 고무줄 처리 변형 5. 소매단에 프릴 처리

패턴

- 시보리길이: 시보리가 봉제 될 부위 길이의 80%+시접
  시보리폭: 완성시보리 폭의 2배+시접
- 랍빠를 이용한 시보리바이어스테이프 작업 시 폭4cm 사용

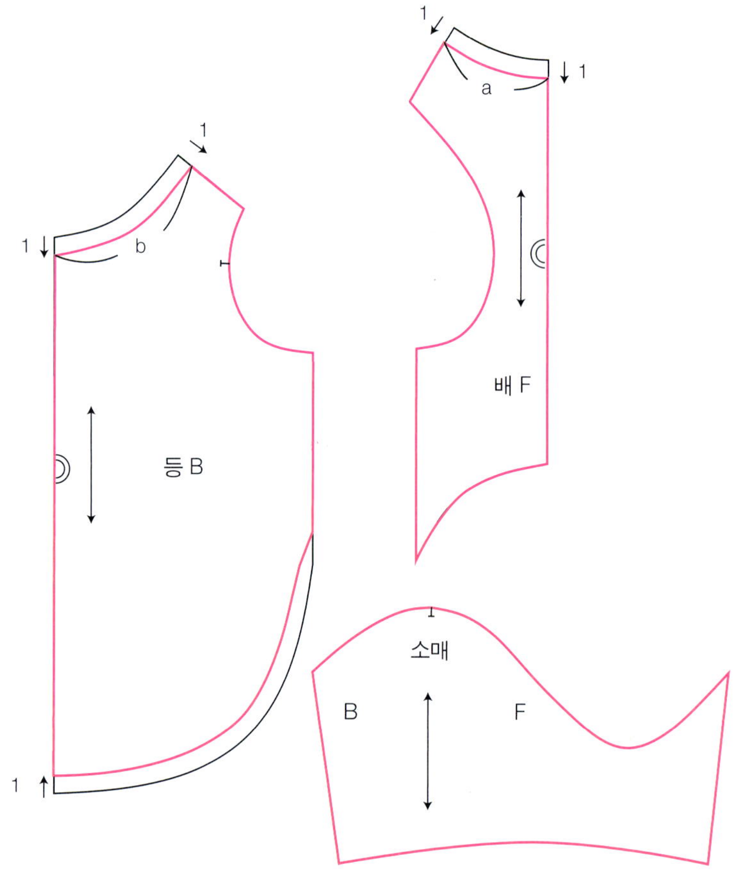

(배목둘레+등목둘레)×0.8+시접 = [(a+b)×2]×0.8+2(시접)

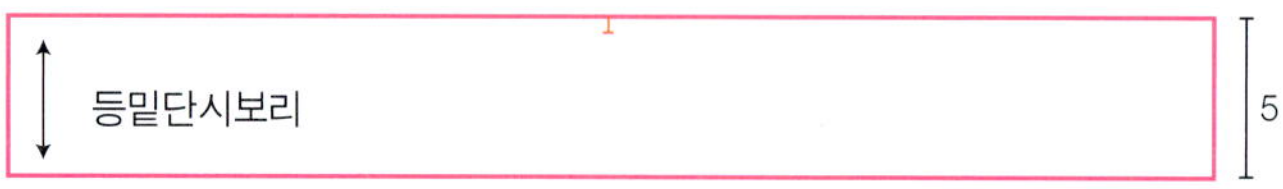

(등밑단둘레×0.8)+시접 = (e×2)×0.8+2

재단

- 원단소요량: 55cm(폭)×55cm(길이)
- 시보리, 밑단 고무줄

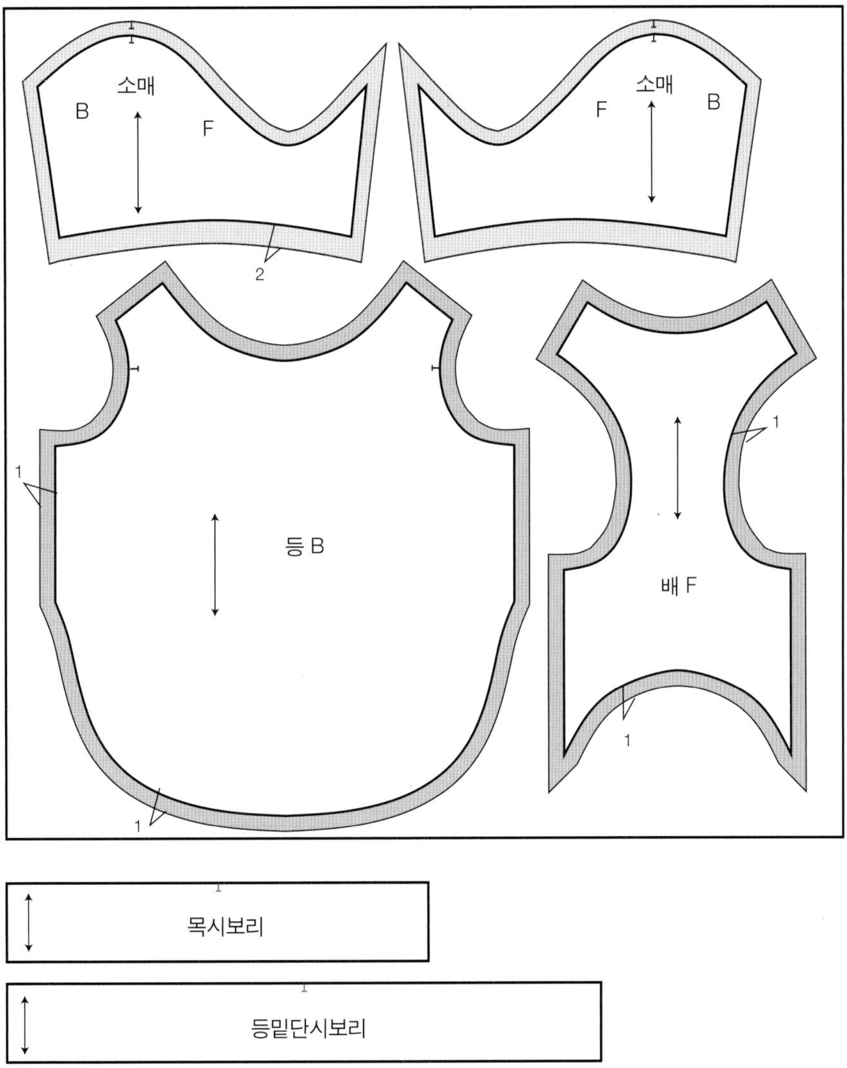

제작

1. 고무줄넣기

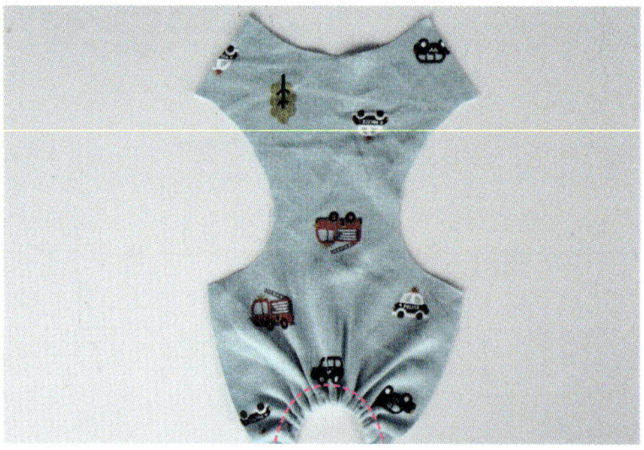

① 배판 밑단의 시접을 오버로크로 정리한 후 접어올려 박음질한다. 이때 끝단과 박음선 사이에 고무줄을 넣어야 하기 때문에 5mm 이상의 간격을 두고 박음질한다.

② 밑단과 시접 사이에 고무줄을 끼워 넣고, 양끝 5mm에서 박음질하여 고무줄을 고정한다.

2. 등밑단 바이어스단 만들기

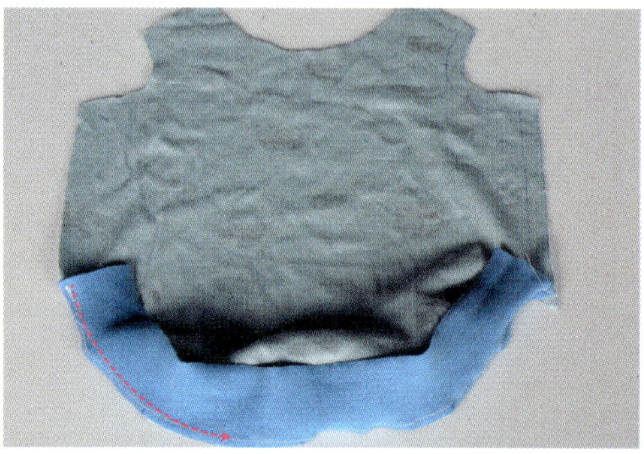

① 밑단을 바이어스로 처리하기 위해서 등판안과 바이어스 겉을 맞대고 시접을 박는다.

② 바이어스감을 등판겉쪽으로 넘긴후 시접을 접어넣어 누름상침한다.

3. 목둘레 바이어스단 만들기

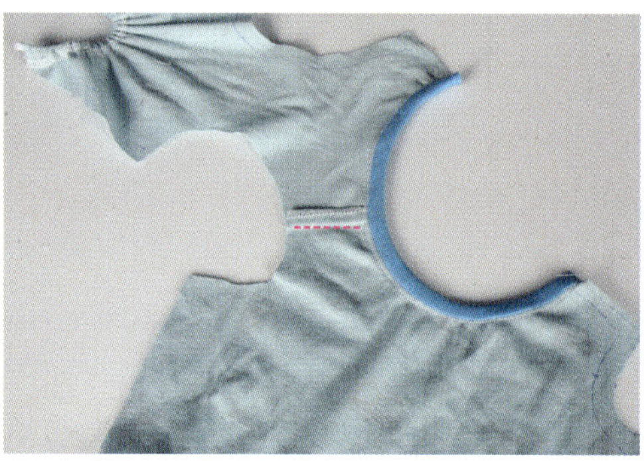

① 한쪽 어깨선을 박은 후 오버로크해서 배판쪽으로 시접을 넘기고, 등밑단과 같이 목둘레를 바이어스로 감싼다.

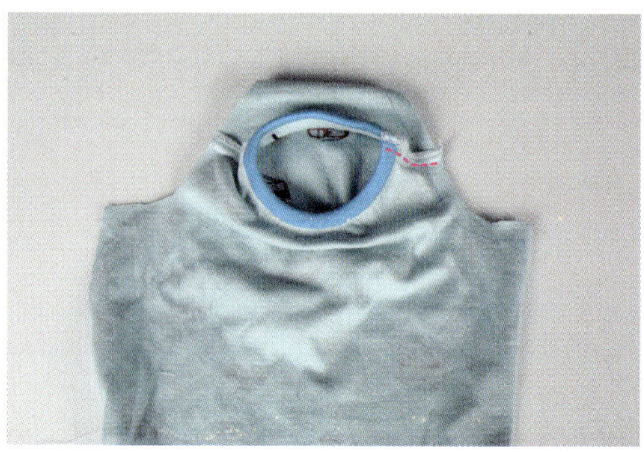

② 다른 한쪽 어깨선을 박음질하고, 시접을 오버로크한다.

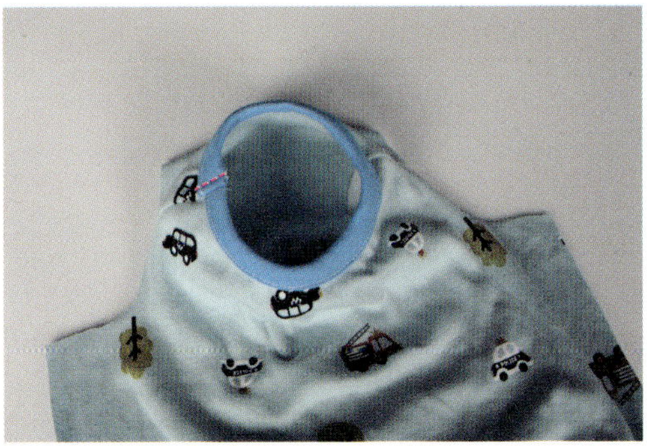

③ 바이어스 이음선 부분의 시접이 들뜨는 것을 방지하기 위해 겉에서 누름상침한다.

4. 옆선정리하기

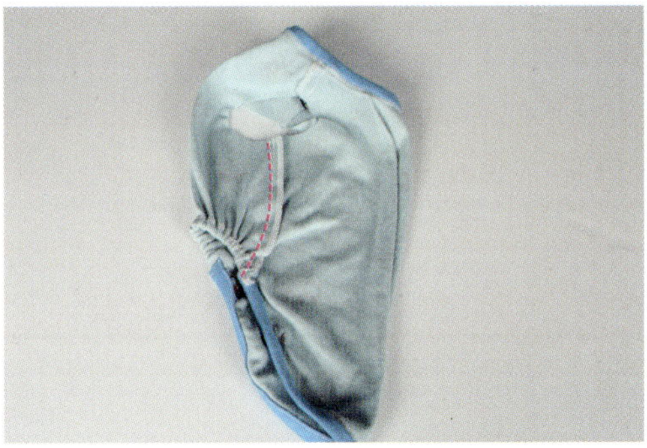

① 등판과 배판의 옆선을 박음질한 후 오버로크하여 등판쪽으로 시접을 넘긴다.

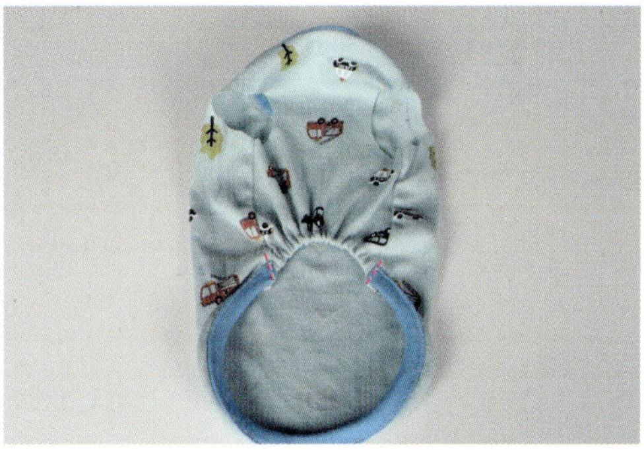

② 바이어스 이음선 부분의 시접이 들뜨는 것을 방지하기 위해 겉에서 누름상침한다.

5. 소매달기

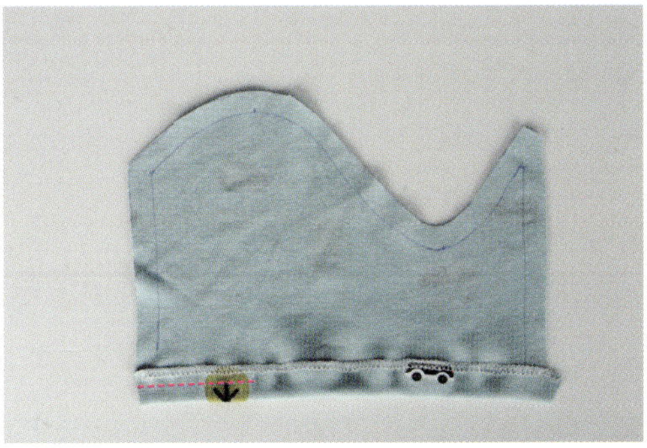

① 소매밑단 시접을 오버로크 한 후 접어올려 완성선에 맞게 박음질한다.

② 소매옆선을 박음질 한 후 오버로크한다.

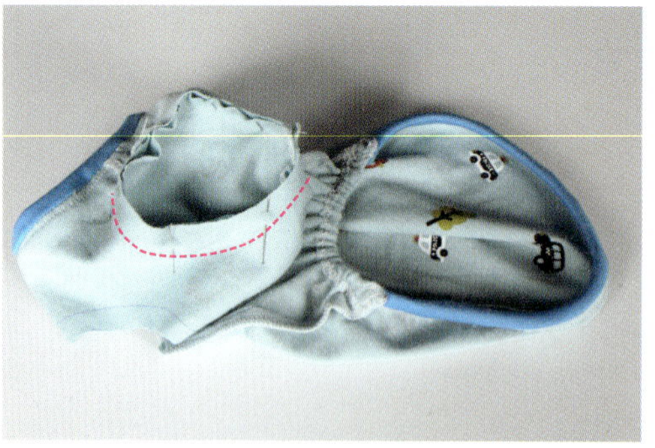

③ 몸판 옆선과 소매 옆선을 잘 맞춘 후 진동둘레선을 박음질한다. 소매중심점은 어깨점에서 등판으로 [$\frac{\text{등길이}}{10}$] 이동한 점과 맞추면 된다.

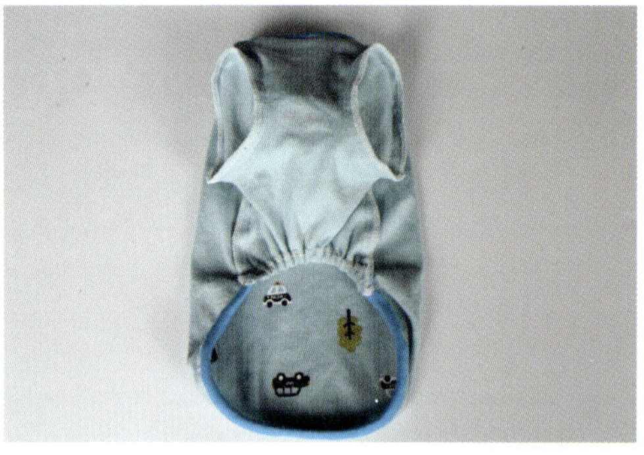

④ 진동둘레 시접을 오버로크 한다.

⑤ 몸판 옆선과 소매 옆선이 연결되어 소매가 완성된다.

완성

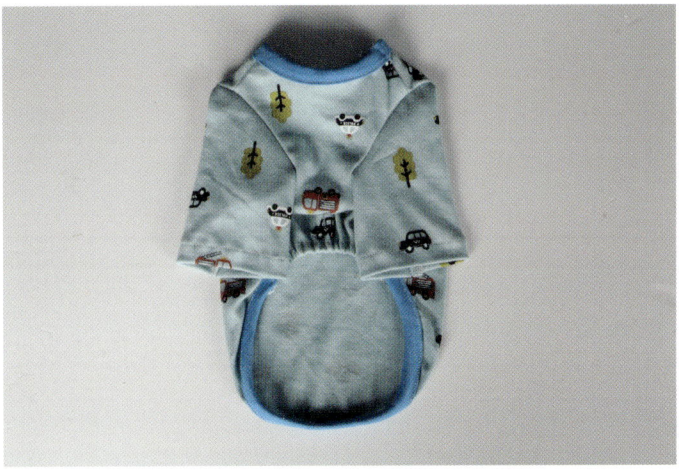

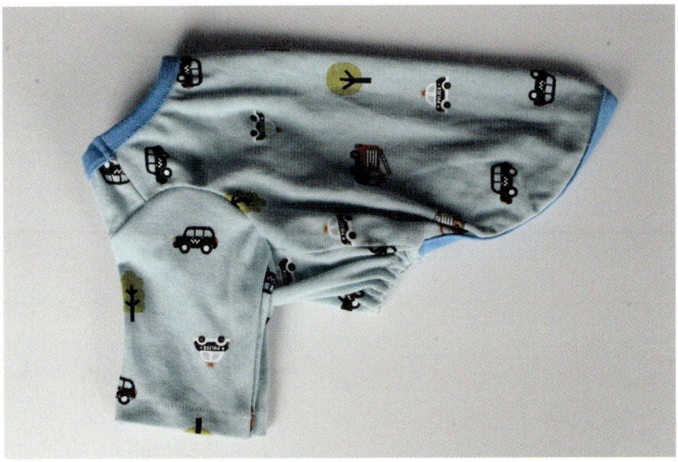

03
프릴장식티셔츠

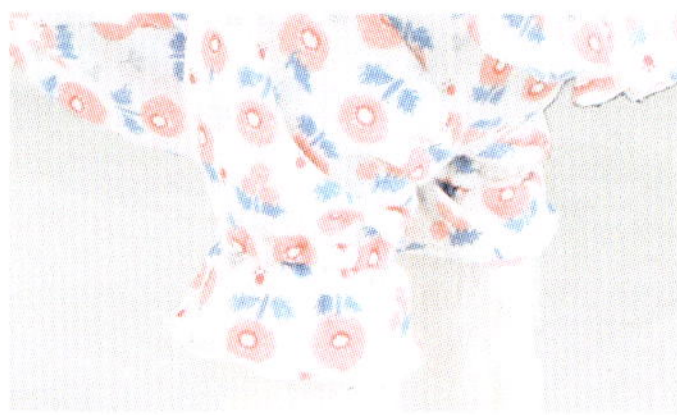

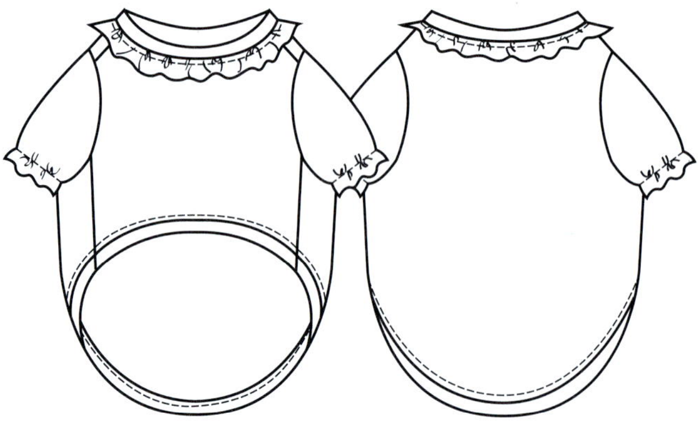

완성사이즈	(L사이즈기준) 목둘레 30cm, 가슴둘레 45cm, 등길이 31cm
원단소요량	양면 다이마루 $\frac{2}{3}$yd, 시보리 5cm폭(랍빠 사용시 시보리 바이어스 4cm 사용 가능), 고무줄
난 이 도	상
제 작 시 간	패턴 20분, 재단 30분, 기본봉제 20분, 소매재봉 30분, 목시보리 및 프릴봉제 30분, 밑단정리 20분
포 인 트	프릴달기, 고무줄을 이용한 주름만들기, 시보리와 프릴 함께 연결하기
작 업 과 제	1. 다이마루 원단을 이용한 프릴 장식 티셔츠를 제작하시오. 2. 네크라인에 프릴장식을 시보리와 함께 처리하시오. 3. 소매밑단 고무줄 처리로 자연스러운 프릴 개더를 만드시오. 4. 밑단 전체를 시보리 작업하시오.
심 화 과 정	1. 견종에 따른 완성 사이즈 변경 2. 등 밑단 장식으로 프릴 사용 변형 3. 소매없는 티셔츠에 진동라인 프릴 처리 4. 배밑단 고무줄 처리 변형 5. 밑단 프릴 장식 처리

패턴

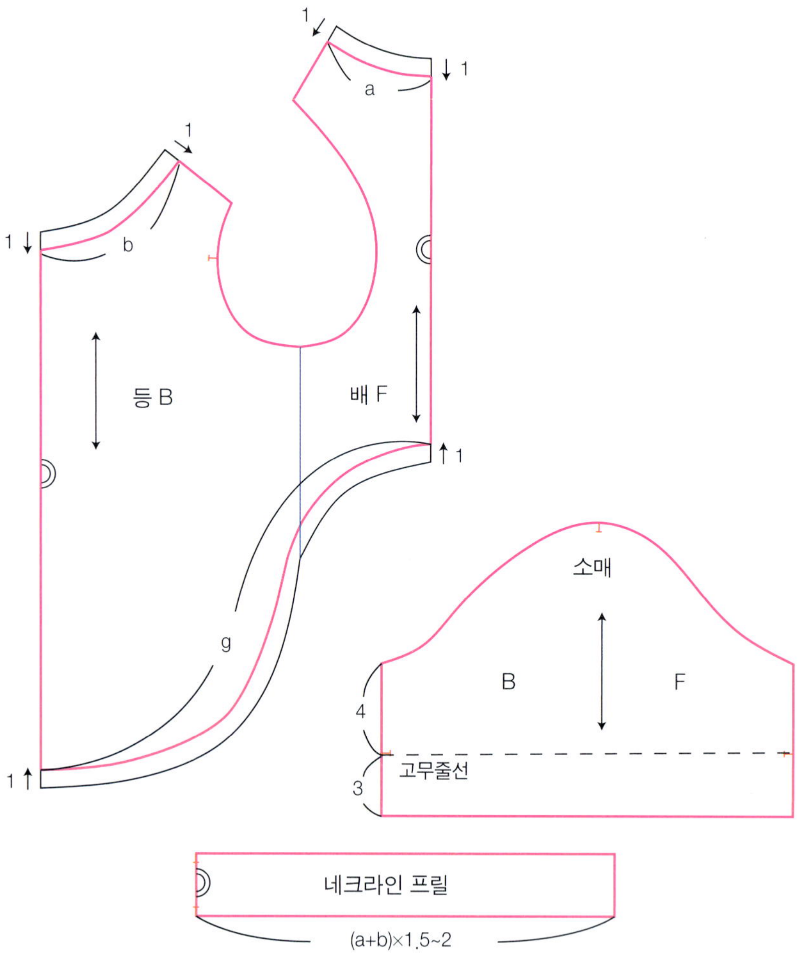

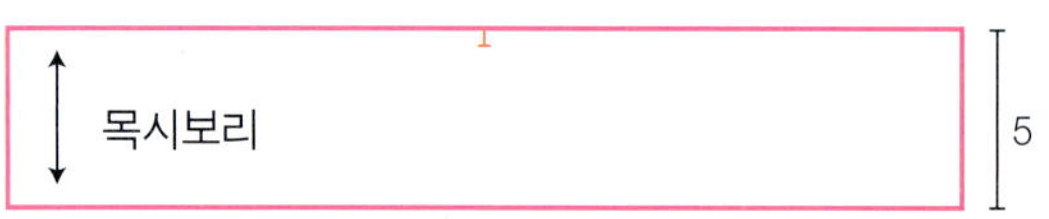

(배목둘레+등목둘레)×0.8+시접 = [(a+b)×2]×0.8+2

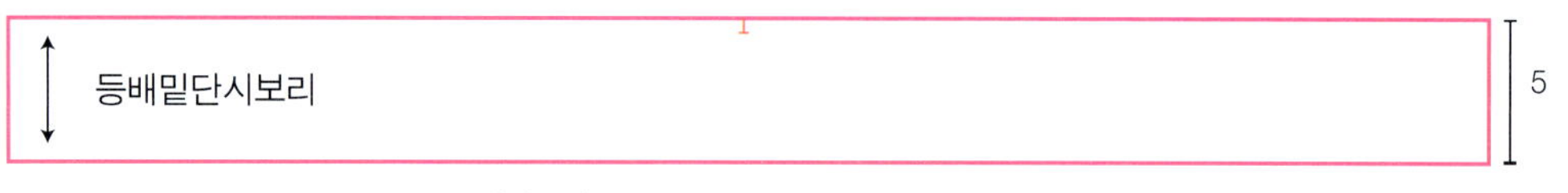

(밑단둘레×0.8)+시접 = (g×2)×0.8+2

재단

– 원단소요량: 55cm(폭)×60cm(길이)
– 시보리, 고무줄

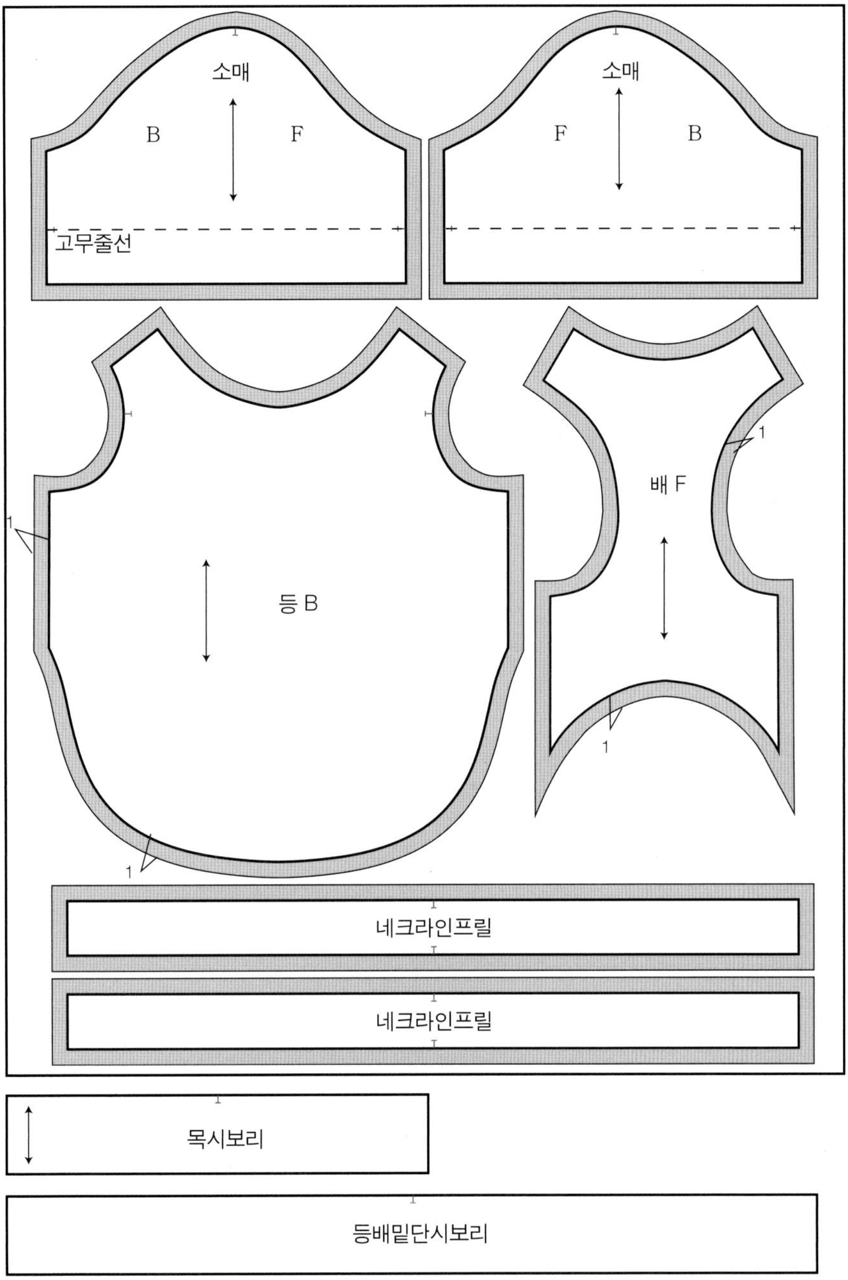

제작

1. 시보리만들기

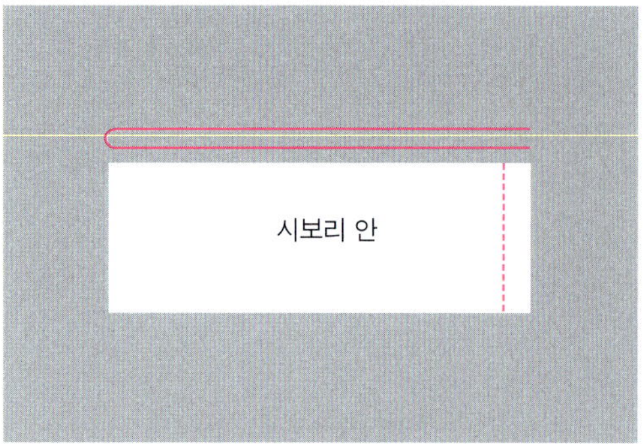

① 목시보리 너비를 반으로 접어 겉과 겉을 맞대어 세로폭을 박음질하고, 시접은 가름솔한다.

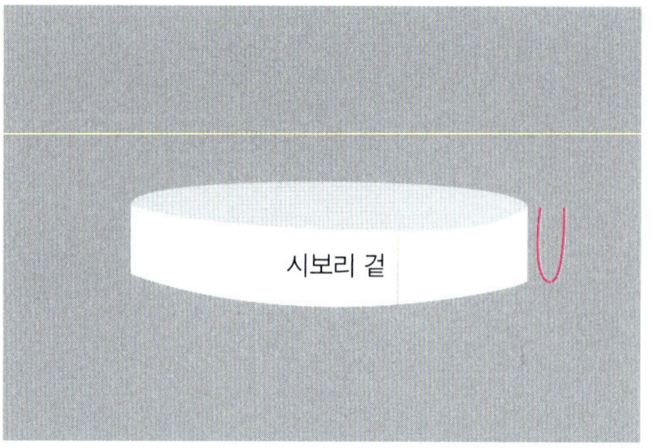

② 시보리 겉이 나오도록 뒤집은 후 폭을 반으로 접어 정리한다. 밑단시보리도 같은 방법으로 한다.

2. 프릴만들기

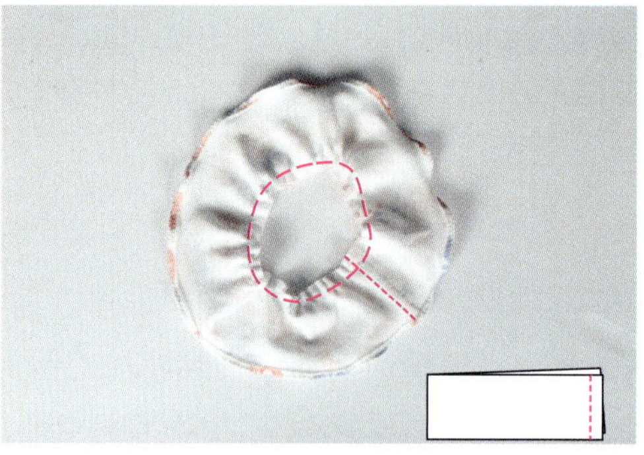

① 프릴 주름을 잡기 위해 목둘레선에 큰땀 박음질을 하고, 프릴 너비를 반으로 접어 박음질 후 시접은 오버로크한다.

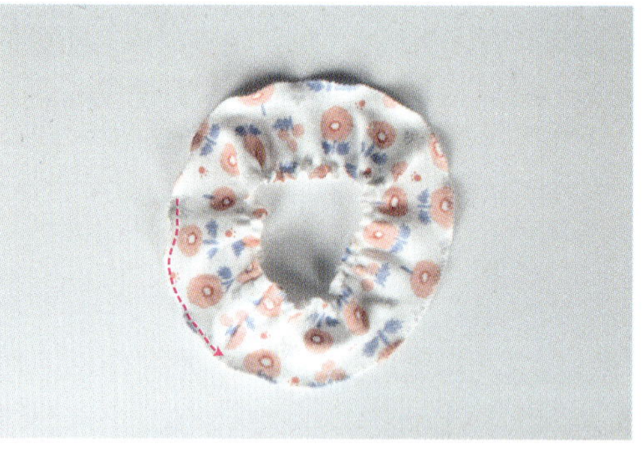

② 프릴 밑단을 접어박기하고, 큰땀박음질 실을 잡아당겨 프릴주름을 만든다.

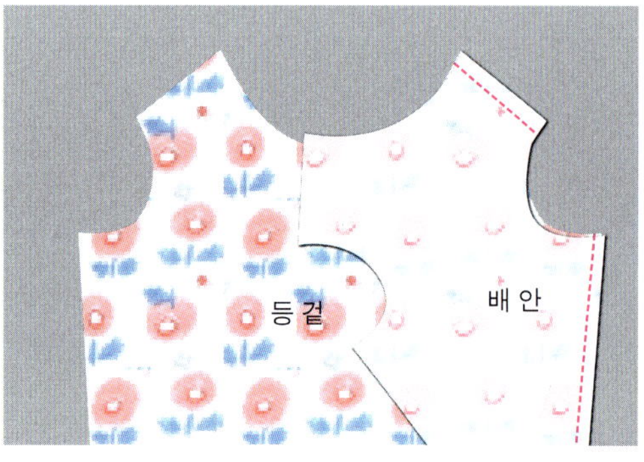

③ 등판 겉과 배판 겉을 맞대고 어깨선과 옆선을 박음질한 후 시접은 오버로크한다.

3. 시보리와 프릴달기

① 몸판 겉 위에 프릴감을 놓고, 그위에 시보리감을 올려놓은 후 목둘레선을 박음질한다.

② 시접을 오버로크하고 몸판쪽으로 붙여 몸판에서 누름상침하여 고정한다.

4. 소매달기

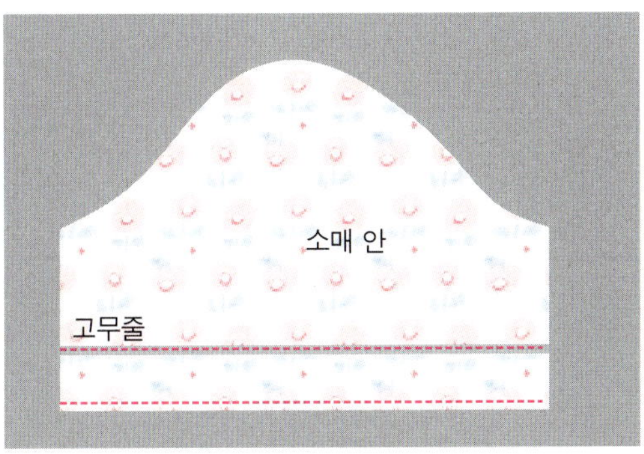

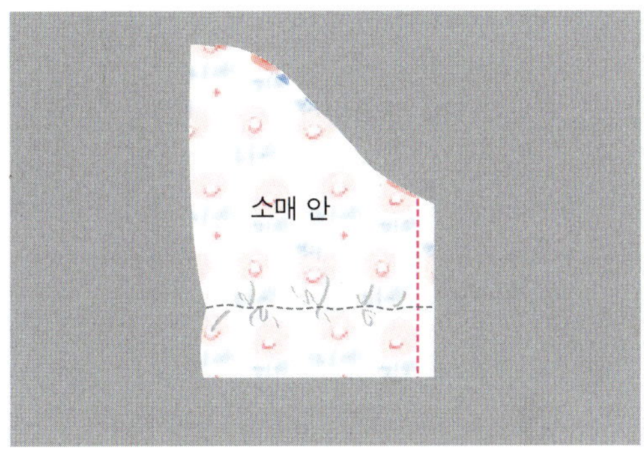

① 밑단 시접을 오버로크 후 접어박기하고, 소매안 고무줄을 늘여 박음질한다.

② 소매옆선을 박고 시접은 오버로크한다.

③ 몸판 겉과 소매 겉을 맞대고 진동둘레 중심을 맞춘 후 박음질하고 시접은 오버로크한다.

5. 밑단시보리 달기

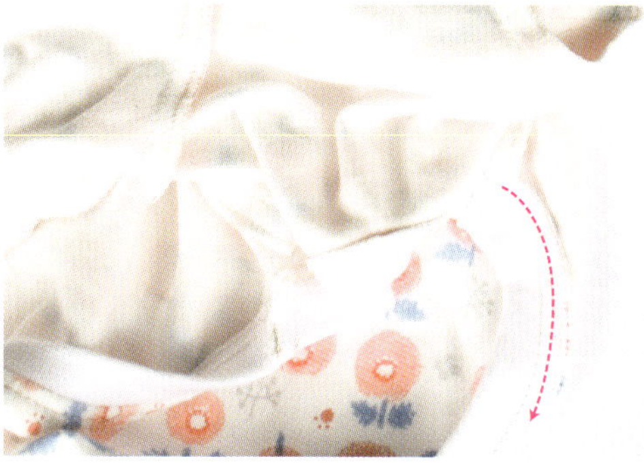

① 몸판 겉 위에 밑단 시보리를 놓고 박음질한 후 시접은 오버로크한다.

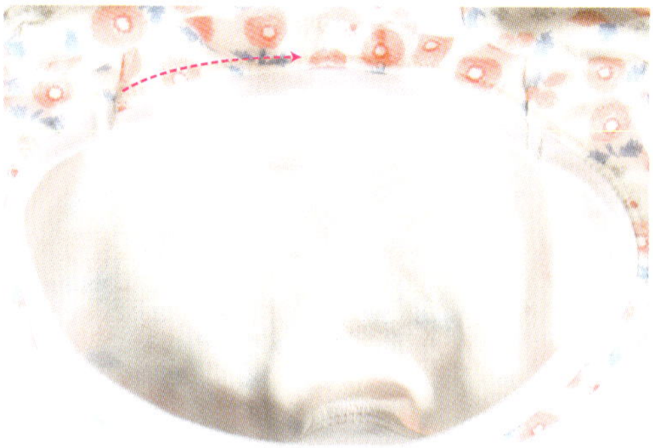

② 시접을 몸판쪽에 붙이고, 몸판 겉쪽에서 누름상침하여 고정한다

※ 배시보리와 등시보리를 각각 다는 경우

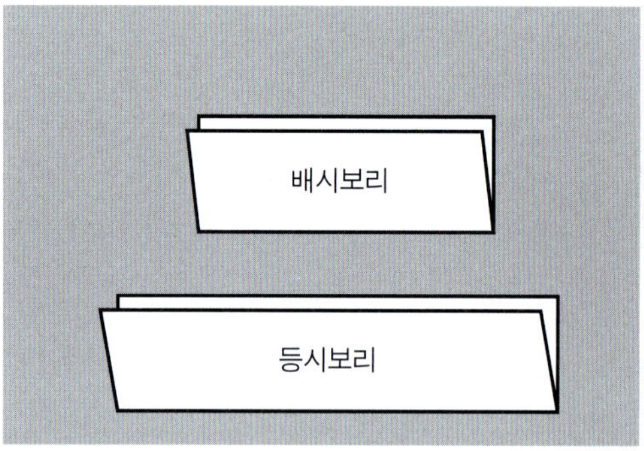

① 배밑단시보리와 등밑단시보리를 붙일 때는 직선시보리를 반 접은 후 등밑단과 배밑단에 각각 달고 몸판 옆선은 박음질을 한다.

완성

04
라글란후드티셔츠

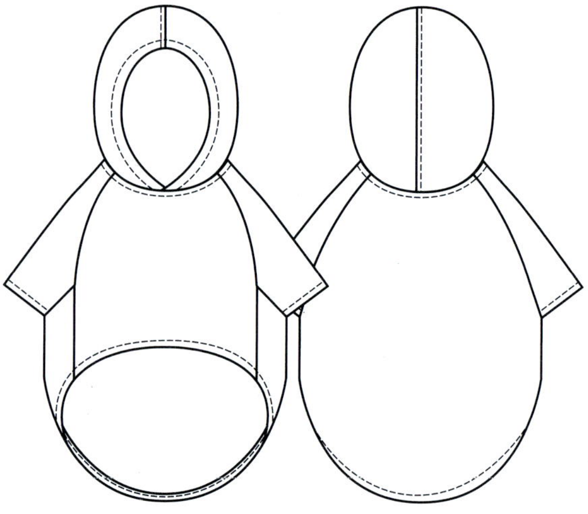

완성사이즈	목둘레 33cm, 가슴둘레 45cm, 등길이 29cm
원부자재	미니쭈리 $\frac{1}{2}$yd, 면바이어스 ※인바어스용 바이어스 폭(3cm)=원하는 바이어스 폭×3배
난이도	상
제작시간	패턴 30분, 재단 30분, 기본봉제 20분, 후드봉제 및 몸판 연결 20분, 소매봉제 및 몸판연결 20분, 밑단 처리 20분
포인트	다트박기, 후드 연결하기, 라글란 소매 달기, 밑단 인바이어스 처리하기
작업과제	1. 다이마루 원단을 이용한 후드티셔츠를 제작하시오. 2. 라글란 소매를 몸판에 연결하시오. 배판 밑단을 고무줄 처리하시오. 3. 몸판 다트를 넣으시오. 4. 밑단을 인바이어스로 작업하시오.
심화과정	1. 후드 디자인 변형 2. 소매 디자인 변형 3. 소매단 시보리 변형 4. 밑단 시보리 변형

패턴

- 기본 라글란소매 패턴 및 후드패턴사용
- 등밑단 다트 넣기

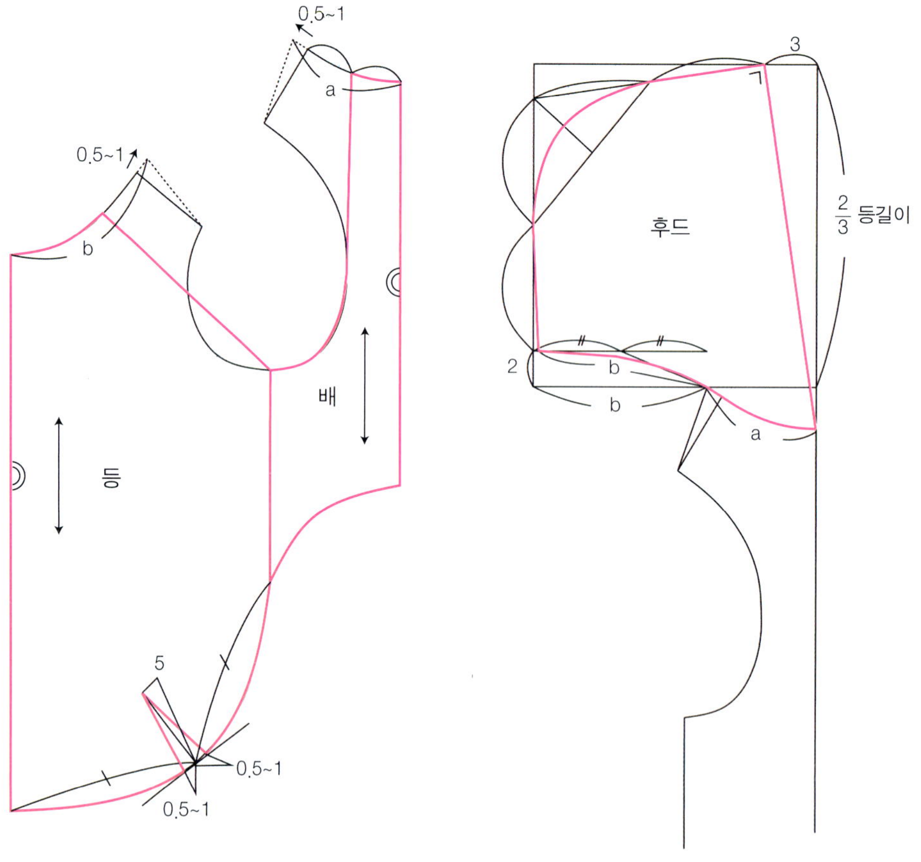

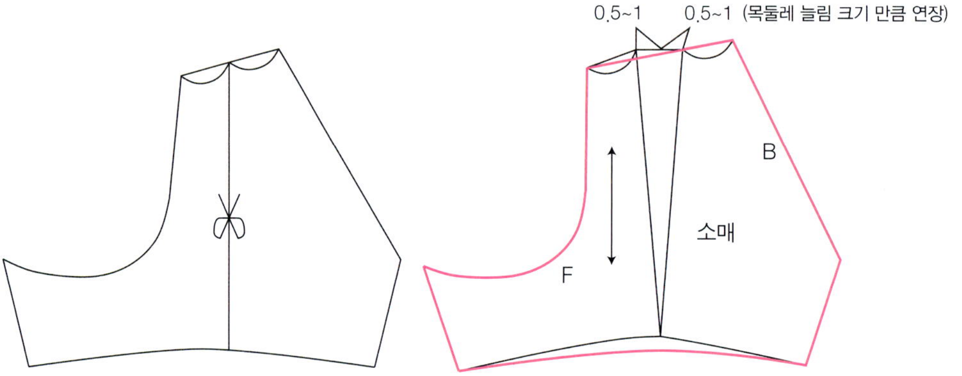

재단

- 원단소요량: 60cm(폭)×80cm(길이)
- 등밑단 바이어스테이프
- 기본 시접1cm, 후드앞면과 라글란밑단시접 2~3cm

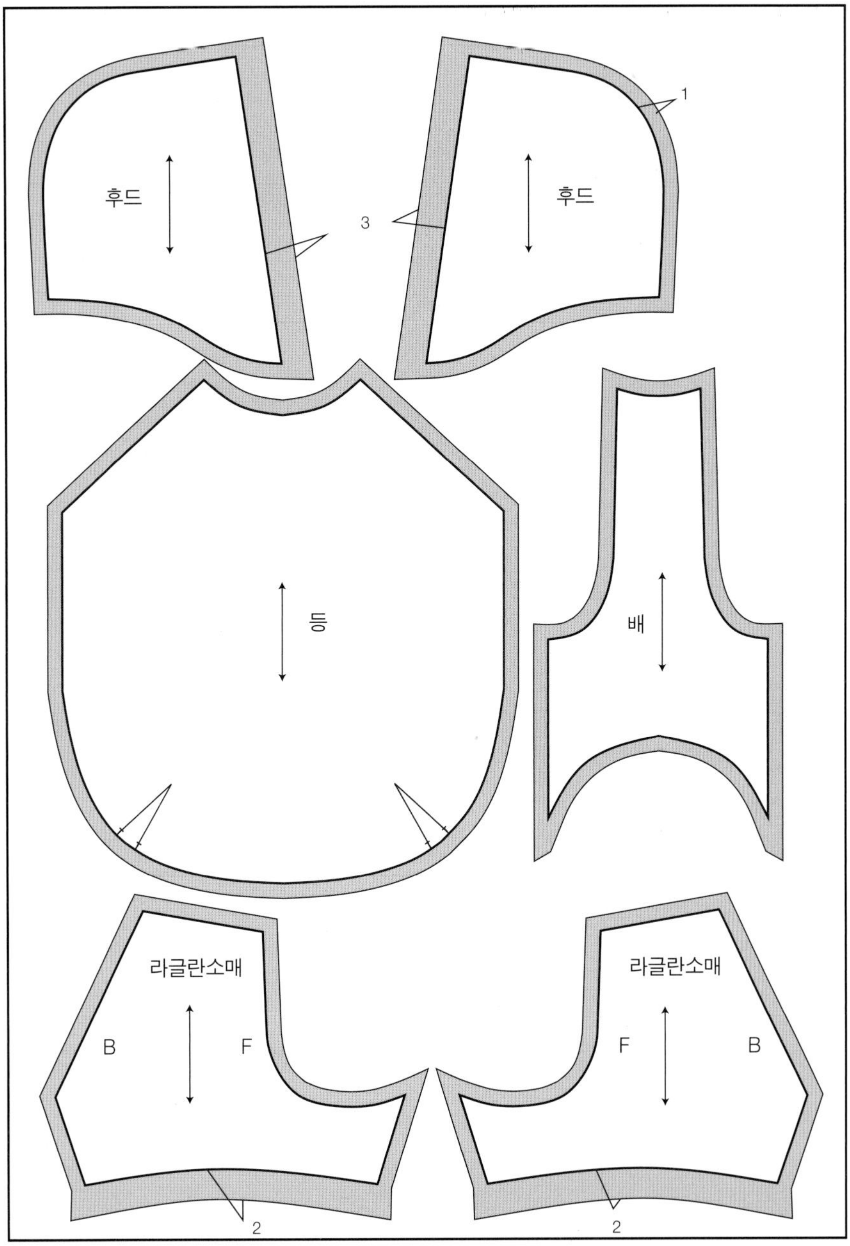

제작

1. 다트넣기

① 좌우 등다트를 박은 후 시접은 중심쪽으로 꺾는다.

2. 후드만들기

① 후드 중심을 겉과 겉을 맞댄 후 박음질하고 시접을 오버로크한다.

② 후드 앞중심의 시접을 오버로크한다.

③ 후드 앞중심선을 완성선에 맞추어 접어 박는다.

3. 라글란 소매 만들기

① 라글란 소매의 밑단을 오버로크 한 후, 옆선을 박고 옆선시접도 오버로크한다.

② 밑단을 접어 박기 한다.

4. 소매달기

① 등배 옆선을 봉제하고, 오버로크한다.

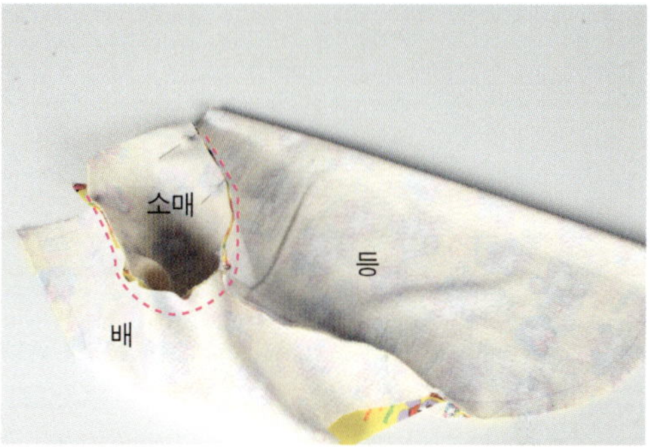

② 몸판과 소매의 진동둘레선을 맞춘 후 소매를 단다.

③ 몸판과 라글란소매 연결 형태

5. 후드달기

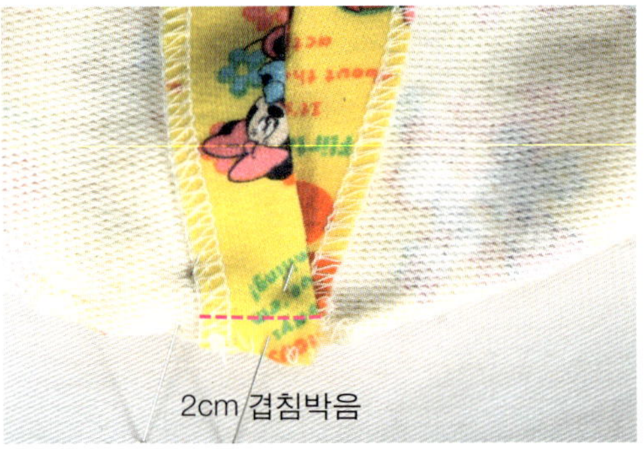

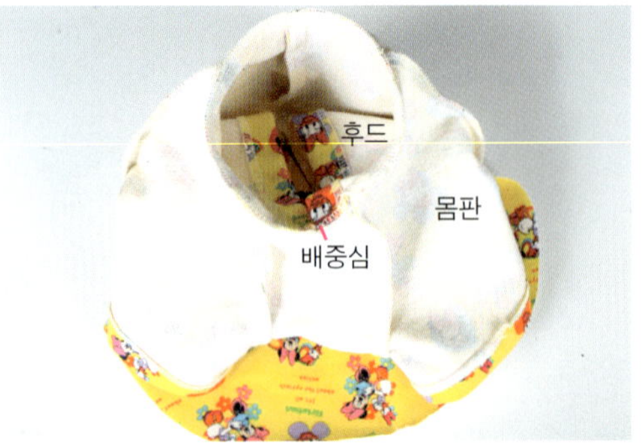

① 후드 목둘레 앞중심 부분을 2cm 겹쳐놓고, 시접 5mm 위치에서 눌러박는다.

② 후드 겉과 몸판겉을 맞대고 배중심과 후드중심을 맞춘 후 목둘레선을 박음질 한후 시접을 오버로크 처리한다

③ 목둘레 시접을 몸판쪽으로 넘긴 후 겉에서 5mm상침하여 정리한다.

6. 밑단정리

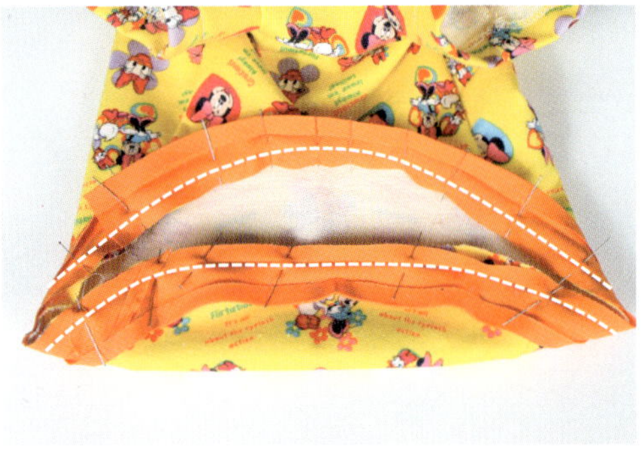

① 몸판 겉에 면바이어스를 대고 완성선에 맞추어 박음질한다.

② 바이어스감을 완성선에 맞추어 원단 안쪽으로 꺾은 후 1cm 접어 넣고 상침하여 인바이어스 처리하여 완성한다.

완성

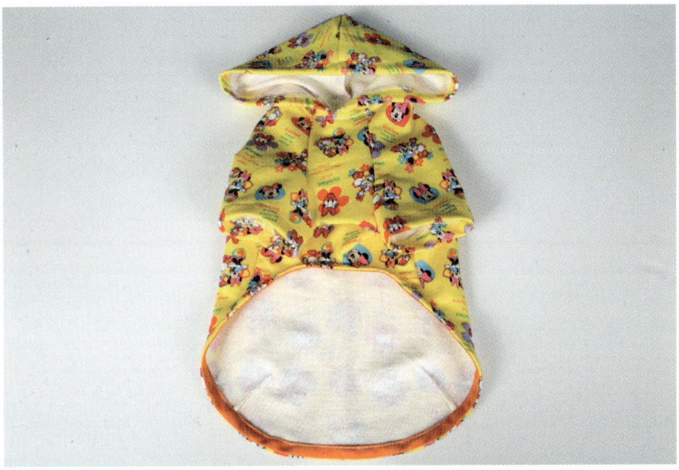

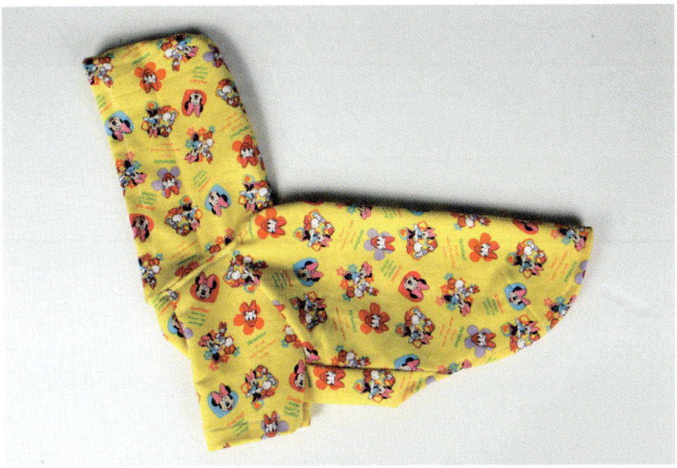

05

세일러칼라올인원

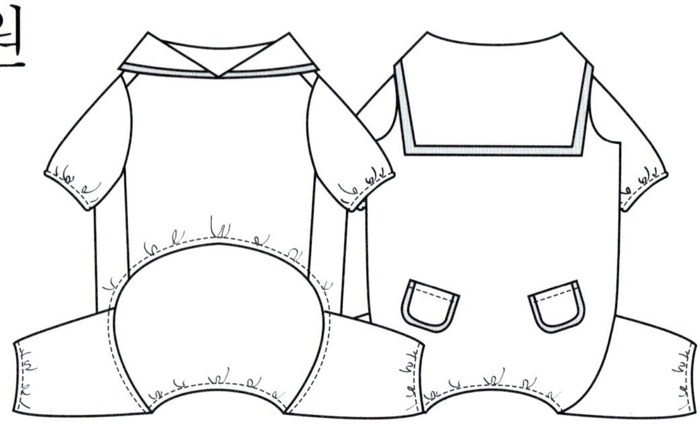

완성사이즈	목둘레 37cm, 가슴둘레 47cm, 등길이 31cm
원단소요량	후라이스 1yd, 면바이어스테이프, 고무줄
난 이 도	상
제 작 시 간	패턴 20분, 재단 30분, 기본봉제 20분, 칼라만들기 30분, 주머니만들기 20분, 소매달기 20분, 밑단정리 20분
포 인 트	바이어스처리하기, 올인원 배밑단 고무줄넣기, 칼라달기, 소매달기
작 업 과 제	1. 다이마루 원단을 이용한 세일러칼라 올인원을 제작하시오. 2. 바이어스 처리된 칼라를 만드시오. 3. 배판 밑단을 고무줄 처리하시오. 4. 장식주머니를 만들어 완성하시오.
심 화 과 정	1. 칼라모양 변경 2. 장식모양 변경 3. 라글란 소매 변경 4. 올인원을 바지형태로 디자인 변형

패턴

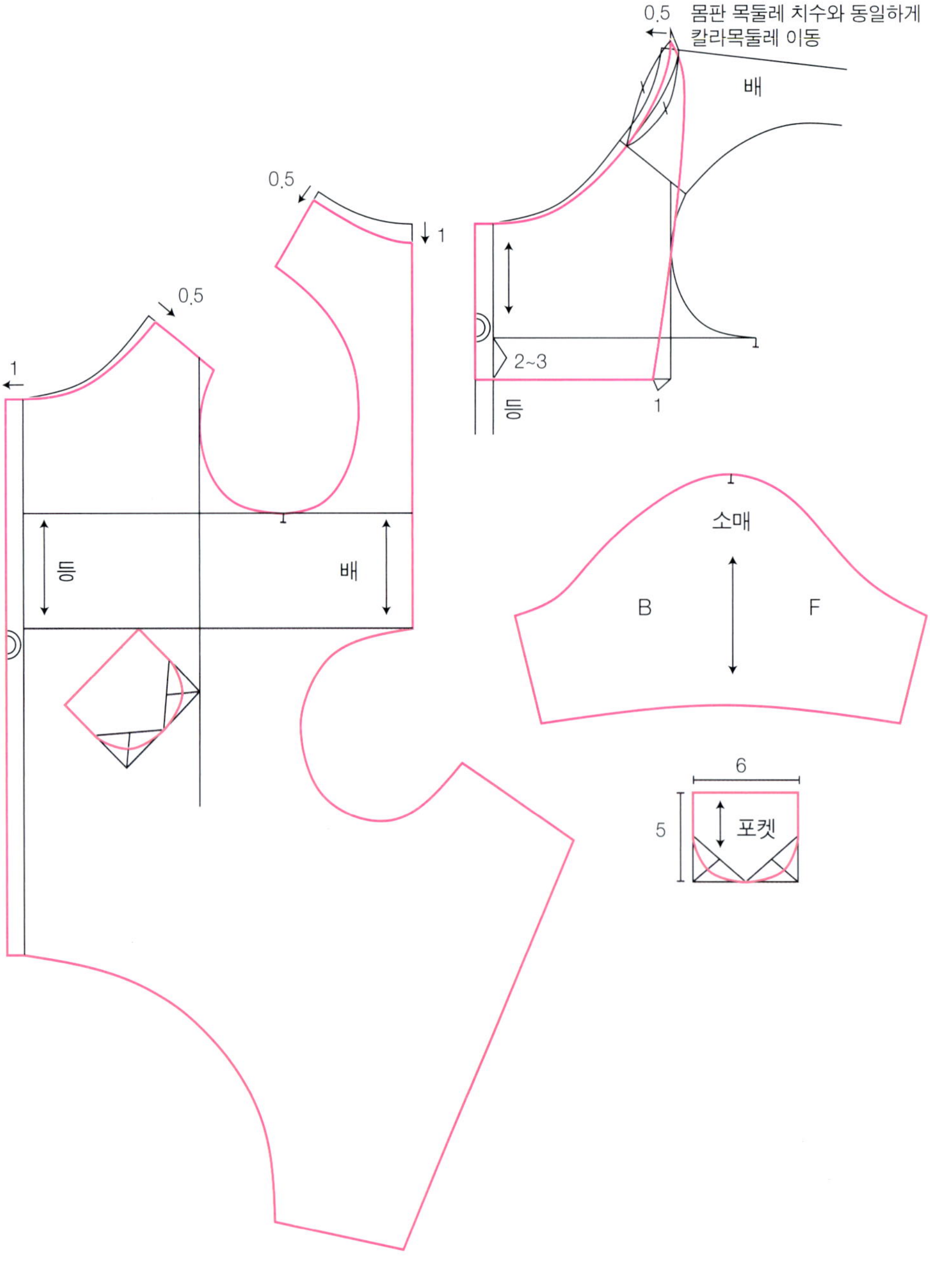

재단

- 원단소요량: 70cm(폭)×90cm(길이)
- 세일러칼라 바이어스테이프
- 기본 시접1cm, 세일러칼라 둘레 시접없음

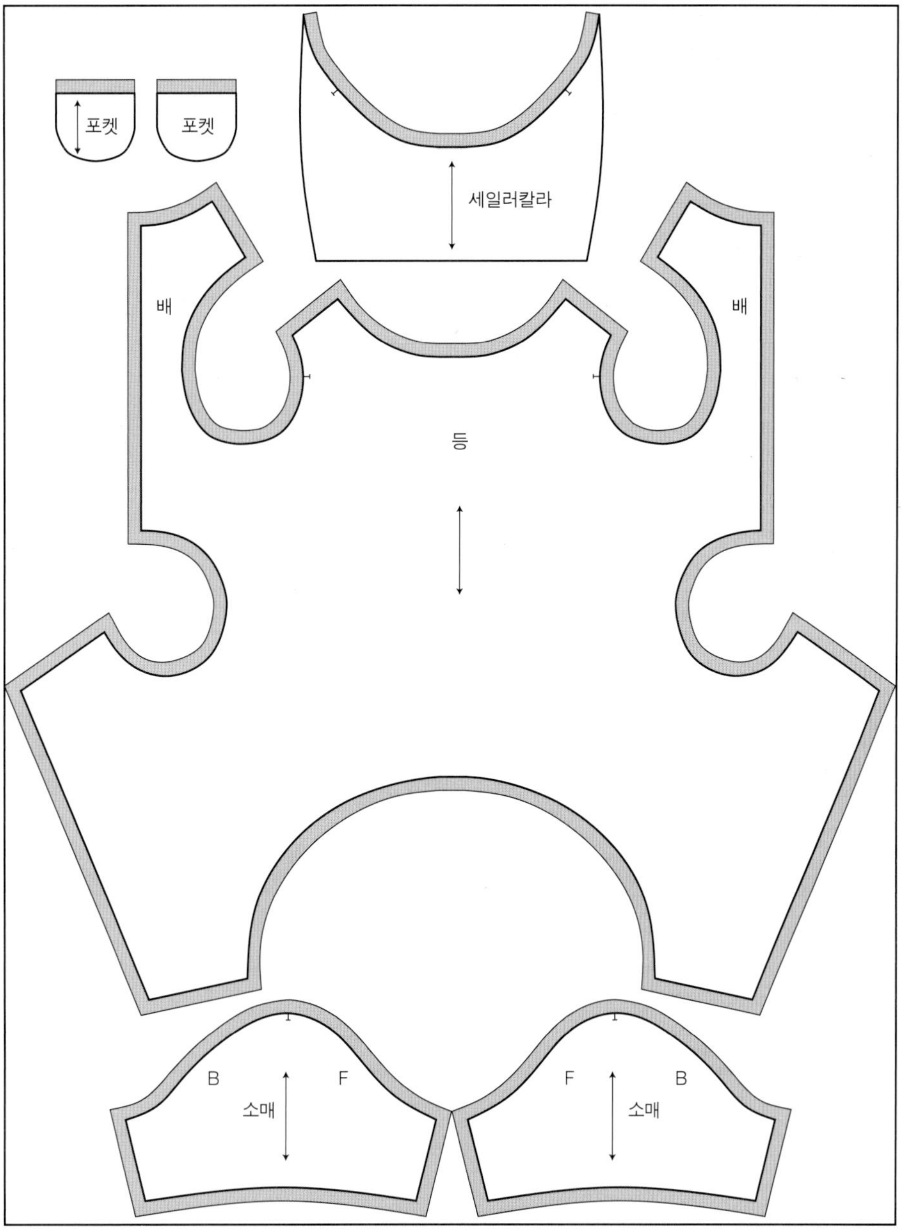

제작

1. 주머니만들기

① 주머니 외곽선을 바이어스테이프로 처리한 후 주머니 입구 시접을 오버로크한다.

② 주머니 입구를 완성선에 맞추어 접어 박는다.

③ 다른 주머니도 같은 방법으로 완성한다.

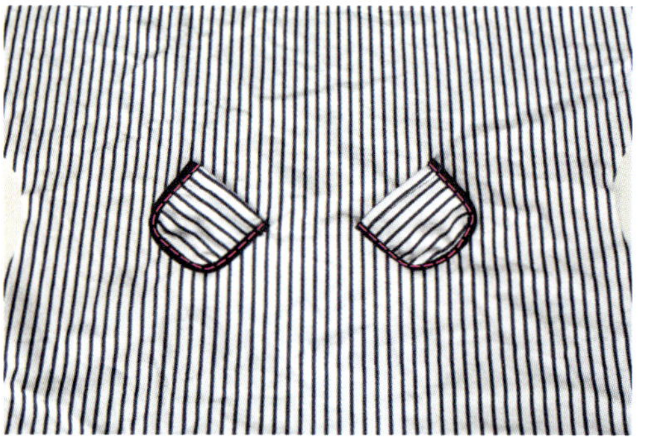

④ 주머니 위치에 주머니를 누름상침하여 단다.

2. 세일러 칼라만들기

① 칼라 좌우를 바이어스로 감싸 정리한다.

② 칼라밑단선을 바이어스로 감싸 완성한다.

3. 소매만들기

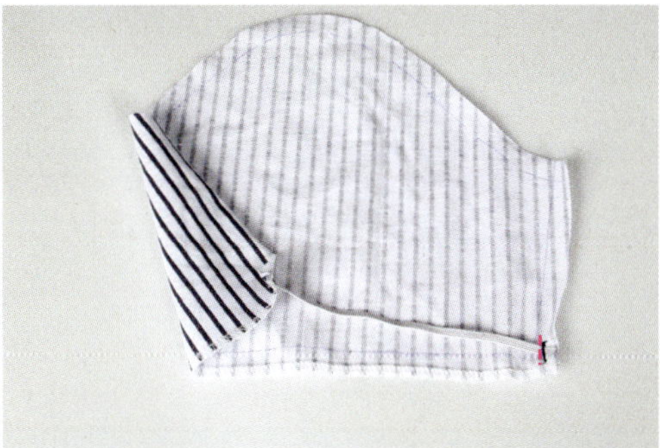

① 소매단 시접을 오버로크 한 후 좌우 시접에 고무줄을 박는다.

② 고무줄을 안에 넣고 소매단을 접어올려 완성선을 박는다. 이때 고무줄이 함께 박히지 않도록 주의한다.

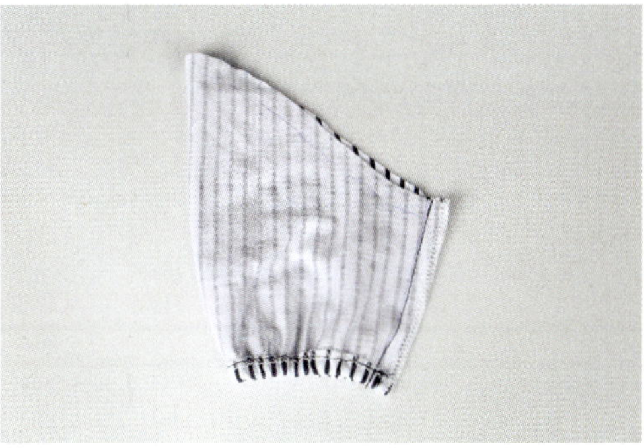

③ 옆선을 박고 오버로크한다.

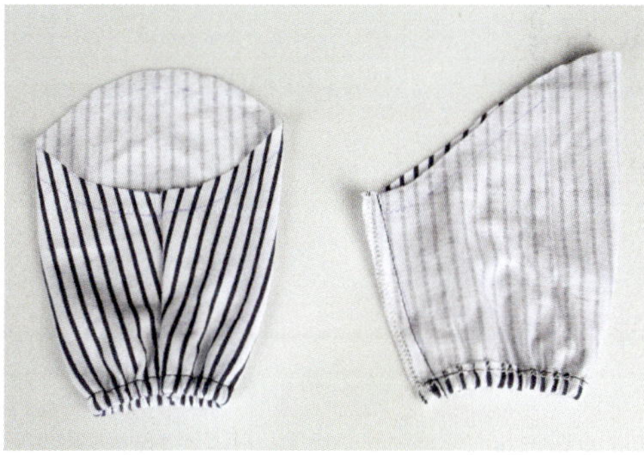

④ 다른 소매도 같은 방법으로 작업한다.

4. 몸판만들기

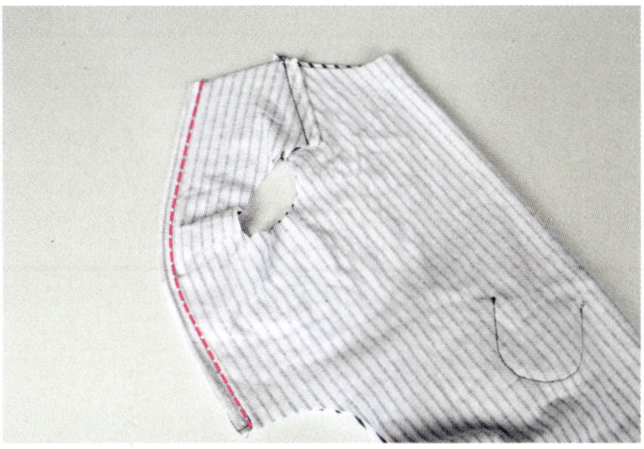

① 배판중심 겉과 겉을 맞대고 박음질한 후 시접은 오버로크한다.

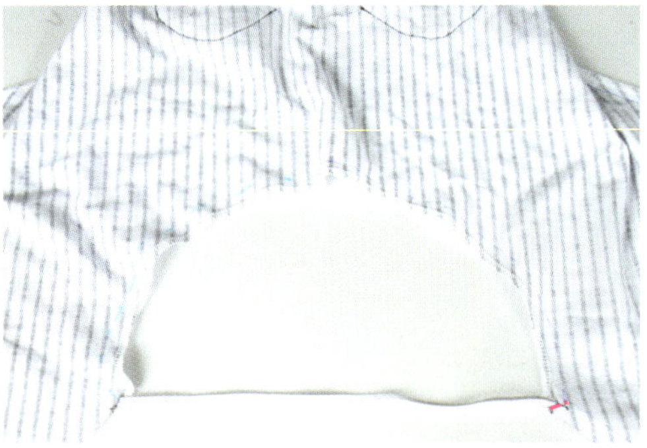

② 몸판 밑단 엉덩이둘레 시접을 오버로크 한 후 좌우 시접에 고무줄을 박는다.

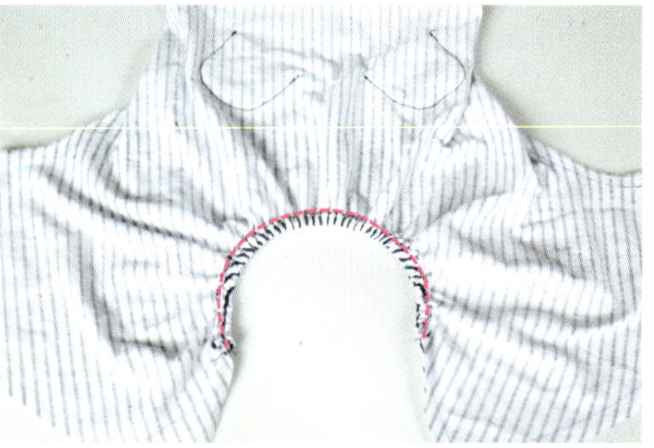

③ 고무줄을 안에 넣고 시접을 접어 올려 완성선을 박는다. 이때 고무줄이 함께 박히지 않도록 주의한다.

④ 밑단 엉덩이 둘레와 같은 방법으로 배밑단에 고무줄을 넣어 정리한다.

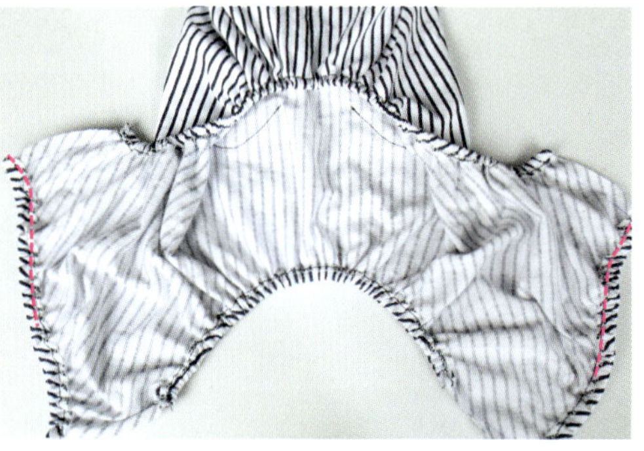

⑤ 바지 밑단 둘레도 고무줄을 넣어 정리한다.

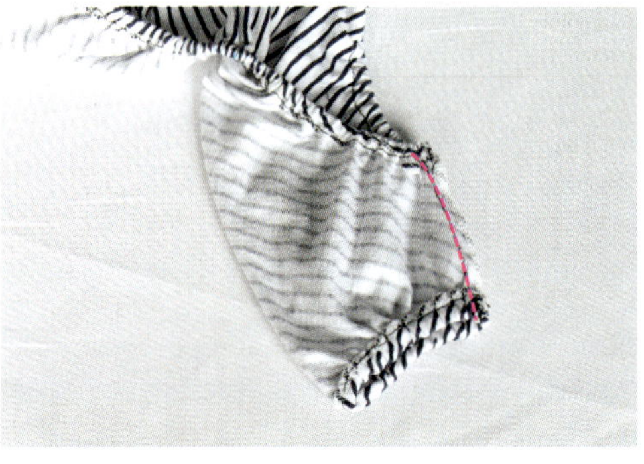

⑥ 바지 옆선을 겉과 겉을 맞대고 박음질한 후 시접을 오버로크 처리한다.

5. 소매와 칼라달기

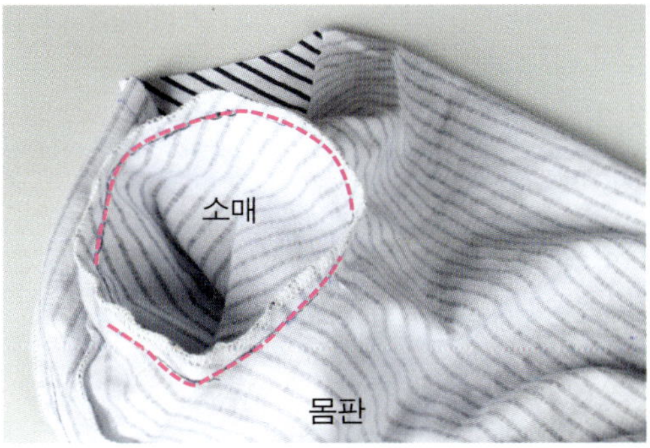

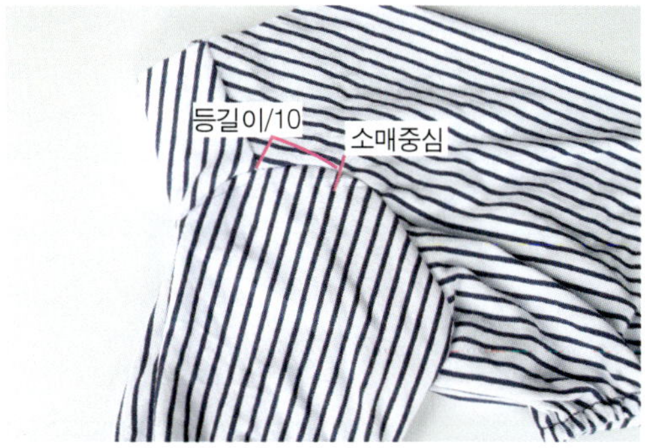

① 소매 겉과 몸판 겉을 맞대고 진동둘레선을 박는다. 이때 몸판과 소매의 중심선을 맞춘 후 박음질 한다.
몸판 어깨점에서 [$\frac{\text{등길이}}{10}$]만큼 등판쪽으로 이동한 점이 소매중심점이다.

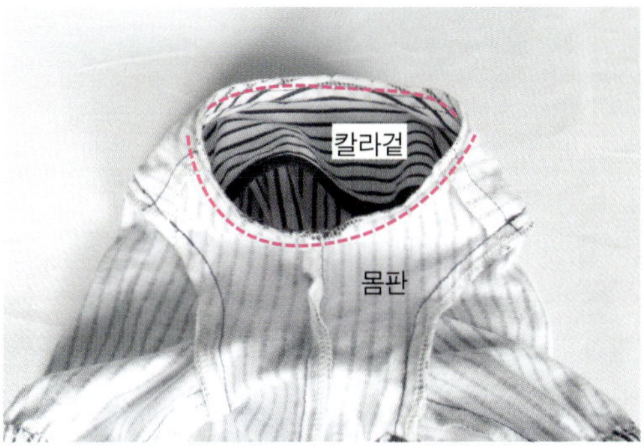

③ 몸판 겉과 칼라 안쪽 면을 맞대고 목둘레선을 박음질 한 후 시접을 오버로크한다.

④ 목둘레 시접이 밖으로 넘어오지 않도록 5mm 상침한다

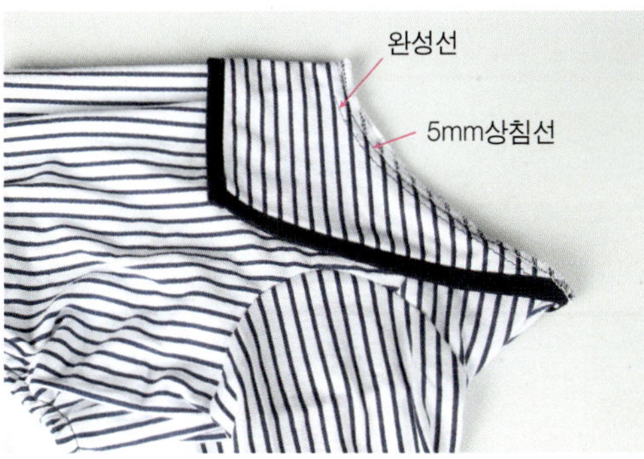

⑤ 칼라달기 완성 모습

완성

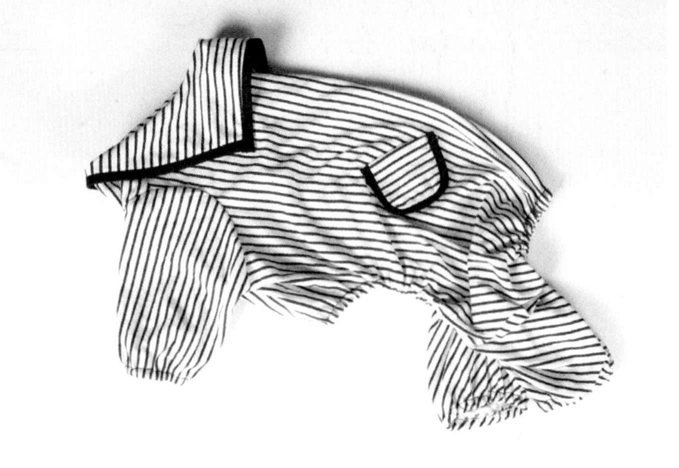

MEMO

06
민소매올인원

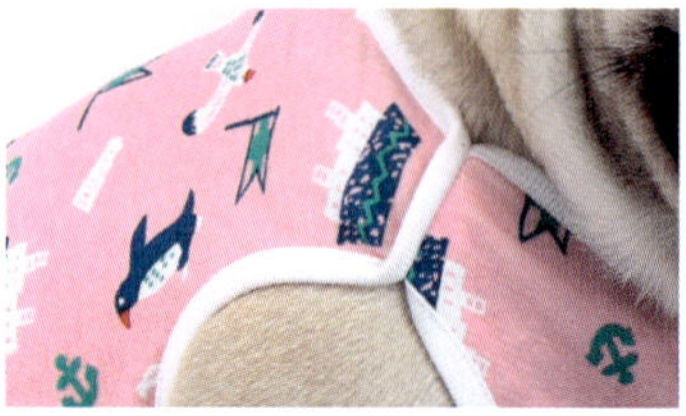

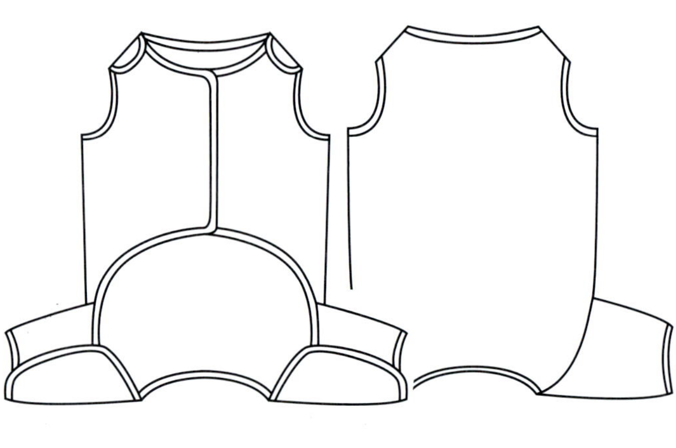

완성사이즈	목둘레 30cm, 가슴둘레 45cm, 등길이 31cm
원단소요량	후라이스 $\frac{2}{3}$yd, 시보리 바이어스 4cm
난 이 도	중
제 작 시 간	패턴 20분, 재단 20분, 기본봉제 20분, 시보리 봉제 20분
포 인 트	전체 바이어스로 시접정리, 올인원 배둘레 줄이기
작 업 과 제	1. 다이마루 원단을 이용한 민소매 올인원을 제작하시오. 2. 전체 바이어스로 한번에 시접을 정리하여 완성하시오. 3. 올인원 밑단 배둘레 크기를 줄이시오.
심 화 과 정	1. 등중심 바이어스를 이용한 디자인 변형 2. 옆선 바이어스를 이용한 디자인 변형 3. 배판과 등판을 분리하여 바이어스 처리 후 연결 변형 4. 배판 여밈처리로 디자인 변형 5. 코디할 수 있는 점퍼 디자인

패턴

- 올인원패턴 사용
- 배밑단둘레를 줄이기 위해 옆선 및 다리 라인선 절개 후 1cm 등쪽으로 회전하여 이동

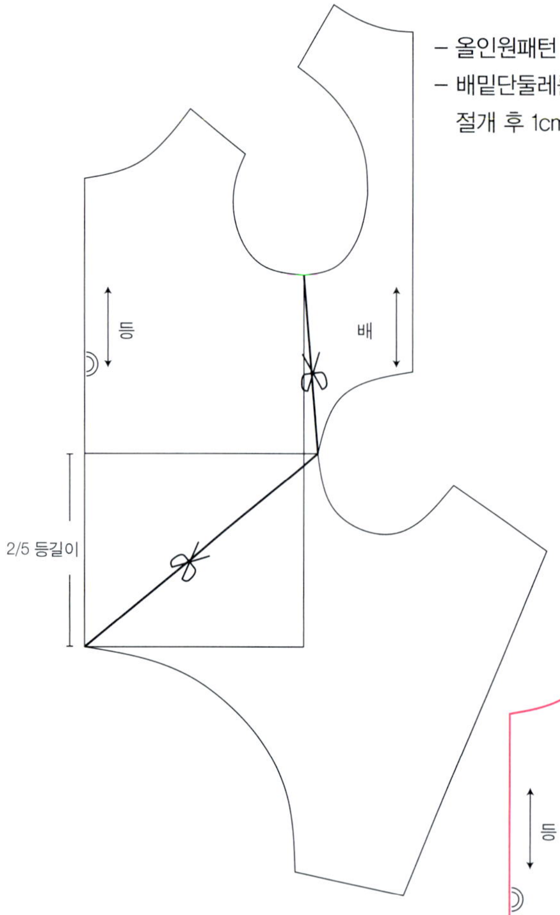

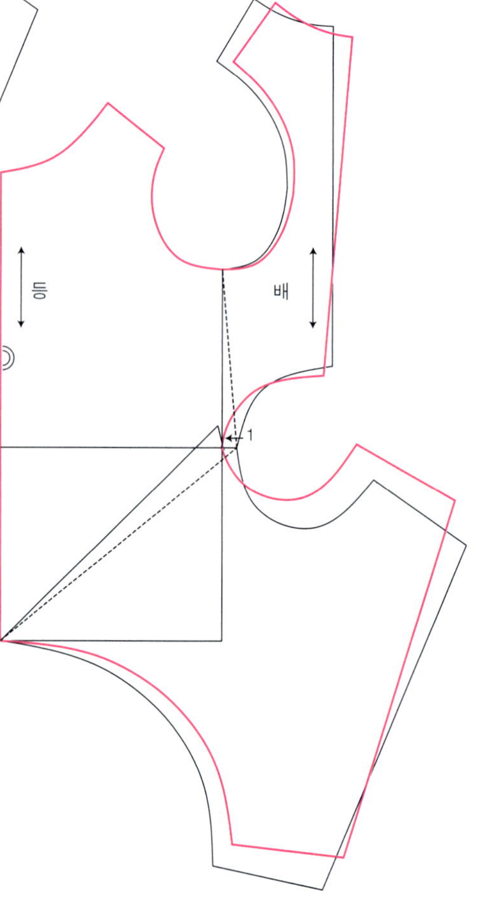

재단

- 원단소요량: 65cm(폭)×60cm(길이)
- 전체 시보리 바이어스테이프
- 어깨선, 배중심선, 다리옆선만 시접1cm
- 전체 시보리 바이어스 처리를 위해 각진 시접부분을 둥글게 처리

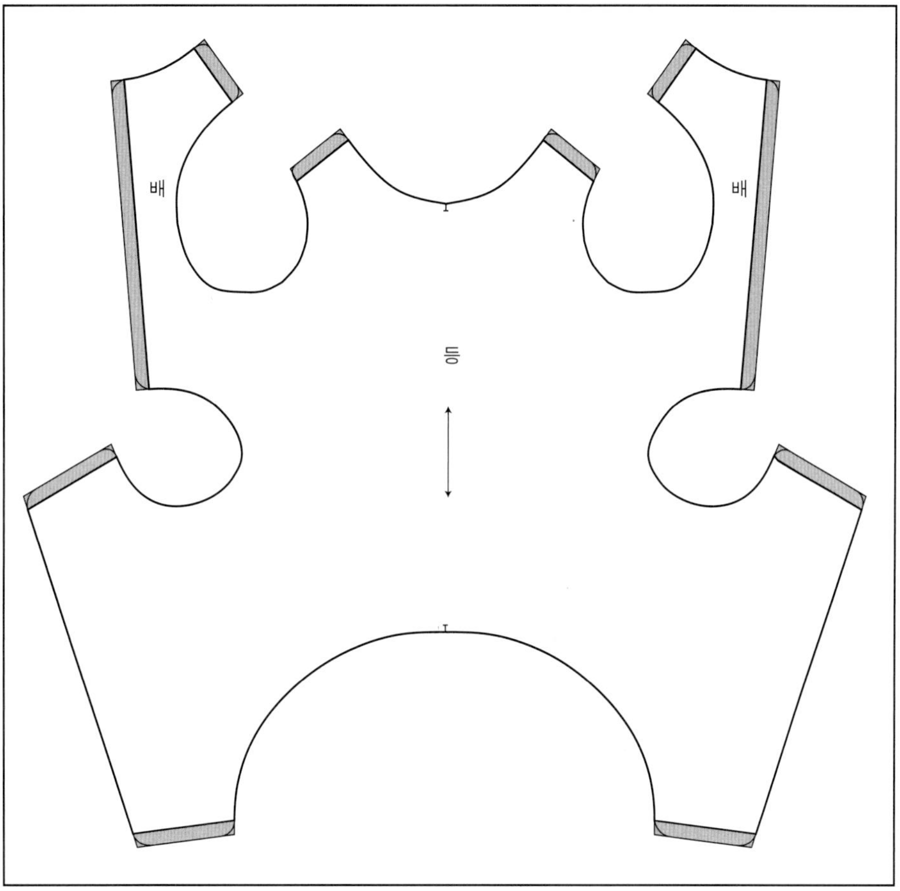

제작

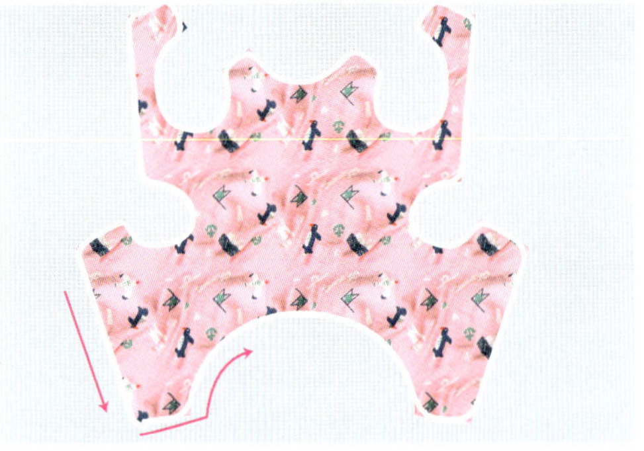

① 전체 외곽선 시접정리를 시보리 바이어스로 처리한다. 이때 각진 부분은 둥글게 처리하고, 시보리를 당겨 박음질한다.

② 등어깨선을 배어깨선 위에 올려놓고 누름상침하여 고정한다.

③ 앞중심선을 포개어 놓고 누름상침하여 고정한다.

④ 다리옆선을 포개어 놓고 누름상침하여 고정한다.

완성

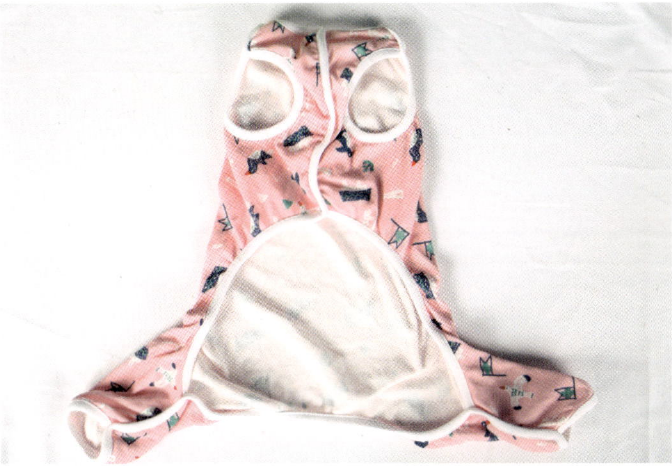

07
점프수트

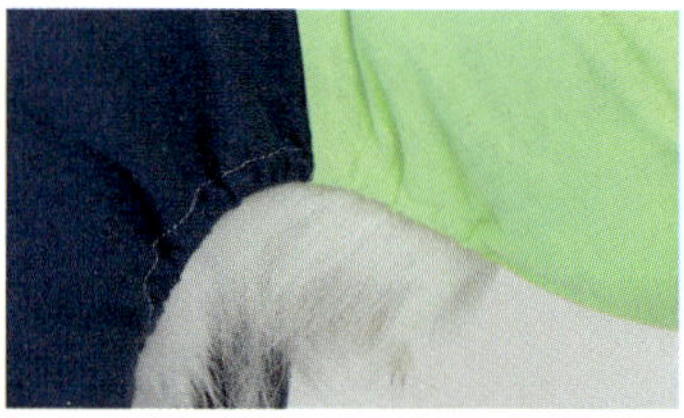

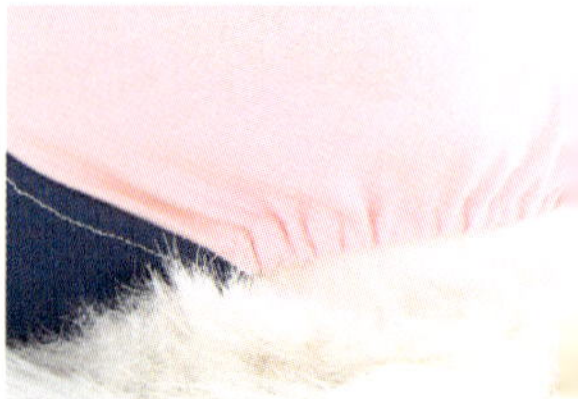

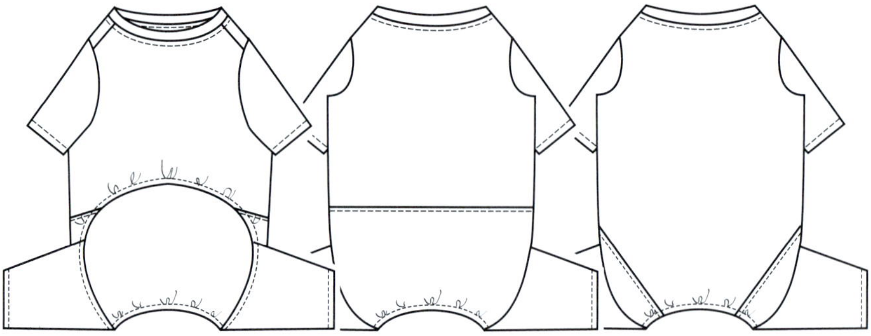

완성사이즈	목둘레 32cm, 가슴둘레 45cm, 등길이 30cm
원단소요량	싱글 다이마루 $\frac{2}{3}$yd, 고무줄
난 이 도	중
제 작 시 간	패턴 20분, 재단 20분, 기본봉제 20분, 시보리봉제 20분, 상하의 연결 10분, 소매달기20분, 밑단정리 30분
포 인 트	상하의 배색 디자인하기, 배밑단 고무줄넣기. 배색감 연결하기
작 업 과 제	1. 다이마루 원단을 이용한 상하의가 분리된 점프수트를 제작하시오. 2. 배판 밑단을 고무줄 처리하시오. 3. 등판 밑단은 시보리로 하여 완성하시오.
심 화 과 정	1. 배색 연결 디자인 변형 2. 소매단, 바지단 시보리 사용 3. 배색 연결 부위 쌈솔 처리 변형 4. 멜빵 바지디자인 변형

패턴

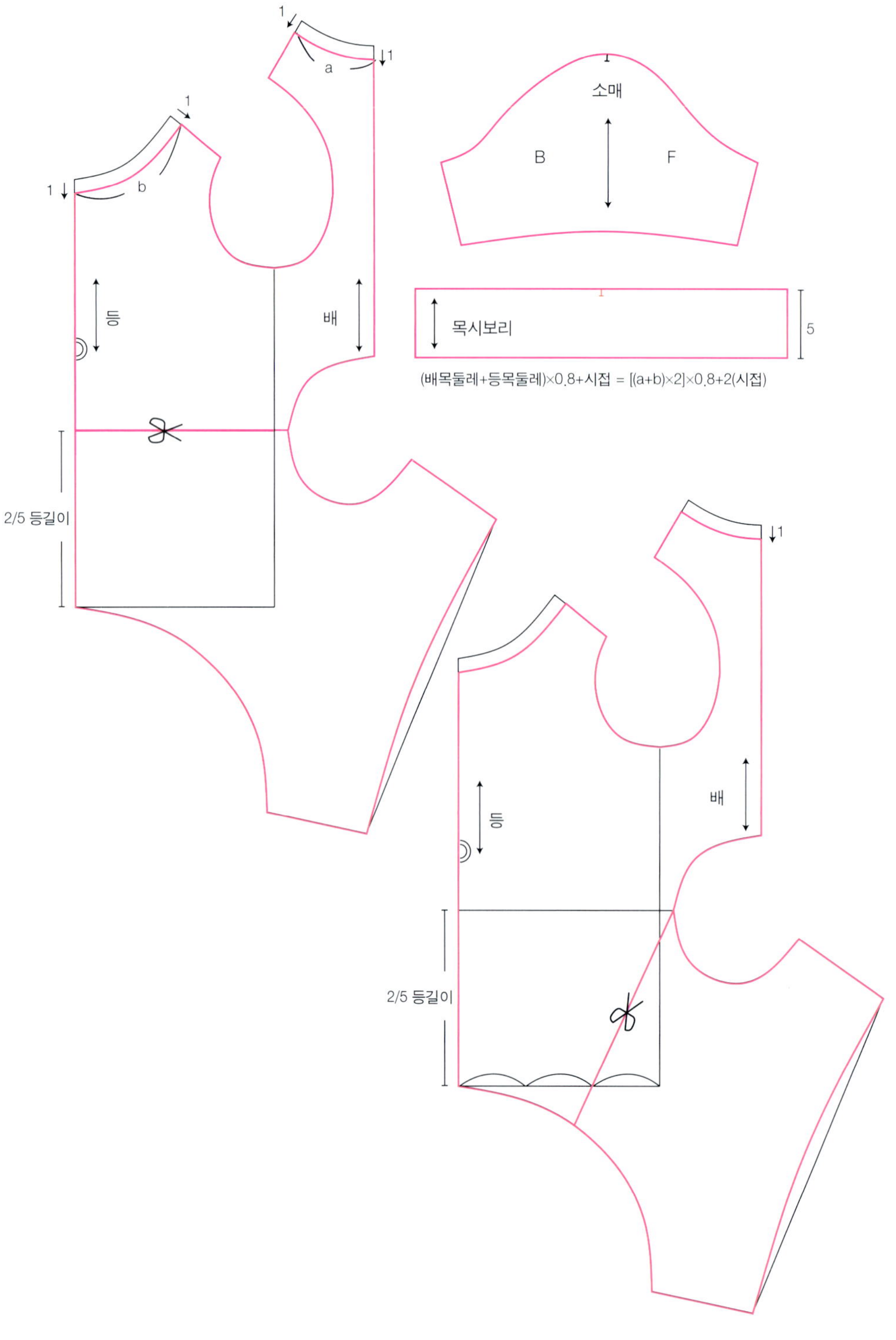
1
a
1
소매
B
F
1
b
1
등
배
목시보리
5
(배목둘레+등목둘레)×0.8+시접 = [(a+b)×2]×0.8+2(시접)
2/5 등길이
1
배
등
2/5 등길이

재단

- 원단소요량: 디자인1. 75cm(폭)×65cm(길이) / 디자인2. 80cm(폭)×65cm(길이)
- 기본 시접 1cm, 소매밑단과 바지밑단시접 2cm
- 목시보리 재단

디자인 1

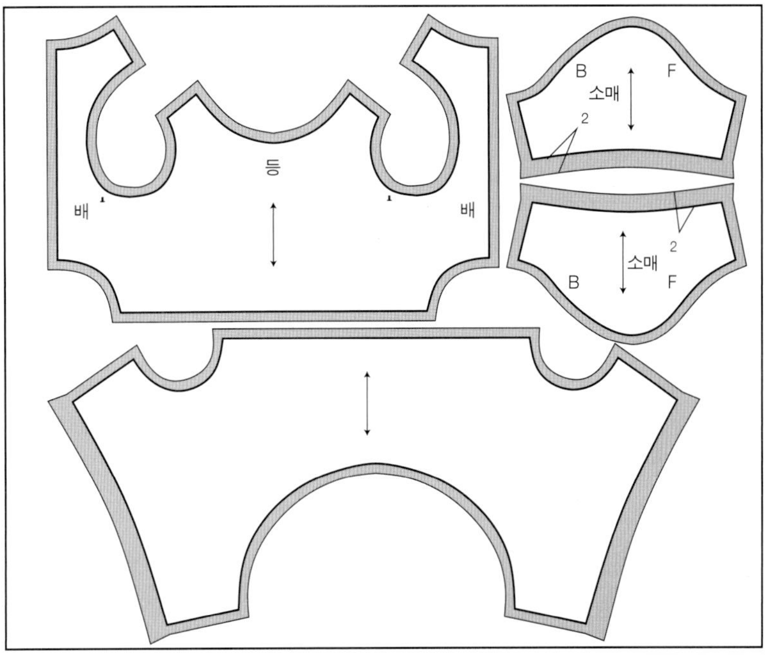

디자인 2

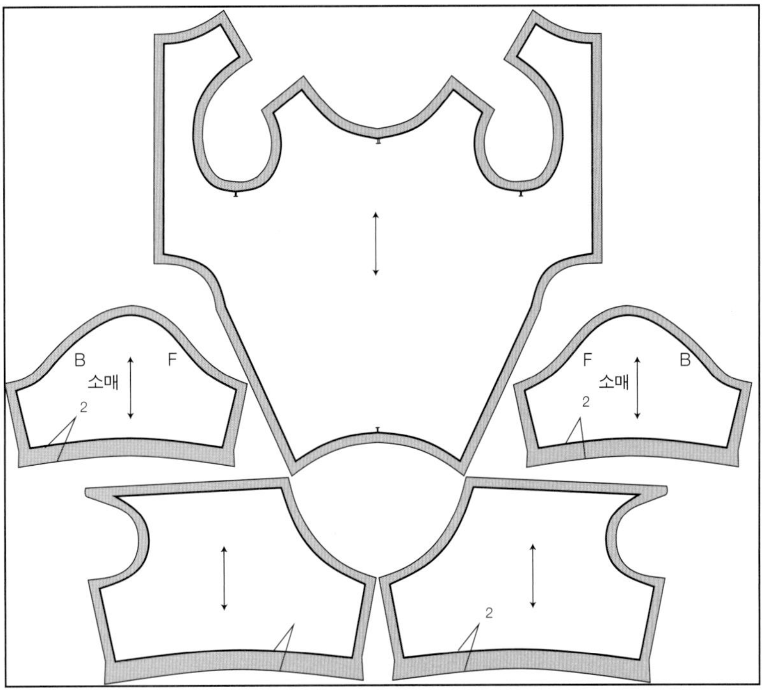

제작

1. 상의와 하의 연결하기

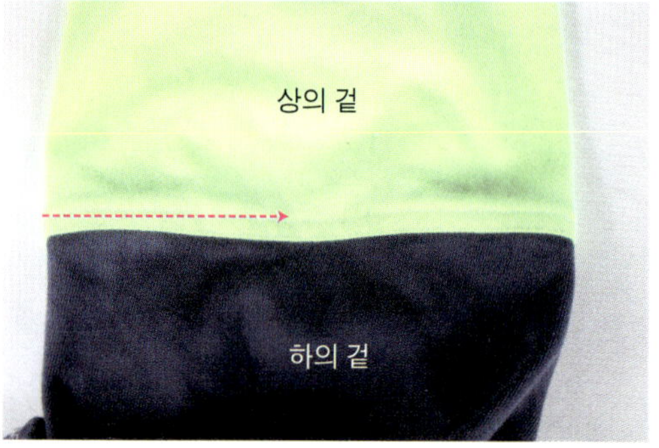

① 상의 겉과 하의 겉을 맞대고 허리선을 박은 후 시접은 오버로크한다.

② 시접을 상의쪽으로 붙이고, 상의 겉에서 누름상침하여 고정한다.

2. 몸판만들기

① 좌우 배판의 겉과 겉을 맞대어 중심에서 박음질하고 시접은 오버로크한다.

② 소매옆선을 박음질하고 시접은 오버로크한다. 밑단시접도 오버로크하고, 접어올려 박음질한다.

3. 소매 및 시보리달기

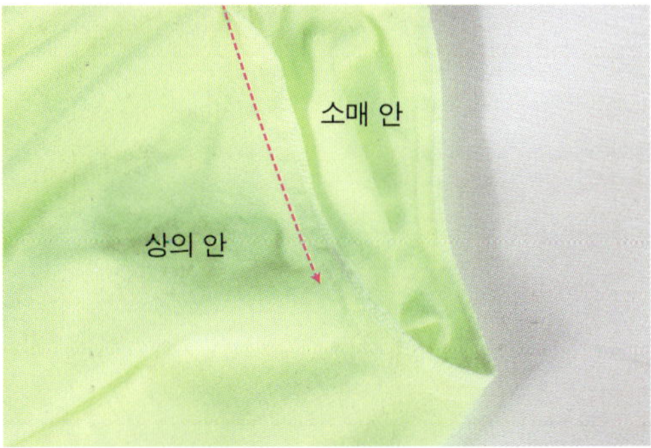

① 상의 몸판 겉과 소매 겉을 맞대고 진동둘레선을 박음질한 후 시접은 오버로크한다.

② 상의 원단으로 시보리를 재단하여 둥근 시보리를 만든다. 상의 겉 위에 시보리를 맞대어 놓고 박음질한 후 시접은 오버로크 한다.

4. 하의완성 및 밑단 정리하기

① 바지 다리 옆선을 박음질하고 시접은 오버로크한다. 바지 밑단 시접도 오버로크한 후 밑단을 접어 올려 박는다.

② 배밑단과 엉덩이둘레 시접을 오버로크하고 접어 올려 박음질한 후 고무줄을 끼워넣는다.

완성

MEMO

08
폴로티셔츠

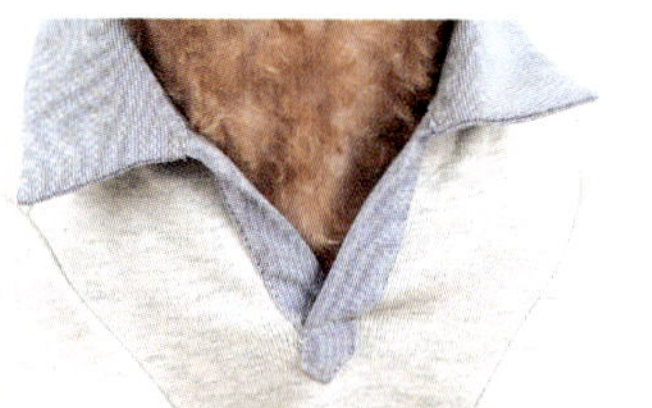

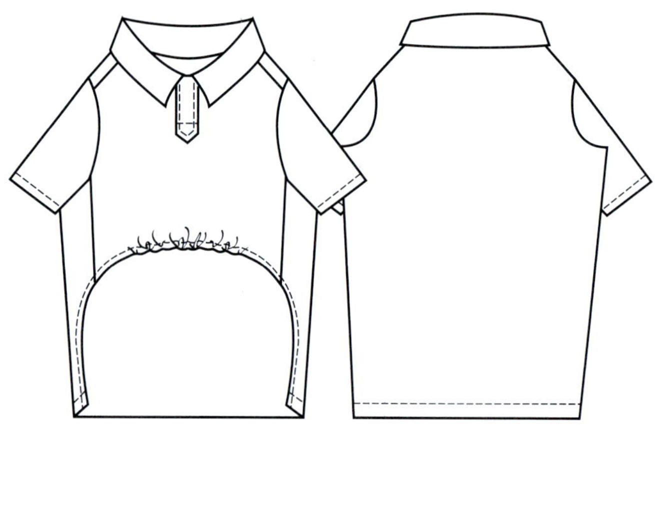

완성사이즈	목둘레 32cm, 가슴둘레 47cm, 등길이 31cm
원단소요량	양면 다이마루 $\frac{1}{2}$yd, 면30수 $\frac{1}{4}$yd, 고무줄, T단추
난 이 도	상
제 작 시 간	패턴 20분, 재단 20분, 기본봉제 20분, 덧단앞트임 30분, 밑단정리 20분, 칼라 20분
포 인 트	칼라만들기, 덧단있는 앞트임 만들기, 각진 밑단 정리하기
작 업 과 제	1. 다이마루 원단과 직기원단을 이용한 덧단 앞트임 티셔츠를 제작하시오. 2. 덧단있는 앞트임으로 처리하시오. 3. 칼라를 만들어 완성하시오. 4. 각진 등밑단과 둥근 배밑단을 연결하시오.
심 화 과 정	1. 앞트임을 전체 덧단을 이용한 디자인으로 변경 2. 칼라 디자인을 변경 3. 직기를 배색감으로 하여 디자인 변경 4. 밑단 디자인 변형 5. 소매 커프스 디자인

패턴

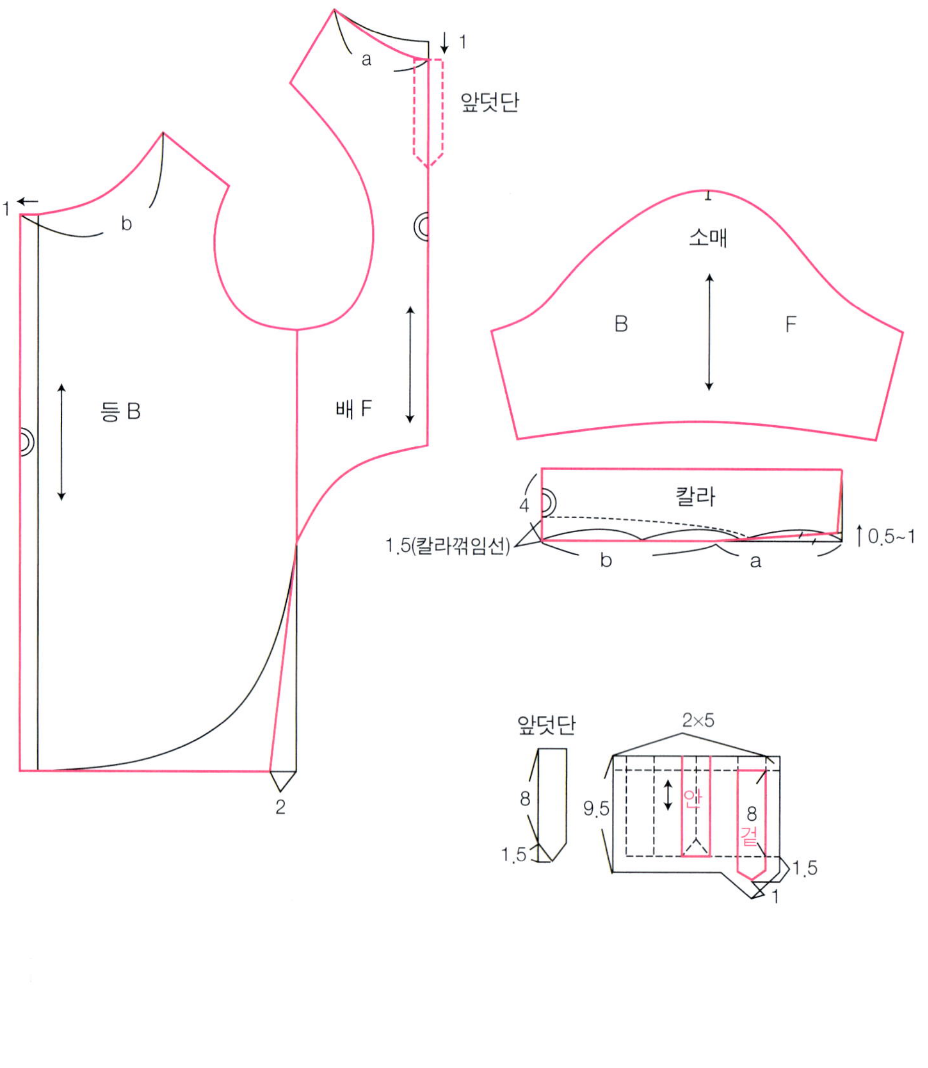

재단

- 원단소요량: 다이마루원단. 55cm(폭)×40cm(길이) / TC. 40cm(폭)×25cm(길이)
- 앞덧단과 칼라 직기원단(TC)
- 기본 시접 1cm, 등밑단과 소매밑단 시접 2cm

다이마루원단

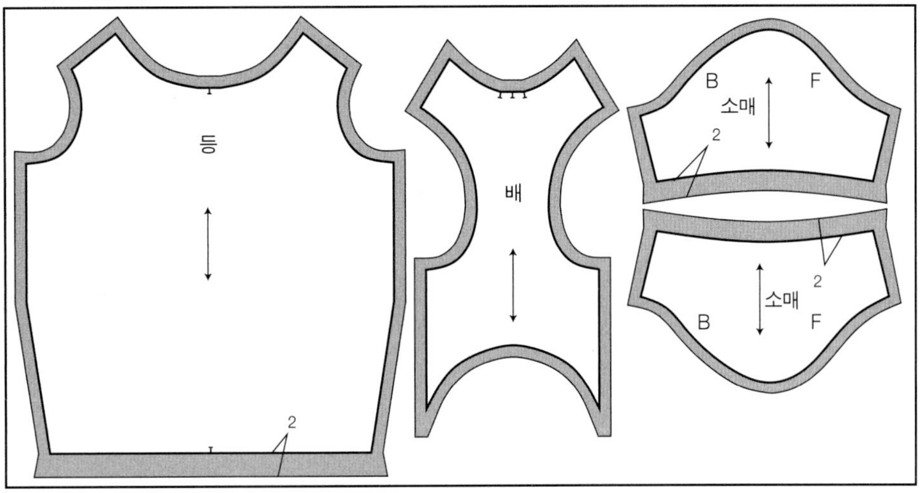

직기원단

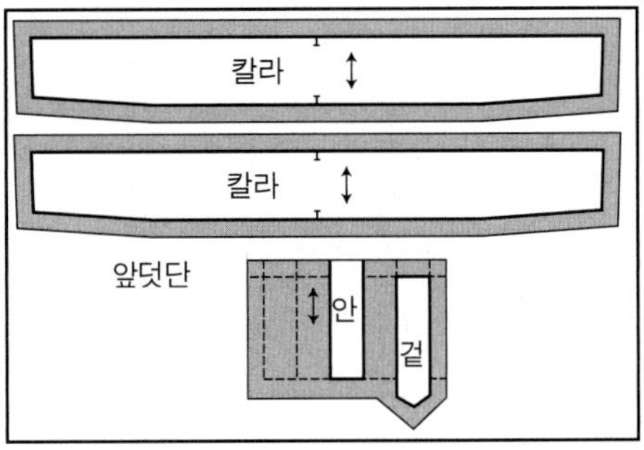

제작

1. 덧단만들기

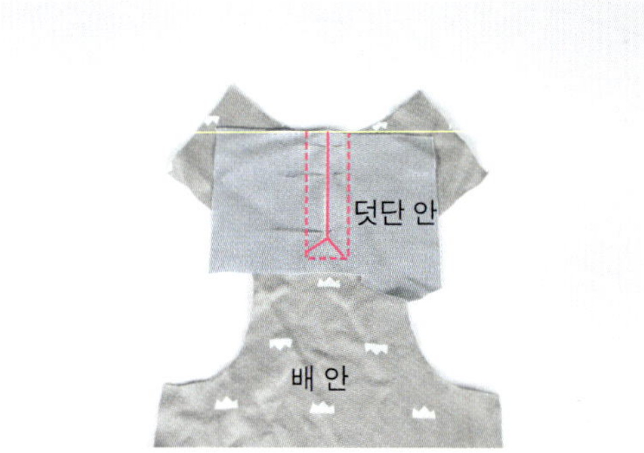

① 배판 안 중심위에 덧단 겉의 Y자 모양을 맞대고 덧단 모양을 박음질한다.

② 덧단 중심을 Y자 모양으로 자른다.

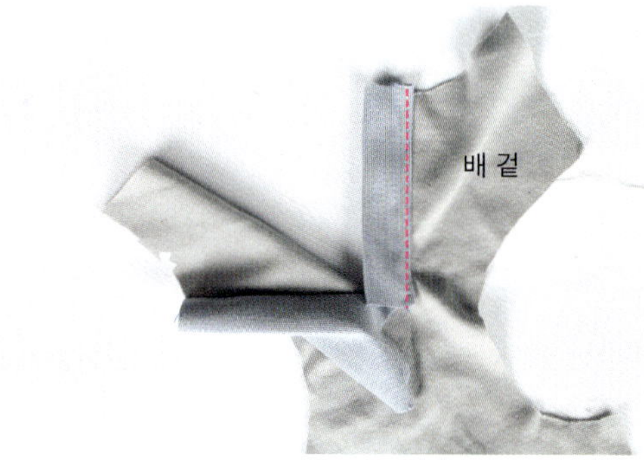

③ 안덧단 모양을 겉으로 넘겨 접어 세로선을 누름상침하여 박는다.

④ 겉덧단을 겉쪽으로 넘겨 모양을 잡는다.

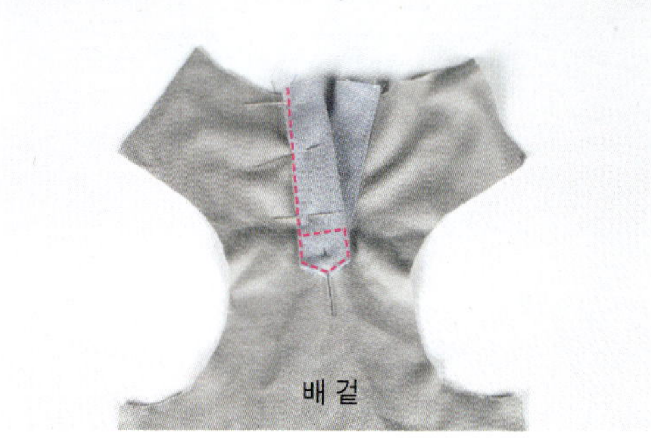

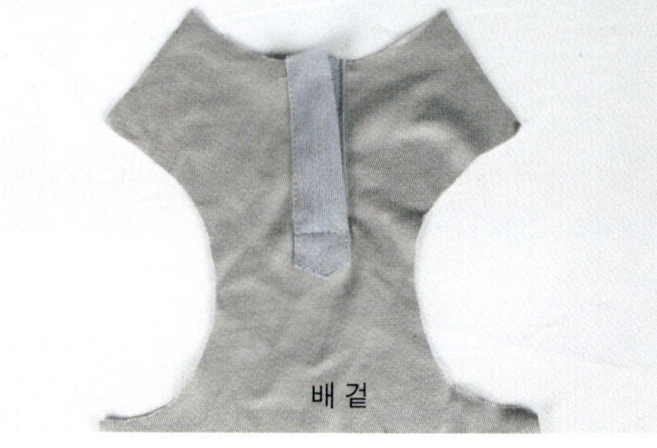

⑤ 시접을 겉덧단 모양으로 접어 넣고 누름상침한다.

2. 몸판만들고 칼라달기

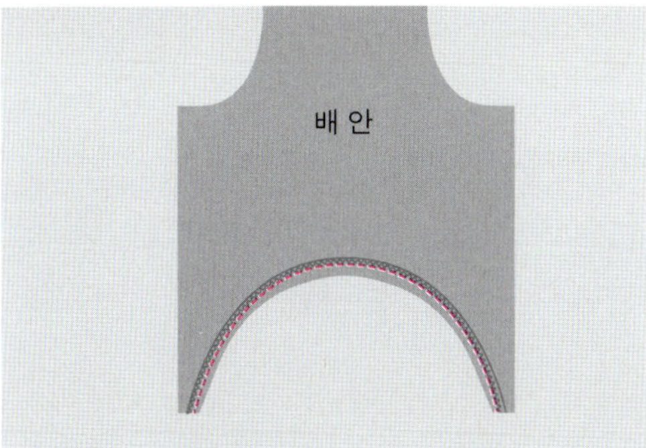

① 배판 밑단 시접을 오버로크 처리한 후 접어 박는다.

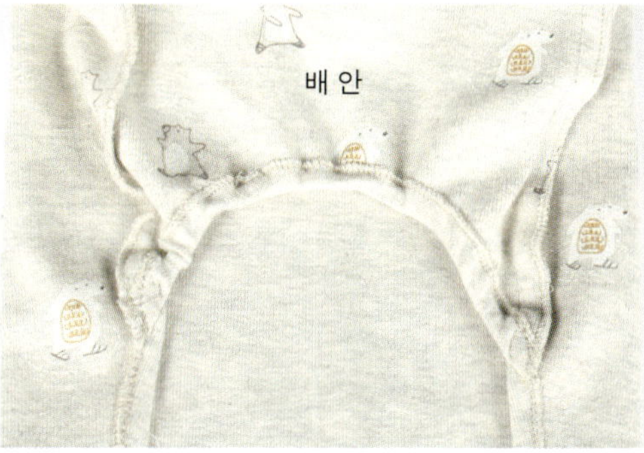

② 시접 사이에 고무줄을 넣고 옆선에서 고무줄을 박음질하여 고정한다.

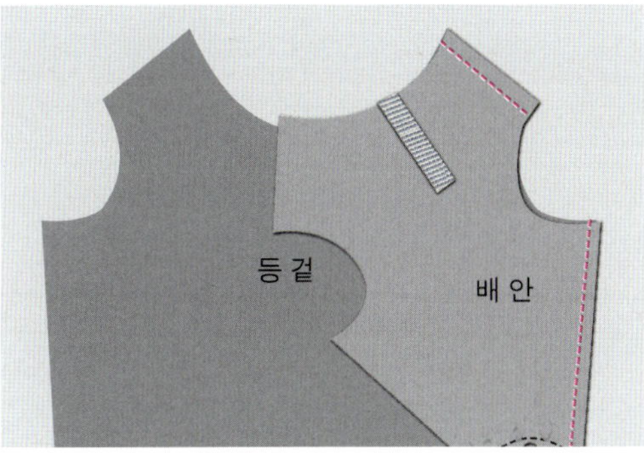

③ 등판 겉과 배판 겉을 맞대고 어깨선과 옆선을 박음질하고 시접은 오버로크한다.

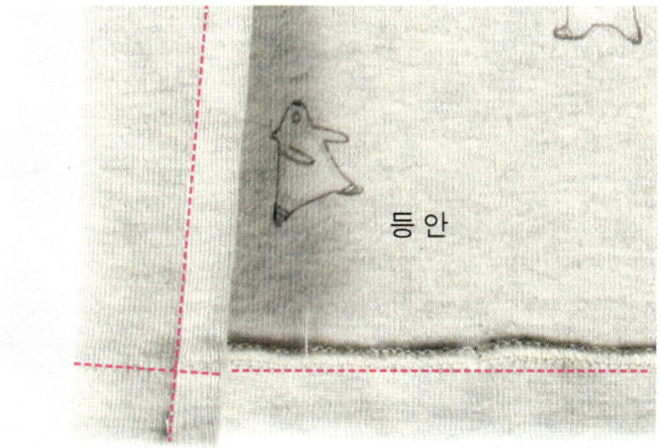

④ 밑단시접을 오버로크한 후 접어 올려 박음질한다. 배판 옆선 시접을 등판 쪽으로 꺾은 후 상침하여 시접을 고정한다.

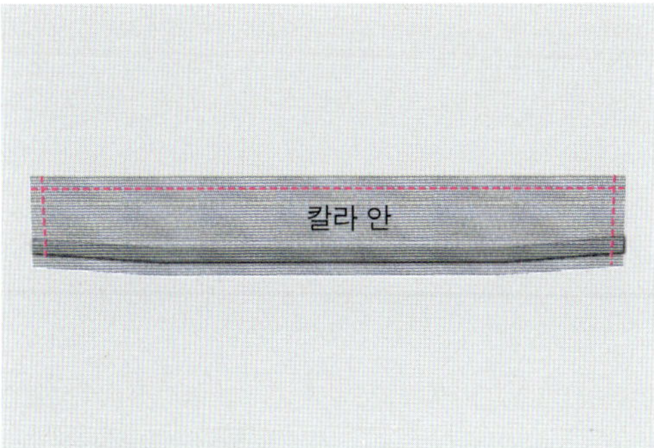

⑤ 칼라를 겉과 겉을 맞대고 겉칼라 목둘레 시접을 접은 후 칼라 완성선을 박고 뒤집는다.

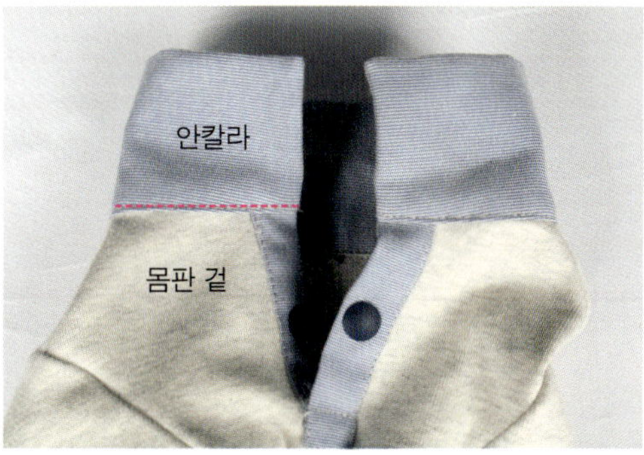

⑥ 안칼라 겉과 몸판 겉을 맞대어 박음질한 후 칼라를 세워 목둘레 시접을 칼라 안으로 넣고, 겉칼라에서 목둘레선을 따라 누름상침한다.

3. 소매 및 단추달기

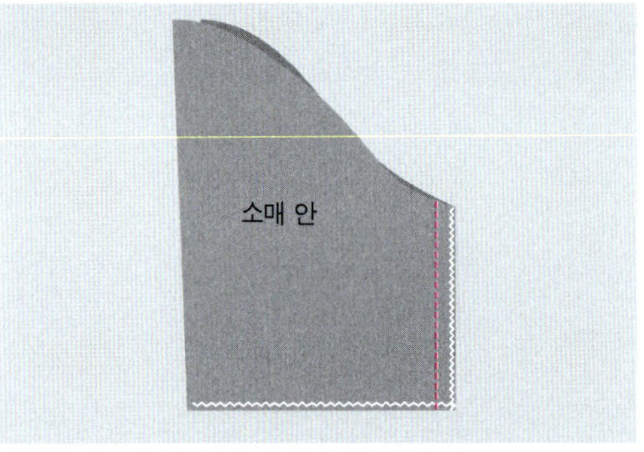

① 소매 옆선을 박음질하고 시접은 오버로크한다.

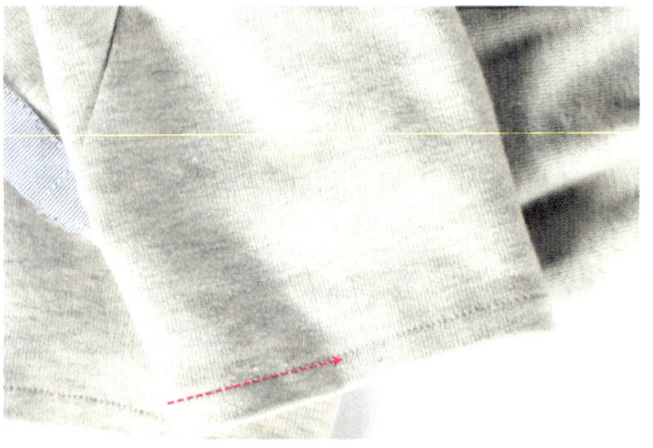

② 밑단 시접을 오버로크하고 접어 올려 박음질한다.

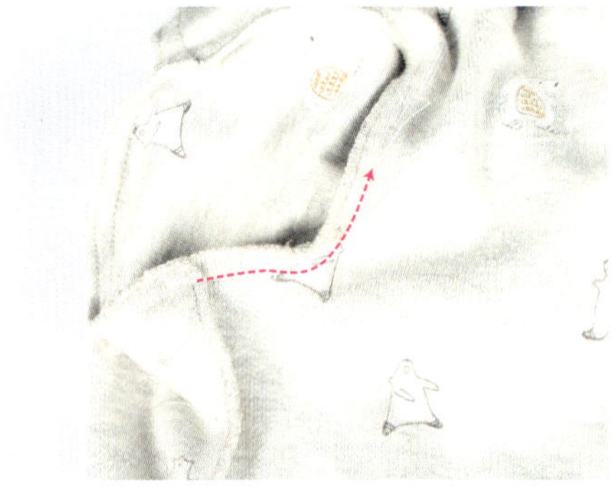

③ 몸판 겉과 소매 겉을 맞대고 소매중심점을 맞춘 후 진동둘레를 박음질한다. 시접은 오버로크하여 정리한다.

④ T단추 도구를 이용하여 T단추를 달고 완성한다.

완성

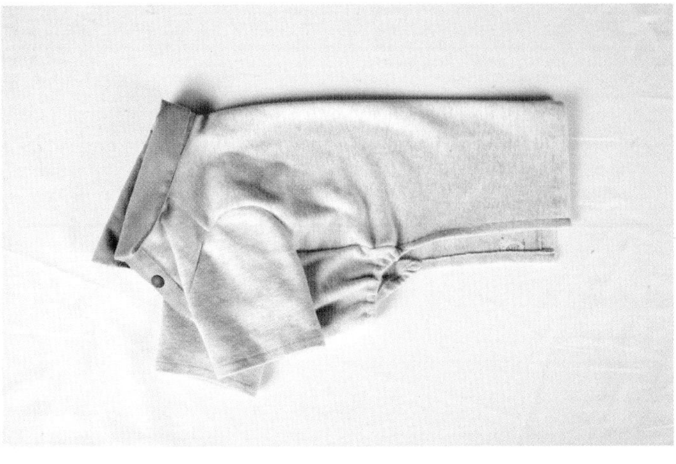

CHAPTER

02

직기류 펫의상 제작 실기

01
프릴장식조끼

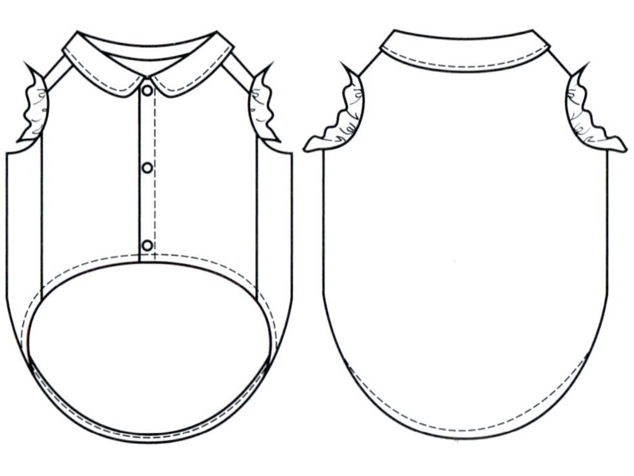

완성 사이즈	목둘레 35cm, 가슴둘레 49cm, 등길이 30cm
원단 소요량	나염면 $\frac{2}{3}$yd, 면바이어스테이프, T단추
난이도	상
제작시간	패턴 20분, 재단 20분, 기본봉제 20분, 칼라달기 20분, 프릴달기 20분, 소매진동 및 밑단정리 30분
포인트	칼라만들기, 프릴만들기, 여밈단 처리, 소매단 및 밑단 인바이어스 처리
작업과제	1. 나염 직기원단을 이용하여 프릴장식 조끼를 제작하시오. 2. 앞여밈이 있는 몸판에 칼라를 연결하시오. 3. 소매 진동둘레와 밑단은 인바이어스로 처리하시오. 4. 프릴 장식을 붙여 완성하시오.
심화과정	1. 칼라디자인 변경 2. 프릴 위치를 변형한 디자인 3. 밑단 정리 변형 4. 소매디자인 추가

패턴

- 밑단 또는 옆다트 넣기(타이트원형 참고)
- 직기사용시 편함을 위한 여유분 확보를 위해 품늘림 및 목둘레 위치 내림
- 프릴패턴은 프릴달릴위치의 2~3배의 길이

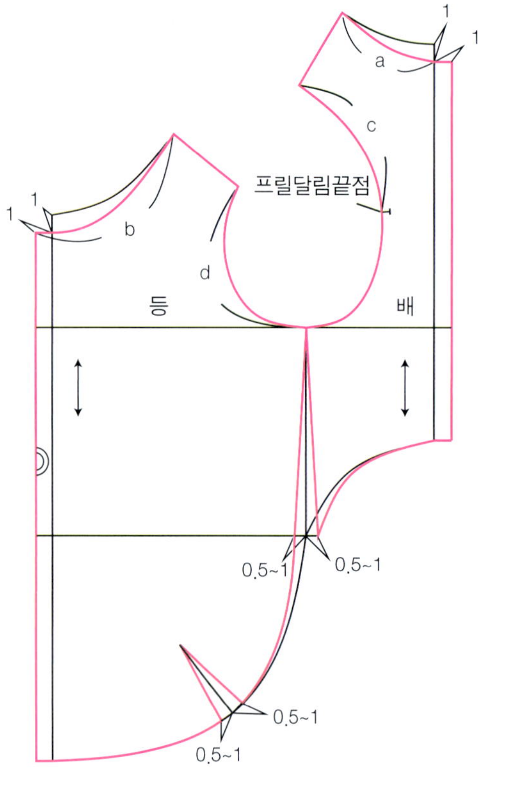

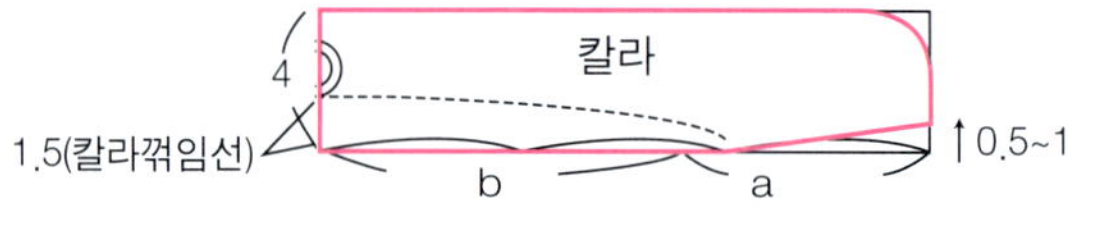

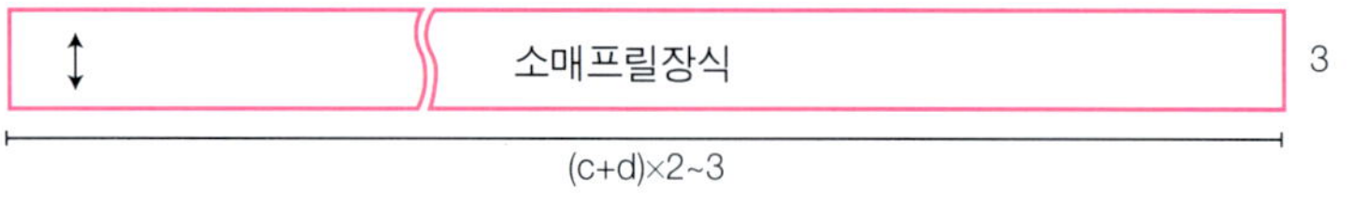

재단

- 원단소요량: 85cm(폭)×60cm(길이)
- 소매 프릴장식은 방향성있는 무늬의 경우 식서방향을 따라 재단하지만, 좀더 부드러운 피팅감을 위해서는 바이어스 방향으로 재단
- 프릴장식 바이어스 재단시 원단 소요량 증가
- 전체 기본 시접 1cm
- 앞여밈단 2cm 넣어 재단

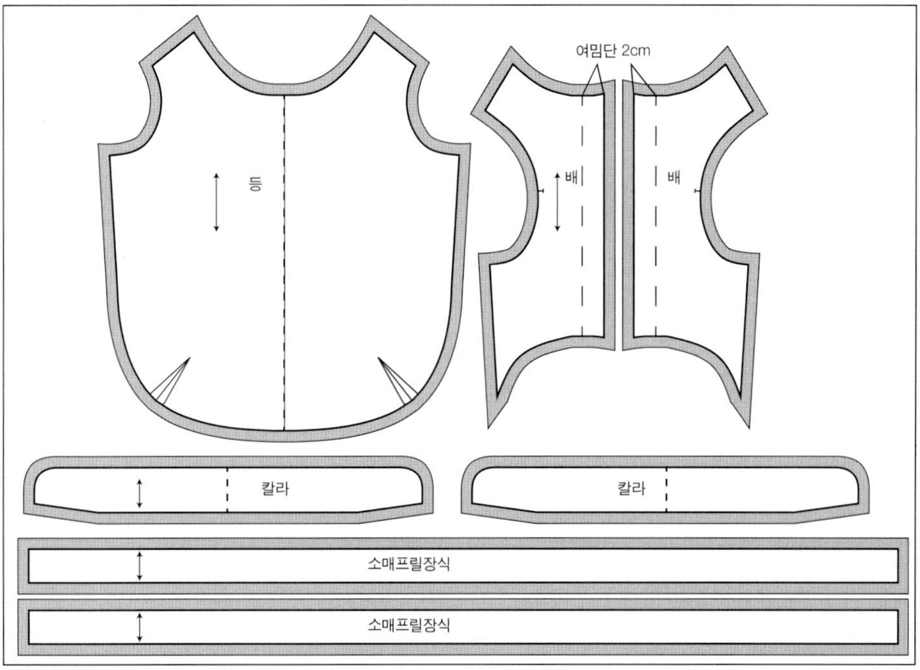

제작

1. 칼라 및 몸판만들기

① 등판 겉과 배판 겉을 맞대고 어깨선과 옆선을 박음질하고 시접은 오버로크한다. 고급스런 봉제마무리를 위해서는 쌈솔로 해도 된다.

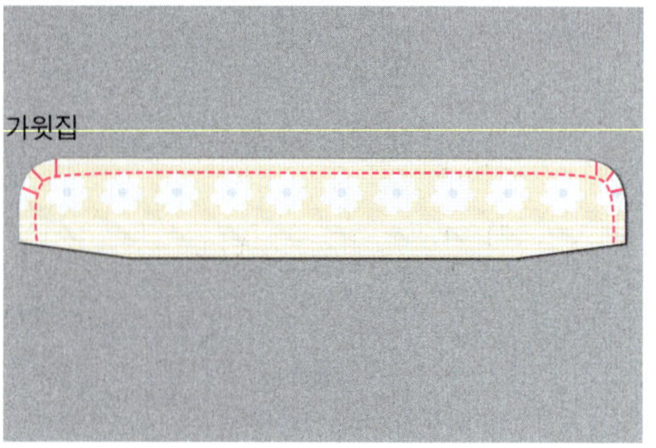

② 안칼라와 겉칼라의 겉과 겉을 맞대고 박음질한 후 뒤집는다. 이때 곡선시접은 가윗집을 넣은 후 뒤집는다.

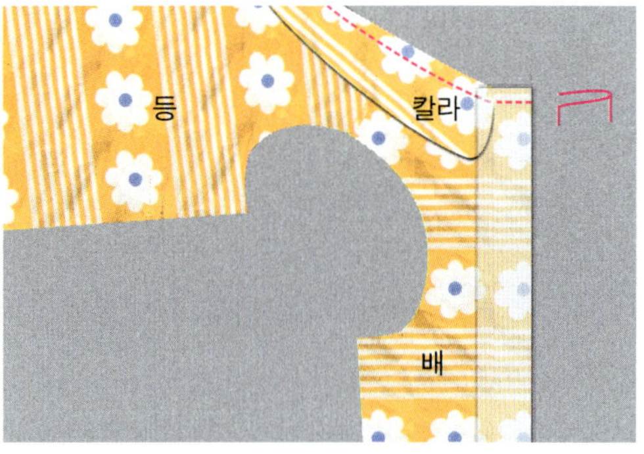

③ 겉칼라 겉을 몸판 겉에 맞대고, 앞여밈단 겉과 겉이 맞닿게 접고 목둘레선을 박음질한다. 시접은 오버로크한다.

④ 앞여밈단을 뒤집은 후 누름상침하여 정리한다.

⑤ 목둘레시접을 몸판쪽으로 하여 누름상침하여 정리한다.

⑥ 소매 진동둘레 시접을 접어 박기 하거나, 바이어 스 처리하여 정리한다.

⑦ 밑단둘레는 인바이어스로 처리하여 정리한다. 또는 말아박기, 바이어스 등으로 해도 된다.

2. 프릴 및 단추달기

① 프릴감 사면을 오버로크 후 시접을 접어 박음질한 다. 상단 5mm 위치에 주름을 잡기 위한 큰땀박음질 또는 홈질을 한다.

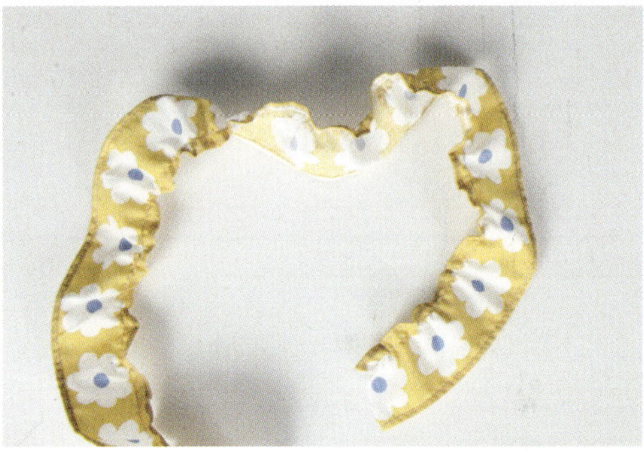

② 홈질된 실을 잡아당겨 프릴주름을 만든다.

③ 진동둘레선에 프릴감을 누름상침하여 고정한다.

④ T단추 기구를 이용하여 단추를 달아 완성한다.

완성

MEMO

02
플리츠원피스

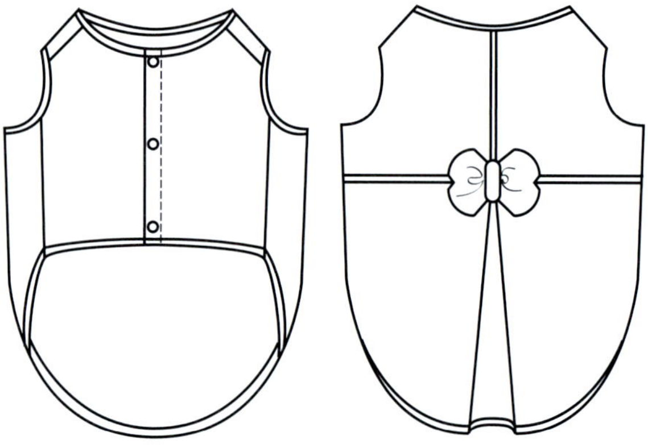

완성사이즈	목둘레 35cm, 가슴둘레 49cm, 등길이 30cm
원단소요량	TC $\frac{1}{2}$yd, 폴리바이어스테이프, T단추
난 이 도	중
제 작 시 간	패턴 20분, 재단 20분, 기본봉제 20분, 바이어스처리 40분, 리본 20분
포 인 트	플리츠만들기, 리본만들기, 바이어스를 이용한 디자인 응용, 분리된 앞덧단 만들기
작 업 과 제	1. 직기원단을 이용하여 플리츠 원피스를 제작하시오. 2. 플리츠 봉제로 작업하시오. 3. 분리된 앞덧단을 작업하여 완성하시오. 4. 네크라인, 밑단, 등과 스커트 연결 부위 바이어스 처리를 이용한 디자인 전개로 완성하시오. 5. 장식을 위한 리본을 제작하여 첨부하시오.
심 화 과 정	1. 한쪽 방향 나이프 플리츠로 변경 2. 연결된 앞덧단으로 작업 3. 곡선 외곽선 처리 방법 변경 4. 밑단 디자인 변형 5. 다양한 리본 디자인 변형

패턴

- 옆다트 넣기
- 주름의 개수에 따라 주름량 변경
- 리본 크기 자유디자인

디자인 1 스커트 중앙 인버티드 플리츠 앞덧단을 따로 덧붙이는 디자인

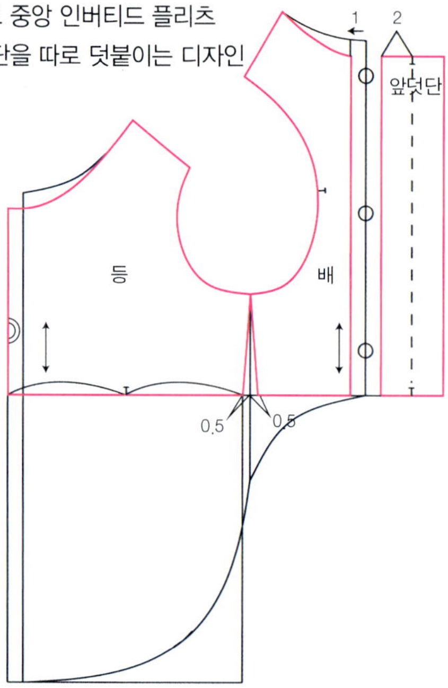

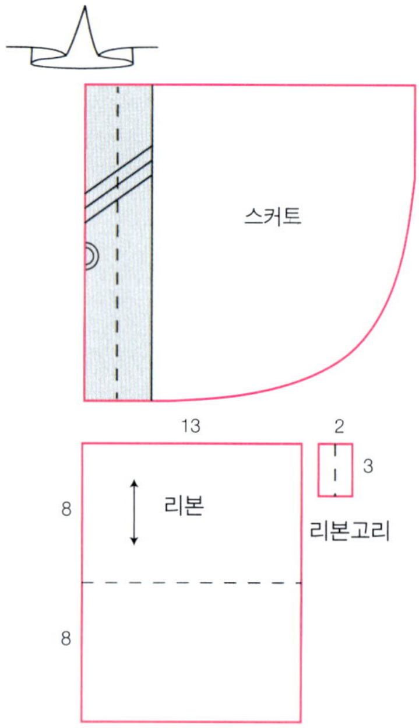

디자인 2 스커트 좌우 플리츠

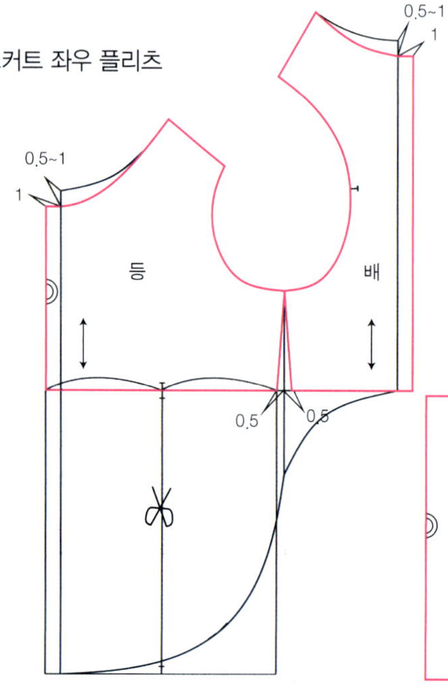

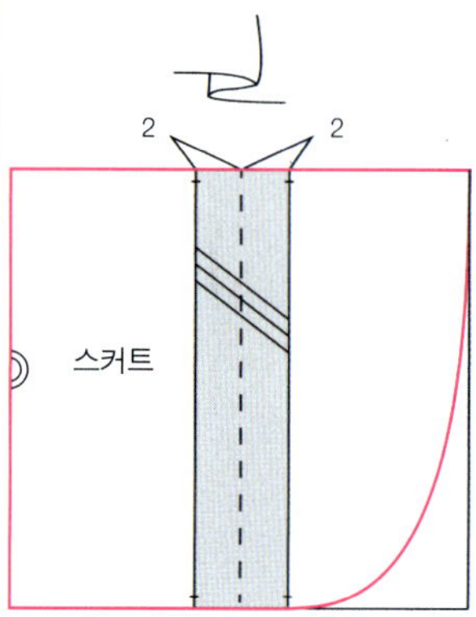

재단

- 원단소요량: 68cm(폭)×45cm(길이)
- 리본장식은 부드러운 피팅감을 위해서는 바이어스 방향으로 재단 가능
- 앞덧단의 연결 여부에 따라 앞중심 모양 변경
- 전체 기본 시접 1cm, 곡선 부분 바이어스 처리로 시접 없음

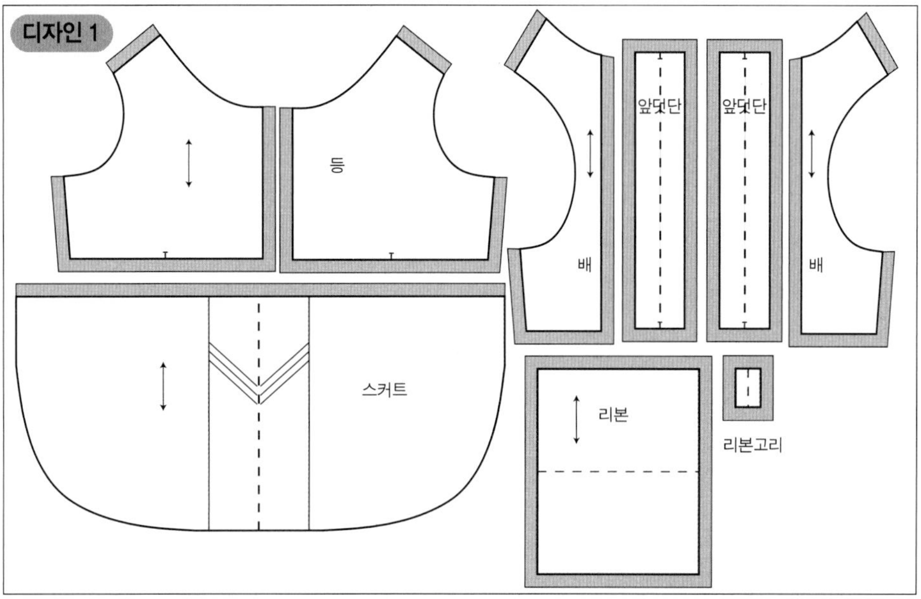

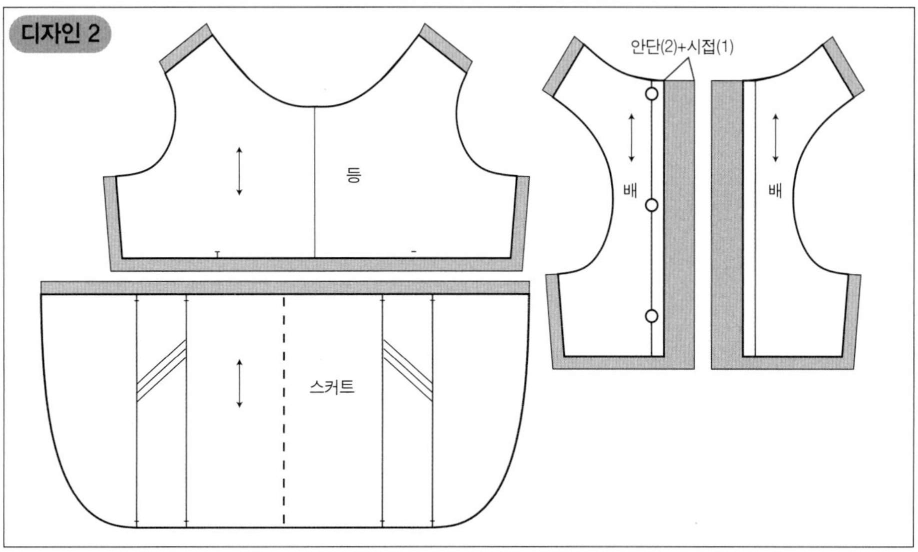

제작

1. 상의작업하기

① 등 안과 안을 맞대고 박음질한 후 바이어스 처리한다. 등중심을 박고 시접을 오버로크 처리 할 경우 겉과 겉을 맞대고 박음질한 후 오버로크한다

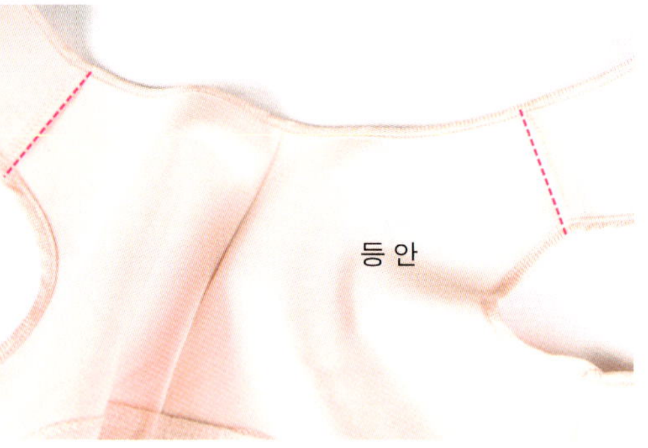

② 등과 배판의 겉과 겉을 맞대고 어깨선을 박은 후 시접은 오버로크한다.

③ 목둘레선을 바이어스 처리한다.

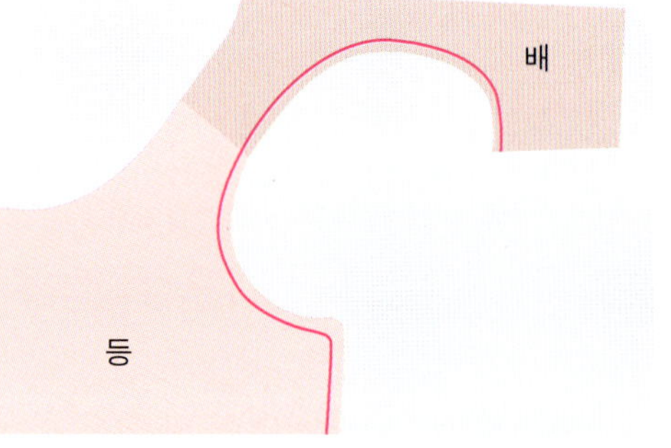

④ 배판 진동둘레에서부터 등판 옆선까지만 바이어스로 정리한다.

⑤ 등옆선을 배판 옆선 위에 포갠 후 박음질하여 등판과 배판을 연결한다.

⑥ 배판부터 등판까지 상의 밑단을 한꺼번에 바이어스로 처리한다.

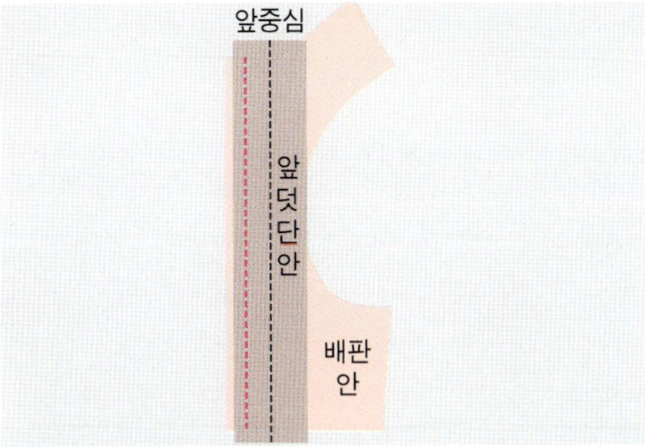

⑦ 배판 안에 앞덧단 겉을 맞대고 완성선을 박음질한다.

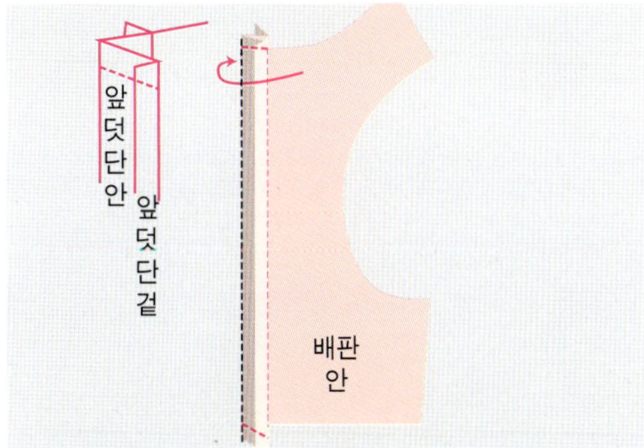

⑧ 앞덧단을 펼친 후 앞중심을 접고, 시접을 다시 접어 부채 모양으로 만든 후 목둘레 완성선과 밑단 완성선을 박는다. 이때 앞덧단 폭 만큼만 가로 박음질한다.

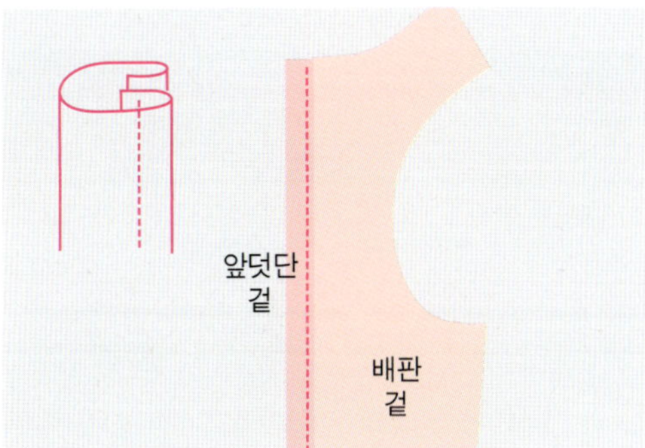

⑨ 앞덧단을 뒤집어 겉이 보이도록 한 후 시접을 덧단 안쪽으로 접어 넣고 누름상침한다.

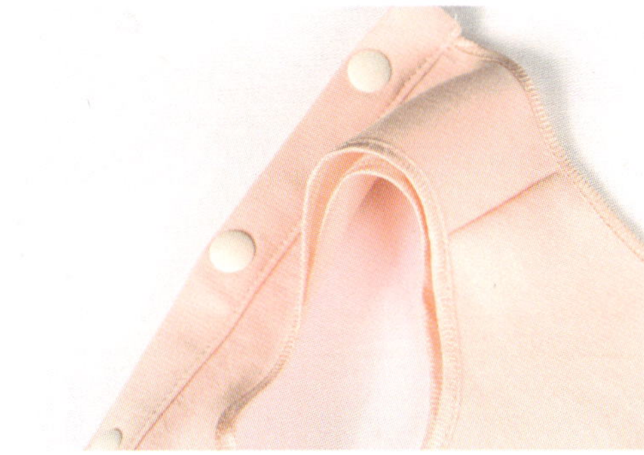

⑩ 앞덧단 위에 T단추를 달아 상의를 완성한다.

2. 스커트작업하기

① 맞주름을 잡기위해 3.5cm 위치까지 박음질한다.

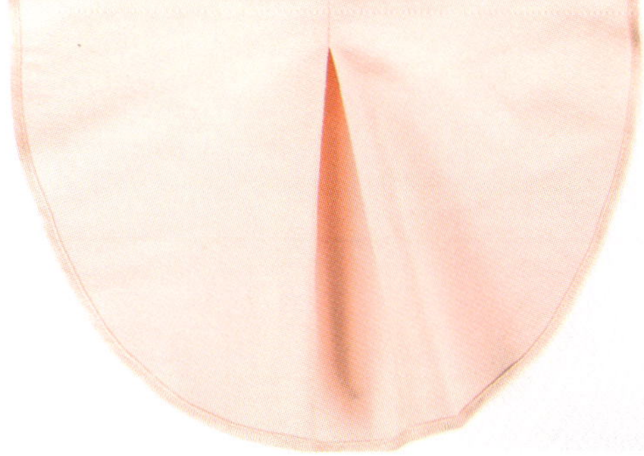

② 스커트단 둘레를 바이어스 처리한다. 또는 말아박기 해도 된다.

③ 스커트 주름을 좌우로 펼친 후 시접은 오버로크 한다.

④ 스커트 겉 위에 상의 겉이 보이도록 올려 놓고, 등판 부분을 박음질하여 스커트와 상의를 연결하여 완성 한다.

3. 리본만들기

① 리본 원단을 반으로 접어 창구멍을 남기고 박음질한다.

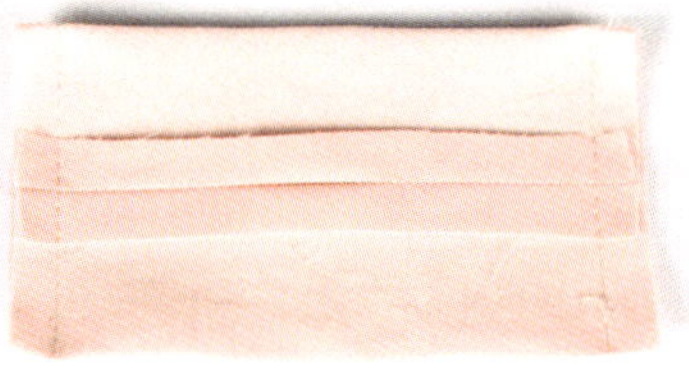

② 창구멍이 중심으로 오도록 원단을 접은 후 양쪽 세로선을 박음질한다.

③ 겉감이 밖으로 나오도록 뒤집어 정리하고, 창구멍은 감침질한다.

④ 리본 고리 원단을 반으로 접어 박음질한 후 뒤집니다.

⑤ 바늘에 실을 꿰어 리본 중심에 돌려 묶어 리본의 모양을 잡는다.

⑥ 리본 고리로 리본 중심에 돌려 감은 후 시접을 접어 넣고 감침질하여 고리모양을 정리한다.

⑦ 리본을 완성하여 등 중심에 부착한다.

완성

MEMO

03
셔링끈원피스

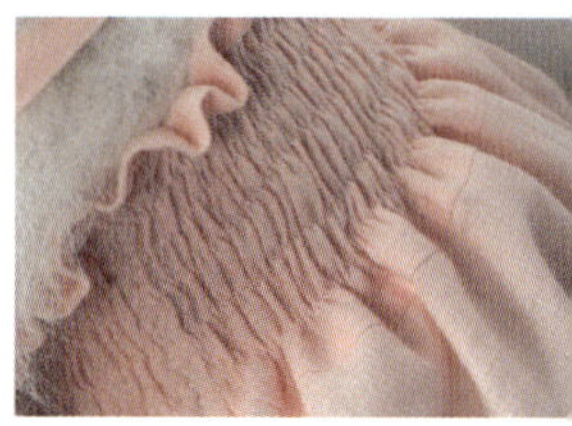

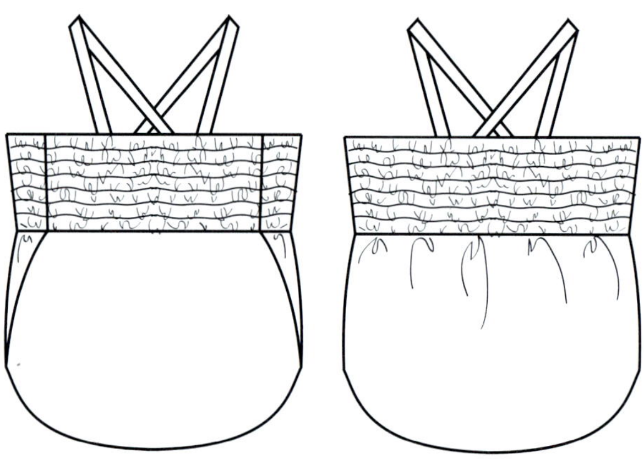

완성사이즈	목둘레 32cm, 가슴둘레 45cm, 등길이 26cm
원 단 소 요 량	린넨 $\frac{1}{2}$yd, 실고무사
난 이 도	중상
제 작 시 간	패턴 20분, 재단 20분, 기본봉제 20분, 셔링작업 30분, 밑단정리 20분, 어깨끈 작업 20분
포 인 트	셔링작업, 밑단 말아박기, 끈만들기
작 업 과 제	1. 린넨 원단을 이용한 여름 셔링 끈원피스를 제작하시오. 2. 고무사를 이용하여 여러줄의 셔링을 작업하시오. 3. 밑단은 비접착 벨트심을 사용하여 말아박기 처리하시오.
심 화 과 정	1. 셔링의 위치 변경을 통한 디자인 응용 2. 어깨끈 디자인 변경 3. 단처리 바이어스 디자인 변형 4. 귀여운 분위기를 연출할 수 있는 장식디자인 부착 5. 코디할 수 있는 케이프 디자인

패턴

- 셔링 디자인의 경우 등배에 한번에 셔링을 주거나 등에만 셔링을 주는 디자인 가능
- 탑 형태의 상의 디자인은 겨드랑이점을 올려줌
- 스커트가 바닥에 끌릴 경우 주름양을 조절하거나 옆선 위치를 등판 쪽으로 이동함.

디자인 1

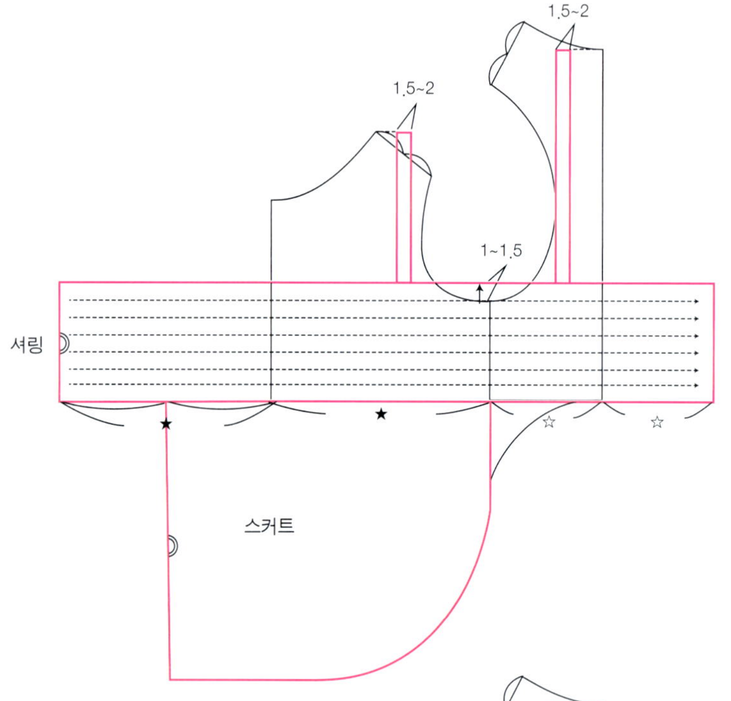

디자인 2

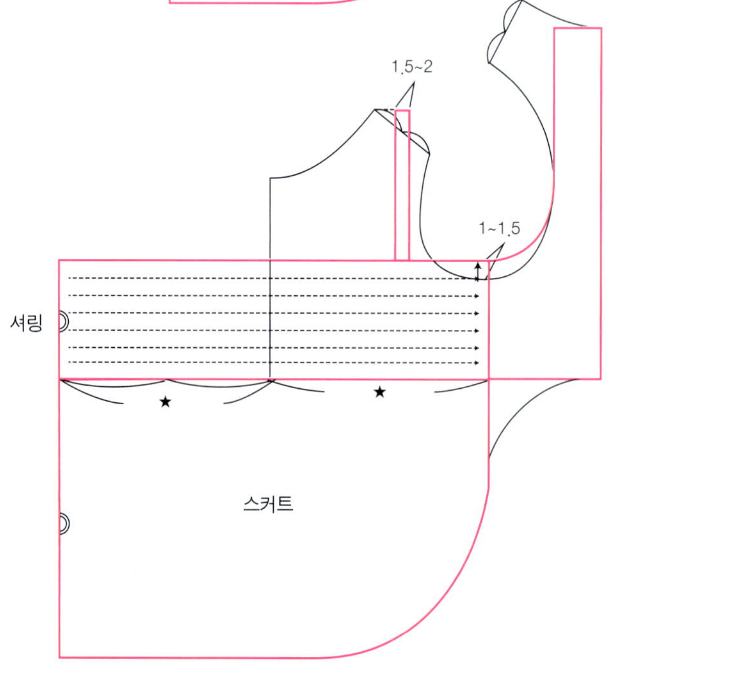

재단

- 원단소요량: 105cm(폭)×35cm(길이) / 85cm(폭)×32cm(길이)
- 전체 기본 시접 1cm

디자인 1

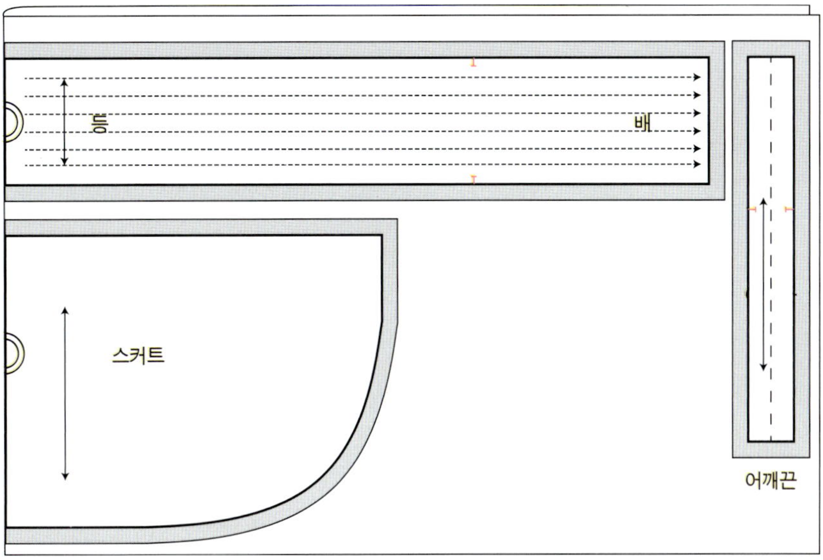

디자인 2

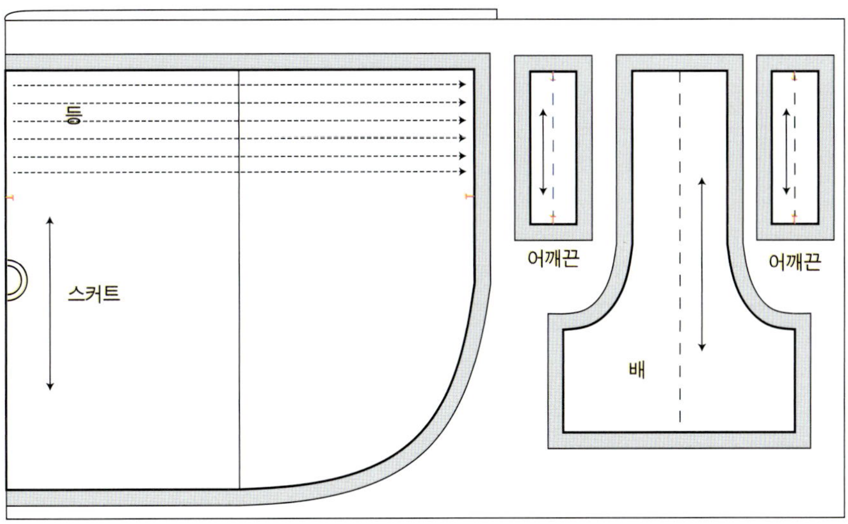

제작

1. 스커트 연결하기

① 스커트 밑단을 말아박기 또는 접어 박기하여 정리한다.

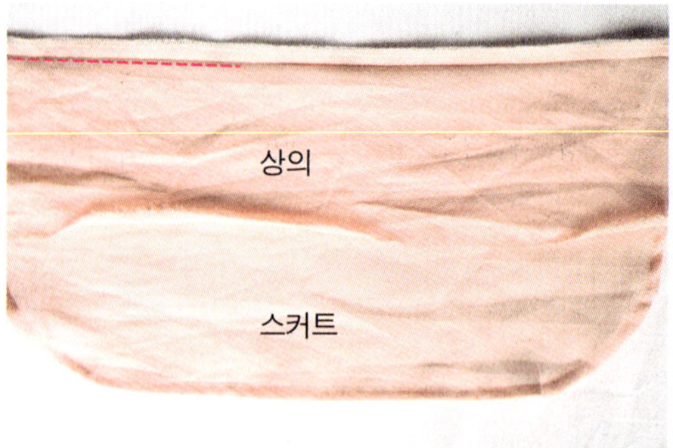

② 상의와 스커트를 박음질하여 연결하고, 시접은 오버로크한다.

③ 시접을 상의 쪽으로 넘긴 후 누름상침하여 시접이 스커트쪽으로 넘어오지 않도록 한다.

2. 상의 셔링넣기

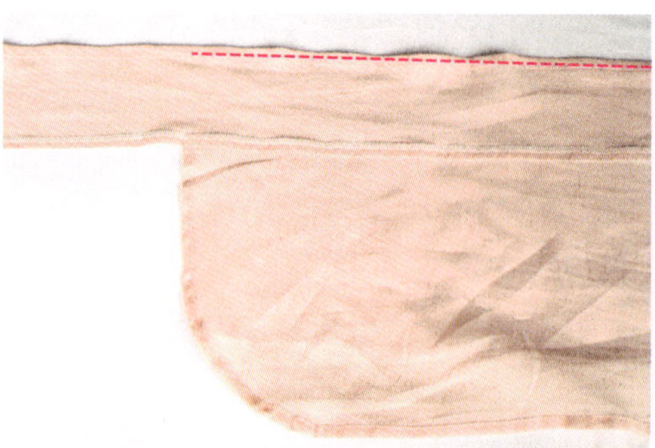

① 상의 단끝을 말아박기 또는 접어박기로 정리한다.

② 실고무사를 북에 단단히 감은 후 셔링 위치에 박음질한다.

3. 옆선박고 어깨끈달기

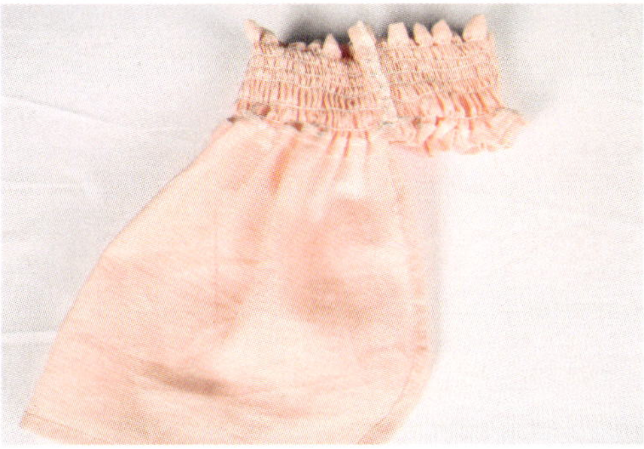

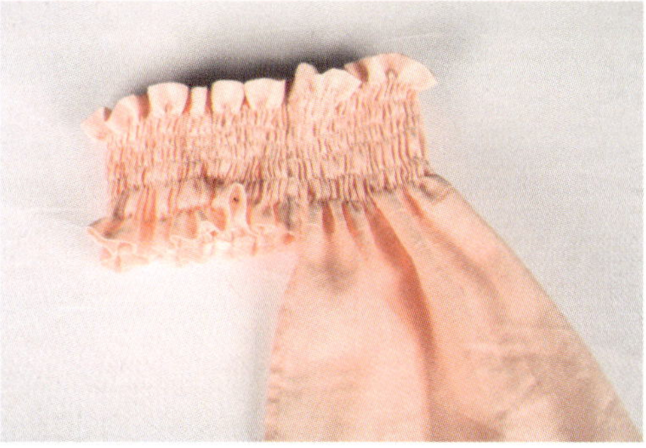

① 옆선박고 시접은 오버로크 한 후 등쪽으로 넘겨 누름상침한다.

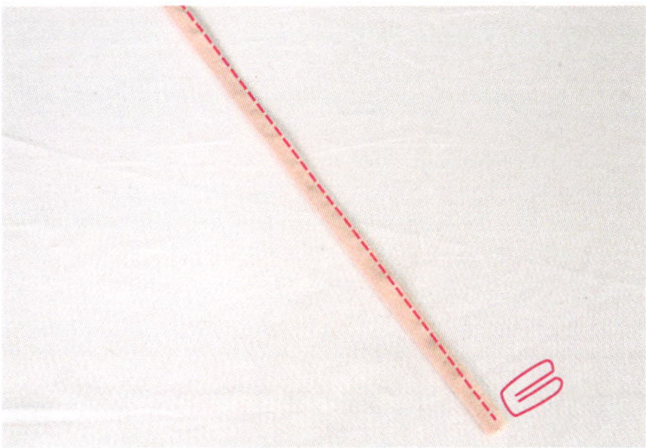

② 어깨끈 시접을 접어 넣어 누름상침한다.

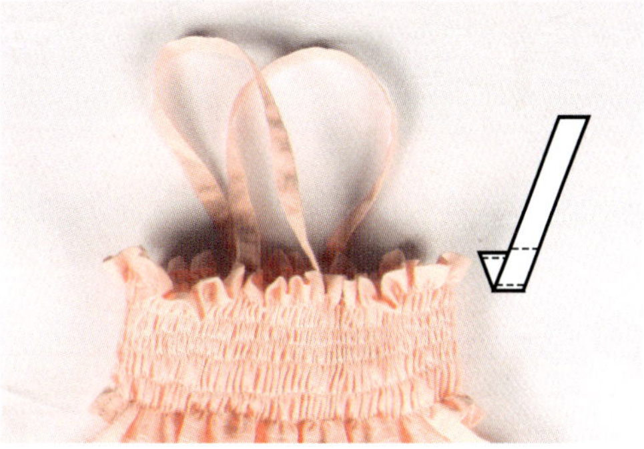

③ 등배의 어깨끈 위치에 박음질하여 고정한다. 이때 어깨끈은 X자 형태로 교차되게 붙여준다.

완성

MEMO

04 린넨셔츠

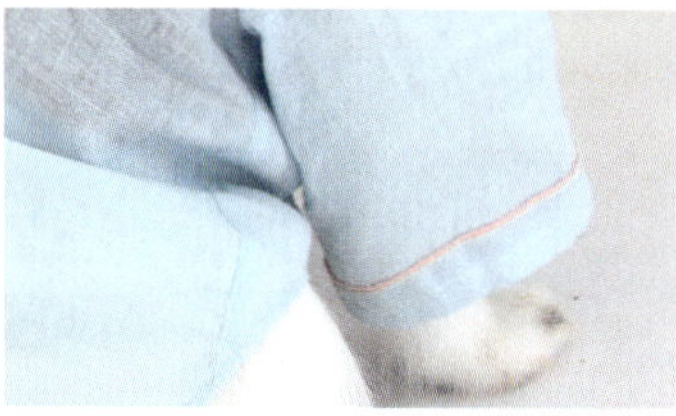

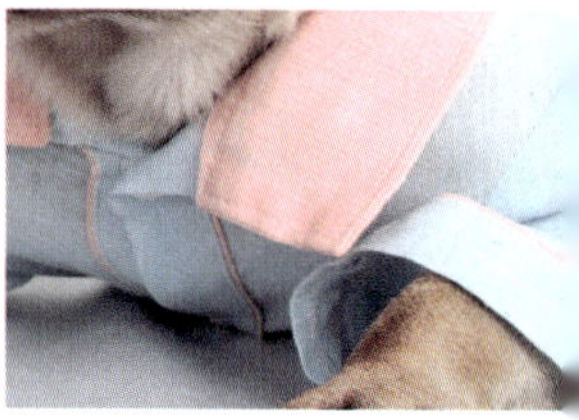

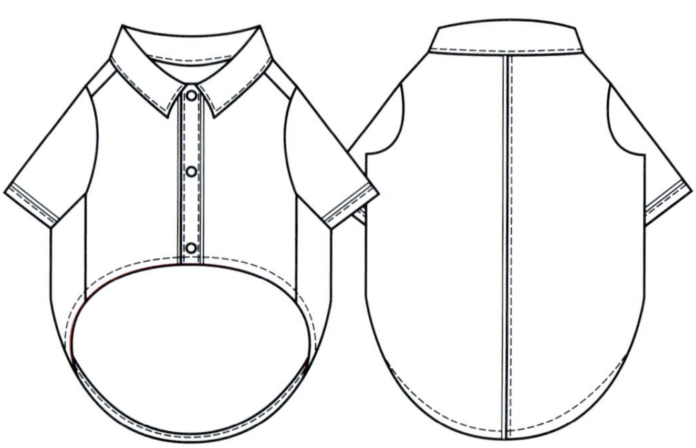

완성사이즈	목둘레 33cm, 가슴둘레 47cm, 등길이 30.5cm
원부자재	린넨 $\frac{2}{3}$yd, T단추
난 이 도	상
제 작 시 간	패턴 20분, 재단 20분, 기본봉제 20분, 칼라봉제20분, 파이핑 및 앞덧단 봉제 20분, 소매봉제 20분, 밑단정리 20분
포 인 트	파이핑처리, 칼라달기. 소매달기, 밑단말아박기
작 업 과 제	1. 린넨 원단을 이용하여 파이핑장식 셔츠를 제작하시오. 2. 앞덧단, 등중심, 소매단에 파이핑선을 넣으시오. 3. 밑단 시접을 말아박기로 완성하시오. 4. T단추를 이용하여 여밈을 완성한다.
심 화 과 정	1. 칼라 외곽선 파이핑 처리 2. 등요크 디자인으로 파이핑 처리 변경 3. 밑단 바이어스 처리 4. 소매단, 등요크 등의 배색 디자인으로 변경 5. 퍼프 소매 디자인 변경

패턴

- 신축성이 없는 직기 원단의 경우 등품을 늘려주고, 칼라가 달리는 경우 목둘레를 넓혀준다.
- 여밈으로 단추를 사용하는 경우 앞덧단분을 넣어준다.
- 밑단 처리에 고무줄 또는 시보리로 처리하지 않는 경우 옆다트 또는 등 밑단 다트를 넣어 밑단 벌어짐을 방지한다. 타이트원형을 사용하면 좋다.
- 파이핑 장식을 하는 경우 파이핑이 들어갈 위치에 절개를 넣는다. 파이핑선은 디자인선 또는 밑단 등의 위치에 넣어 장식의 효과를 줄 수 있다.

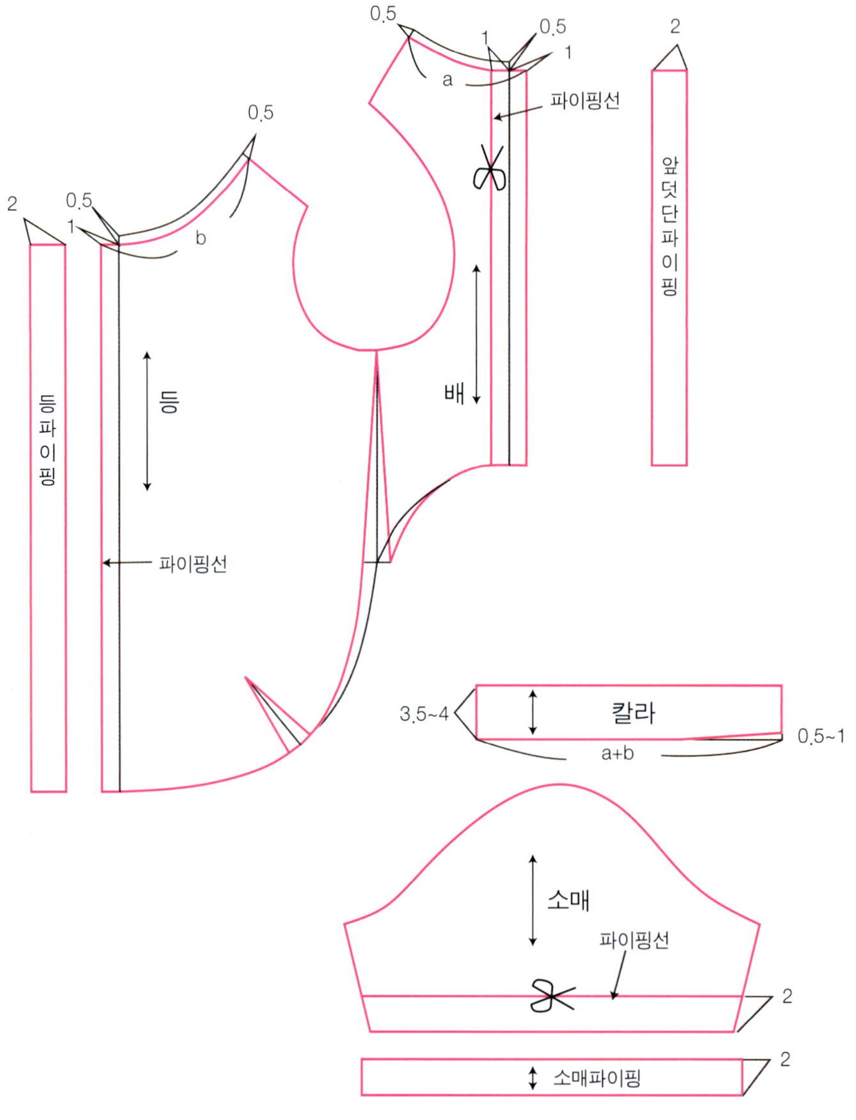

재단

- 원단소요량: 92cm(폭)×60cm(길이)
- 전체 기본 시접 1cm, 소매밑단 2cm, 파이핑감 폭 2cm로 재단한다.
- 재단2와 같이 앞덧단 좌우에 파이핑을 끼워넣을 경우 소매단 재단처럼 배판과 앞덧단 사이에 파이핑 시접폭 2cm 넣어 앞덧단과 배판을 연결해서 재단해도 된다. 등판도 등중심에 파이핑 시접폭 2cm 넣어 등판 좌우를 연결해서 재단해도 된다.

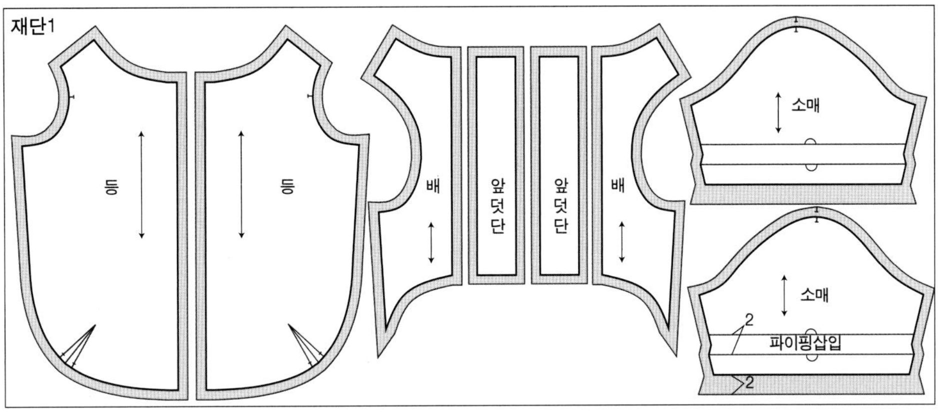

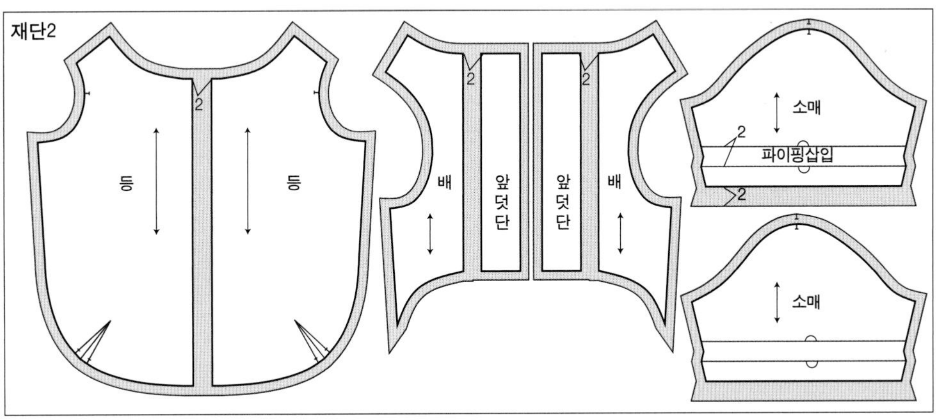

배색감

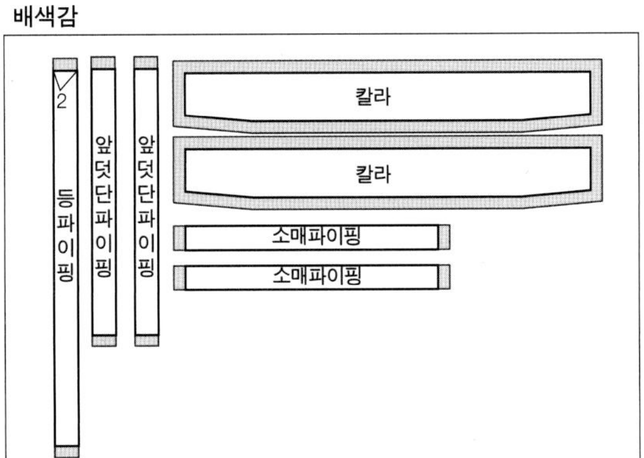

제작

1. 파이핑선만들기

① 코드를 넣지 않은 파이핑선을 넣기 위해 파이핑 감을 반접은 후 등중심선에 2~3mm 파이핑선을 보이게 한 후 누름상침한다

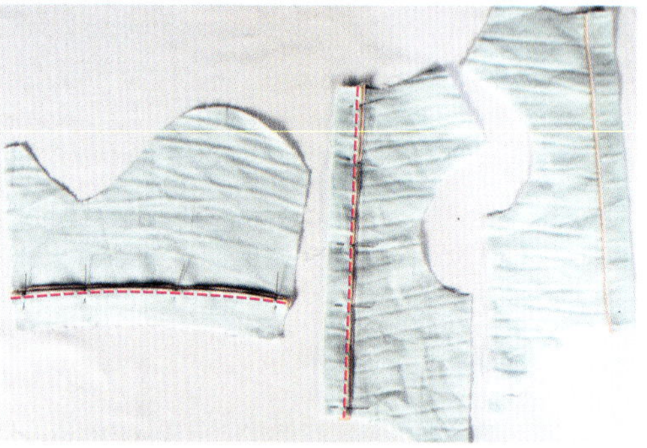

② 소매와 배판도 등판 파이핑선과 같은 방법으로 파이핑감을 디자인선 사이에 넣고 누름상침한다.

2. 몸판만들기

① 어깨선 박음질하기

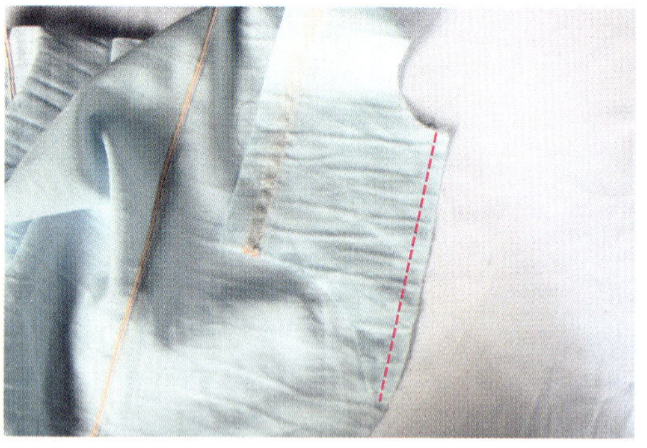

② 옆선 박음질하기

③ 어깨선과 옆선은 오버로크 처리한 후 시접은 배판쪽으로 꺾는다.

3. 소매달기

① 소매옆선을 박고 시접은 오버로크한다.

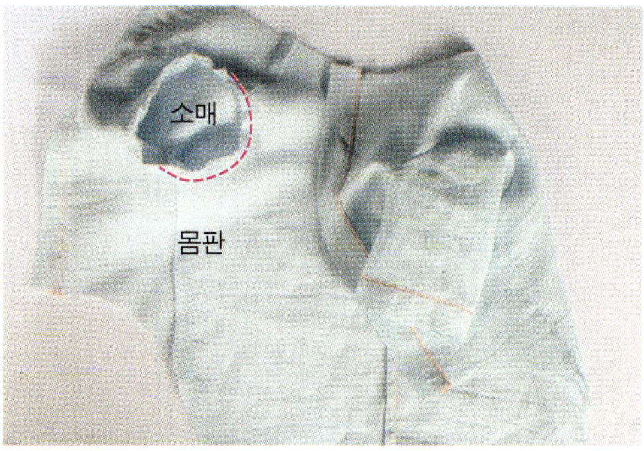

② 몸판 겉과 소매 겉을 맞대고 진동둘레를 박음질한 후 시접은 오버로크로 처리한다.

4. 칼라달기

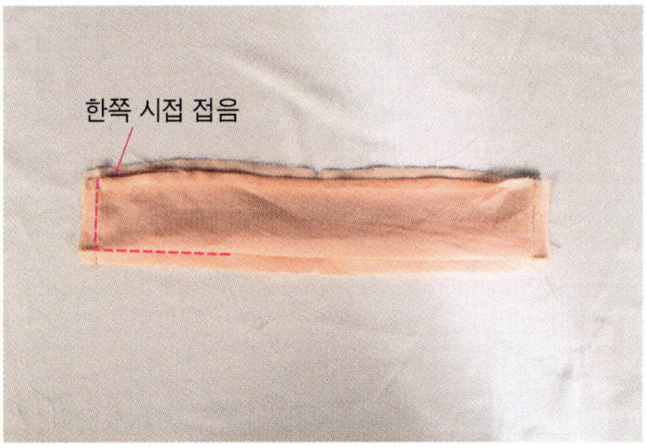

① 칼라를 겉과 겉을 맞대고 한쪽 목둘레부분 시접을 다리미로 접은 후 완성선을 박고 뒤집는다.

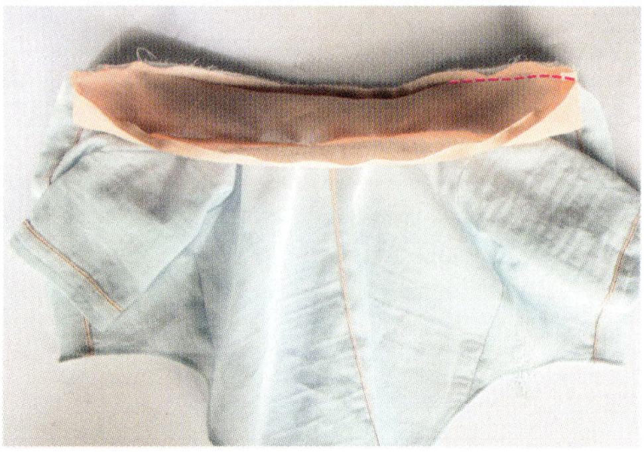

② 몸판 겉과 칼라 겉을 마주대고 목둘레선을 박는다.

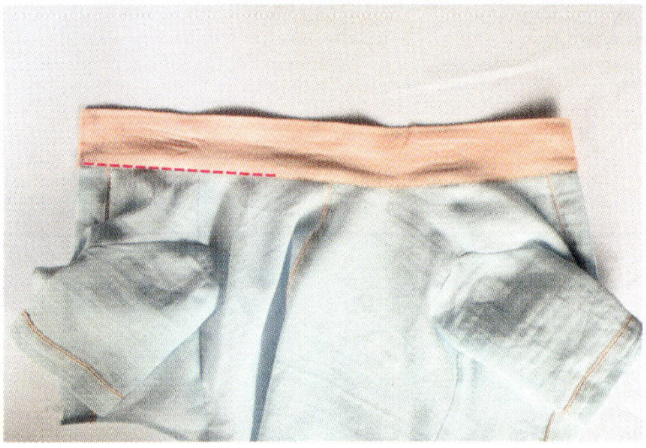

③ 목둘레 시접을 모두 칼라 안쪽으로 넣고, 칼라 목둘레 완성선을 상침한다.

5. 밑단정리하기

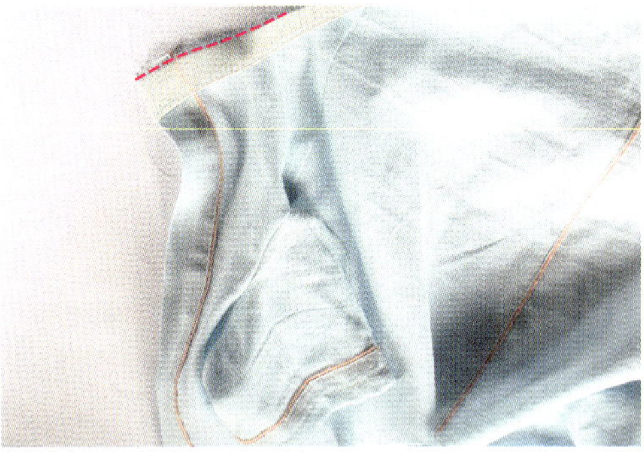

① 비접착밴드심을 이용하여 밑단을 말아박기로 정리한다. 비접착밴드심 5mm를 풀고 밑단 겉 5mm를 박음질한다.

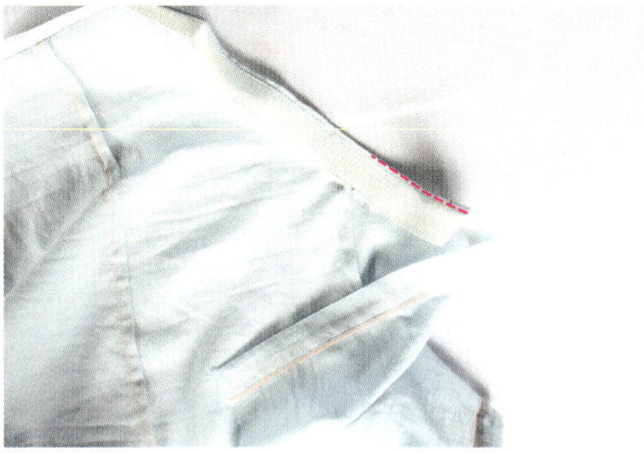

② 비접착밴드심을 몸판 안쪽으로 넘긴 후 완성선에서 1mm 박음질한다.

③ 비접착심지를 뜯어내고 밑단을 완성한다.

6. 단추달기

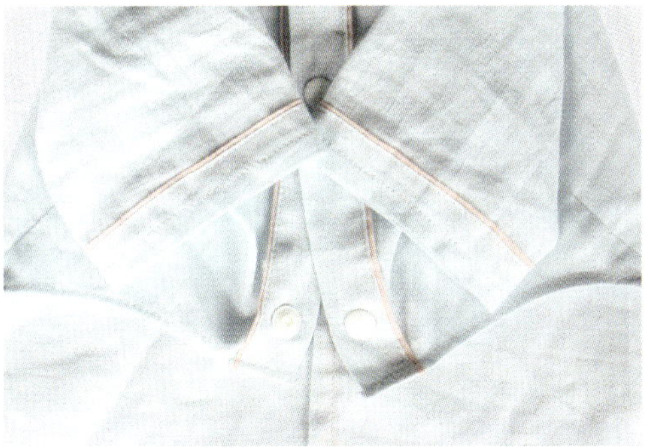

① T단추 도구를 이용하여 T단추를 단다. 앞, 뒤의 모양이 바뀌지 않도록 주의한다.

완성

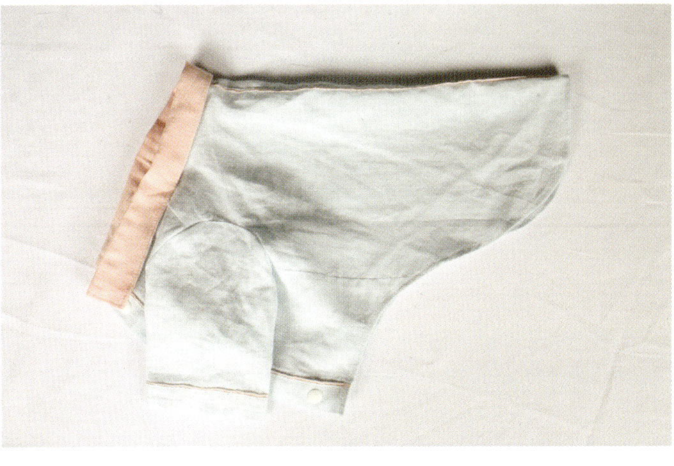

05 와이셔츠

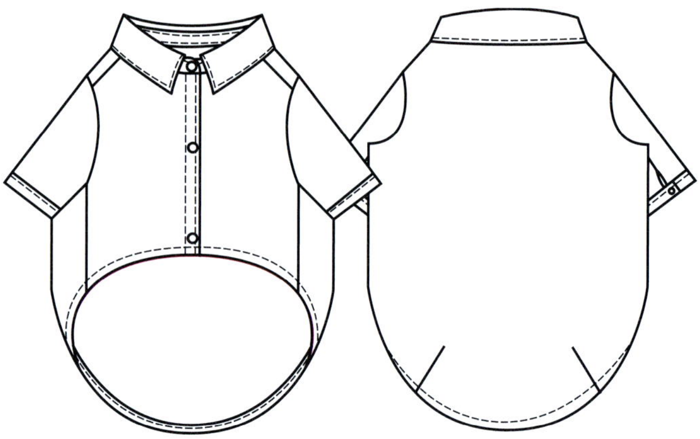

완성사이즈	목둘레 33cm, 가슴둘레 47cm, 등길이 30.5cm
원부자재	TC $\frac{1}{2}$yd, T단추
난 이 도	상
제 작 시 간	패턴 20분, 재단 20분, 기본봉제 20분, 칼라봉제30분, 소매봉제 30분, 밑단정리 20분
포 인 트	밴드가 있는 칼라달기, 커프스가 있는 소매달기, 밑단 말아박기, 앞덧단 핀턱선 만들기
작 업 과 제	1. TC 원단을 이용하여 밴드가 있는 셔츠를 제작하시오. 2. 밴드가 있는 칼라 모양을 만드시오. 3. 커프스가 있는 소매를 제작하시오. 4. 앞덧단에 핀턱선을 만들어 완성하시오. 5. 밑단은 말아박기로 정리하시오.
심 화 과 정	1. 배색감을 이용하여 디자인 변형 2. 등판 요크디자인 변형 3. 덧단이 있는 커프스 변형 4. 밑단 디자인 변형 5. 등 중심 및 칼라 외곽선 파이핑 디자인 변형

패턴

– 등판과 소매 옆선 연결선 위에 소매 트임을 만든다.

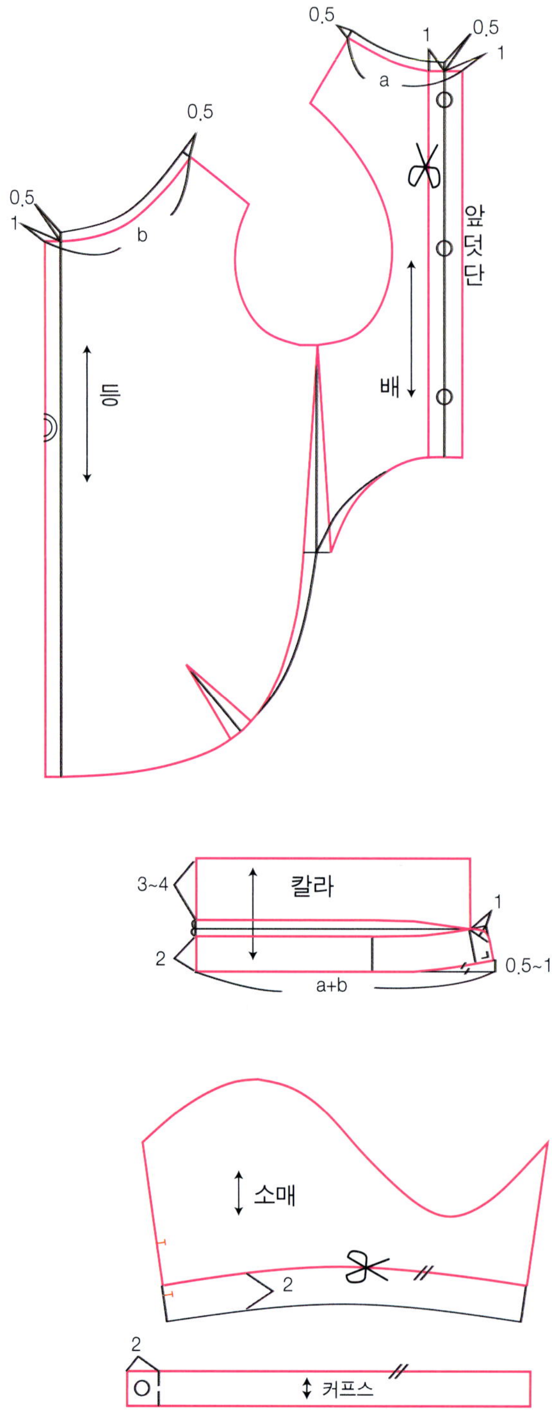

재단

– 원단소요량: 80cm(폭)×50cm(길이)
– 전체 기본 시접 1cm
– 앞뒤의 구분이 안가는 원단의 경우 배판에 앞덧단분을 붙여 재단(2) 할 수도 있다.

재단1

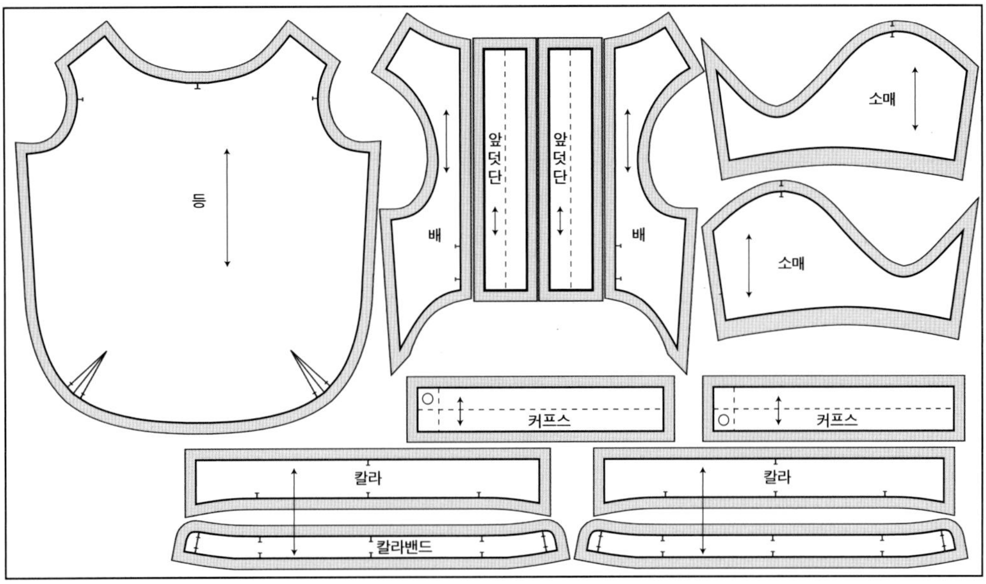

재단2

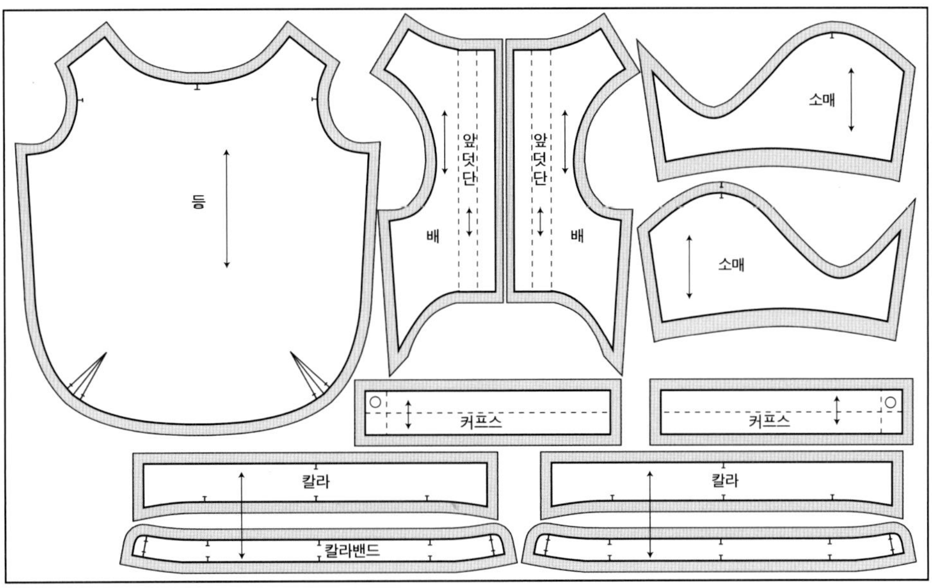

제작

1. 몸판만들기

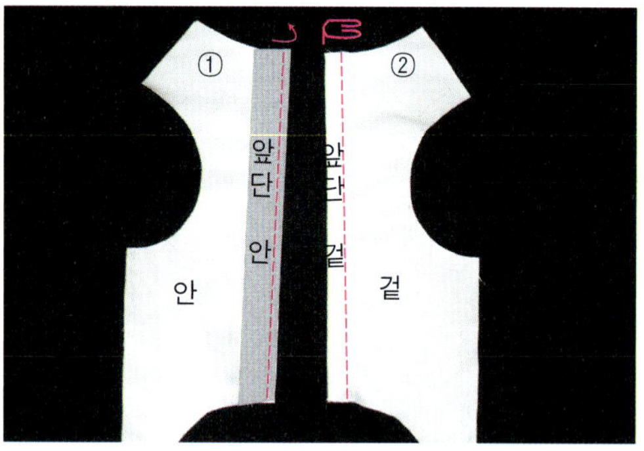

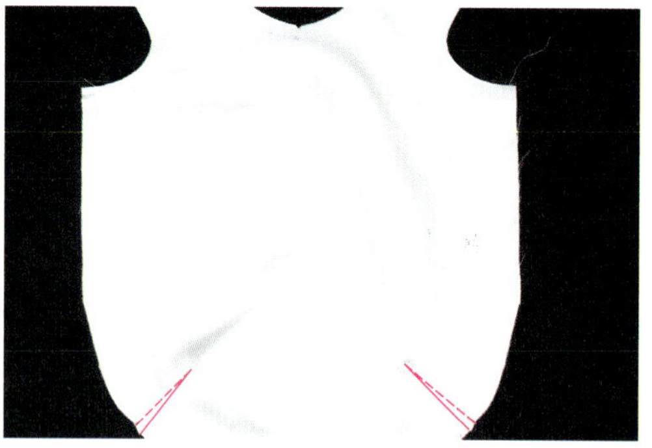

① 앞단안과 배판안을 붙여 박음질한 후 배판 겉으로 넘기고 앞단 시접을 접어 넣어 누름상침한다.

② 등판의 다트를 박는다.

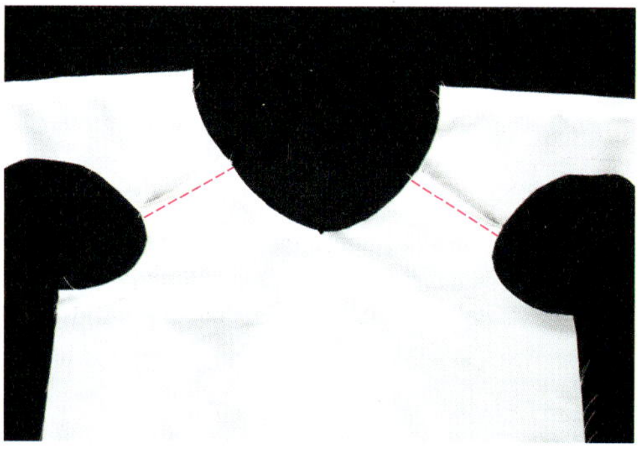

③ 어깨선 박음질하기

3. 칼라만들기

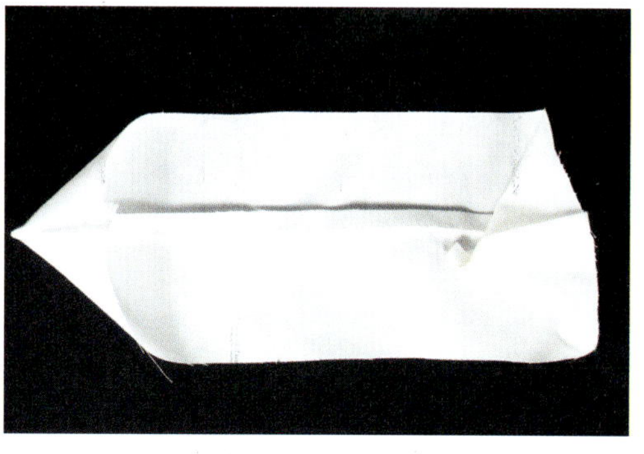

① 칼라 겉과 겉을 맞대고 완성선을 박음질한 후 뒤집어 정리한다.

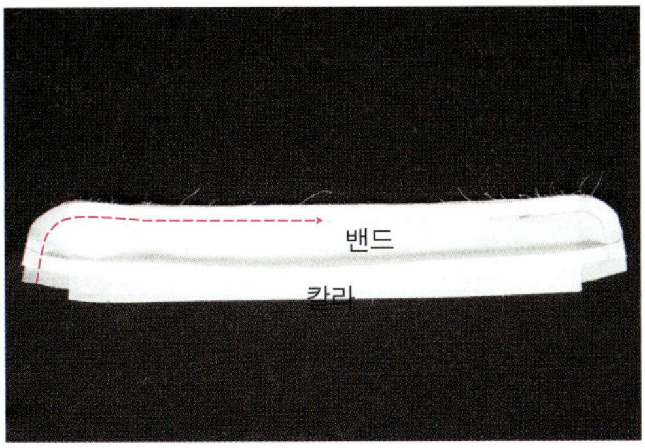

② 밴드 겉과 겉 사이에 칼라를 넣고 완성선을 박음질 한다. 이때 밴드 한쪽면 시접은 접어놓고 박는다.

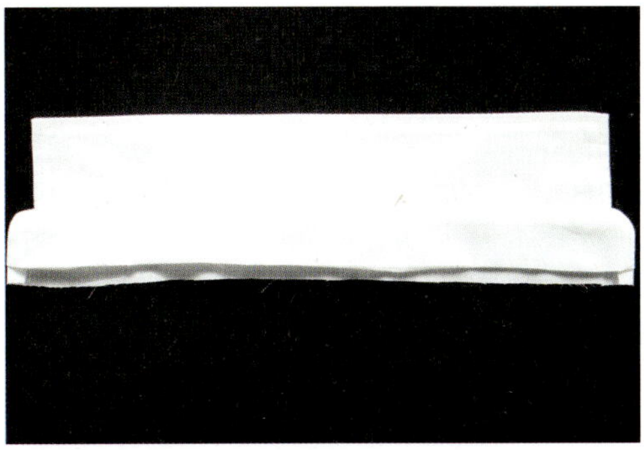

③ 밴드를 겉면이 나오도록 뒤집어 정리한다.

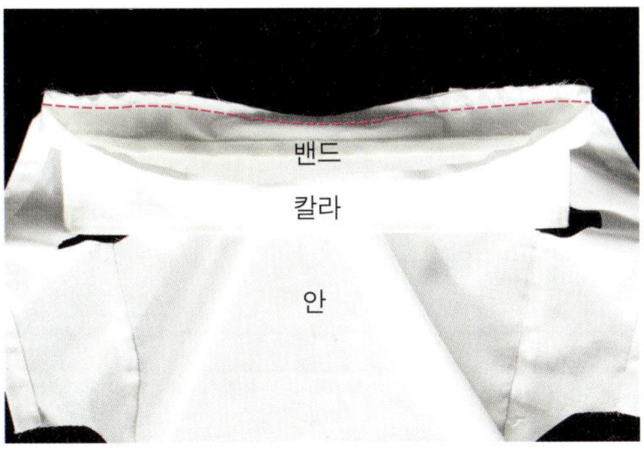

④ 몸판 안 위에 시접이 펼쳐진 칼라 밴드 겉을 맞대고 완성선을 박는다.

⑤ 칼라 밴드를 몸판겉으로 넘긴 후 시접을 접어넣고 완성선을 상침한다.

4. 소매만들기

① 소매 커프스감을 반접고, 한쪽 가로 시접만 접은 후 양옆선을 박는다.

② 다른 한쪽 커프스도 같은 방법으로 봉제 후 뒤집어 정리한다.

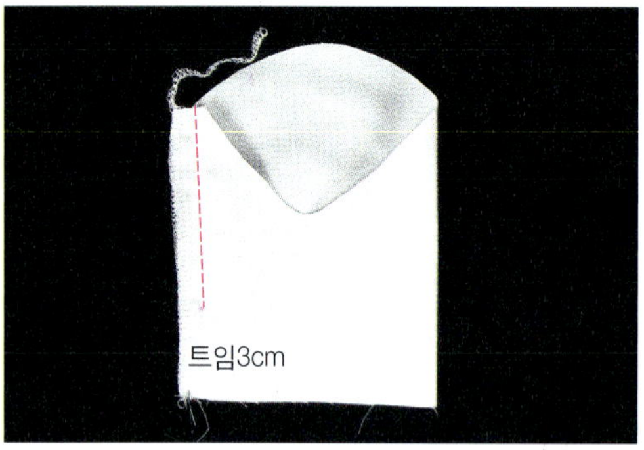

③ 트임 3cm를 남겨두고 옆선을 박는다.

④ 옆선을 가름솔하고 시접은 오버로크한다.

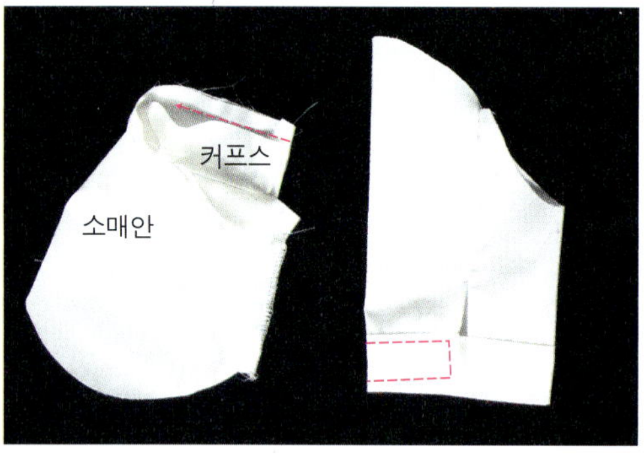

⑤ 소매안 밑단선과 시접이 펼쳐진 커프스단 겉면을 맞대고 완성선을 박고, 커프스를 겉면으로 넘긴 후 시접을 접어넣고 누름상침한다.

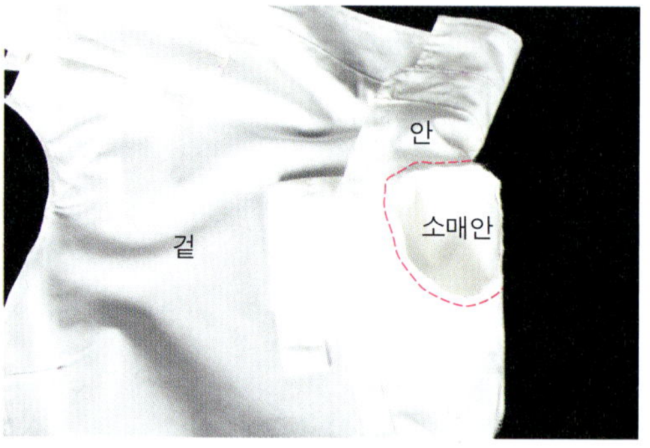

⑥ 몸판겉과 소매겉을 맞대고 진동둘레선을 박음질한 후 시접을 오버로크한다.

5. 밑단정리 및 단추달기

① 밑단시접을 말아박기하여 정리한 후 T단추 도구를 이용하여 단추를 단다.

완성

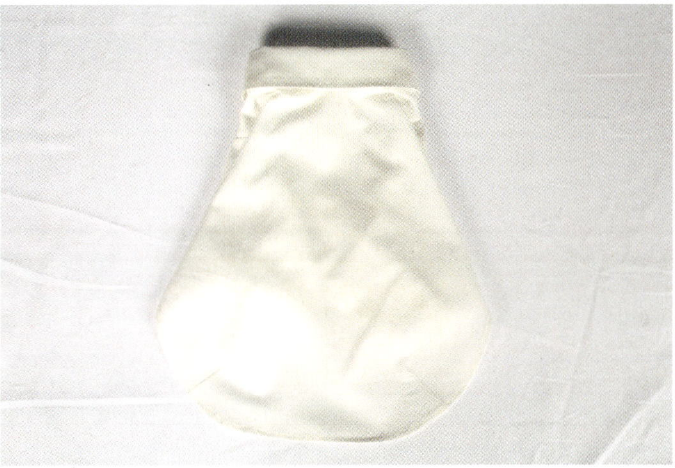

06
판초

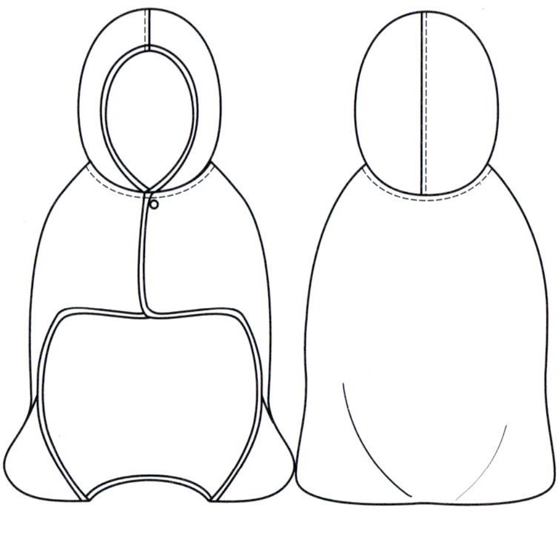

완성사이즈	목둘레 33cm, 가슴둘레 50cm, 등길이 31cm
원부자재	방수코딩면 $\frac{2}{3}$yd, 방수 바이어스테이프, T단추(또는 벨크로)
난 이 도	중
제 작 시 간	패턴 20분, 재단 20분, 기본봉제 20분, 후드봉제 10분, 바이어스봉제 20분
포 인 트	단처리 바이어스 처리하기, 후드달기
작 업 과 제	1. PVC 코딩면을 이용하여 우의 판초를 제작하시오. 2. 후드를 제작하시오. 3. 전체 시접없는 바이어스 처리로 완성하시오.
심 화 과 정	1. 판초 디자인 변경 2. 후드 디자인 변경 3. 안감 사용한 단처리 변형 4. 코디할 수 있는 실내복 디자인

패턴

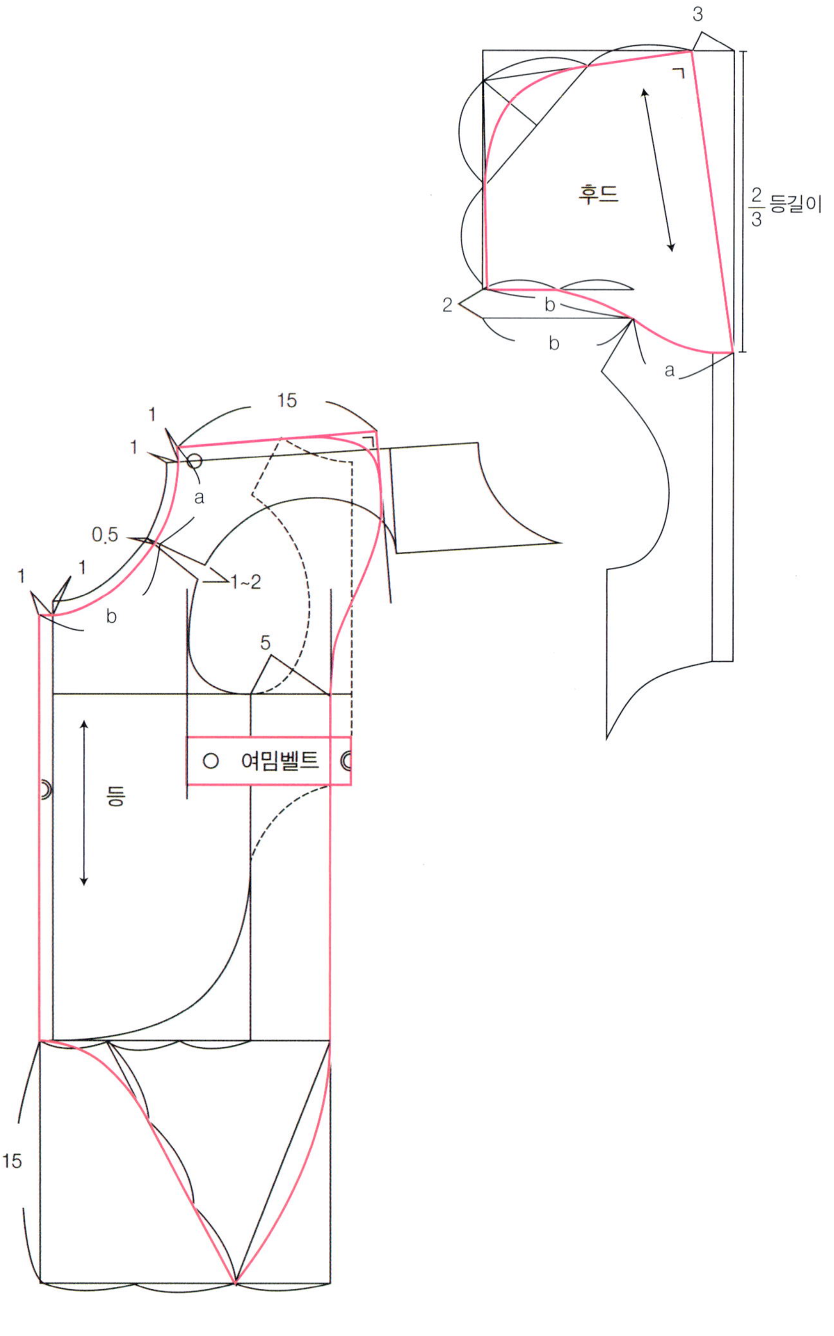

재단

- 원단소요량: 75cm(폭)×66cm(길이)
- 바이어스로 처리하는 경우 시접을 주지 않는다.

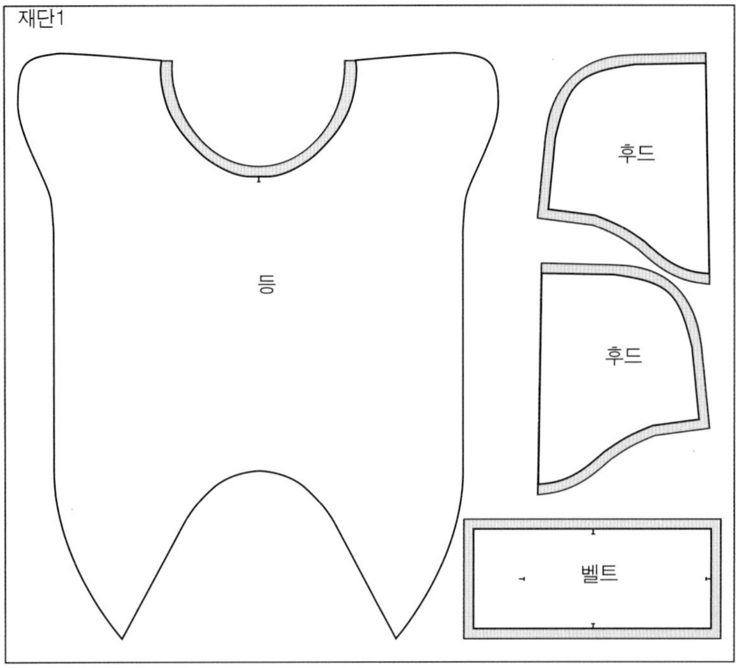

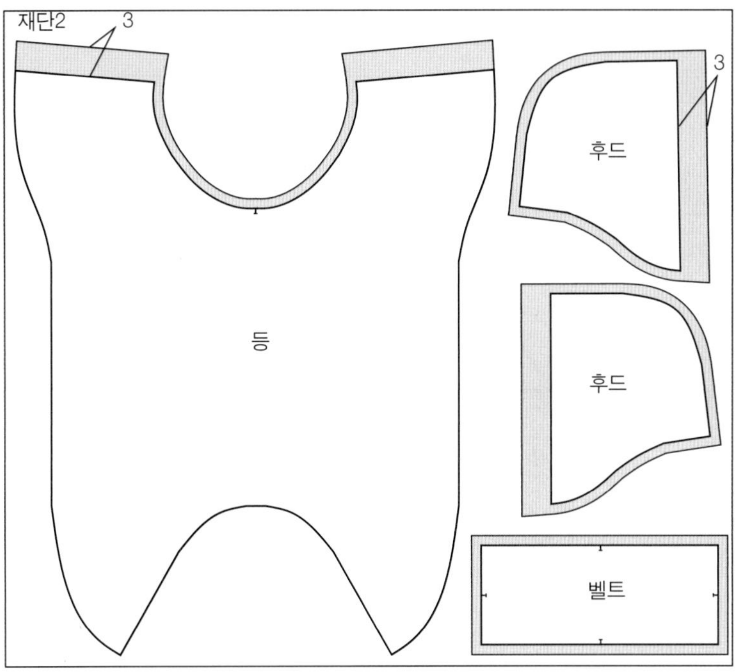

제작

1. 후드달기

① 후드 겉과 겉을 맞대고 중심을 박음질 한 후 시접을 바이어스 처리하거나, 오버로크한 후 뒤집는다.

② 후드 겉과 몸판 겉을 마주대고 목둘레선을 박음질한 후 시접은 오버로크 또는 바이어스 처리한다.

2. 단처리하기

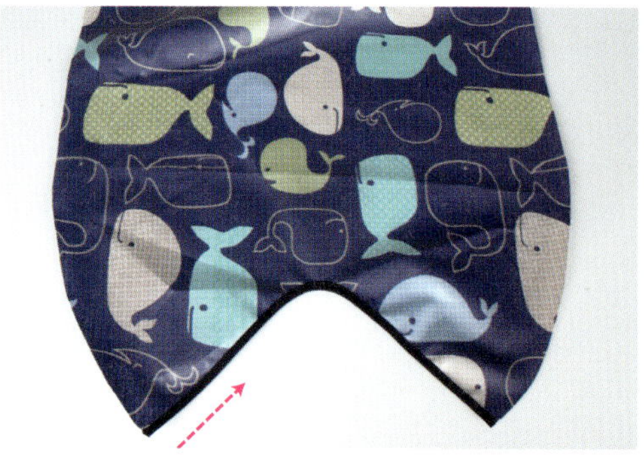

① 엉덩이 둘레 부분을 바이어스 처리한다.

② 전체 밑단둘레선을 바이어스 처리한다. 다리 끝단 부분을 서로 포개어 붙여 고정할수도 있다.

3. 여밈처리 및 벨트달기

① 여밈을 위해 T단추를 단다.

② 여밈 벨트감을 겉과 겉을 맞대고 가로로 반접어 창구멍을 남기고 박음질한다.

③ 창구멍을 통해 겉이 밖으로 나오도록 뒤집은 후 전체 외곽선 테두리를 상침한다.

④ 벨트를 T단추로 고정하기 위해 송곳을 이용하여 구멍을 낸후 T단추를 단다. (※사각형 박음질로 몸판 한쪽에 고정해도 된다.)

⑤ 다른 벨트 끝은 여밈의 역할로 T단추 2개를 달아 크기 조절이 가능하도록 한다.
T단추 외에 벨크로를 달아도 된다.

완성

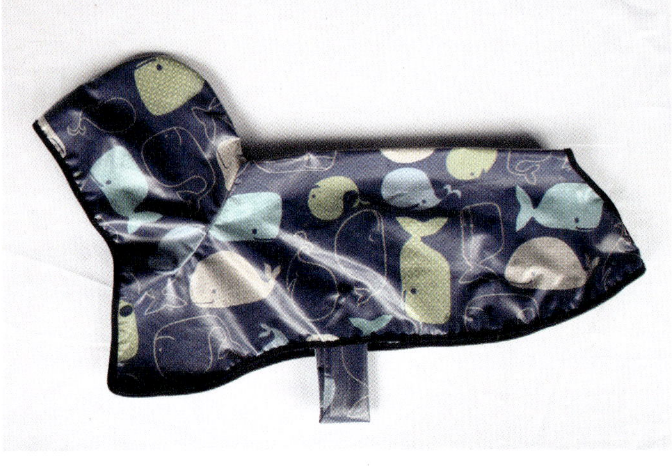

MEMO

07
야구점퍼

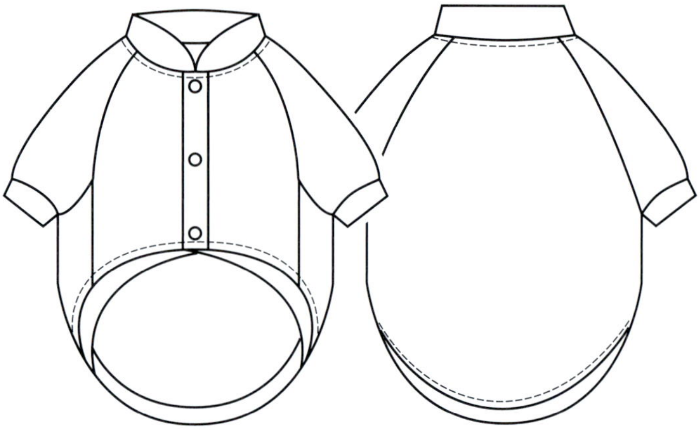

완성사이즈	목둘레 33cm, 가슴둘레 47cm, 등길이 32cm
원부자재	네오플랜 $\frac{1}{2}$yd, 점퍼시보리, T단추
난 이 도	중
제 작 시 간	패턴 20분, 재단 20분, 기본봉제 20분, 시보리봉제 30분, 밑단정리 20분
포 인 트	시보리 칼라만들기, 시보리 밑단만들기, 시보리 주머니 플랩만들기, 소매단 시보리달기
작 업 과 제	1. 네오플랜원단을 이용하여 야구점퍼를 제작하시오. 2. 라글란 소매로 제작하시오. 3. 점퍼시보리를 이용하여 여밈있는 옷의 칼라와 밑단을 시보리로 제작하시오. 4. 장식으로 주머니 플랩을 시보리를 이용하여 제작하시오.
심 화 과 정	1. 네오플랜 원단을 이용하여 칼라 제작 2. 네오플랜 원단의 밑단처리 변경 3. 자수장식을 이용한 등장식 처리 4. 주머니 디자인 변형 5. 코디할 수 있는 티셔츠 디자인

패턴

- 시보리폭의 두께에 따라 몸판 또는 소매 밑단줄임분량이 달라짐
- 시보리길이: 시보리가 봉제 될 부위 길이의 80%+시접, 점퍼시보리 사용 시 시보리폭 그대로 사용

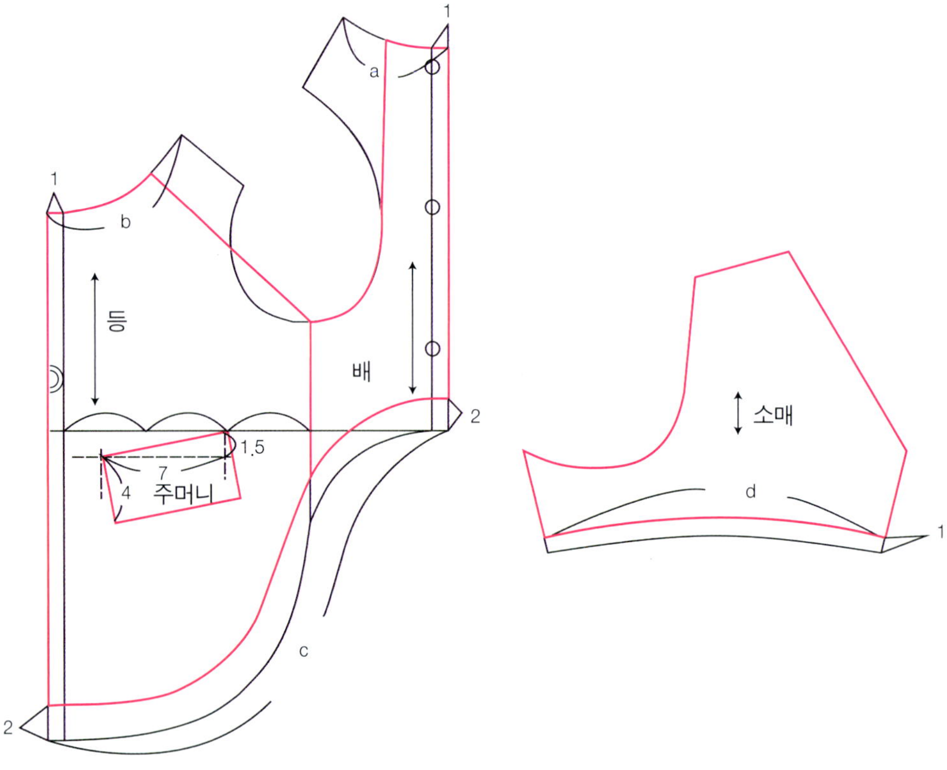

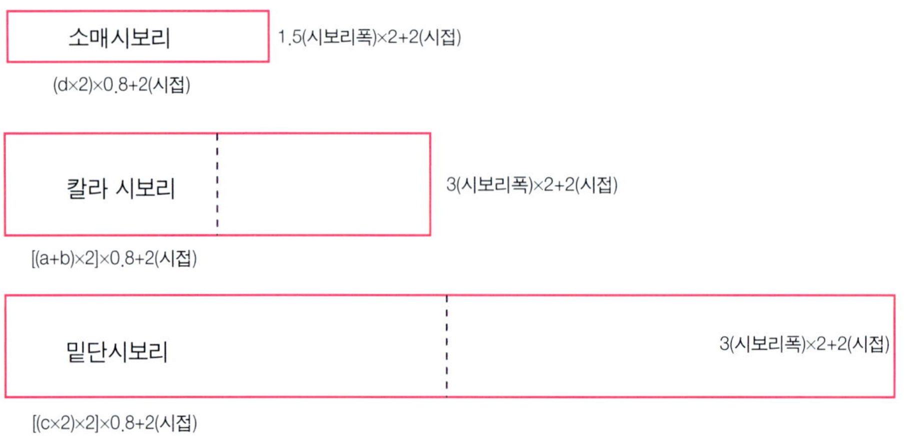

재단

- 원단소요량: 80cm(폭)×40cm(길이)
- 시보리는 별도 재단

시보리

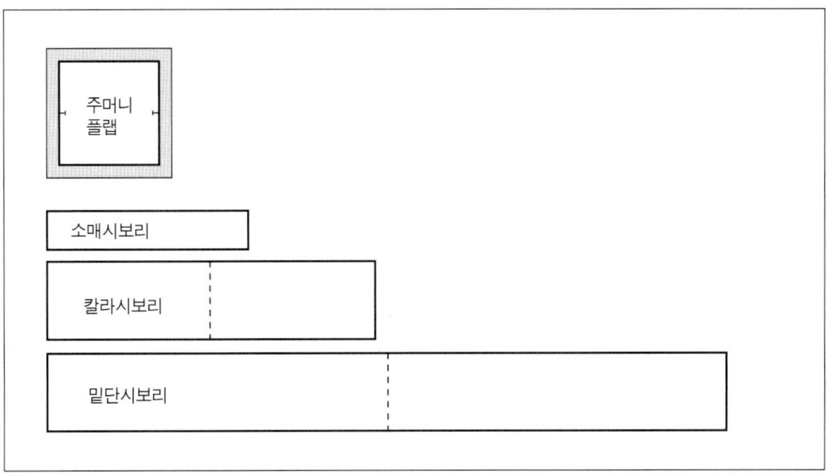

제작

1. 몸판연결 및 소매달기

① 등판 다트를 박고, 등판과 배판의 옆선을 박음질한 후 시접은 오버로크한다.

② 라글란 소매옆선을 박음질한다.

③ 몸판 겉과 소매 겉을 맞대고 진동둘레선을 박음질한 후, 시접은 오버로크로 정리한다.

2. 시보리달기

① 가로로 반을 접은 시보리를 목둘레와 밑단에 박음질한다. 이때 시보리 양끝은 삼각형모양으로 자연스럽게 시접 안으로 들어가게 정리한다.

② 앞여밈단 시접을 오버로크하고, 앞여밈단을 접어 목둘레선 및 밑단선을 박음질한 후 시접은 오버로크한다.

③ 앞여밈단을 뒤집은 후 완성선을 상침한다.

④ 목시보리 및 밑단시보리 시접을 몸판쪽으로 꺾은 후 상침한다.

3. 소매시보리달기

① 소매시보리는 둥글게 세로선을 박은 후 반으로 접어 소매겉과 시보리겉을 맞대어 박은 후 시접은 오버로크한다.

4. 주머니 및 단추달기

① 시보리감을 이용하여 플랩 포켓을 만든다. 주머니 플랩은 반 접어 좌우 세로선을 박음질한 후 뒤집는다.

② 주머니 플랩 겉을 등판겉에 맞대고 박음질한다.

③ 주머니 플랩을 접어 플랩 안이 몸판에 맞닿게 한후 누름상침한다.

④ 여밈으로 T단추를 달아 완성한다.

완성

08
윈드점퍼

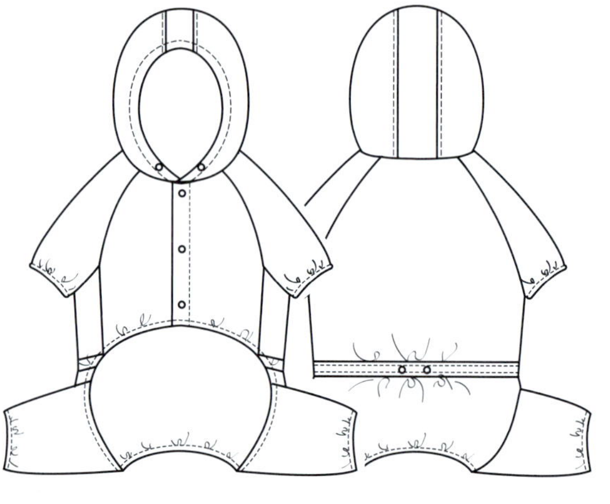

완성사이즈	목둘레 34cm, 가슴둘레 47cm, 등길이 32cm
원부자재	기능성폴리 $\frac{2}{3}$yd, 스토퍼 3개, 아일렛4개, 스트링, 고무줄, T단추
난 이 도	상
제 작 시 간	패턴 20분, 재단 20분, 기본봉제 20분, 후드봉제 20분, 허리밴드작업 20분, 밑단정리 20분, 단추 및 스트링 정리 20분
포 인 트	배색단이 있는 후드만들기, 아일렛 작업하기, 스토퍼 작업하기
작 업 과 제	1. 배색을 이용한 바람막이 윈드점퍼를 제작하시오. 2. 후드 디자인으로 작업하시오. 3. 라글란 소매로 작업하시오. 4. 아일렛과 스토퍼 작업을 하시오.
심 화 과 정	1. 안감이 있는 윈드점퍼 변형 2. 1장으로 된 후드디자인 변형 3. 허리절개를 한 올인원 디자인 변형 4. 배색위치 디자인 변형

패턴

- 후드 작업시 목둘레 크기를 넓혀주어 라글란 소매원형 사용 시 목둘레가 늘어난 만큼 수정해 준다.
- 후드의 완성 목둘레 크기가 몸판의 목둘레 크기와 같게 맞추어준다.

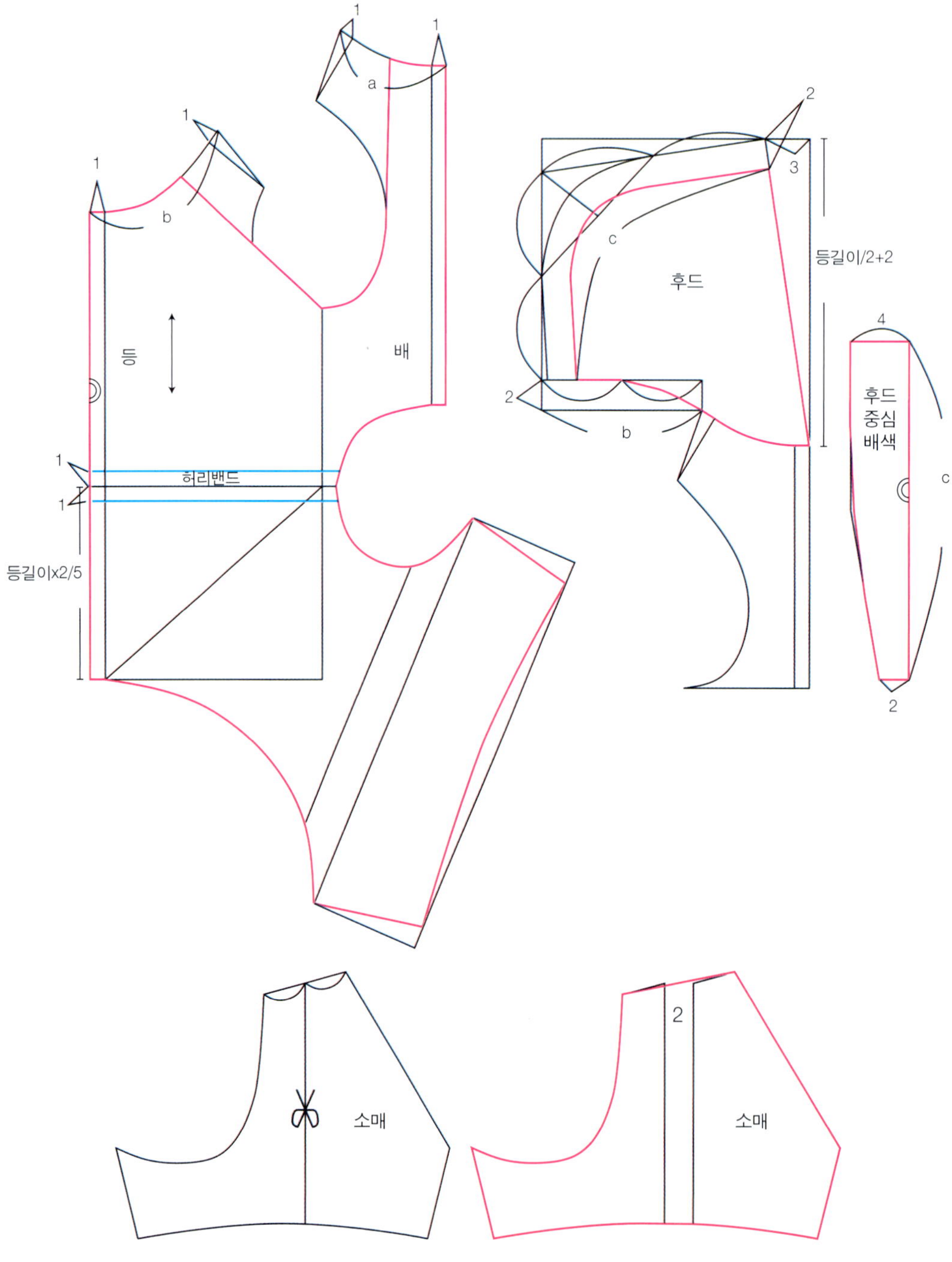

재단

- 원단소요량: 72cm(폭)×66cm(길이)
- 후드 중심단, 허리밴드 배색감 사용
- 전체시접 1cm, 몸판 여밈단과 후드앞단 3cm

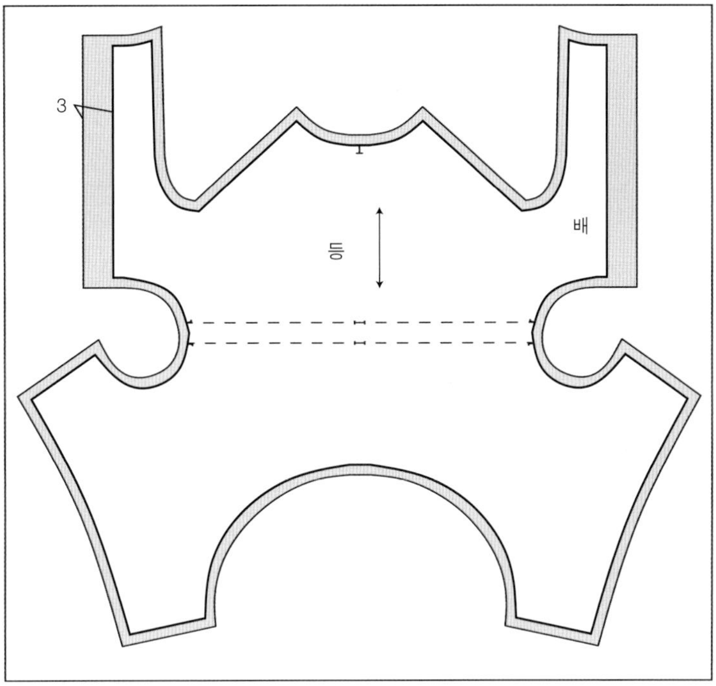

배색감

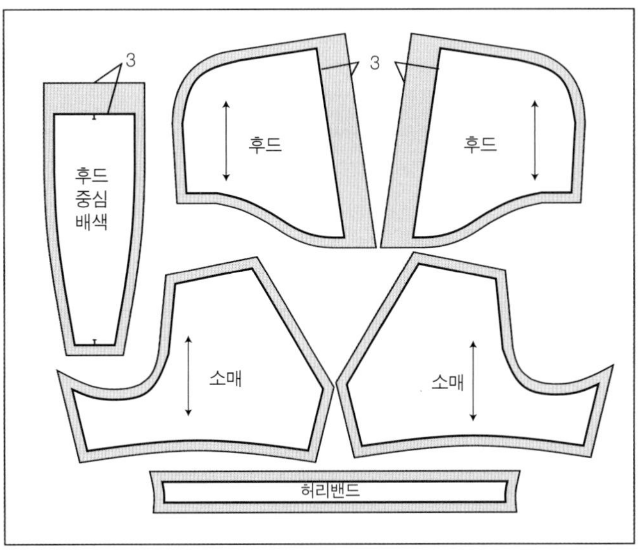

제작

1. 후드만들기

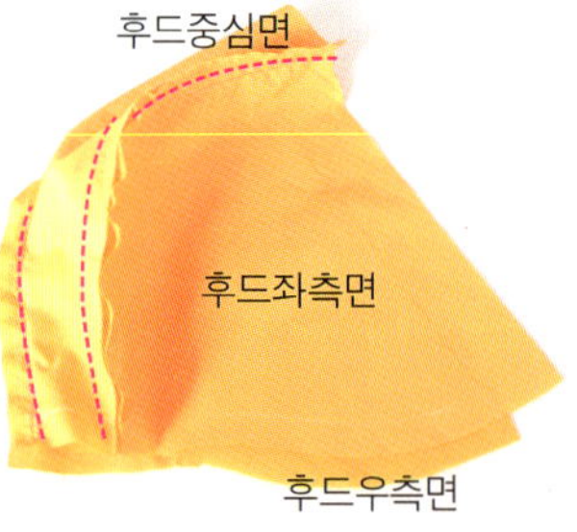

① 후드 좌측면–중심면–후드 우측면을 겉과 겉을 맞대고 박음질한다.

② 후드 우측면 안 위에 다른 두번째 후드 중심면 겉을 올려놓고 박음질한다.

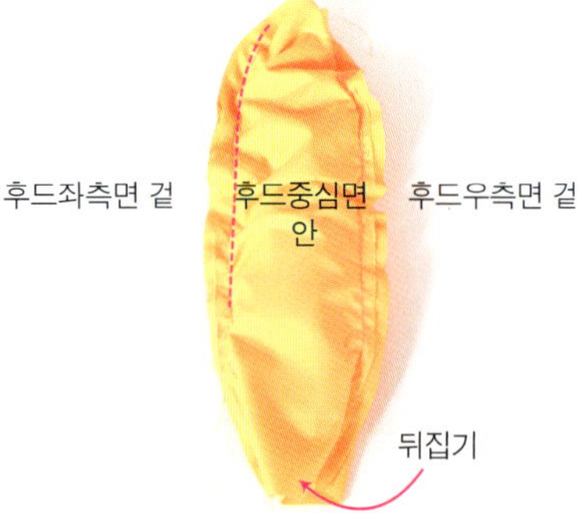

③ 두번째 후드 중심면의 다른 한쪽면 겉을 후드 좌측면 안 위에 맞대고 박음질한 후 중심에서 뒤집는다.

④ 후드 중심면을 상침하여 정리한다.

⑤ 후드 옆에 아일렛 장식을 넣는다.

⑥ 앞여밈단을 접어박기하여 정리한다.

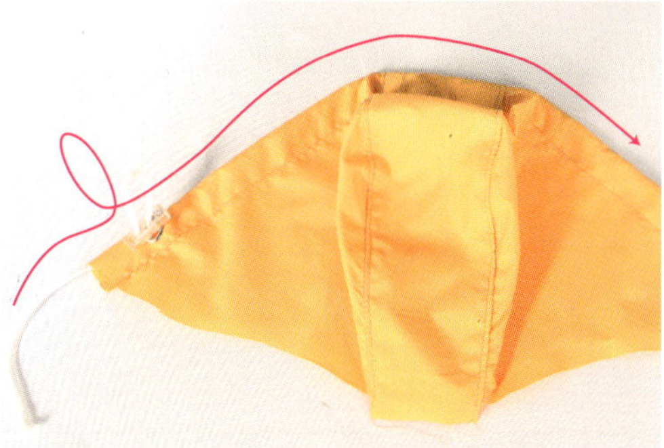

⑦ 앞여밈단 시접사이에 스트링을 넣고, 아일렛을 통해 스토퍼에 스트링을 통과시키고 앞머리둘레 전체에 스트링을 넣는다.

2. 등판배색띠붙이기

① 등 배색띠를 접은 후 아일렛 기구를 이용하여 아일렛심을 넣을 구멍을 뚫는다.

② 아일렛심을 도구를 이용하여 펀칭하여 원단에 고정한다.

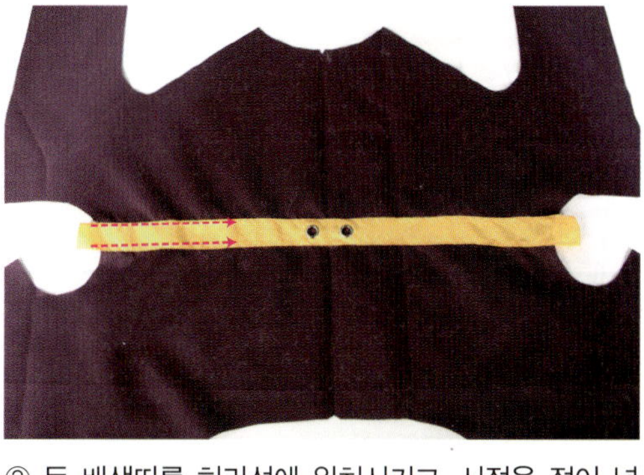

③ 등 배색띠를 허리선에 위치시키고, 시접을 접어 넣은 후 누름상침한다.

④ 스트링을 배색띠에 넣고, 아일렛을 통해 스토퍼에 스트링을 통과시킨 후 배색띠 전체에 스트링을 넣는다.

3. 소매만들기

① 소매단시접을 오버로크한 후 접어박고 고무줄을 넣는다.

② 소매옆선을 박음질한 후 시접은 오버로크한다.

③ 소매겉과 몸판겉을 맞대고 진동둘레선을 박은 후 시접은 오버로크한다.

4. 후드달고 몸판완성하기

① 엉덩이둘레단과 바지밑단 시접을 오버로크 후 접어박고 고무줄을 넣는다.

② 몸판 겉 위에 후드 겉을 맞대고, 여밈단을 접어 올려놓은 후 목둘레선을 박음질한다. 이때 여밈단 시접은 접고 박는다. 또는 오버로크 처리 후 함께 박음질해도 된다.

③ 배 밑단 여밈 시접을 접고, 몸판 겉과 여밈단 겉을 맞대고 배밑단 여밈 완성선을 박는다. 그리고 전체 배 밑단둘레 시접을 오버로크한다.

④ 앞여밈단 겉이 보이도록 뒤집는다.

⑤ 여밈단을 상침하여 고정한다.

⑥ 바지옆선을 박음질하고, 시접은 오버로크 처리한다.

⑦ 여밈을 위해 T단추를 달고 완성한다.

완성

MEMO

CHAPTER

03

안감있는 펫의상 제작 실기

01
하 네 스

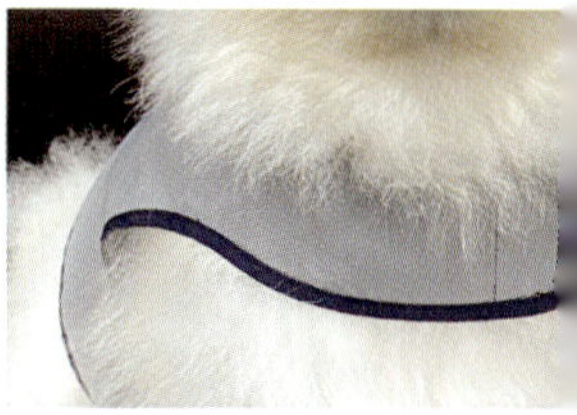
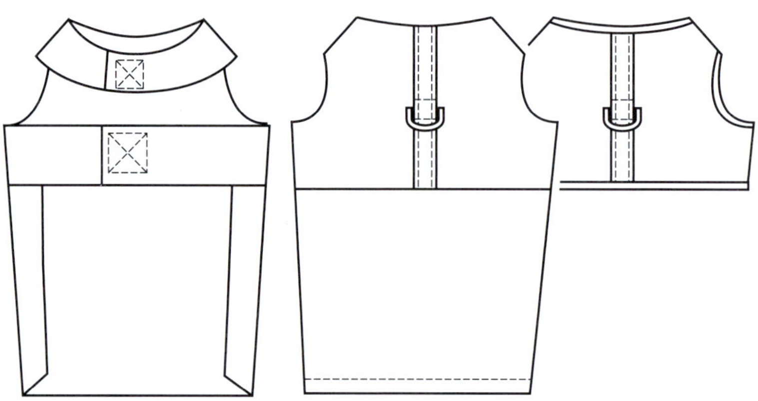

완성사이즈	목둘레 32cm, 가슴둘레 45cm, 등길이 31cm
원단 소요량	TC 또는 기능성폴리 $\frac{2}{3}$yd, 바이어스 테이프, D링, 벨크로
난 이 도	중
제 작 시 간	패턴 20분, 재단 20분, 기본봉제 20분, D링 배색단 작업 20분, 겉감과 안감 연결하기 20분, 바이어스 단처리 20분
포 인 트	D링 작업, 겉감과 안감 연결, 바이어스 단처리
작 업 과 제	1. 직기원단을 이용하여 하네스를 제작하시오. 2. 리드줄을 연결할 수 있는 D링을 넣어 작업하시오. 3. 스커트를 끼워넣고 겉감과 안감을 연결하시오. 4. 여밈으로 벨크로를 작업하시오. 4. 하네스 상의만 작업 시 시접처리를 바이어스로 작업해 보시오.
심 화 과 정	1. 배색감을 이용한 하네스 디자인 변형 2. 에어매쉬 원단을 이용한 하네스 제작 3. 여밈단 디자인 변형 4. 리드줄 작업 5. 프릴, 개더 및 플리츠 응용 디자인 변형

패턴

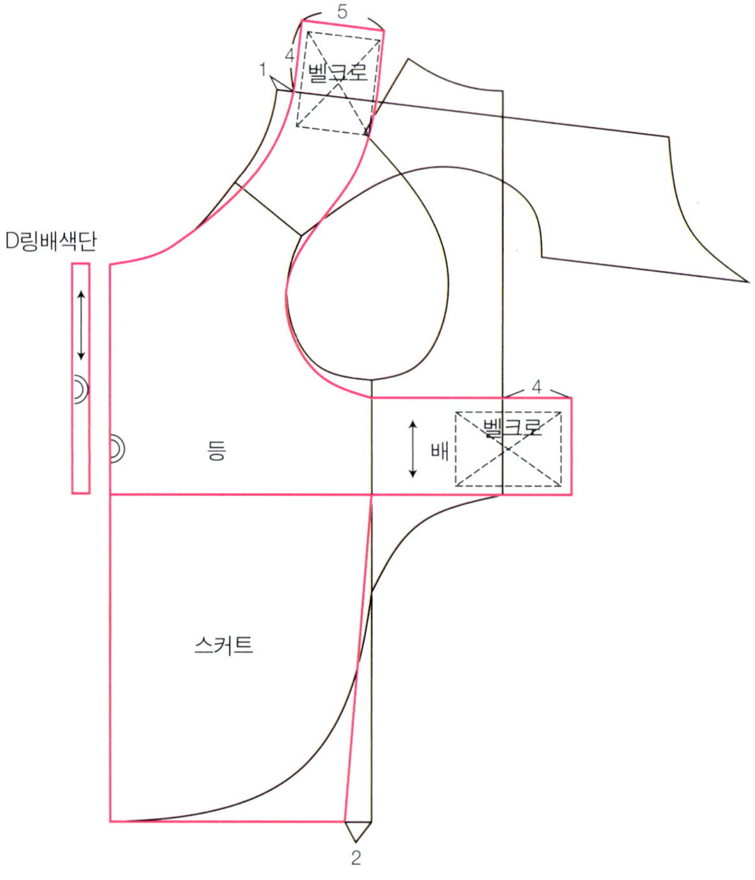

재단

- 원단소요량: 디자인1. 110cm(폭)×55cm(길이) / 디자인2. 110cm(폭)×25cm(길이)
- 상의와 스커트를 연결하거나 상의만 제작 가능
- 겉감과 안감 동일 원단 사용 또는 다른 원단 사용 가능
- D링 배색단은 배색 원단 사용 추천
- 기본 시접 1cm, 스커트밑단 시접2cm
- 상의만 있는 하네스의 경우(디자인2) 전체 바이어스로 처리시 시접없이 재단

디자인 1 스커트 있는 하네스 재단

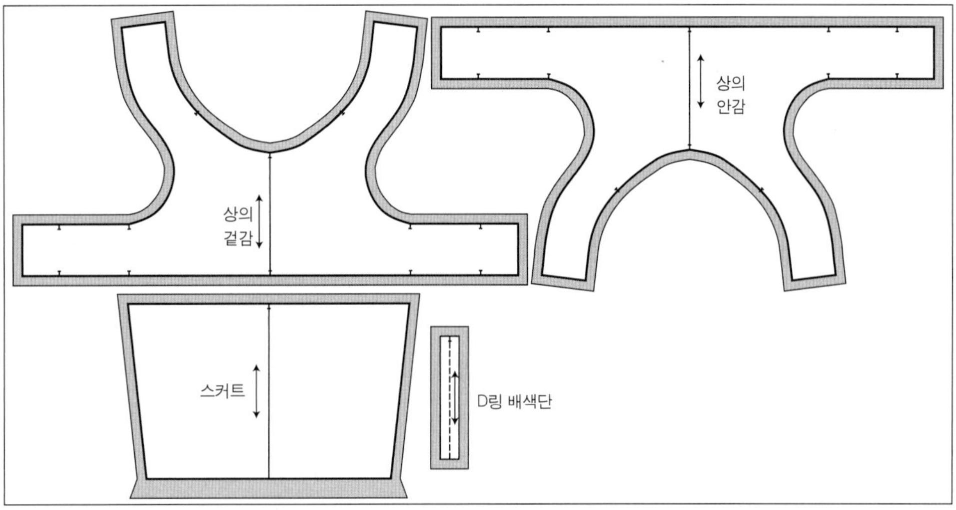

디자인 2 상의만 있고, 테두리 바이어스 처리시 재단

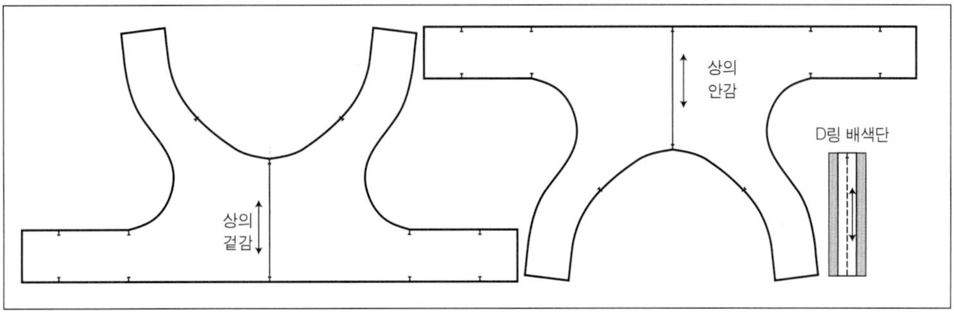

제작

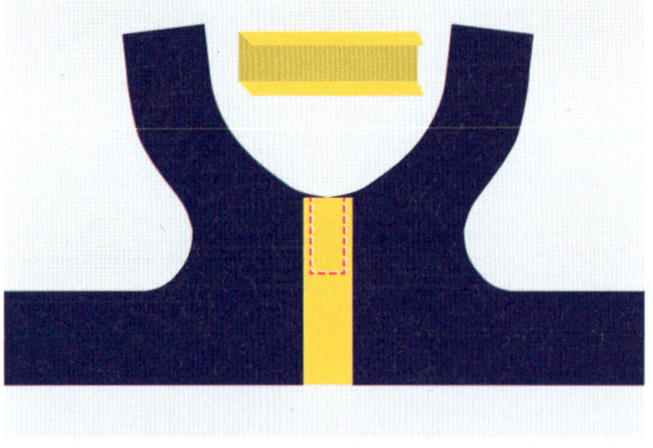

① D링 배색단 시접을 접은 후 등판 중심에 'ㄷ'자 모양으로 박음질한다.

② D링을 끼우고 다른 한쪽을 'ㄷ'자 모양으로 박음질한다.

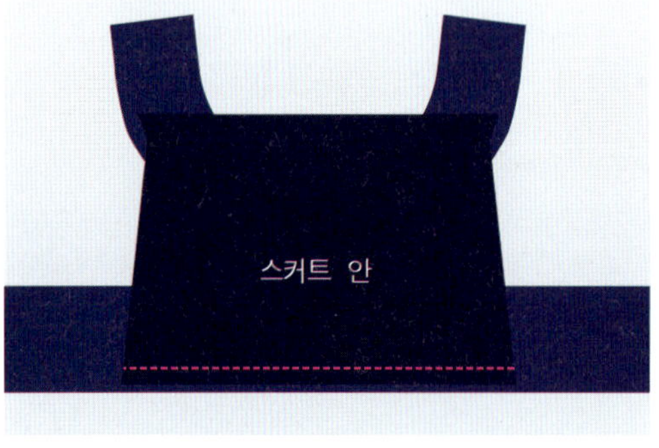

③ 스커트 겉과 등판 겉을 맞대고 허리선을 박음질한다. 디자인 변경으로 스커트는 제외해도 된다.

④ 안감 겉을 겉감 겉 위에 올려놓고, 창구멍을 제외하고 전체 완성선을 박음질한다.

⑤ 창구멍을 통해 겉감이 밖으로 보이도록 뒤집은 후 창구멍을 감침질한다. 또는 허리선을 누름상침해도 된다.

⑥ 여밈을 위해 벨크로를 박음질하여 단다. 이때 몸에 닿는 벨크로 면을 부드러운 루프면으로 한다.

완성

02 패딩조끼

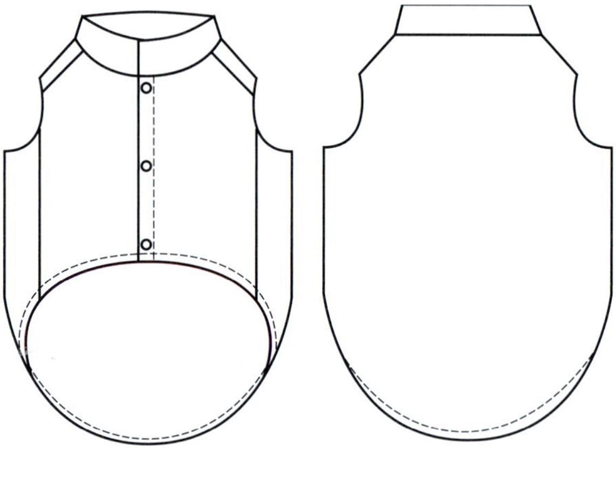

완성사이즈	목둘레32 cm, 가슴둘레 47cm, 등길이 31cm
원부자재	겉감: 극세사, 패딩 또는 플리스 $\frac{1}{2}$yd (안감 동일) T단추 3~4개(또는 돗또)
난 이 도	중
제 작 시 간	패턴 20분, 재단 20분, 기본봉제 20분, 칼라봉제 20분, 겉감과 안감 연결하기 20분
포 인 트	차이나칼라달기, 겉감과 안감 연결하기, 창구멍 정리하기
작 업 과 제	1. 패딩원단을 이용하여 조끼를 제작하시오. 2. 몸판에 들뜨지 않도록 차이나칼라를 처리하시오. 3. 겉감과 안감을 연결 후 창구멍을 통해 뒤집어 완성하시오. 4. T단추 또는 돗도를 이용하여 여밈을 완성하시오.
심 화 과 정	1. 칼라를 시보리로 변경 2. 소매있는 패딩점퍼로 디자인 변형 3. 주머니 등 장식디자인 요소 첨부 4. 밑단을 시보리로 변경 5. 후드 탈부착 디자인 변형

패턴

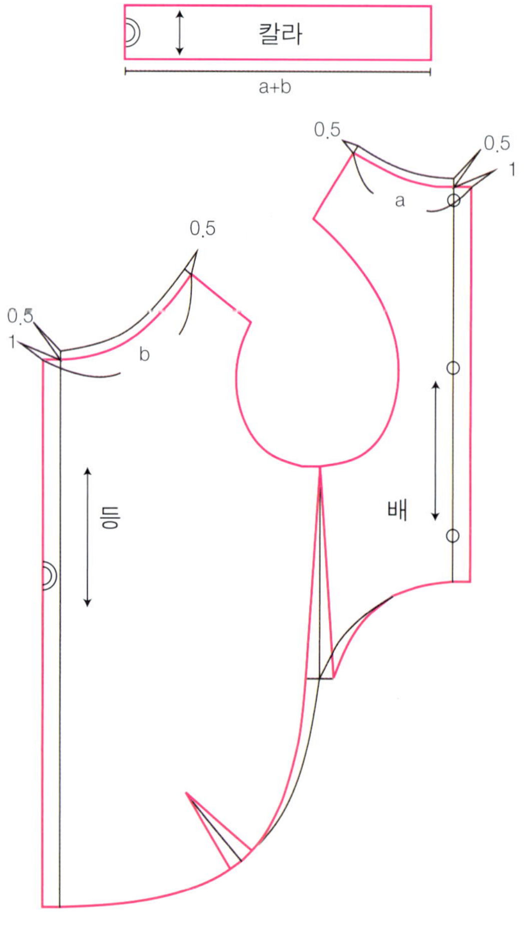

재단

- 원단소요량: 55cm(폭)×60cm(길이)
- 기본시접 1cm
- 칼라는 겉감에서 재단하지만, 디자인에 따라 겉감과 안감을 각각 재단하기도 한다.

겉감재단

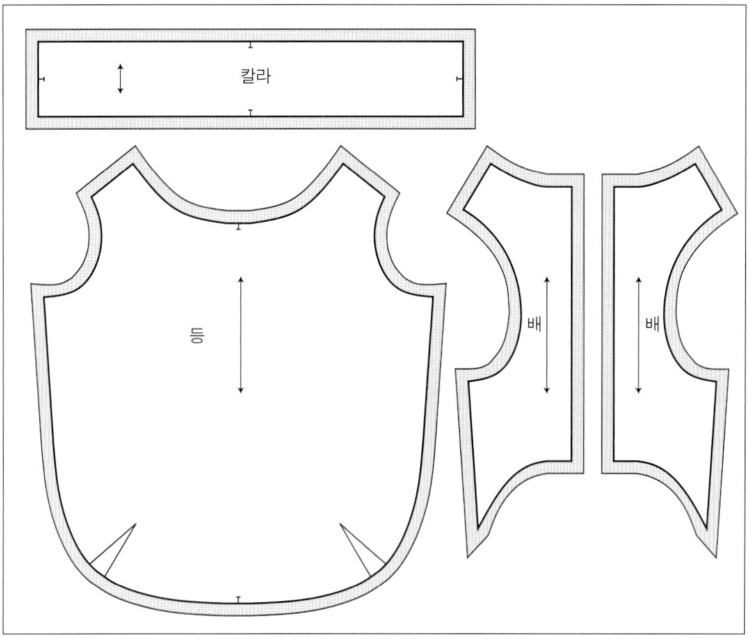

안감재단

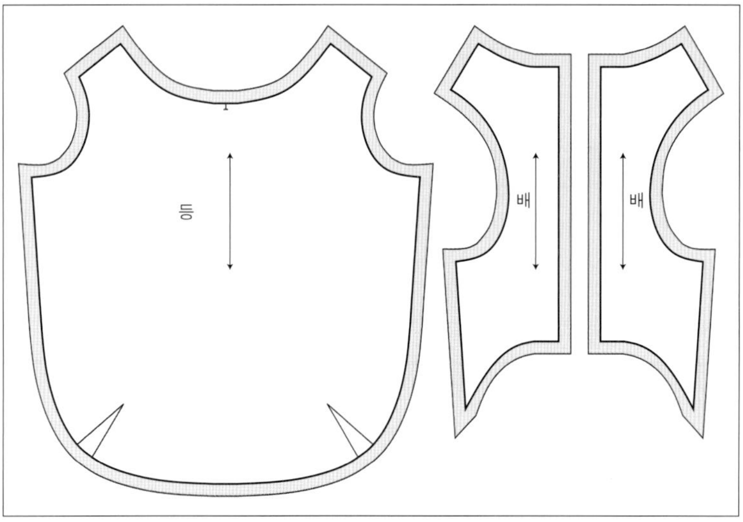

※ 겉감과 안감 다르게 할 경우 - 겉감, 안감 각각 1장씩 재단

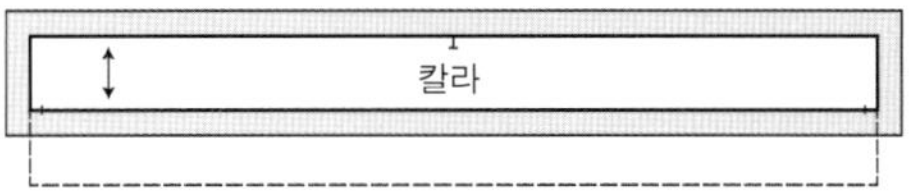

제작

1. 몸판만들기

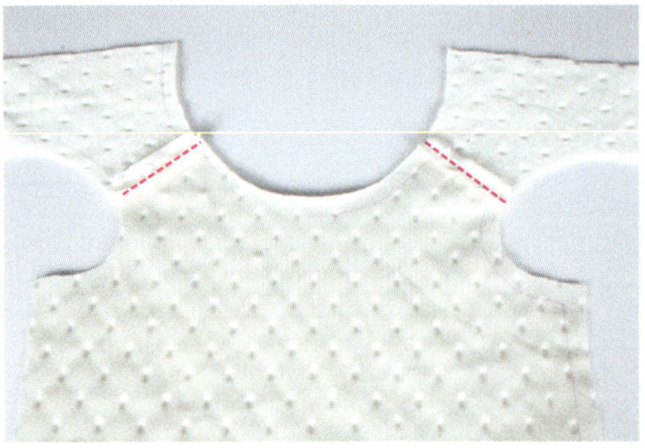

① 겉감 배판과 등판의 겉과 겉을 맞대고 어깨선을 박음질한다.

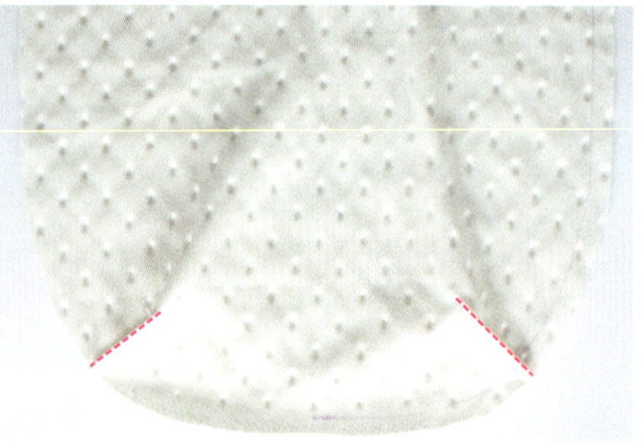

② 겉감 등판 밑단 다트를 박음질한다.

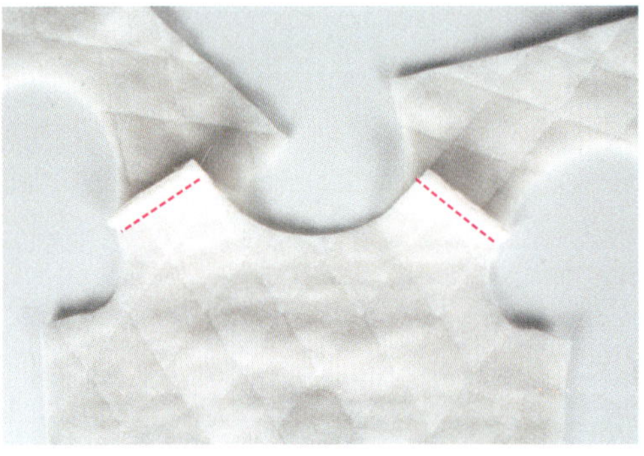

③ 안감 배판과 등판의 겉과 겉을 맞대고 어깨선을 박음질한다.

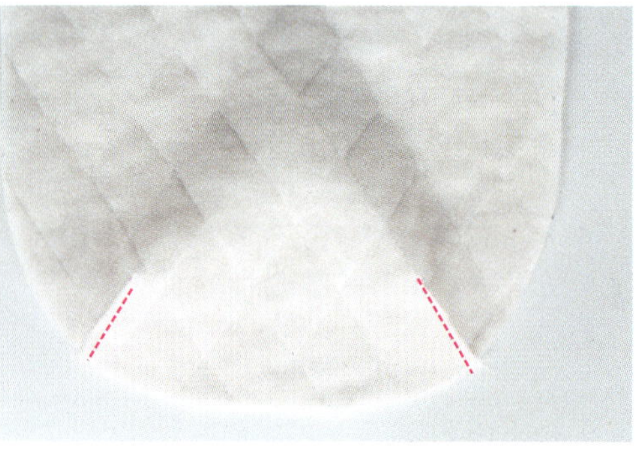

④ 안감 등판 밑단 다트를 박음질한다.

⑤ 겉감과 안감의 겉과 겉을 맞대고 앞여밈단을 박음질한다.

2. 몸판에 칼라붙이기

① 칼라를 겉과 겉을 맞대고 박음질한다.

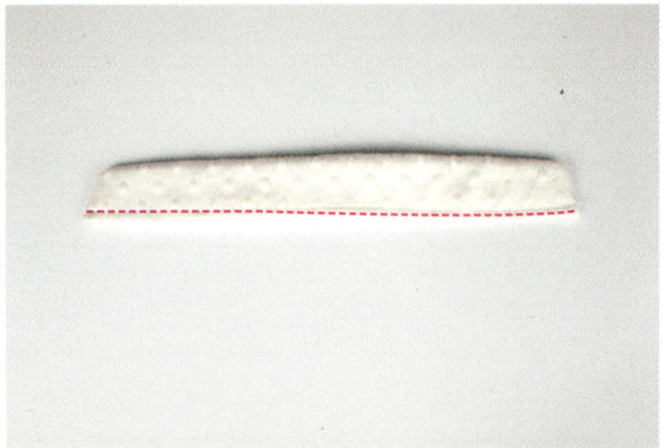

② 곡선시접은 가윗집을 주고 겉이 밖으로 보이도록 뒤집어 정리 후 목둘레 시접을 박음질한다.

③ 겉감 겉과 안감 겉의 목둘레선 사이에 칼라를 넣고 박음질한다.

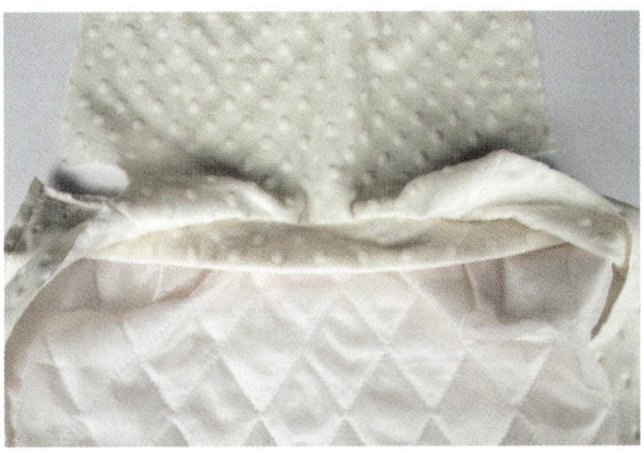

④ 몸판에 칼라를 붙여 완성한다.

3. 안감과 겉감정리하기

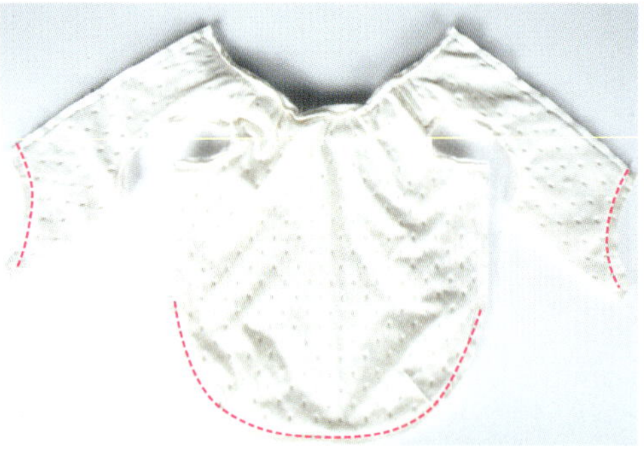

① 배밑단, 등밑단과 진동둘레선을 박음질한다.

② 옆선을 통해 겉감이 밖으로 나오도록 뒤집는다.

③ 옆선을 제외하고 겉감 겉과 안감 겉이 보이도록 정리한다.

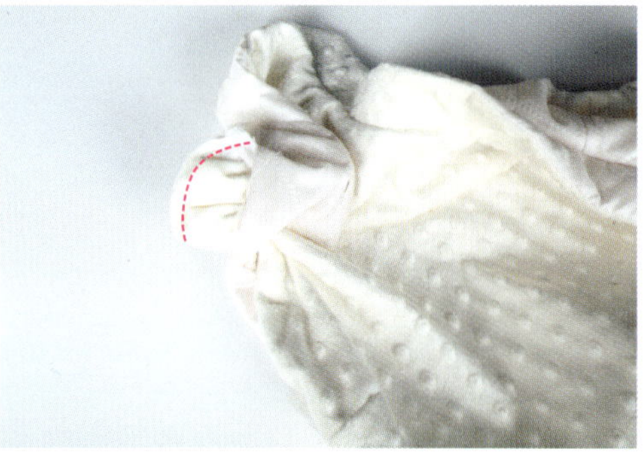

④ 겉감의 겉끼리 옆선을 맞대고 박음질한다.

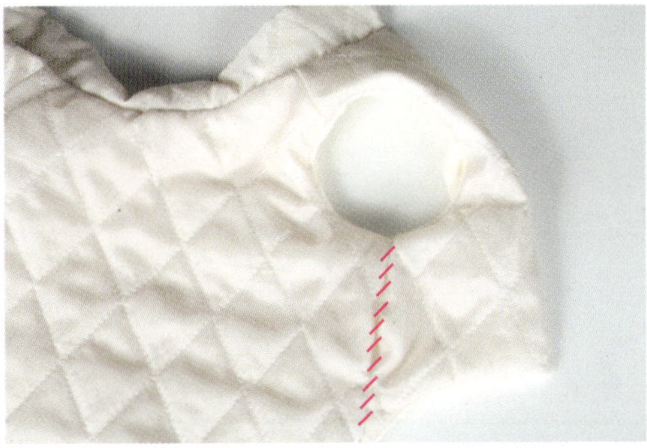

⑤ 안감 옆선시접을 안쪽으로 접어넣고 감칠질하여 완성한다. 다른 한쪽 옆선도 같은 방법으로 정리하여 완성한다.

⑥ 앞여밈을 위해 T단추를 달아 완성한다.

완성

CHAPTER 01

펫의상 제작 실기

MEMO

03
버버리코트

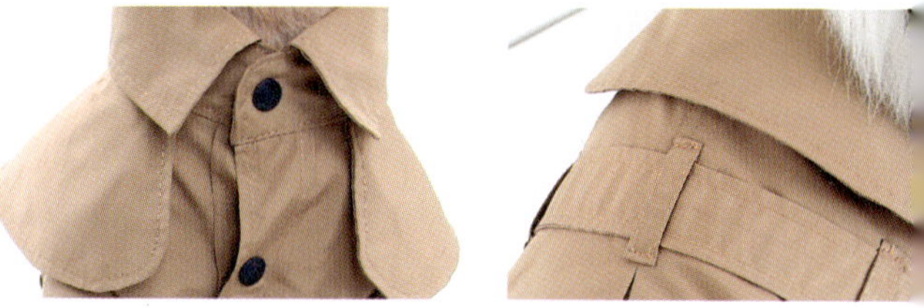

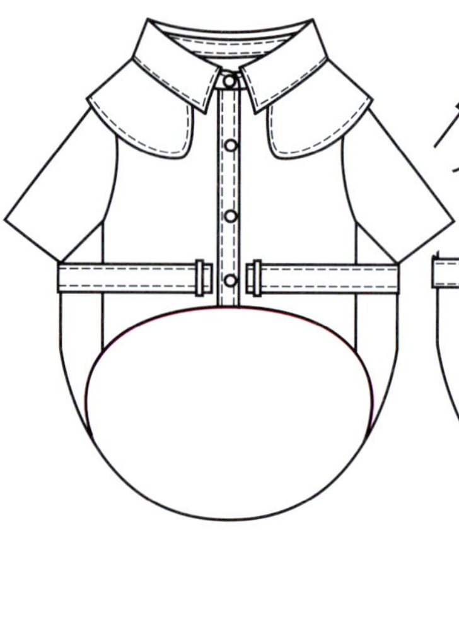

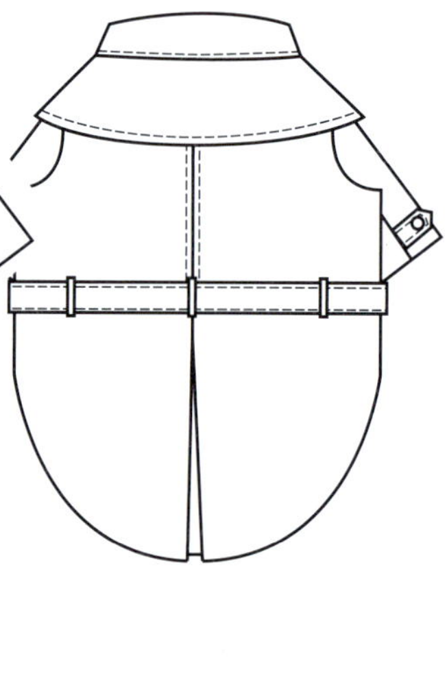

완성사이즈	목둘레 33cm, 가슴둘레 47cm, 등길이 31cm
원부자재	개버딘(또는 양모) $\frac{1}{4}$yd, T단추
난 이 도	상
제 작 시 간	패턴 30분, 재단 30분, 기본봉제 30분, 벨트봉제 30분, 칼라 및 케이프봉제 30분, 소매봉제 30분, 안감봉제 30분, 안감과 겉감 연결 30분
포 인 트	칼라만들기, 벨트만들기, 견장만들기, 겉감과 안감연결하기
작 업 과 제	1. 직기원단을 이용하여 버버리 코트를 제작하시오. 2. 칼라, 케이프, 벨트, 견장 등 부속모양을 제작하시오. 3. 안감과 겉감을 각각 제작한 후 연결하시오.
심 화 과 정	1. 앞판 한쪽만 케이프 넣기 2. 래글런 소매로 변경하기 3. 뒷판 케이프 래글런 선에 붙여 넣기 4. 등판 플리츠를 좌우의 플리츠 2개로 변형하기

패턴

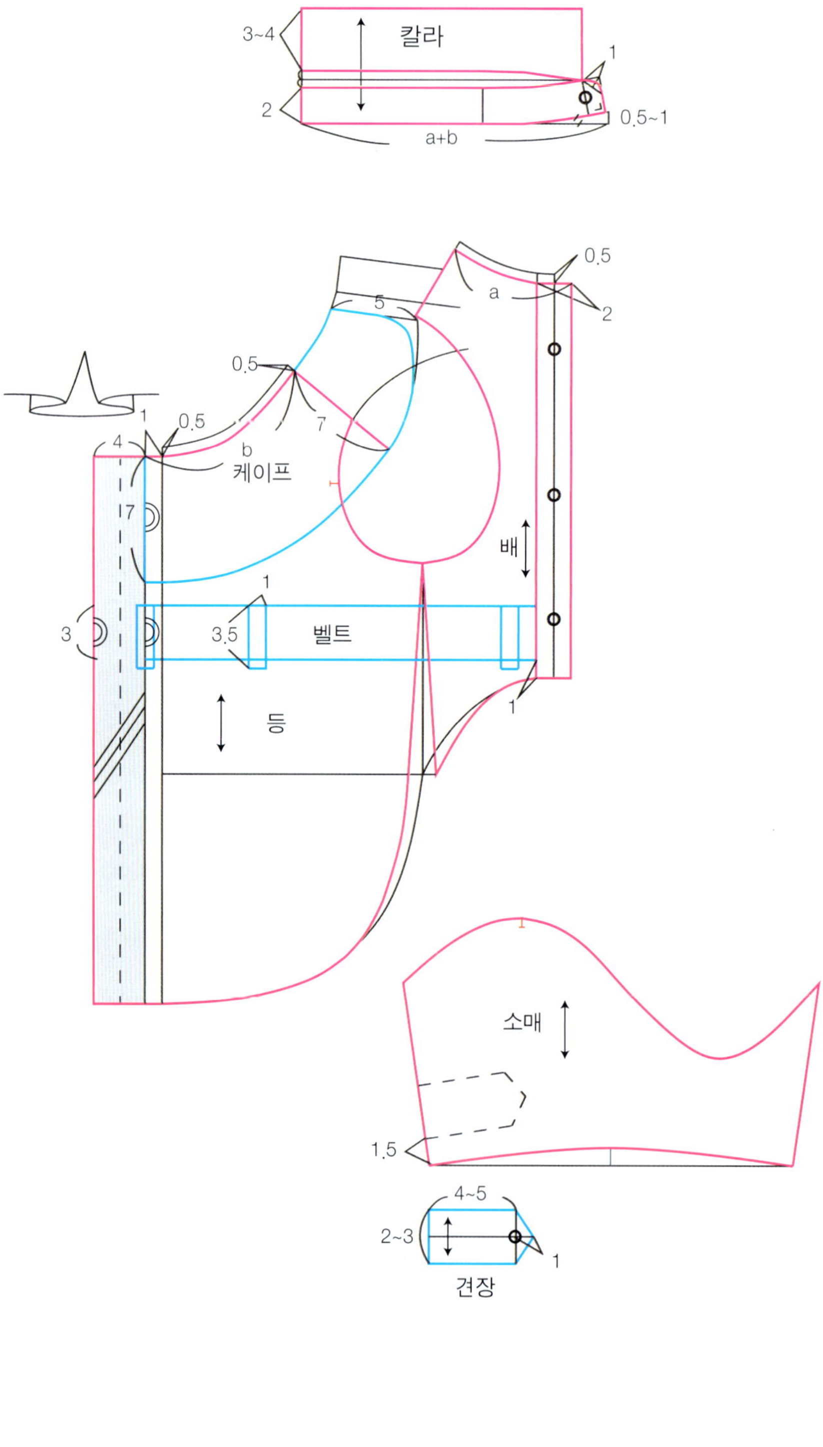

재단

- 원단소요량: 820cm(폭)×900cm(길이)
- 기본시접 1cm
- 칼라, 케이프, 벨트, 벨트 고리, 견장 등 디테일 부속을 제외하고 안감 재단

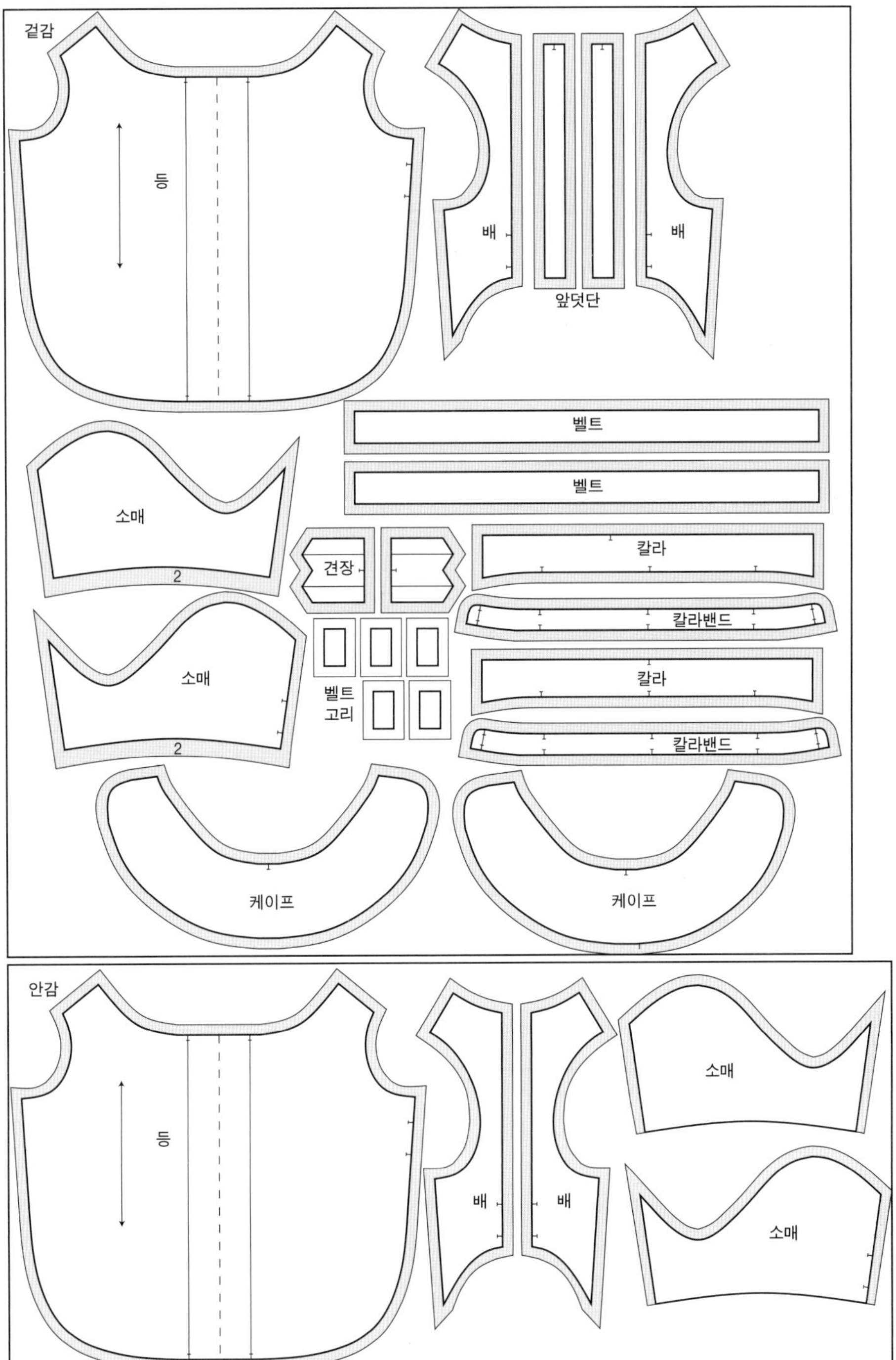

제작

1. 칼라, 견장장식, 허리벨트 만들기

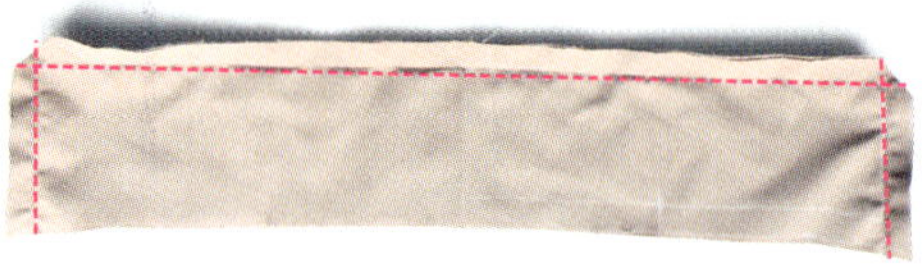

① 칼라 겉과 겉을 맞대고 박음질하고, 모서리 부분 시접을 사선으로 잘라낸 후 뒤집는다.

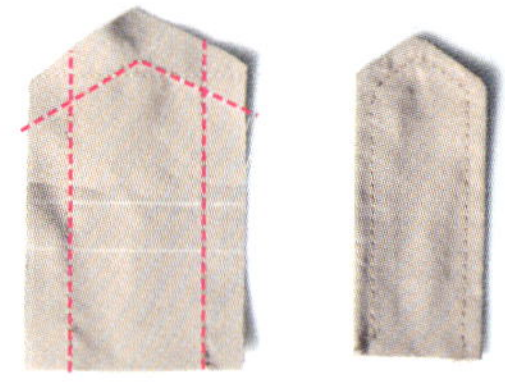

② 소매견장장식은 겉과 겉을 맞대어 박은 후 뒤집어 정리하고 누름상침한다.

③ 케이프칼라를 겉과 겉을 맞대어 박은 후 둥근 시접 부분은 가윗집을 넣고 뒤집어 정리한다.

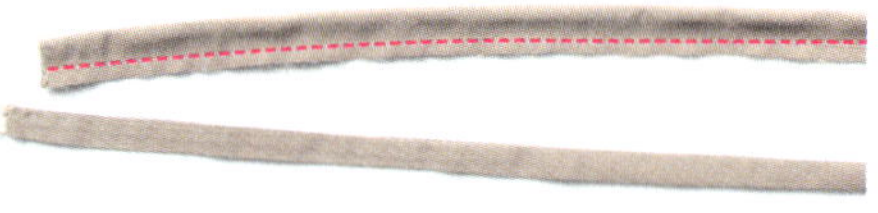

④ 벨트고리를 완성선에 맞게 박은 후 뒤집어 정리한다. 또는 시접을 접어넣어 누름상침하여도 된다.

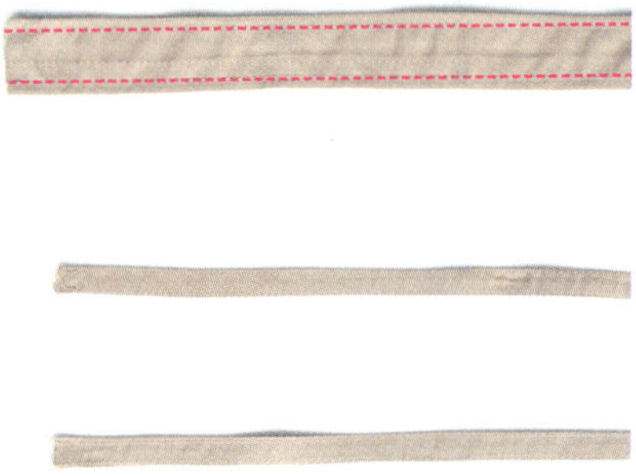

⑤ 허리벨트도 시접을 박고 뒤집어 정리 후 겉에서 누름상침한다.

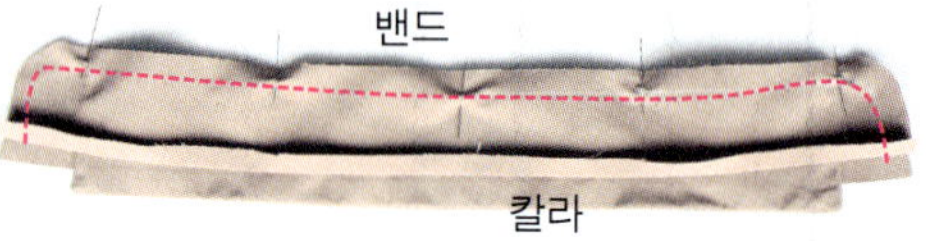

⑥ 칼라를 칼라밴드 겉과 겉 사이에 넣고 밴드선을 박음질한다. 이때 밴드단 한쪽 시접을 접어 박음질하고, 둥근시접은 가윗집을 넣은 후 뒤집는다.

2. 몸판만들기

① 등중심선을 플리츠전까지 박는다.

② 등중심 시접을 나누어 반 접어 플리츠를 정리한다.

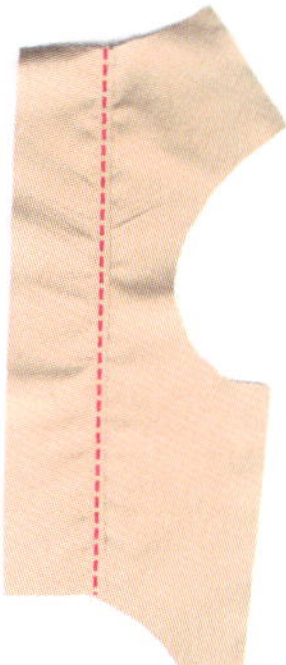

③ 배판에 앞덧단을 겉끼리 맞대고 박은 후 앞덧단을 펼친 후 겉에서 상침한다.

④ 어깨선과 옆선을 박음질한다.

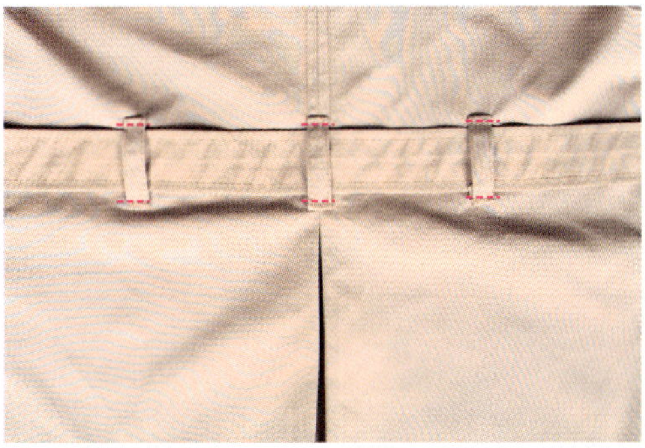

⑤ 허리 벨트고리 시접을 접어 눌러 박아 고정한다.

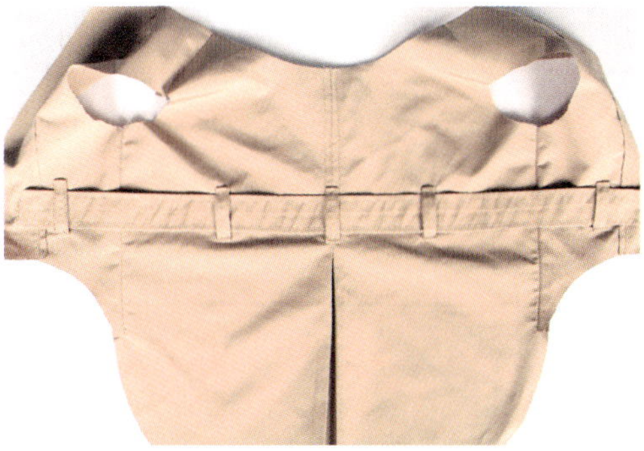

⑥ 허리벨트를 벨트고리에 넣고 양끝 시접을 접어 배판 벨트고리 위치에 눌러박아 고정한다.

3. 소매만들기

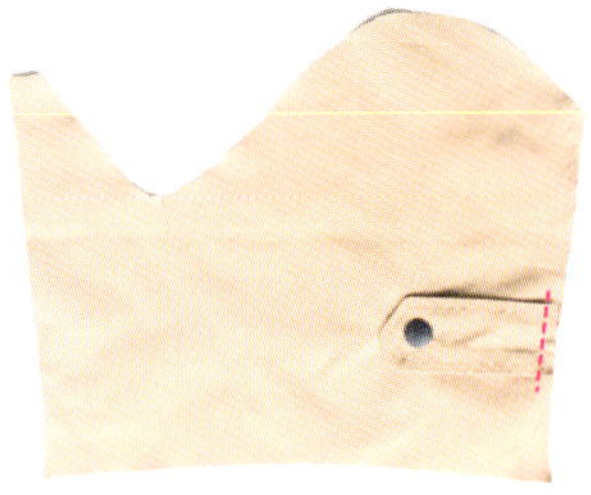

① 소매 옆선 겉위에 비조를 박음질하여 고정하고, 장식 T단추를 단다.

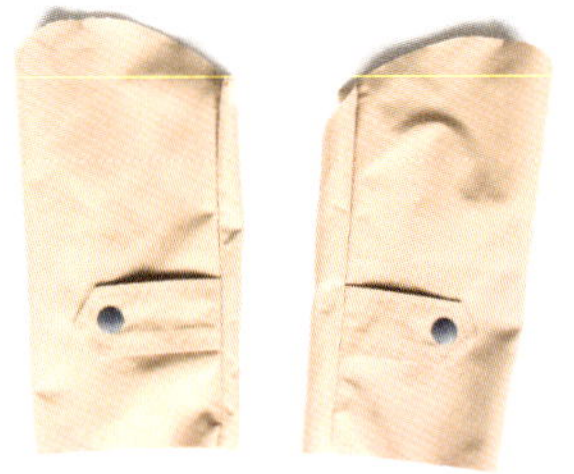

② 소매 옆선을 박은 후 뒤집어 정리한다.

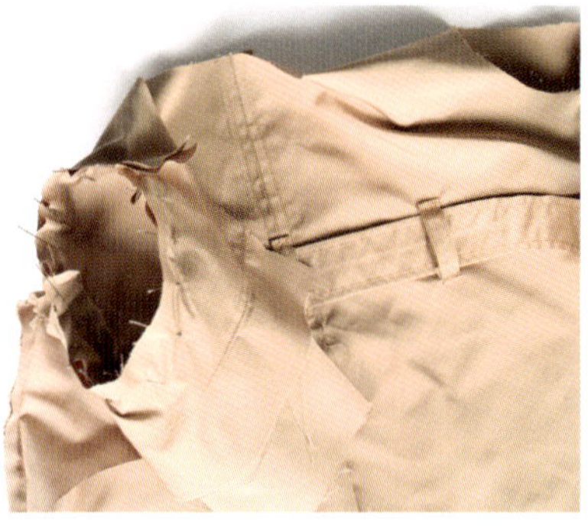

③ 몸판 겉과 소매 겉을 맞대고 진동둘레선을 박음질한다.

④ 진동둘레선 시접에 가윗집을 넣고 뒤집어 겉이 나오도록 정리한다.

4. 안감만들기

① 안감 소매 옆선을 박음질하고 뒤집는다.

② 안감 어깨선과 옆선을 박는다.

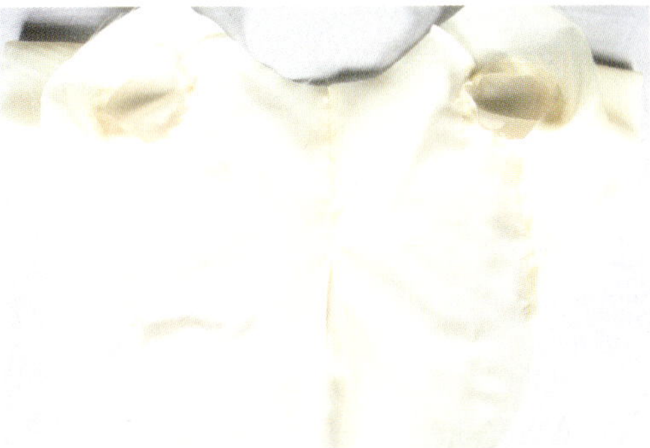

③ 안감 등중심을 플리츠 전까지 박음질 한 후 시접을 나누어 플리츠를 정리한다.

④ 몸판 진동둘레에 소매를 박음질하여 달고, 시접에 가윗집을 넣고 뒤집어 정리한다.

5. 겉감과 안감붙이기

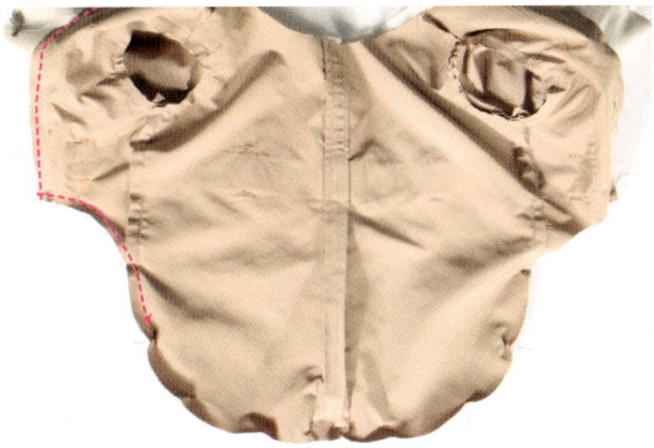

① 겉감 겉과 안감 겉을 맞대어 놓고 앞덧단선과 밑단선을 박음질한다.

② 겉이 나오도록 뒤집은 후 소매안에 안감이 들어가도록 하고, 소매단 시접을 접어 정리한다.

③ 겉감과 안감의 소매단 시접의 한지점을 잡은 후 안이 밖으로 보이도록 목둘레 부분을 통해 다시 뒤집는다.

④ 안감과 겉감의 소매 겉과 겉이 맞댄 형태로 하여 소매단을 박음질한다.

⑤ 겉감 소매가 밖으로 나오도록 뒤집고 안감이 겉감 소매 안으로 들어가도록 정리한다.

6. 칼라 및 단추달기

① 목둘레선에 케이프칼라를 박음질하여 고정하다.

② 몸판 목둘레선 겉 위에 칼라를 올려놓고, 목둘레선을 박음질한다.

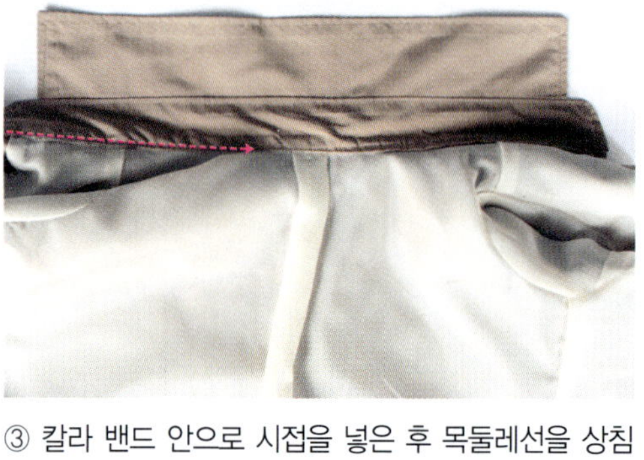

③ 칼라 밴드 안으로 시접을 넣은 후 목둘레선을 상침하여 완성한다.

④ 앞여밈을 위해 T단추를 달아 완성한다.

완성

04

드레스

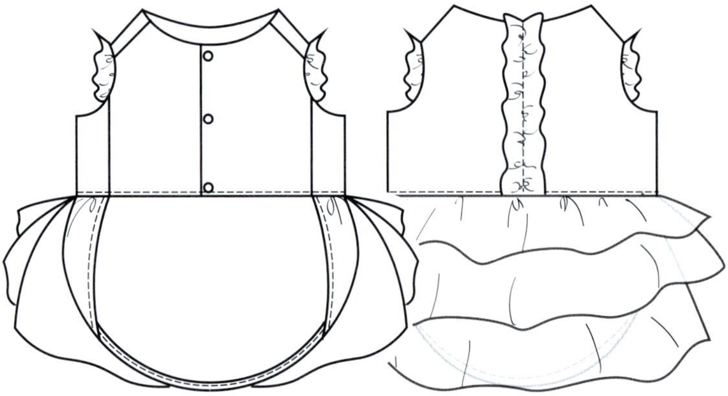

완성사이즈	목둘레 32cm, 가슴둘레 45cm, 등길이 31cm
원부자재	공단 $\frac{1}{2}$yd, 다후다안감 $\frac{1}{3}$yd, 망사샤원단 $\frac{1}{2}$yd, T단추 *겉감과 안감은 같은 원단으로 작업가능
난 이 도	중
제 작 시 간	패턴 20분, 재단 20분, 기본봉제 20분, 주름봉제 20분, 단정리 및 단추달기 20분
포 인 트	프릴만들기, 퍼프 캡소매 만들기, 투투스커트 만들기, 안감과 겉감 연결하기
작 업 과 제	1. 공단을 이용한 드레스를 제작하시오. 2. 등프릴을 작업하시오. 3. 퍼프 캡소매를 작업하시오. 4. 투투스커트를 제작하시오.
심 화 과 정	1. 투투디자인 변경 2. 캡소매 디자인 변경 3. 프릴위치 변경 4. 다이마루와 망사원단을 이용한 디자인 변경 5. 레이스 장식으로 디자인 변경

패턴

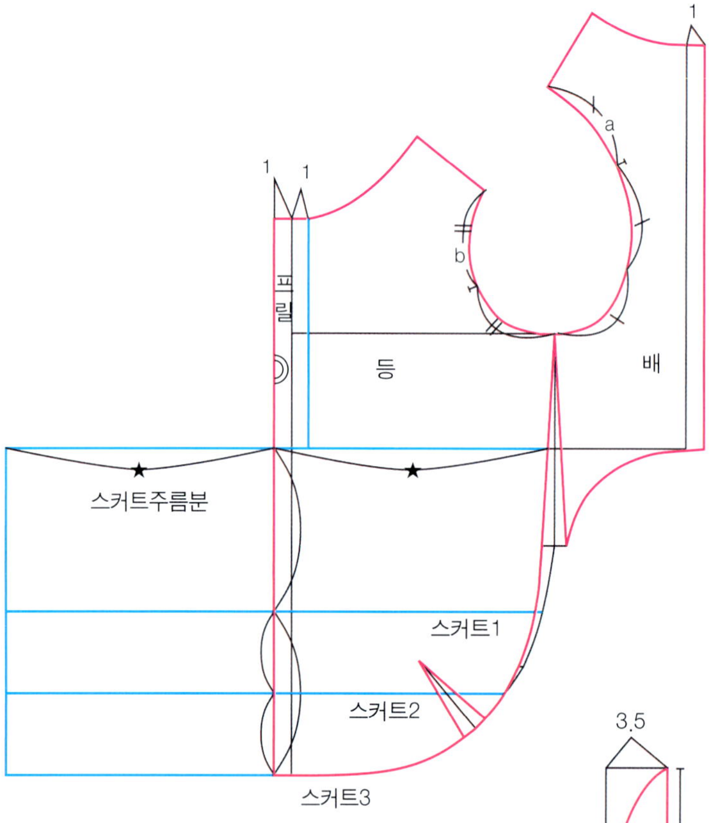

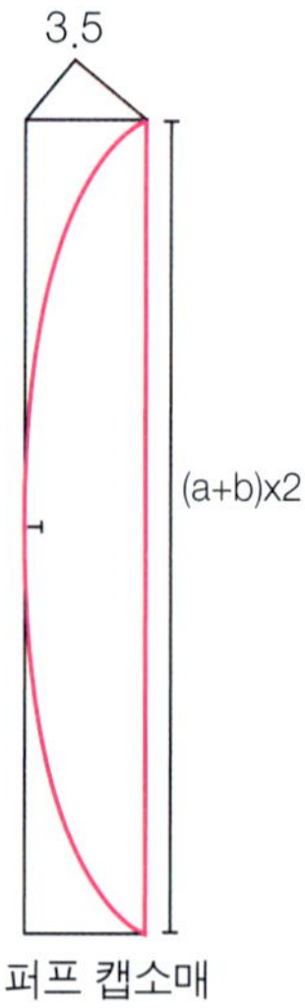

재단

- 원단소요량: 65cm(폭)×40cm(길이)
- 전체시접 1cm
- 주름이 들어가는 디자인은 2~3배의 주름분량을 주어 재단

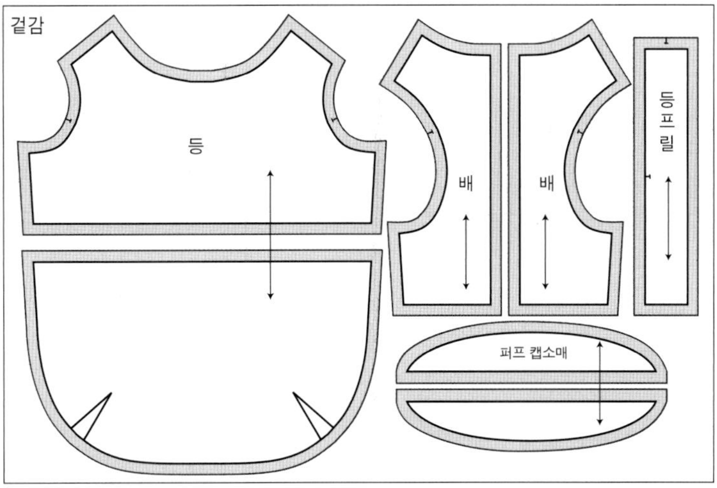

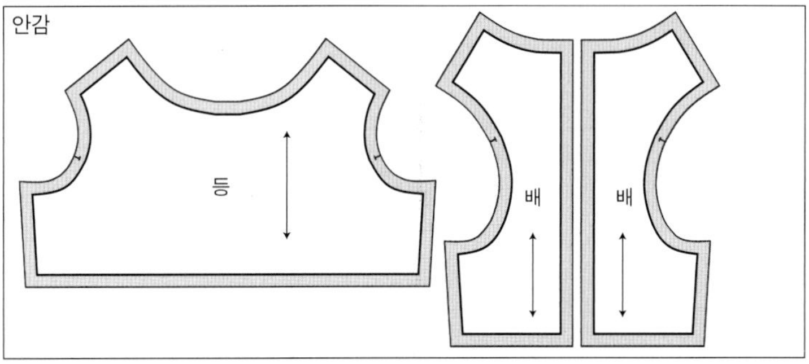

망사원단

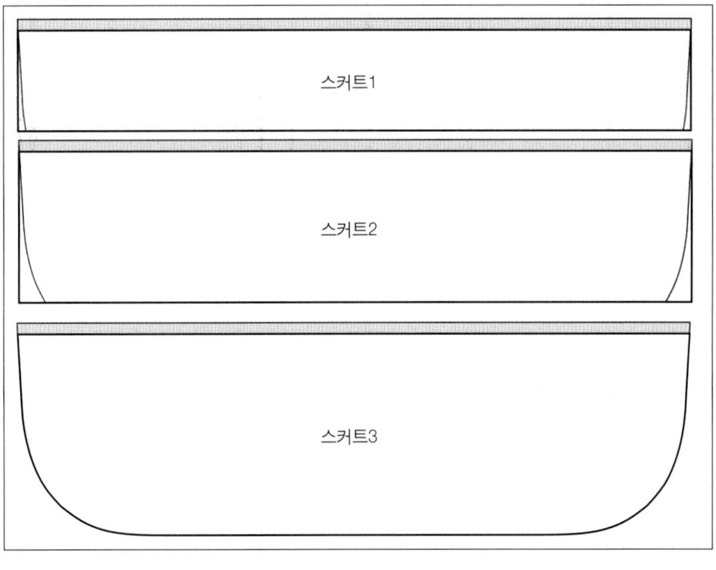

제작

1. 등판프릴만들기

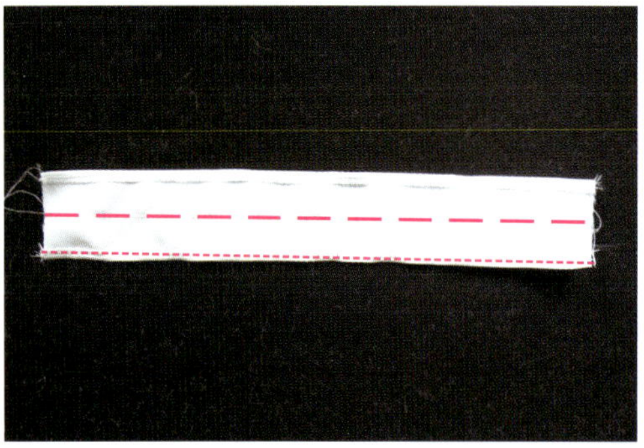

① 시접을 오버로크 후 접어 박기하여 정리한다.

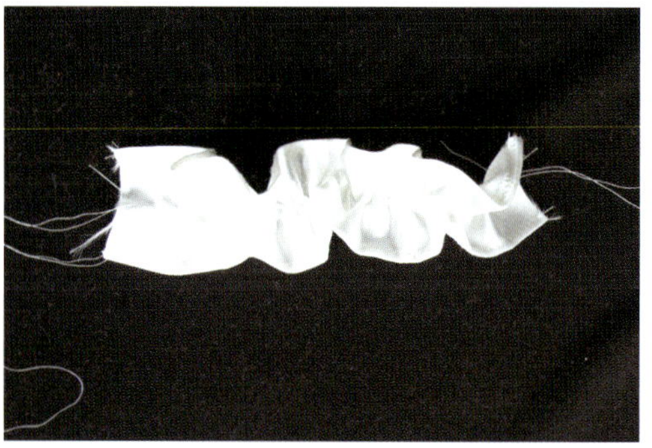

② 중심선에 큰땀 박음질 또는 홈질을 한 후 실을 잡아 당겨 자연스러운 프릴 주름을 잡는다.

③ 프릴감을 등판중심에 박음질하여 붙인다.

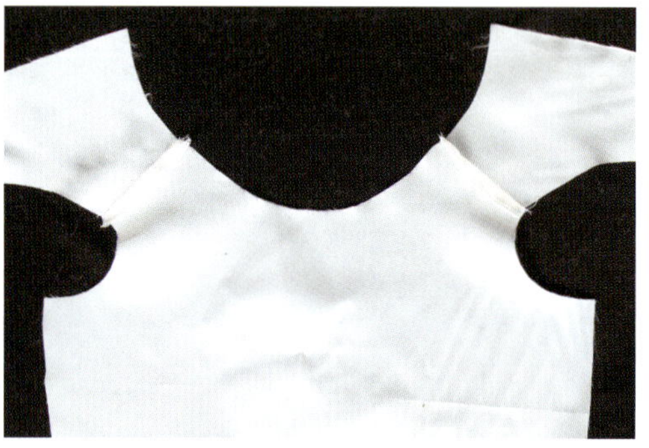

④ 어깨선을 박음질한다.

2. 캡소매만들기

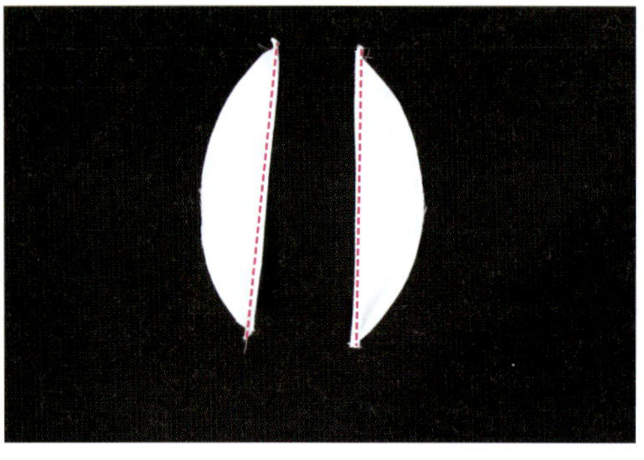

① 캡소매단 시접을 접어박기한다.

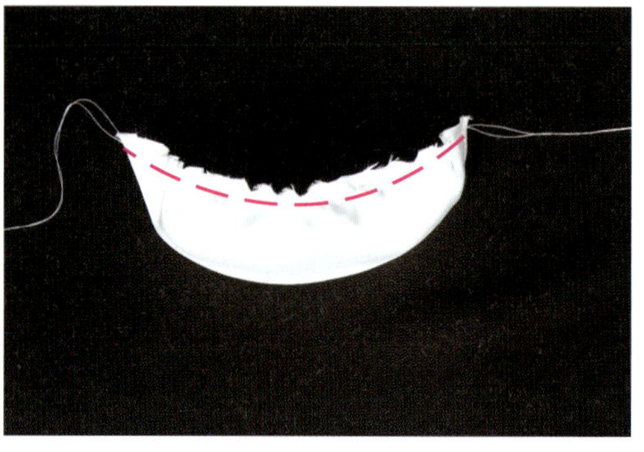

② 캡소매 진동둘레에 개더주름을 잡기 위해 시접에 홈질 또는 큰땀 박음질을 한 후 실을 잡아당겨 주름을 만든다.

4. 상의 겉감과 안감 연결하기

① 몸판 진동둘레 겉 위에 캡소매 겉을 놓고 박음질하여 고정한다.

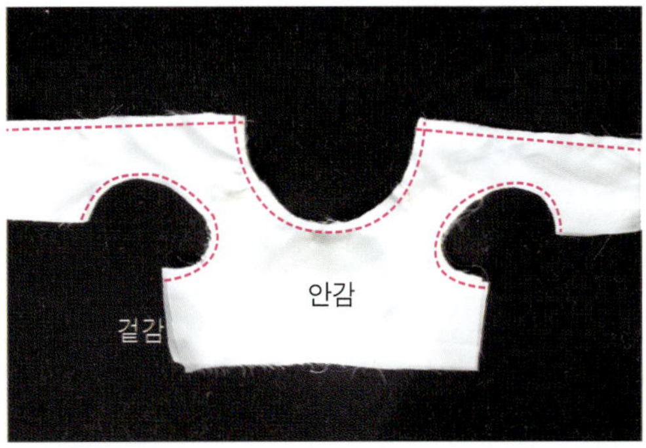

② 겉감 겉 위에 안감 겉을 맞대어 놓은 후 앞단선, 목둘레선, 진동둘레선을 박음질한다.

③ 겉감끼리 등판과 배판의 옆선을 맞대고, 안감끼리 등판과 배판의 옆선을 맞대어 박음질한다.

④ 겉감이 나오도록 상의를 정리한다.

4. 스커트만들기

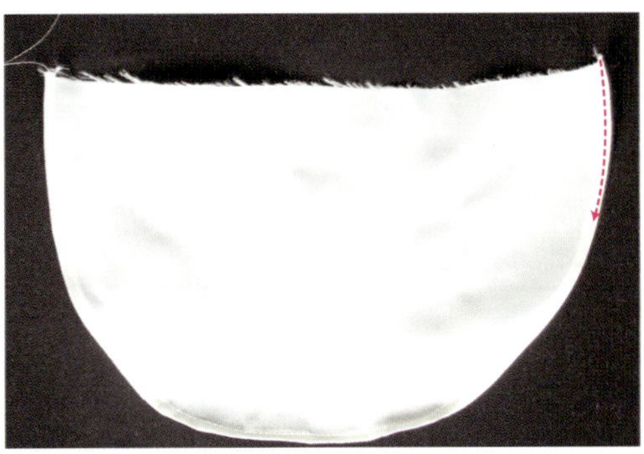

① 밑단을 접어박기하여 정리한다.

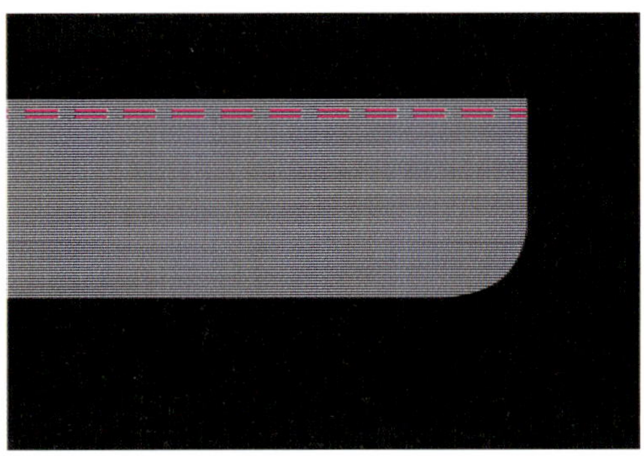

② 망사원단을 2줄 홈질 또는 큰땀 박음질하여 실을 잡아당겨 주름을 잡는다. 주름노루발을 사용해도 된다.

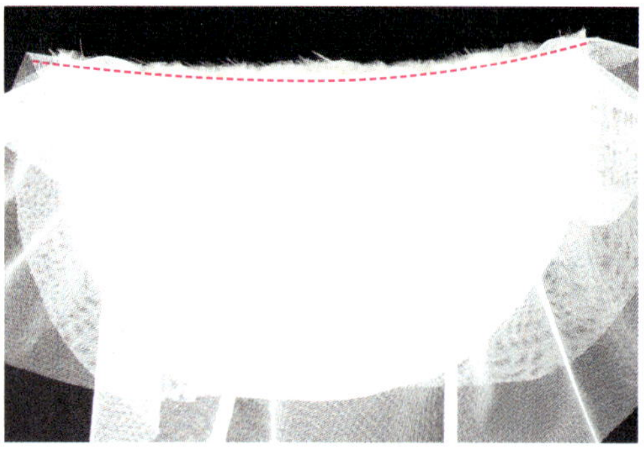

③ 스커트 위에 망사 스커트를 겹겹이 올려놓고, 허리선에서 박음질하여 고정한다.

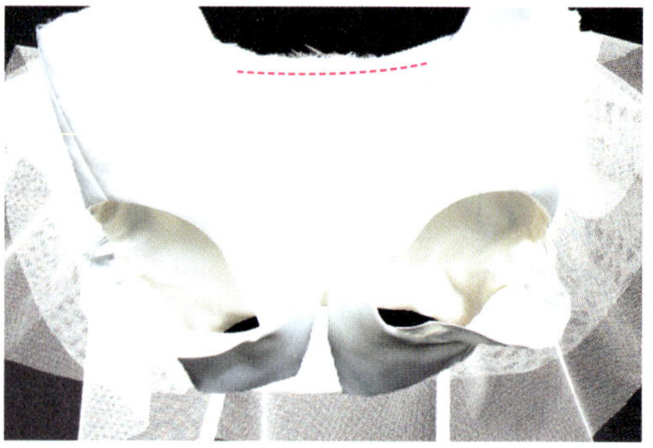

④ 상의 겉감 등판 겉과 스커트 겉을 맞대고 박음질한다.

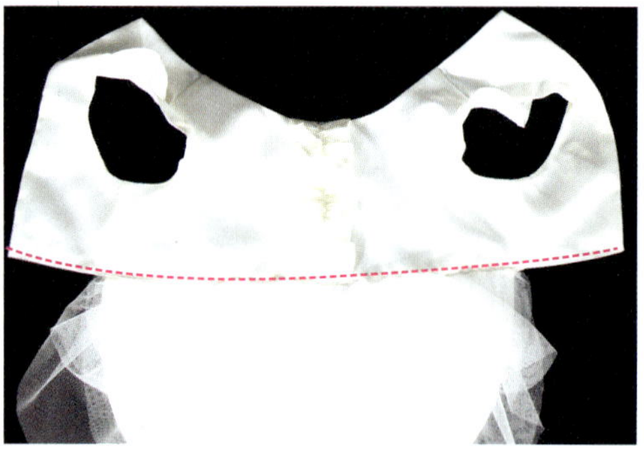

⑤ 시접을 상의의 겉감과 안감 사이에 접어 넣은 후 누름상침한다.

⑥ 앞여밈 단추를 달아 완성한다.

완성

05
턱시도

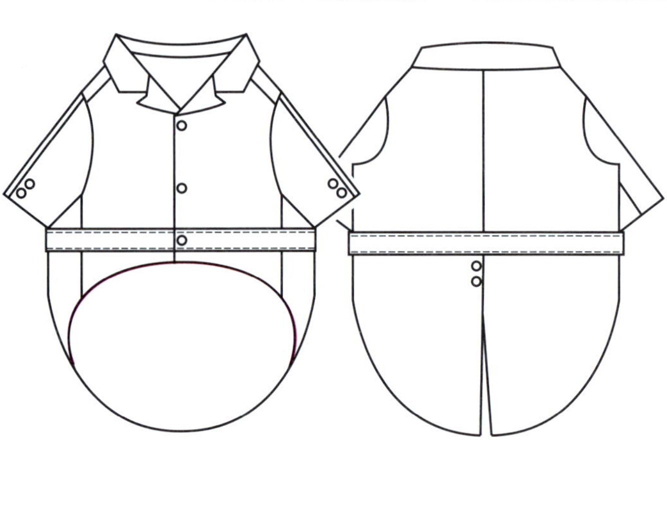

완성사이즈	목둘레 33cm, 가슴둘레 47cm, 등길이 31cm
원단소요량	개버딘 또는 공단 $\frac{1}{2}$yd, 배색공단 $\frac{1}{3}$yd, 다후다 안감 $\frac{1}{3}$yd T단추 4개, 스냅 1개
난 이 도	상
제 작 시 간	패턴 20분, 재단 20분, 기본봉제 20분, 칼라봉제 20분, 등트임봉제 20분, 소매봉제 20분, 안감봉제 20분, 안감 겉감 연결 20분
포 인 트	트임만들기, 테일러드칼라 만들기, 두장 소매만들기, 겉감과 조끼형 안감 연결하기
작 업 과 제	1. 공단을 이용하여 드레시한 느낌의 턱시도로 제작하시오. 2. 턱시도 뒷트임을 제작하시오. 3. 턱시도 허리띠를 만드시오. 4. 두장 소매에 장식트임을 제작하시오. 5. 겉칼라과 라펠에 배색원단을 이용하여 제작하시오. 6. 조끼형 안감과 겉감을 연결하시오.
심 화 과 정	1. 숄칼라 턱시도 디자인 변형 2. 타이트원형을 이용한 둥근 허리밴드 디자인 변형 3. 한장소매 트임 디자인 변형 4. 안감과 겉감 동일하게 소매디자인 변형 5. 핀턱, 플리츠 디자인 변형

패턴

– 두장 소매디자인으로 소매중심에서 절개선 넣기
– 테일러드 칼라 디자인

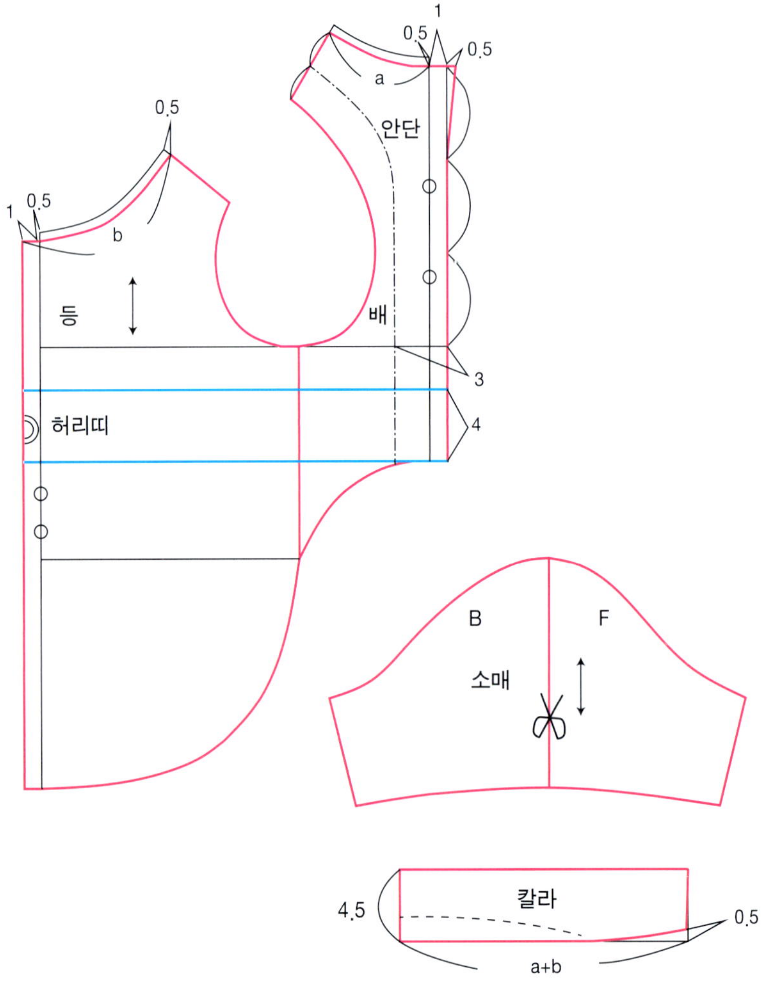

재단

- 원단소요량: 100cm(폭)×40cm(길이)
- 기본시접 1cm
- 겉감과 안감 재단
- 안단과 겉칼라를 배색감으로 재단
- 안감소매를 겉감과 똑같이 재단하거나(버버리제작방법 참고), 또는 소매없이 재단해도 됨

겉감

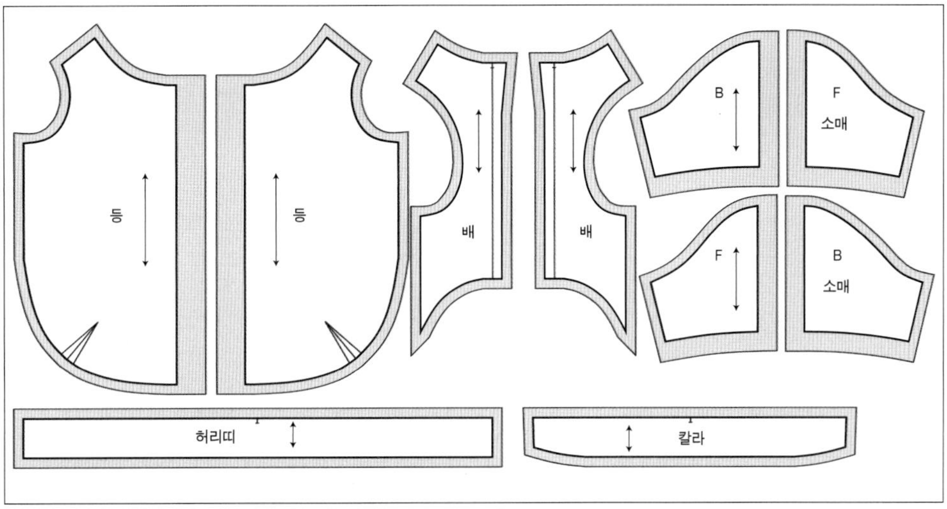

안감

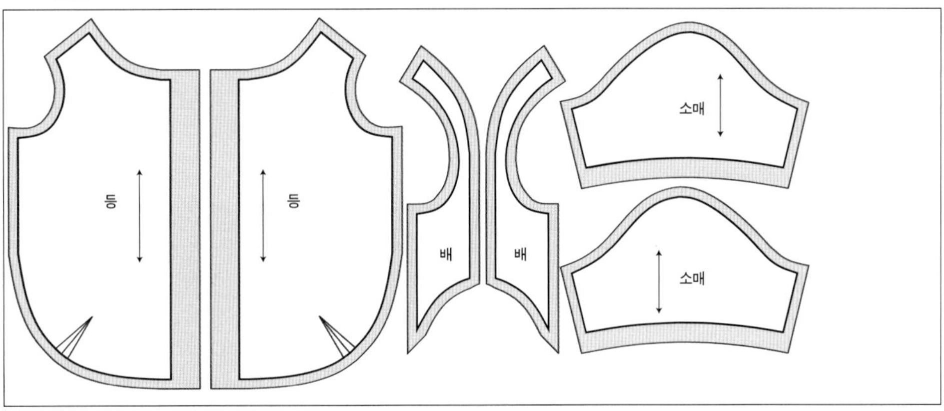

배색

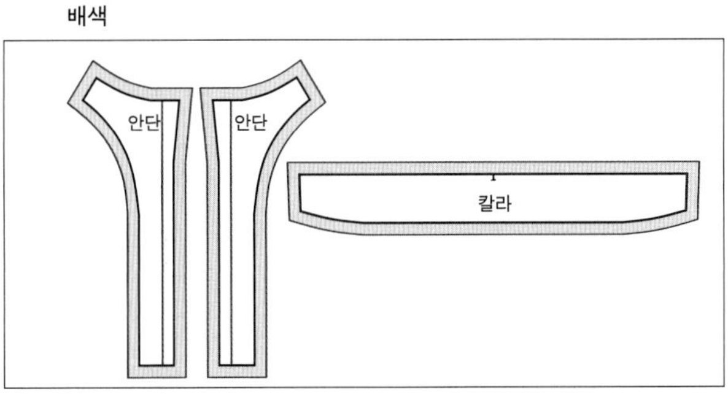

제작

1. 칼라만들기

겉감 칼라

① 겉감 칼라 겉과 안감 칼라 겉을 맞대고 완성선을 박음질한 후 뒤집어 정리한다.

2. 겉감 몸판만들기

① 트임 전까지 등 중심을 박음질한다.

② 어깨선과 옆선을 박음질한다.

③ 등 허리 시접을 접어 다림질하여 정리한 후 몸판 겉 위에 올려놓고 상침하여 고정한다.

3. 소매만들기

① 소매 중심선을 트임의 모양대로 박음질하고, 시접을 앞소매 쪽으로 넘긴 후 다림질하여 트임 모양을 완성한다.

② 소매 중심 솔기의 각진 부분을 꺾어 직선으로 맞추어 한번에 오버로크하여 시접을 정리한다.

③ 소매 옆선을 박음질한 후 시접은 오버로크한다.

④ 밑단 시접을 오버로크하여 정리한다.

⑤ 소매 밑단을 접어 박기하여 완성한다.

⑥ 소매 겉과 몸판 겉을 맞대고 진동둘레선을 박음질한다.

4. 안감만들기

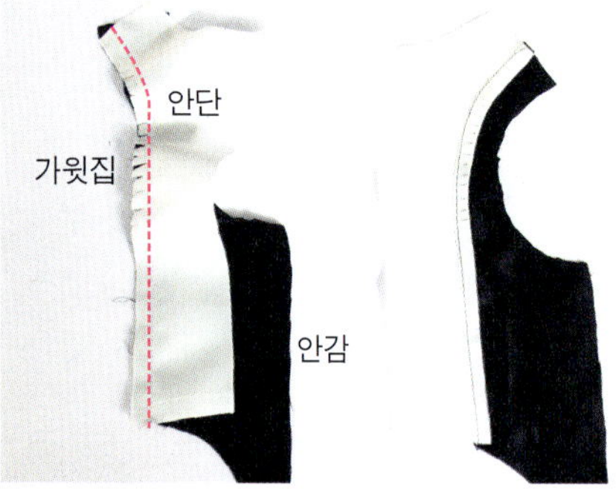

① 배판 안단 겉과 안감 겉을 맞대고 안단선을 박음질하고, 곡선 시접에 가윗집을 넣는다.

② 등 중심선을 트임전까지 박음질한다.

③ 어깨선과 옆선을 박음질한다. 소매안감을 넣을 경우 소매도 몸판에 붙여 정리한다.

5. 겉감과 안감붙이기

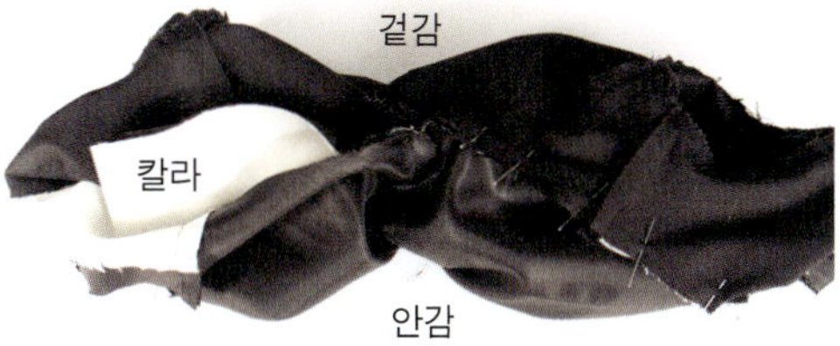

① 몸판 겉과 안감 겉을 맞대고 앞단선, 밑단선, 트임선을 박음질한다.

② 안감 겉과 겉감 겉 사이에 칼라를 끼워넣고 박음질하여 칼라를 몸판에 붙인다.

③ 안감 진동둘레를 통해 겉이 나오도록 뒤집은 후 트임을 정리한다.

④ 겉감과 안감의 진동둘레 시접을 함께 오버로크하거나, 바이어스로 감싸 시접을 정리한다.

⑤ 트임선을 감침질로 마무리한다.

6. 단추달기

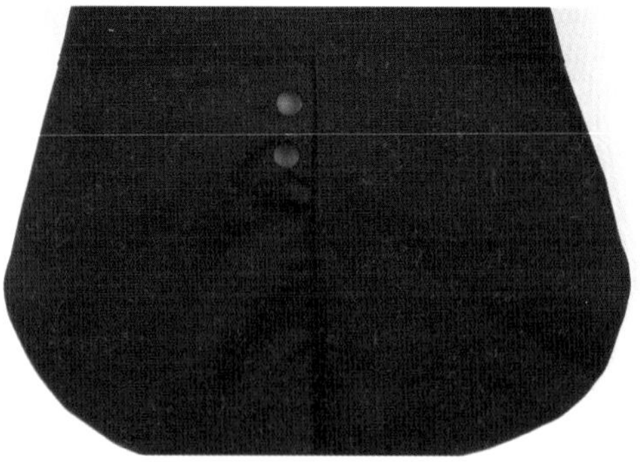

① 소매 트임과 등 트임에 장식 단추를 단다.

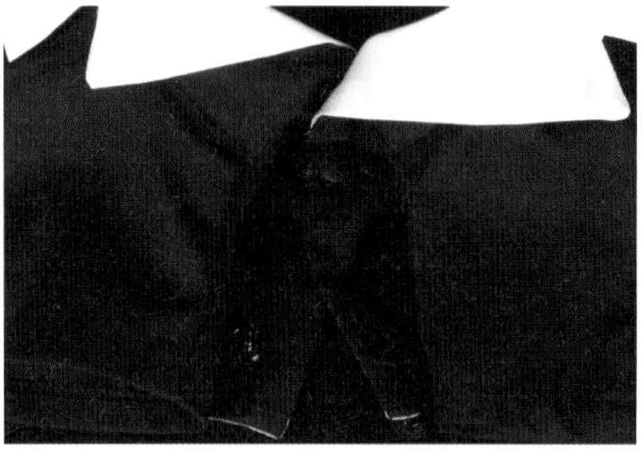

② 앞여밈을 위해 T단추와 스냅을 달아 완성한다.

완성

20 년도 일반검정 제 회

등급	종목	수험번호	이름
소잉디자이너 1급	펫의상		

※시험시간 : 표준시간 4시간, 연장시간 : 없음

※시험문제지와 작업지시서는 작품과 반드시 같이 제출하여야 합니다.

실기시험문제(예시)

1. 요구사항

※ 지급된 재료를 이용하여 프릴을 이용한 펫의상 티셔츠를 제작하시오.

(요구사항이 많으니 잘 읽어주시기 바랍니다.)

가. 프릴을 이용하여 귀여운 펫의상을 디자인하여 제작하시오.
(지급받은 원단의 겉면과 안면(표면과 이면)은 수험자가 알아서 판단하시오.)

나. 디자인의 컨셉과 작품의 의도, 도식화를 문제지에 첨부된 작업지시서에 작성하여 제작한 작품과 함께 채점용으로 제출하시오.
(도식화는 견체 특성의 비례를 고려하여 작성하시오.)

다. 티셔츠의 완성사이즈는 L사이즈로 제작하시오.
(견체 L사이즈 - 등길이 32cm, 가슴둘레 43cm)

라. 프릴은 2cm 폭으로 작업하시오. 목둘레, 등요크, 가슴둘레선, 진동둘레선 등 프릴의 위치는 자유롭게 디자인하여 전체 디자인 중 1곳 이상에 넣어 제작하시오.
(프릴은 겉감과 같은 원단으로 사용하시오.)

마. 목둘레와 소매밑단은 시보리로 처리하시오.

바. 소매 중심점은 $\frac{\text{등길이}}{10}$만큼 몸판에서 이동하여 연결하시오.

사. 소매 밑단은 시보리로 처리하시오.

아. 배밑단 둘레선은 고무줄 처리하고, 등밑단둘레선은 시보리감을 이용하여 바이어스 처리하시오.

자. 시접 처리는 쌈솔, 통솔, 바이어스 등 자유롭게 정리하시오.

차. 패턴을 제출하시오.

2. 수험자 유의사항

가. 수험자는 지정된 공구와 시설 외 본인 지참 재봉용구만을 사용하고, 수험장 내에서는 이동을 금하며 이동할 때에는 시험위원의 승인을 받아야 하고, 반드시 정숙을 유지하여야 합니다.

나. 지급재료는 시험 전 확인하여 이상이 있을 경우 시험위원으로 부터 조치를 받고 시험 도중에는 재료의 교환 및 추가 지급을 하지 아니함에 유의하시오.

다. 작품은 표준시간 내에 완성하여야 하며, 표준시간을 초과할 경우에는 채점대상에서 제외됩니다.

라. 다음과 같은 작품은 채점 대상에서 제외됩니다.

1) 표준시간 이후에 제출한 작품이거나 미완성 작품

2) 지정된 시설이나 지급된 재료 이외의 재료를 사용한 작품

3) 패턴의 제도가 미완성이거나 생략된 작품

4) 제시된 디자인과 도면이 맞지 않은 작품

5) 요구사항과 맞지 않은 작품

6) 변형이 심하여 외관이 극히 불량한 작품

7) 기능도가 극히 불량한 작품

가) 봉제 상태가 좌·우 상이한 작품

나) 봉제 상태가 잘못되어 사용할 수 없는 작품

마. 작업이 끝난 수험자는 완성된 작품, 문제지와 작업지시서 및 남은 지급 재료를 함께 제출하고, 정리 정돈을 잘한 후에 퇴장합니다.

20　　년도 일반검정 제　　회

등급	종목	수험번호	이름
소잉디자이너 1급	펫의상		

작업지시서(예시)

시험 시간	4시간	과제명	프릴티셔츠

◆ 도식화 (도식화는 간단한 사이즈와 그림 또는 도면으로 설명이 가능합니다.)

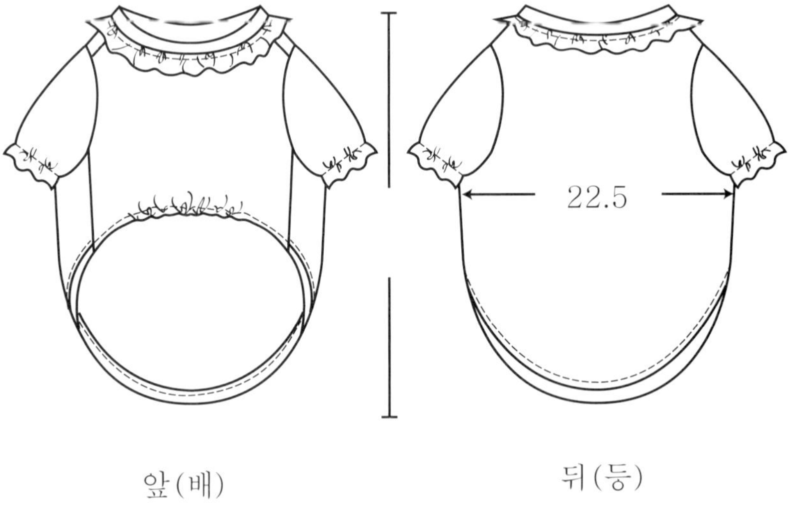

◆ 디자인 컨셉과 작품의 의도

봄날 나들이 할때 착용할 티셔츠로서 귀엽고, 캐주얼한 분위기를 컨셉으로 디자인 하였다. 전체적으로 귀여운 분위기를 연출하기 위해 프릴과 개더주름을 이용한 디자인을 하였다. 디자인 포인트로 네크라인 프릴을 작업하였으며, 소매단 개더주름을 주어 부드럽고 귀여운 분위기를 더욱 강조하였다. 또한 편안함을 주기 위해 다이마루 니트를 이용하였고, 네크라인 시보리 및 밑단시보리를 사용하였고, 배판 밑단에 고무줄 처리를 하였으며, 소매단 개더주름도 고무줄로 처리하여 활동의 편안함을 증대시켰다. 색상은 메인색상을 흰색 나염으로 하고, 배색 시보리를 포인트 칼라로 사용하였으며, 소재는 양면지와 밀라노 시보리를 사용하였다.

참고문헌

강숙녀, 김경화 (2010). 여성복기초부분봉제. 서울: 경춘사.강숙녀,

이영숙, 안민영 (2005). 패턴의 원리와 활용. 서울: 경춘사.

곽명주 (2016). 반려동물을 위한 장난감 쿠션 브랜드 디자인 연구. 홍익대학교 국제디자인전문대학원, 석사학위논문.

김은희, 김흥진, 안별 (2019). 소잉디자이너. 서울 경춘사.

김정화 (2016). 도리엔의 강아지옷 만들기. 서울: 시대인.

김효숙 (1999). 초보자를 위한 의류봉제방법. 서울: 경춘사 .

김혜정 (2015). 반려동물의 커플 룩 디자인 연구. 홍익대학교 디자인콘텐츠대학원 석사학위논문. 김흥진, 이지은, 문선영, 한국재봉기술개발원 (2020). 소잉디자이너 실용의상. 서울: 경춘사.

박혜진 (2005). 실내견의 의상 디자인 개발 연구. 홍익대학교 산업미술대학원 석사학위논문.

백지연 (2019). 반려견의 기성복 시스템화를 위한 원형개발-소형견을 중심으로. 국민대학교 디자인대학원, 석사학위논문.

엄소희, 안민영, 이연지 (2019). 패션디자인 도식화 테크닉. 서울: 경춘사.

유아연 (2020). 특별한 강아지옷 만들기. 서울: ㈜예문아카이브.

이윤희 (2017). 트랜디한 강아지옷 만들기. 경기: 북스토리라이프.

이주은 (2012). 애완견 의상의 패턴과 디자인 개발 연구. 한국의류산업학회지, 제14권 제5호.

정화숙, 문명옥 (2006). 애견복 원형 개발에 관한 연구, 한국의류산업학회지, 제8권 제1호

국립축산과학원 반려동물. 반려견소개. 검색일 2020, 05 10, https://www.nias.go.kr/companion/new_petBoard.do?cmCode=M170718155128718

두산백과. 애완동물의 정의. 검색일 2020, 04 02, https://terms.naver.com/entry.nhn?docId=1123627&cid=40942&categoryId=32310

소잉케이. (2019. 4 29). 강아지옷패턴[비디오파일]. 검색경로 https://www.youtube.com/watch?v=DmxdsEAjECU

소잉케이. (2019. 10 01). 강아지옷 소매패턴[비디오파일]. 검색경로 https://www.youtube.com/watch?v=YEkRIzRtuNc

소잉Pin. (2019. 9 20). 강아지 옷 만들기; 기본 패턴 그리는 방법[비디오파일]. 검색경로 https://www.youtube.com/watch?v=MaKE4Tey63o

초코공방. (2020. 4 11). 강아지옷패턴그리기[비디오파일]. 검색경로 https://www.youtube.com/

watch?v=D_DuXvPWXzc

초코공방. (2020. 7 15). 강아지옷 패턴그리기 나그랑티 패턴그리기[비디오파일]. 검색경로 https://www.youtube.com/watch?v=noevyXT_cfk

초코공방. (2020. 12 9). 강아지옷 올인원 패턴그리기[비디오파일]. 검색경로 https://www.youtube.com/watch?v=VdTtiOXalIo

위키백과. 애완동물의 정의. 2020, 04 05, https://ko.wikipedia.org/wiki/%EC%95%A0%EC%99%84%EB%8F%99%EB%AC%BC

사진출처

https://lepetitchiot.com/

https://miminko.kr/

https://www.pinterest.co.kr/pin/355925176810248652/

https://www.pinterest.co.kr/pin/634092822536691534/

https://www.pinterest.co.kr/pin/378583912433039541/

https://www.pinterest.co.kr/pin/840484349184895648/

https://www.pinterest.co.kr/pin/343821752773637689/

https://www.pinterest.co.kr/pin/659003357977432248/

https://www.pinterest.co.kr/pin/499547783643744898/

https://www.pinterest.co.kr/pin/341710690480042413/

https://www.pinterest.co.kr/pin/355925176808521191/

https://www.pinterest.co.kr/pin/AUraXas3DCzT2sk5V0DAHe7Vq9bpGj5n3CYDDbeIbL0tlhRdCW4ejx0/

https://www.pinterest.co.kr/pin/471048442267982220/

https://pixabay.com/ko/

https://sirdogwood.com/

저자 소개

안민영

현) 스타일고 대표(www.stylego.co.kr)
세종대학교 패션디자인과 겸임교수
서울문화예술대학교 반려동물학과 외래교수

한양대학교 대학원 의류학과 이학박사
한양대학교 대학원 의류학과 이학석사
가톨릭대학교 의류직물학과 졸업

서울문화예술대학교 패션디자인비즈니스학과 조교수
서울패션 디자인실장
대한민국 국방부 전투복 텍스타일 디자인
한양대학교 환자복, 담배인삼공사 유니폼 프로젝트 등 참가
한양대, 경희대, 서울여대, 국민대, 서울패션아카데미 출강

저서, 컴퓨터패션, 패션디자인 도식화 테크닉, 패션을 위한 디지털 프로세스, 패턴의 원리와 활용

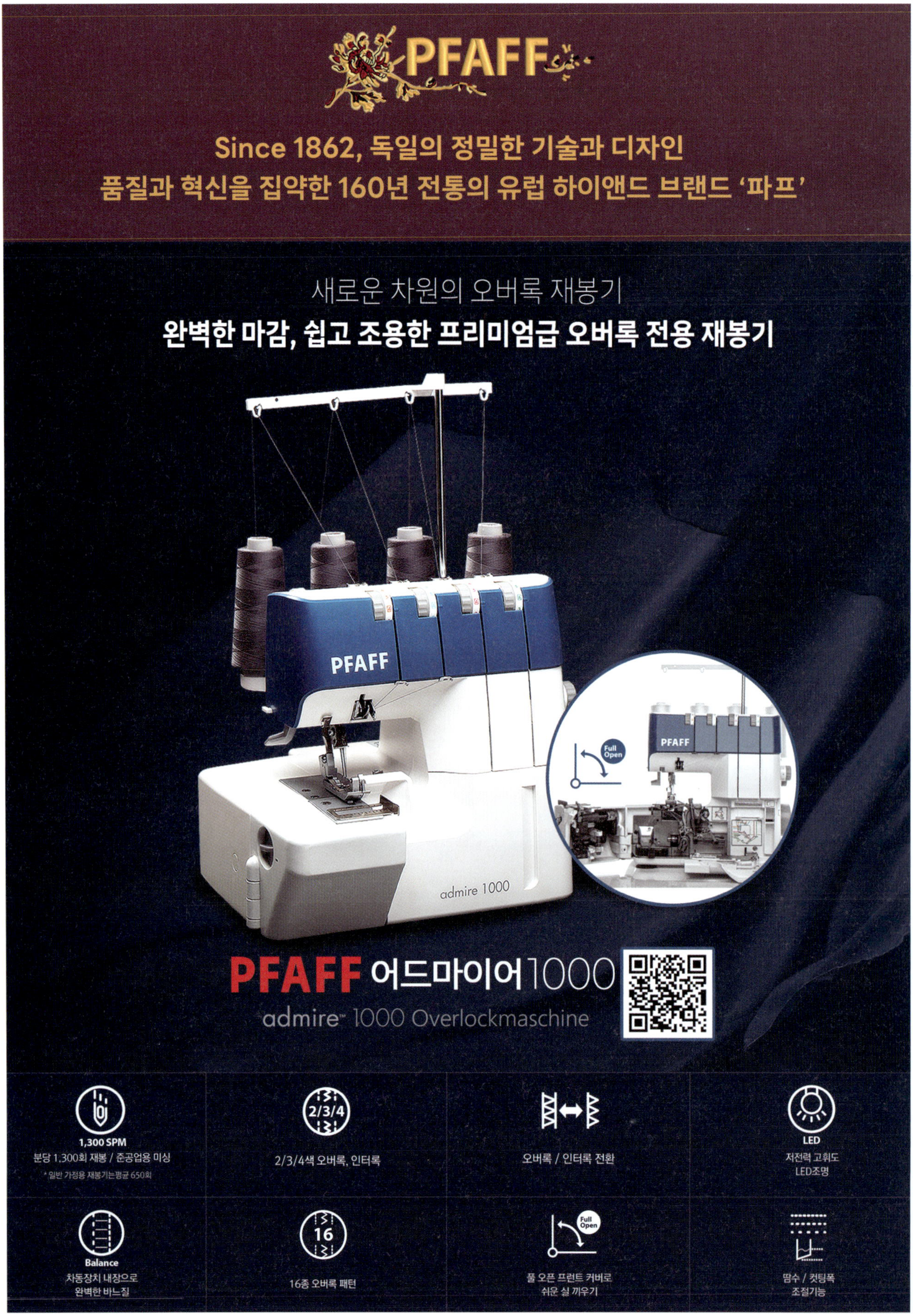

애견용품 패키지

[패턴인패브릭 패키지] 애견 하네스

[패턴인패브릭 패키지] 애견 케이프

애견용품 만들기 좋은 원단

[4종] 리투아니아 린넨

대폭 면30수 기모 선염 바이오워싱
Feel so good 11color

DTP 면20수 바우와우

대폭 면40수 트윌
하운즈투스 체크 (강아지)

면20수 사랑스러운
강아지

애견용품 악세사리

테마 자수 와펜 시리즈

골드 이니셜용 가죽펜던트

애니멀와펜

강아지모티브 이태리통가죽

뼈다귀 M 각인용펜던트
이태리통가죽

애견맞춤 가죽 라벨

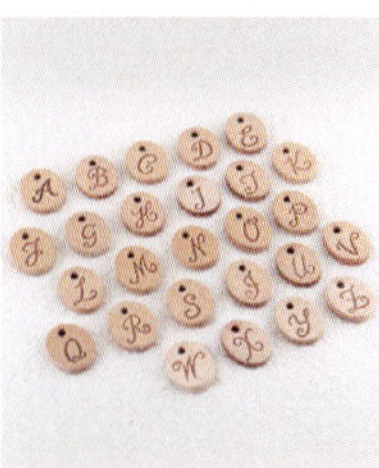

이니셜 이태리가죽라벨 A-Z

가죽라벨 소량제작 패키지

나만의 이니셜 가죽라벨 소량제작

가죽D링 (2개 1set)

가죽D링 25mm (2개 1set)

애견리드줄

천연소가죽 크로스백끈

투버클 콤비 가죽 핸들

천연소가죽 크로스백끈

소잉디자이너 펫의상
강 아 지 옷 만 들 기

초판발행 2021년 10월 30일
2판 발행 2024년 2월 15일

저 자 안민영
(사) 한국소잉산업진흥원

발행인 안민웅

발행처 도서출판 경춘사
서울시 마포구 마포대로 14길 31-9
경춘빌딩 101호

전화 (02)716-2502, 714-5246

팩스 (02)704-0688

등록번호 제1987-000013(1987. 11. 28)

www.kcpub.co.kr

값 **27,000**원

ISBN 978-89-5895-193-3 13590